Irma Hildebrandt

Frauen mit Elan

Irma Hildebrandt

Frauen mit Elan

30 Porträts von
Rosa Luxemburg bis Doris Dörrie

Diederichs

In dieser Ausgabe sind Porträts zusammengestellt
aus den folgenden, bei Diederichs erschienenen Städtebänden
von Irma Hildebrandt:
Berlin: *Zwischen Suppenküche und Salon* (1987)
(u.a. M. Birthler, R. Ziegler)
München: *Bin halt ein zähes Luder* (1990)
Zürich: *Die Frauenzimmer kommen* (1994)
Wien: *Hab meine Rolle nie gelernt* (1996)
(u.a. F. Meissner-Blau, F. Mayröcker)
Leipzig: *Provokationen zum Tee* (1998)
Frankfurt: *Tun wir den nächsten Schritt* (2000)
(u.a. P. Roth, A. Lundholm)
Hamburg: *Immer gegen den Wind* (2003)
(u.a. E. Rühmkorf, B. Breuel, M. Jepsen, I. Schulte-Hillen)
Die Beiträge wurden für diesen Band zum Teil aktualisiert.

Bibliografische Information der Deutschen Bibliothek:
Die Deutsche Bibliothek verzeichnet diese Publikation
in der Deutschen Nationalbibliografie;
detaillierte bibliografische Datensind im Internet
unter http://dnb.ddb.de abrufbar.

Umschlaggestaltung: Eisele Grafikdesign unter Verwendung
von Motiven von Bertold Fabricius, Hamburg (Schulte-Hillen)
Franz Toth, Bingen [Foto: Jacob Hilsdorf] (Dehmel),
Ullstein-Bild, Berlin (Dörrie)
Produktion: Ortrud Müller
Satz: EDV-Fotosatz Huber/Verlagsservice G. Pfeifer, Germering
Druck und Bindung: GGP Media, Pößneck
Printed in Germany 2005

ISBN 3-7205-2650-x

Inhalt

Vorwort

Frauen mit Elan – Wer hätte nicht die eine oder andere dieser Frauen vor Augen, sei's aus unseren Tagen, sei's aus der Vergangenheit. Es sind Frauen, die sich nicht im Strom der Zeit mittreiben lassen, die selber das Ruder in die Hand nehmen, auf ein Ziel zusteuern, eigene Initiative entwickeln.

In der zweiten Hälfte des 19. Jahrhunderts, mit dem Aufkommen der Frauenbewegung, gab es erstmals eine Solidarisierung all derer, die gemeinsame Ziele verfolgten: politische, soziale oder kulturelle. In Zürich promovierte 1874 die erste Schweizer Ärztin, *Marie Heim-Vögtlin,* und schlug so eine Bresche für die Zulassung von Frauen zum Medizinstudium. Wenig später erreichte die Pädagogin *Helene Lange* mit ihren hartnäckigen Petitionen an den Reichstag die Einrichtung von Gymnasialkursen für Mädchen in Preußen. *Lily Braun* forderte schon 1895 als erste deutsche Frau in einer öffentlichen Versammlung das Frauenwahlrecht, eine Forderung, die die scharfzüngige und gesetzeskundige Juristin *Anita Augspurg* unterstützte und mit eindringlichen Friedensappellen verband. Dass es mit der Gleichstellung der Frau auch in unseren Tagen noch nicht überall zum Besten bestellt ist, bewog die 1935 geborene Psychologin und frühere Gefängnisdirektorin *Eva Rühmkorf*, sich als erste Frauenbeauftragte der Bundesrepublik für die Belange ihrer Geschlechtsgenossinnen einzusetzen.

1908 ist es Frauen erstmals erlaubt, politischen Parteien beizutreten, ein Jahrzehnt später wird ihnen das lang erkämpfte Wahlrecht zugebilligt – und sie wissen ihre Chance zu nutzen: Schon 1919 zieht die sozial engagierte Staatswissenschaftlerin *Marie Elisabeth Lüders* für die Deutsche Demokratische Partei in den Reichstag ein und kämpft ihr Leben lang, auch noch als Alterspräsidentin des Deutschen Bundestages, für Recht und Freiheit der Bürger. Ebenso engagiert führt die Sozialdemokratin *Toni Pfülf* um 1930 in Bayern ihren tragisch endenden Kampf gegen die Nationalsozialisten.

Nicht nur in Deutschland engagieren sich Frauen zunehmend in der Umweltbewegung. In Österreich hat sich die als Bundespräsidentin nominierte »Jeanne d'Arc der Grünen«, *Freda Meissner-Blau,* mit ihren Aktionen zur Rettung der Donau-Auen besonders profiliert. Ganz andere, aber ebenso mit Lebensqualität zusammenhängende Probleme hat die Oberbürgermeisterin der Großstadt Frankfurt am Main, die Christdemokratin *Petra Roth,* zu bewältigen: wuchernder Verkehr, Fluglärm, Baugigantomanie, Kriminalität. Auch bei der Tätigkeit *Marianne Birthlers*, der Bundesbeauftragten für die Stasi-Unterlagen, geht es um kriminelle Verstrickungen: die Aufarbeitung von 180 000 Regalmetern Unterlagen und 40 Millionen Karteikarten aus DDR-Zeiten. Dieses klägliche Ende eines sozialistischen Experimentes hätte sich die für eine Weltrevolution und die Herrschaft des Proletariats kämpfende *Rosa Luxemburg* nicht träumen lassen. Die charismatische Mitbegründerin der kommunistischen Partei bezahlte ihren revolutionären Einsatz 1919 mit dem Leben.

In ständiger Lebensgefahr schwebten im Dritten Reich Frauen mit nicht rein arischem Stammbaum. So die mit Berufsverbot belegte Komponistin und Hindemith-Schülerin *Felicitas Kukuck.* So *Ida Dehmel,* die Muse Stefan Georges und Richard Dehmels, die durch Drohungen und massivste Behinderung ihrer künstlerischen Aktivitäten in den Selbstmord getrieben wurde. So die später international erfolgreiche Literaturagentin *Ruth Liepman,* die schon während des Krieges als Agentin tätig war, allerdings nicht im Buchgeschäft, sondern in ganz anderer, lebensgefährlicher Mission im holländischen Widerstand. Zur selben Zeit wurde in Rom eine junge deutsche Widerstandskämpferin an die Gestapo verraten: die Schauspielerin *Anja Lundholm.* Sie hat – und das grenzt fast an ein Wunder – Folter, gewaltsame Trennung von ihrem Kind und qualvolle medizinische Experimente im Frauen-KZ Ravensbrück überstanden und lebt heute, gesundheitlich schwer gezeichnet, als eine der letzten Zeitzeuginnen in Frankfurt am Main.

Frauen sind widerstandsfähig. Dass das »schwache Geschlecht« zupacken kann, wo es nötig ist, hat sich spätestens in den Kriegs- und Nachkriegstagen, der Zeit der Trümmerfrauen, gezeigt. In so genannte Männerberufe sind Frauen längst hineingewachsen, durch besondere Umstände hineinkatapultiert worden oder sie haben sich zielstrebig in Männerbastionen selbst ihren Platz erobert. 1959 kommt zum ersten Mal eine Großreederei in weibliche Hand. Die Hamburger Reederstochter *Liselotte von Rantzau-Essberger* wird Herrin über eine weltweit agierende Tankerflotte. In München baut nach Kriegsende die Tochter des Zirkuskönigs Carl Krone, *Frieda Sembach-Krone,* den völlig zerstörten Zirkus Krone mit großem Elan wieder auf und führt das traditionsreiche Familienunternehmen vier Jahrzehnte lang. In Frankfurt bettelt die ausgebombte und mittellose junge Schauspielerin *Liesel Christ* Stühle und Brennholz zusammen, um ihren Traum vom eigenen Theater zu verwirklichen. Es klappt – als Chefin des weithin bekannten Volkstheaters am Hirschgraben beendet sie ihre Karriere.

Die späteren Generationen haben nicht mehr mit nackter Existenznot zu kämpfen, aber Wagemut und Durchsetzungsvermögen im Berufsalltag brauchen auch sie: *Regina*

Ziegler, die erfolgreichste Filmproduzentin Deutschlands; *Maria Jepsen,* die erste lutherische Bischöfin der Welt; *Birgit Breuel,* Chefin der EXPO 2000; *Irene Schulte-Hillen,* Managerin der Deutschen Stiftung Musikleben; und als Jüngste die Regisseurin und Autorin *Doris Dörrie,* die keinem Experiment abgeneigt ist.

Erstaunlich, wie es eigenwilligen Frauen immer wieder gelungen ist, sich neben starken, dominierenden Partnern zu behaupten, ja, ein ausgeprägtes Eigenleben zu entfalten. *Katharina Kippenberg* war mehr als eine fleißige Zuarbeiterin ihres Mannes, des Leipziger Verlegers Anton Kippenberg, sie machte sich mit eigenen Büchern einen Namen und hatte ein feines Gespür für junge, noch unentdeckte Autoren wie Rilke oder Johannes R. Becher. Die Wiener Modeschöpferin *Emilie Flöge* setzte nicht nur Designentwürfe ihres Gefährten Gustav Klimt um, sie inspirierte den Jugendstilkünstler auch mit ihren eigenen Kreationen. Die Wienerin *Friederike Mayröcker* hatte nie Schwierigkeiten, sich neben ihrem vitalen Dichtergefährten Ernst Jandl ihre eigene lyrische Welt aufzubauen, während die Schriftstellerin *Elsa Asenijeff,* die Muse des Bildhauers Max Klinger, an dessen Untreue zerbrach. Und niemand, der ihr in Leipzig beistand …

In Zürich hätte sie eine Anlaufstelle gefunden: *Hulda Zumsteg,* die legendäre Wirtin der Kronenhalle. Bei ihr fanden sich Künstler aller Sparten zu fröhlichen Gelagen, aber auch als Ratsuchende in geistigen und finanziellen Nöten ein. Die wertvollen Gemälde an den Wänden erinnern an die illustren Gäste. Auch in Berlin gab es bis 1986, bis zum Tod der Schriftstellerin *Ingeborg Drewitz,* eine Anlaufstelle für Menschen, die mit dem Leben nicht zurechtkamen. Als Mitbegründerin des Verbandes Deutscher Schriftsteller und als Vizepräsidentin des PEN setzte sie sich für verfolgte und inhaftierte Kollegen in aller Welt ein, als Betreuerin von Gestrandeten und Strafgefangenen wollte sie mit Worten und Taten »Mauern eindrücken«.

Von unsichtbaren Mauern erdrückt fühlte sich *Mileva Einstein-Marić,* Albert Einsteins Kommilitonin und Ehefrau, Mutter seiner beiden Söhne und seines lange verheimlichten Töchterchens Lieserl. Während der geniale Physiker in Stockholm den Nobelpreis entgegennimmt und in Berlin an der Seite seiner zweiten Frau Elsa eine glanzvolle wissenschaftliche Karriere aufbaut, sitzt seine frühere enge Mitarbeiterin mit dem schwer nervenkranken Sohn Eduard allein und in bedrückenden finanziellen Verhältnissen in Zürich. Sie hat bis zu ihrem einsamen Tod im Sommer 1948 ein tapferes Leben geführt – das hätte im Einsteinjahr 2005 eine öffentliche Würdigung verdient.

Irma Hildebrandt

Mit vollem Einsatz

Tumult im Präpariersaal
Marie Heim-Vögtlin
1845–1916

Als die Aargauer Pfarrerstochter Marie Vögtlin sich 1869 an der Zürcher Hochschule für ein Medizinstudium einschreibt, kann sie nicht ahnen, was für turbulente Jahre ihr bevorstehen. Ihr Wunsch, Arzt zu werden – den Begriff »Ärztin« gibt es noch nicht –, entspringt dem Bedürfnis, Kranken und Benachteiligten zu helfen, Frauen vor allem, deren Versorgung im Wochenbett äußerst unzureichend ist. Prestigestreben oder eitles Außenseitertum liegen ihr fern, sie hat nicht das Bewusstsein, mit ihrer Immatrikulation als erste Schweizer Medizinstudentin eine Pioniertat zu vollbringen, ihr kommt die eigene Entwicklung hin zum Studium ganz selbstverständlich und folgerichtig vor.

Selbstverständlich aber ist der Entschluss der 24-Jährigen keineswegs, gegen die geballten Vorurteile in der Öffentlichkeit und der eigenen Verwandtschaft ihre Aufnahme in die medizinische Fakultät durchzusetzen. Sie sieht sich spöttischen Fragen und heimlich getuschelten Anwürfen ausgesetzt, die sie verwundern und verwunden, aber nicht umstimmen: Wie kommt eine Tochter aus angesehenem Hause dazu, solch unweibliche und unschickliche Pläne zu entwickeln? Warum will sie es unbedingt den Männern gleichtun, wo doch die körperlichen Kräfte der Frauen viel geringer sind, von der sittlichen Gefährdung ganz zu schweigen? Warum kann sie, klug wie sie ist, nicht Lehrerin oder Erzieherin werden wie andere Pfarrerstöchter? Hat sie kein Ehrgefühl, den guten Ruf der Familie so aufs Spiel zu setzen? Auch wenn ein paar »schamlose Ausländerinnen« sich an der Hochschule herumtreiben, schickt sich das für eine ehrbare Schweizerin noch lange nicht!

Das kleine Städtchen Brugg hat seine Sensation, zumal sich die heimische Presse des »Falles« annimmt. Die Familie schämt sich für das schwarze Schaf, der Vater, der ursprünglich seine Einwilligung zum Medizinstudium gegeben hat, zieht diese unter dem Druck der Verwandtschaft wieder zurück. Aber Marie Vögtlin lässt sich von ihrem Vorhaben nicht abbringen: »Je mehr man an meinem Plan rüttelt, desto fester wird meine Überzeugung und mein Entschluß; je mehr man mich entmutigen will, desto mutiger werde ich«, schreibt sie an ihre Freundin Marie Ritter.

Die Pfarrerstochter in Schwanden ist ihre einzige Vertraute, nachdem die Verlobung mit ihrem Vetter, dem jungen Arzt Fritz Erismann, dessen schwer kranke Mutter sie bis zum Tod gepflegt hat, überraschend in die Brüche gegangen ist – unverständlich für die Verwandtschaft, die dem Paar wohlgesonnen war und die von den politischen Verbindungen des sozialistisch engagierten Arztes wahrscheinlich nichts wusste. Für Marie Vögtlin war diese kurze Zeitspanne, wie sie sich später erinnert, eine der glücklichsten ihres Lebens. Die Gespräche mit dem Verlobten weiteten ihren Horizont, unter seinem Einfluss löste sie sich von der sie einengenden Strenggläubigkeit des Elternhauses. Sie las die Schriften Stuart Mills, vor allem aber Mazzinis und begeisterte sich für die Ideen des Sozialismus. Eine persönliche Begegnung mit dem italienischen Sozialpolitiker in Zürich beeindruckte die 21-Jährige tief, die sich ihre eigene Weltsicht zurechtgelegt hatte – eine Weltsicht, die weniger von politischen Parolen als vom selbstlosen Einsatz für andere geprägt war. Ihren Idealismus setzte sie, im Gegensatz zu vielen politischen Schaumschlägern, auch in die Praxis um: Nicht nur, dass sie ihre todkranke Tante pflegte, sie packte auch in einer kinderreichen Familie zu und führte ihrem verwitweten Vater den Haushalt. Im Cholerajahr 1867 meldete sie sich spontan zum freiwilligen Einsatz, ohne an eigene Ansteckungsgefahr zu denken. Ihrer Freundin Marie Ritter, die sie aus gemeinsamen Internatstagen in der französischen Schweiz kannte, schrieb sie: »Ich habe mich also wirklich bei den hiesigen Ärzten gemeldet, und bereits ist alles in Bereitschaft; in der Nähe des Kirschgartens ist ein leeres Haus eingerichtet als Absonderungshaus ...«

Aus dem Pflegeeinsatz, der so sehnlich erhofften Bewährung, wurde nichts, die Seuche konnte unter Kontrolle gebracht werden, ohne dass man Hilfskräfte benötigte. Vom Pfarrhaushalt des Vaters aber, vom Kochen und Nähen, Klavierspielen und Briefeschreiben, fühlte sich Marie Vögtlin zu wenig gefordert, sie suchte nach weiteren Betätigungsfeldern. Bei ihrer Mithilfe in der Armenschule und im Kinderspital merkte sie, wie sehr ihr dieser pflegerische Einsatz lag, wie gerne sie im medizinischen Bereich Verantwortung übernommen hätte. So bereitete sie sich heimlich auf die »Universitätsreife« vor, die ihr ein Arztstudium ermöglichen sollte.

Frühmorgens oder beim Kochen – Vater und Schwester durften nichts von ihrem Vorhaben merken – arbeitete sie Latein- und Mathematikbücher durch. Ihre Lernvoraussetzungen waren nicht schlecht, sie hatte, erst durch ihre Mutter, dann durch einen Privatlehrer, eine gute Grundbildung mitbekommen. Dass sich für studierwillige Mädchen in jener Zeit überhaupt ein Silberstreif am Horizont abzeichnet, lässt die Autodidaktin hoffen.

Das Jahr 1867 geht nicht nur als Cholerajahr in die Zürcher Geschichte ein, sondern auch als Markstein für den Beginn des »Experiments Frauenstudium«. Die Zürcher Hochschule hat sich – als erste im deutschen Sprachraum – Frauen offiziell geöffnet. Bereits seit den vierziger Jahren gab es einzelne Hörerinnen, die aber keine Examen ablegen konnten. 1865 kam die Russin Nadezda Suslova nach Zürich, um hier Medizin zu studieren, nachdem man sie in St. Petersburg ihres Geschlechts wegen vom Studium ausgeschlossen hatte. Nach zwei Jahren intensiver Arbeit meldete sie sich zur Promotion. Die Mehrheit der liberal gesinnten Dozenten sprach sich – gegen den erbitterten Widerstand einer Minderheit – für die Zulassung aus, wohl wissend, dass damit ein Präzedenzfall geschaffen wurde, aber noch nicht ahnend, wie viele Studentinnen, vor allem aus Russland, nun Zürich zustreben würden.

Zwei Jahre später, 1869, nimmt Marie Vögtlin als erste Schweizerin das Medizinstudium auf – und mit ihr noch weitere sieben Studentinnen, alles Ausländerinnen. Sie erregen die Zürcher Gemüter weniger als die Einheimische mit dem »appartigen Wesen«, die an ihre Freundin schreibt: »… ein dorniger Weg, voller Schwierigkeiten. Aber keine davon ist unüberwindlich, ich *will* sie alle überwinden … Die Zeit hat nun begonnen, wo der allgemeine Sturm losbricht, wo mein Plan das Tagesgespräch wird. Der ›Bund‹ und die ›Neue Zürcher Zeitung‹ haben sich bereits desselben bemächtigt, um ihn in die Öffentlichkeit zu tragen …«

Aufregung in der Stadt, Aufregung in den Hallen der Hochschule, nicht so sehr bei den Professoren, die den Studentinnen mit besonderer Aufmerksamkeit entgegenkommen und den Sarkasmus oder Spott einzelner Kollegen auszugleichen versuchen, sondern bei den Studenten, besonders den Verbindungsstudenten, die durch das weibliche Geschlecht eingefahrene Rituale bedroht sehen und für die studierende Frauen eher Witzblattfiguren und Beuteobjekte denn Partnerinnen sind. Marie Vögtlin berichtet ihrer Freundin in Schwanden, wie peinlich es ihr ist, »überall unter Studenten zu stehen und mich passiv begaffen lassen zu müssen«, und die Kurzsichtige schließt ironisch: »das kurze Gesicht kommt mir sehr zu statten in dieser Beziehung.«

Franziska Tiburtius, eine spätere Kommilitonin, die sich als zweite Deutsche in Zürich eingeschrieben hat, schildert in ihren höchst anschaulich niedergeschriebenen Erinnerungen den Semesteranfang in der Anatomie: »Bei unserem ersten Erscheinen im Präpariersaal gab es einen unangenehmen Auftritt: es war unter den Studenten bekannt geworden, dass die Frauenzimmer zum erstenmal kommen würden. Als wir eintraten, war der Saal dicht gefüllt, auch von den andern Fakultäten zahlreiche Mitläufer, und es erhob sich ein wüster Lärm, Schreien, Johlen, Pfeifen usw.; da hieß es ruhiges Blut behalten. Neben dem großen Saal war ein kleiner Raum, der uns angewiesen war zur Aufbewahrung der großen Schürzen und des übrigen Handwerkszeuges. Der Lärm dauerte an, und als wir doch an die Arbeit gehen wollten, war die Tür verschlossen – wir waren eingesperrt!«

Der Professor entschuldigt sich später für seine Studenten, so etwas soll nicht wieder vorkommen, und es kommt auch nicht mehr vor. Die Studentinnen selbst sorgen jetzt für Unruhe: In Russland haben sich die günstigen Studienbedingungen für Mädchen an der Zürcher Hochschule herumgesprochen, und immer mehr junge Russinnen brechen nach Zürich auf, um sich hier, vor allem in der medizinischen Fakultät, einzuschreiben. Viele sind außerordentlich motiviert, beherrschen die deutsche Sprache und bringen eine gute Vorbildung mit, andere dagegen nehmen das Studium nur als Vorwand für politische Agitation und freizügigen Lebenswandel. Sie werden von den Studenten spöttisch-geringschätzig »Kosakenpferdchen« genannt, wobei man ihre fanatische Zielstrebigkeit und ihre Opferbereitschaft unterschätzt.

Franziska Tiburtius wohnt Wand an Wand mit einem dieser Kosakenpferdchen und bekommt durch die dünne

Holzwand mehr von den politischen Umtrieben und dem überschwänglichen russischen Gemeinschaftsleben mit, als ihr lieb ist. Sie erinnert sich: »Es waren meist ganz junge Mädchen, die dem Nihilismus und dem Bakuninschen Katechismus mit religiöser Begeisterung bis zum Fanatismus anhingen. Da sie in den Hörsälen und auf der Straße am auffälligsten waren, so wurde ihre Erscheinung bald als typisch aufgefaßt.« Sie tragen das Haar kurz geschnitten zur Titusfrisur, gewaltige blaue Brillen, kurze, schmucklose »regenschirmfutterälahnliche« Kleidchen, Matrosenhüte aus schwarzem Wachstuch und rauchen mit bedeutungsvoll abweisendem Gesicht Zigaretten.

»Auf der Platte«, der Gegend um das Polytechnikum, in dem auch die Hochschule untergebracht ist, entsteht eine zahlenstarke und bunte russische Kolonie, in der es zwei verfeindete Lager gibt, die Sozialisten auf der einen, die terroristisch agierenden Kommunisten auf der andern Seite. Ihr Anführer ist der Anarchist Bakunin, der 1867 in die Schweiz gekommen ist und erst von Locarno, dann von Zürich aus den Umsturz in Russland vorantreibt. Zur Agitationszentrale wird die russische Bibliothek im Gasthaus *Zum Bremerschlüssel* gegenüber dem Polytechnikum, wo die Getreuen revolutionstüchtig gemacht werden. »Die russischen Kollegen zeigten düstere, schicksalsschwere Mienen, die kleinen Kosakenpferdchen waren in steter Bewegung und schwirrten auf der Platte hin und her«, schreibt Franziska Tiburtius, »jeden Abend gab es politische Versammlungen, wo die Meinungsverschiedenheiten mit aller Wucht und Verve der russischen Sprache – vielleicht auch manchmal durch andere Mittel – ausgefochten wurden. Kein Russe ging mehr ohne Revolver auf die Straße, und meine Kollegin selbst zeigte mir das zierliche sechsläufige Ding, mit dem sie sich nötigenfalls zu verteidigen gedachte.« Die Anhänger der verschiedenen Richtungen liefern sich erbitterte Gefechte, den Zürchern ist das

Treiben rund um Hochschule und Polytechnikum immer weniger geheuer. Man hört von Explosionen bei der Herstellung von Sprengbomben, man vermutet überall Spione. Nicht ganz zu Unrecht: Die Medizinstudentin Vera Figner, die als Neunzehnjährige nach Zürich kam und revolutionäre Verbindungen knüpft, wird später in Russland wegen mehrerer Attentatsversuche auf Zar Alexander II. zum Tode verurteilt, dann zu lebenslänglicher Haft begnadigt.

Marie Vögtlin, durch ihren früheren Verlobten mit sozialistischen Ideen vertraut, verfolgt das politische Geschehen mit Interesse, möchte sich aber von allen Auseinandersetzungen fern halten und sich nur dem Studium widmen. Dass ihr dies nicht gelingt, verwundert nicht. Dr. Erismann, mit dem sie auch nach Auflösung der Verlobung noch Briefe wechselte, hat inzwischen seine Studienkollegin Nadezda Suslowa, die erste in Zürich promovierte Ärztin, geheiratet und ist ihr nach St. Petersburg gefolgt. Äußerlich hat Marie Vögtlin diese Nachricht mit Fassung aufgenommen, innerlich wird eine Verwundung bleiben. Dass diese Ehe nur wenige Jahre Bestand hat, kann sie damals noch nicht wissen. Der medizinische Erfolg ihrer »Rivalin« mag sie herausgefordert und angespornt haben, ihr Studium möglichst mit Auszeichnung abzuschließen.

Mit Sorge und Wut sieht sie daher, dass das Studienniveau durch die vielen unqualifizierten, teilweise erst sechzehn oder siebzehn Jahre alten Studentinnen aus Russland ständig sinkt und damit das Ansehen aller weiblichen Studierenden. Schon erklären erste Stimmen das »Experiment Frauenstudium« für gescheitert; schließlich hat der Münchner Anatomieprofessor Theodor von Bischoff nachgewiesen, dass die weibliche Gehirnmasse wesentlich kleiner ist als die männliche und Frauen daher zu wissenschaftlicher Arbeit unfähig sind!

Die Zürcher Hochschule (die offiziell erst von 1912 an Universität heißt) hat die ersten Studentinnen ohne Qualifizierungsnachweis aufgenommen, da viele Mädchen ja gar nicht die Möglichkeit hatten, eine höhere Schule zu besuchen. Gemeinsam mit fünf anderen Medizinstudentinnen fordert Marie Vögtlin nun im Februar 1870 in einem Brief an den Rektor und den Senat, in Zukunft nur noch Frauen zum Studium zuzulassen, die ein Maturitätszeugnis oder ein ähnliches offizielles Examen abgelegt haben. Sie selbst geht mit gutem Beispiel voran und holt ihre Maturitätsprüfung nach. Den Professoren kommt der Vorstoß der sechs Studentinnen nicht ungelegen, zumal die Russinnen ständig Sonderrechte einfordern und viel Unruhe in den Lehrbetrieb bringen. 1873 werden die Zulassungsbedingungen für Studierwillige beiderlei Geschlechts verschärft. Die Abwanderung der russischen Studentinnen nach Bern und Genf hat allerdings noch einen andern Grund: Im selben Jahr 1873 kommt von der zaristischen Regierung ein Erlass, der Russinnen unter Androhung von Sanktionen verbietet, weiter in Zürich zu studieren. Der »Ukas« trifft auch die nicht agitatorisch tätigen Studentinnen. Nur 12 von 109 bleiben in Zürich, und Franziska Tiburtius schreibt nach Hause: »Es ist jetzt nach Abgang der Russen wunderbar ruhig auf der Platte und in den Wandelgängen der Universität.«

Marie Vögtlin, von Natur aus eher scheu und zurückhaltend, hat sich als Wortführerin der Studentinnen auch bei den Professoren Achtung erworben. Sie ist sich inzwischen der Vorbildrolle bewusst, die sie für viele ihrer Geschlechtsgenossinnen spielt. »Die Verantwortung, die ich auf mich genommen habe, ist groß – ich fühle, daß ich im Namen meines ganzen Geschlechts dastehe, und wenn ich meinen Weg schlecht mache, dies für mein ganzes Geschlecht ein Fluch werden kann«, schreibt sie ihrer Freundin. Dass sie sich an den Gebrauch der Präpariermesser so gewöhnt hat wie früher an die Nähnadel, erwähnt sie mit Genugtuung. Für Tanzvergnügen hat sie nichts übrig, schon eher für Wandern und Schlittschuhlaufen. Ihr Semesterplan ist prall gefüllt, sie arbeitet von morgens halb sechs bis abends halb zehn und gönnt sich kaum Pausen, um all ihren Verpflichtungen nachkommen zu können. Dabei ärgert sie das »schauderhafte Mißverhältnis zwischen dem Leben der Männer und Frauen unserer Klassen«, und sie notiert wütend: »Es fährt mir manchmal bis in die Fingerspitzen, wenn ich sehe, wie die Männer durch nichts aus der Fassung und aus dem Genuß ihrer geliebten Bequemlichkeit zu bringen sind, wie das ganze Leben der Frauen eigentlich nur dazu da sein muss, um ihnen diese Bequemlichkeit möglich zu machen.«

Aber nicht auf alle Männer trifft dieses harte Urteil zu. Bei einer botanischen Exkursion lernt sie den vier Jahre jüngeren Geologen Albert Heim kennen. Die beiden verstehen sich auf Anhieb, das gemeinsame Interesse an der Natur und den Naturwissenschaften verbindet sie, auch der Einsatz für hilfebedürftige Menschen. Bei einer Bergtour verloben sie sich auf dem Gipfel des Glärnisch, und die Verwandtschaft findet dies nun nicht mehr »appartig«, sondern ist zufrieden, dass das studierte Frauenzimmer doch noch unter die Haube kommt. Dreißig Jahre alt, schon im Altjungfernalter, ist Marie Vögtlin bei der Heirat. Zwei Jahre zuvor hat sie ihr Studium mit bestem Erfolg abgeschlossen: Staatsexamen, patentierte Ärztin, aber ohne Möglichkeit einer öffentlichen Berufsausübung. Dabei hat sie bei ihrer Arbeit in der Poliklinik gesehen, wie dankbar Frauen sind, wenn sie von einer Frau behandelt werden.

Um mehr Erfahrungen in der Behandlung von Frauen zu sammeln, geht sie nach dem Staatsexamen für ein Semester nach Leipzig – die dortige Gynäkologie hat einen ausgezeichneten Ruf. Von Zürich her ist sie gewohnt, als Frauenzimmer unter lauter Studenten vieles über sich ergehen zu lassen, von anzüglichen und spöttischen Bemerkungen einiger Kommilitonen bis zur Ignorierung der Studentinnen durch einzelne Professoren. Witze über »Weiber im weißen Kittel« regen sie nicht mehr sonderlich auf, zumal die Sticheleien mit dem Einzug von immer mehr Frauen in die Hörsäle ihren Neuigkeitswert verlieren. In der Leipziger Universität jedoch, die, wie alle deutschen Hochschulen, Studentinnen noch nicht zum Examen zulässt, ist sie die einzige Frau unter 3 200 Studierenden und wird begafft wie ein Fabelwesen. Während die Professoren sich ihr gegenüber entgegenkommend verhalten und Professorengattinnen sie zu Kaffeekränzchen einladen, erfährt sie von den Kommilitonen nur rüde Ablehnung und Anpöbeleien. »Es muß daran liegen, daß ihre Phantasie gereizt wird durch die Ausnahmestellung, die ich einnehme«, schreibt sie ihrem Freund nach Zürich. Den Hörsaal kann sie nur unter dem Schutz der Professoren betreten. Möglich, dass die zum Teil aus kleinbürgerlichen Kreisen stammenden Studenten nicht nur gegen die Frau und Ausländerin rebellieren, sondern gegen die Sonderbehandlung und Protektion, die dieser widerfährt.

Sie lernt in Leipzig viel über Geburtshilfe, aber wenig über Frauenkrankheiten und deren Behandlung. Die im großen Saal vorgeführten Patientinnen tun ihr leid: »die Frauen fürchten sich, unter die endlose Schar von Studenten zu kommen«. Verglichen mit Leipzig ist Zürich eine kleine, idyllische Universität mit überschaubaren Krankenstationen. In der anonymen Großstadtatmosphäre, in den riesigen, verrußten Klinikbauten fühlt sich Marie Vögtlin nicht wohl.

Ganz anders in Dresden: Hier hat ein Kollege sie an die königliche Entbindungsanstalt empfohlen, eine Einrichtung mit ähnlichem Renommee wie die Leipziger Gynäkologie, aber überschaubarer und persönlicher. Eine scharfe Examinierung durch den leitenden Professor, Geheimrat von Winckel, besteht sie glänzend und wird gleich als Assistentin auf die Privatstation übernommen. Ihrem

Sozialempfinden entspricht zwar diese Klassenmedizin nicht, aber sie wird in dieser Klinik mit interessanten Fällen und wichtigen neuen Behandlungsmethoden konfrontiert. Auch ihre Dissertation *Über den Befund der Genitalien im Wochenbett* nimmt sie in Dresden in Angriff, promovieren allerdings wird sie – als erste Ärztin der Schweiz und wahrscheinlich Westeuropas – in Zürich. Natürlich hat es vor ihrer Zeit schon Frauen gegeben, die den Arztberuf ausgeübt haben; Dorothea Christiana Erxleben aus Quedlinburg wurde 1754, unter Sonderbedingungen, sogar zum Doktor der Medizin promoviert, aber Marie Vögtlin hat als Erste ein volles, reguläres Studium durchlaufen und sich den allgemeinen Prüfungsnormen unterworfen. Ihre Promotion ist nicht eine einmalige Auszeichnung, sondern wird zum Präzedenzfall, auf den sich zukünftige Medizinerinnen berufen können.

Der Doktortitel bedeutet ihr übrigens wenig, sie tut dessen Verleihung als »mittelalterlichen Zopf« ab, sieht aber ein, dass sie ihn gerade als Frau zur Hebung ihres öffentlichen Ansehens braucht. Ähnlich wie sie empfindet die erste Berliner Ärztin Franziska Tiburtius ihre Zürcher Promotion, die »mit ziemlich viel Klimbim vor sich ging: ... feierlicher Einzug in die Aula, die Magnifizenz an der Spitze, dann das Opferlamm, der amtierende Professor, die anderen Professoren hinterher, die feierlich auf den Lehnstühlen Platz nahmen; – Praelectio, Thesenverteidigung ... Verlesung der Eidformel in lateinischer Sprache, auf die natürlich niemand hörte, – dann die Promotionsformel von dem amtierenden Professor ... und dann das erlösende Aufatmen, wenn man mit der Diplomkapsel unter dem Arm nach Hause ging ...«

Der 11. Juli 1874 ist für Marie Vögtlin und gleichzeitig für die Geschichte des Frauenstudiums der denkwürdige Tag, an dem sie als erste Einheimische unter öffentlicher Verteidigung ihrer Thesen das Doktorexamen ablegt. Aber die Praxis ist ihr wichtiger. Sie kann nun ihren lang gehegten Plan, sich als Frauenärztin in Zürich niederzulassen, in die Tat umsetzen, gesetzliche Hürden stehen nicht mehr im Weg und das Bedürfnis der Frauen, sich von einer Geschlechtsgenossin behandeln zu lassen, ist groß. Das Wartezimmer in ihrer Hottinger Praxis ist, nachdem sie im Tagblatt und in der Neuen Zürcher Zeitung annonciert hat, ständig gefüllt. Es kommen Patientinnen aus allen Schichten, jedoch mehr Wohlhabende als Arme, denen sie sich ja durch ihren »Sozialismus der helfenden Tat« besonders verpflichtet fühlt. Sie behandelt Bedürftige praktisch unentgeltlich, gegen einen kleinen symbolischen Obolus, der verhindern soll, dass sie sich als Almosenempfänger fühlen.

In einem Brief an die Freundin Marie Ritter bedauert sie, dass die Frauen zwar ihre Leiden von ihr behandeln lassen, sie aber nicht zur Geburtshilfe heranziehen: »Die Leute stellen sich noch immer vor, daß dazu ein Pferd gehört.« Aufklärung tut Not – medizinische, hygienische, sozialpolitische. Eigenverantwortlich handeln kann aber nur, wer Zusammenhänge erkennt; das setzt Schulbildung voraus, mit der es bei Mädchen im Argen liegt. Diesen Zustand verändern müssen die Frauen selbst, also brauchen sie gleiche Rechte wie die Männer: das Frauenstimmrecht vor allem – ein Wort, das bei Marie Vögtlin voller Optimismus fällt. Sie kann nicht ahnen, dass noch ein Jahrhundert vergeht, ehe den Schweizer Frauen dieses Grundrecht zugestanden wird.

Sie selber fühlt sich trotz der ihr vorenthaltenen Rechte nicht eingeengt in ihren Entfaltungsmöglichkeiten. Sie hat sich schon früh, unter dem Einfluss ihres damaligen Verlobten Fritz Erismann, freigemacht von der streng orthodoxen Religiosität des Elternhauses und glaubt als Freidenkerin an keinen persönlichen Gott: »Über die höchsten Dinge werden wir immer unwissend bleiben; was wir aber deutlich wissen und herausfühlen können, das ist: was gut, schön, und nach und nach auch, was wahr ist, letzteres allerdings nur bis zu einer gewissen Grenze.« So konsequent sie ihre eigene Linie durchhält, so tolerant ist sie andern politischen und religiösen Gesinnungen gegenüber. Diese Offenheit trägt sicher, neben ihrer fachlichen Qualifikation, zu ihrem Praxiserfolg bei. Dass ihre Sprechstunden bald zu den besuchtesten der Stadt gehören, nehmen ihre männlichen Kollegen mit Neid, aber auch mit Bewunderung zur Kenntnis.

Die in aller Stille auf dem Gipfel des Glärnisch vollzogene Verlobung mit Albert Heim wird nun offiziell nachgeholt, und ein Jahr darauf, 1875, wird das Paar im Kirchlein von Gäbistorf bei Turgi durch Pfarrer Vögtlin, den Vater der Braut, getraut. Nach der Hochzeitsreise durch Südfrankreich und Italien beginnt der gemeinsame Alltag im geräumigen Haus an der Hottinger Straße, in dem auch die Praxisräume der Frauenärztin untergebracht sind. Dass eine Frau nach der Heirat nicht voll in ihren häuslichen Pflichten aufgeht, sondern weiter berufstätig bleibt, ist im ausgehenden 19. Jahrhundert höchst ungewöhnlich; es gibt ja kaum Frauen, die eine Berufsausbildung haben, die meisten sind froh, aus der elterlichen Obhut oder einer ungeliebten Dienststellung in einen eigenen Haushalt entfliehen zu können. Frauen mit selbstbestimmter Lebens- und Berufsplanung fallen aus dem Rahmen, sind unbequem, werden misstrauisch beobachtet, die Ehemänner bedauert.

Albert Heim, junger Geologieprofessor am Polytechnikum und an der Universität, weiß, wie hart sich seine Frau das Studium erkämpft hat, wie sehr sie in ihrem Beruf aufgeht. Der Vielbeschäftigte macht nicht den Versuch, sie ans Haus zu fesseln. Die beiden entwickeln ein sehr modernes Ehemuster mit getrennter beruflicher Arbeit und einem Sich-Finden im gemeinsamen Studierzimmer am gemeinsamen Schreibtisch. Dieser gewaltige Schreibtisch mit zwei Arbeitsplätzen hat es der deutschen Frauenrechtlerin Luise Büchner bei einem Besuch im Heimschen Hause angetan: »Es war mir dieser Tisch ein Symbol, ein erstes sichtbares Zeichen dafür, wie Mann und Frau geistig ebenbürtig nebeneinander schaffen und wirken können.« Die Schwester des revolutionären Dichters Georg Büchner, der in Zürich verstorben ist und umgebettet werden soll, nutzt ihren Zürcher Aufenthalt zu Gesprächen mit politisch aufgeschlossenen Frauen, zu denen zweifellos Marie Heim-Vögtlin gehört. Die beiden haben ähnliche Ansichten, nur dass Luise Büchner fordernder und ungeduldiger auftritt als die nicht gern im Rampenlicht stehende Schweizer Ärztin.

Marie Heim-Vögtlin kümmert sich neben ihrer immer umfangreicheren Praxis auch um die praktische Ausbildung angehender Ärztinnen. Für die Dresdner Frauenklinik, an der sie selbst wertvolle Erfahrungen gesammelt hat, sucht sie unter den Zürcher Medizinstudentinnen geeignete Nachfolgerinnen aus. Ob die Beurteilung dieser Assistentinnen durch den Chefarzt, Prof. v. Winckel, nicht ihren Widerspruch weckt? Er spricht von »auserlesenem Material«, von Studentinnen, die »pflichtgetreu, fleißig, gewissenhaft und aufs eifrigste bestrebt« mindestens gleichwertige Leistungen erbringen wie die männlichen Volontärärzte. Dass in der Aufzählung der Tugenden Selbstständigkeit, Durchsetzungsvermögen und Kreativität fehlen, entspricht dem Frauenbild der Zeit.

Nicht diesem Bild entspricht es, dass Marie Heim-Vögtlin, die erfolgreiche Berufsfrau, ihr erstes Kind im späten Alter von 37 Jahren, das zweite sogar mit über 40 bekommt und daneben weiter berufstätig bleibt. Sie kann sich mit dem Beispiel Dorothea Christiana Erxlebens rechtfertigen, die ein Jahrhundert früher ihre Praxis und vier Kinder versorgt hat. Hedwig Bleuler-Waser beschreibt in ihren Erinnerungen an die Universitätszeit, wie das Vorbild »der verehrten Frau Dr. Heim-Vögtlin« sie dazu bewogen habe, ein Medizinstudium zu beginnen, obgleich wohlmeinende Freunde rieten, sie solle nicht »gleich alle Hoffnung fahren lassen und studieren. Junge Herren seien ja doch alle darin einig, dass sie so etwas Entartetes wie eine Medizinerin nie heiraten würden.«

Immer wieder die Vorurteile gegen studierende Frauen, vor allem gegen Medizinerinnen. Ricarda Huch empört sich in ihren Zürcher Aufzeichnungen über einen Gynäkologen, der ein heftiger Gegner des Frauenstudiums war und »anstößige, oft geradezu unflätige auf sein Fach bezügliche Witze« in seine Vorlesungen einflocht, um die Studentinnen zu beleidigen und zu verscheuchen. Mit einer Kommilitonin gemeinsam verfasste sie einen pamphletischen Briefwechsel über jenen Professor. Sie fand für das provozierende Buch mit dem Titel *Der Rachedolch* allerdings keinen Verleger.

Während sich Ricarda Huch in ihren Erinnerungen *Frühling in der Schweiz* über Marie Heim-Vögtlin sehr lobend äußert, zeigt sie für deren Mann wenig Sympathie. Sie schildert den Geologieprofessor Albert Heim als gnomenhaften Aufklärer mit Altmännerbart, der das Christentum verabscheut: »Von der Tiefe religiöser Vorstellungen hatte er keine Ahnung und wurde infolgedessen schnell mit ihnen fertig, wie er denn zum Beispiel das Abendmahl für eine Menschenfresserei ansah.« Die Christin Ricarda Huch reibt sich an einem Freidenker, dessen philanthropischen Einsatz sie jedoch nicht übersehen kann. Gemeinsam mit seiner Frau engagiert sich Heim für die Abstinenzbewegung und für Bestrebungen, eine konfessionsunabhängige Ausbildungs- und Arbeitsmöglichkeit für Krankenschwestern und Ärztinnen zu schaffen.

Als der Gemeinnützige Frauenverein 1901 in Zürich eine *Schweizerische Pflegerinnenschule mit Frauenspital* einrichtet, übernimmt Marie Heim-Vögtlin die Leitung der Kinderabteilung. In enger Zusammenarbeit mit der Chefärztin, Dr. Anna Heer, ist sie auch für die Finanzverwaltung zuständig. Daneben läuft ihre Praxis weiter und der Haushalt, zu dem nun drei Kinder gehören, Sohn Arnold, Tochter Helene und das Pflegekind Hanneli. Die Vielbeschäftigte versteht es, mit großer Arbeitsdisziplin allen Bereichen gerecht zu werden. Ihr Mann hat inzwischen als Geologe Karriere gemacht. Er ist Präsident der schweizerischen geologischen Kommission und bereist als Experte für Tunnelbau, Stauanlagen und Erdbebenforschung alle fünf Kontinente. 1898 hat er als Erster zu wissenschaftlichen Zwecken mit dem Ballon *Wega* die Alpen überflogen. Während der Katalog seiner wissenschaftlichen Arbeiten immer länger wird, beschränkt sich Marie Heim-Vögtlin auf die Praxis; *Die Pflege des Kindes im ersten Lebensjahr*, *Einige erzieherische Rathschläge für Mütter* oder *Worte einer Mutter an Mütter* heißen ihre Veröffentlichungen.

Bis zum Winter 1913/14 ist sie rastlos tätig, dann muss sie aus Krankheitsgründen zurückstecken. Am 13. August 1914 schreibt sie ihrem Sohn nach Amerika: »Es tut doch weh, von dem lieben Beruf Abschied zu nehmen. Seit der Krankheit letzten Winter ist es aus damit. Alle paar Wochen ein paar Frauen, die nicht von mir lassen wollen ... Aber der Wagen läuft ja doch, und ich bin noch nicht ganz unnütz.« Sie hält Arnold, oft mit zwanzig Seiten langen Briefen, über alles auf dem Laufenden, was zu Hause geschieht: die Herzkrankheit der Schwester, den Ausbruch des Krieges, die Mobilisierung der Schweizer Armee, die reiche Obsternte und die Zuckerknappheit. Über das Kriegsgeschehen macht sie sich ihre eigenen Gedanken: »die Franzosen nehmen das Maul so voll, und die Deutschen sind von einer elementaren Selbstgerechtigkeit. Man kann mit keinem Lande sympathisieren.«

Marie Heim-Vögtlins Tuberkulose verschlimmert sich zusehends, trotz ausgedehnter Kuraufenthalte in Ägeri und im Tessin. Im Februar 1915 schreibt sie ihrem Sohn, der nun eine Schweizer Expedition in Mexikanisch-Niederkalifornien leitet: »Du kannst nicht glauben, wie schmerzlich diese Gemeingefährlichkeit mir ist und wie niederschlagend ... Der liebe Gott hätte mir auf mein langes Arbeitsleben nicht ein solches Ende antun sollen.« Die Kranke, die von ihrer Tochter gepflegt wird, nimmt schweren Herzens Abschied von ihren vielen Ämtern. »Ich bin jetzt ganz pflichtenlos, habe sogar meine Entlassung als Vorstandsmitglied vom Spital eingegeben und eigentlich keine andere Arbeit mehr als Kinderfürsorge«, schreibt die Siebzigjährige im Juni 1915. Um diese Aufgabe kümmert sie sich auch noch in den letzten Monaten ihres Lebens. Die quälenden Hustenanfälle setzen ihr im Frühling 1916 immer mehr zu, aber sie geht dem Tod entgegen, wie sie gelebt hat: eine Liste auf den Knien, in die sie all die Sachen einträgt, die für ihre Schützlinge besorgt werden müssen ...

Über Marie Heim-Vögtlin könnten zwei ganz verschiedene Biographien geschrieben werden. Eine über die moderne, emanzipierte Berufstätige und Pionierin des Frauenstudiums und eine über die Dienende, sich für andere Aufopfernde, wie es dem überkommenen Idealbild ihrer Generation entspricht. Beide blieben unvollständig. Diese progressiv-konservative Frau hat es geschafft, zwei widersprüchliche Leben in eines zu fügen.

Die Provokation der Gelben Broschüre

Helene Lange

1848–1930

Sie sieht aus, wie man sich eine Lehrerin des ausgehenden 19. Jahrhunderts vorstellt: hochgeschlossener Spitzenkragen, die straff gescheitelten Haare zu einem Dutt aufgesteckt, mütterlich strenge Gesichtszüge. Helene Lange war Lehrerin. Rund sechzig Jahre ihres Lebens hat sie – überwiegend in Berlin – pädagogisch gewirkt, an Mädchenschulen, am Lehrerinnenseminar, in der Redaktionsstube und in der Verbandsarbeit. Und immer ging es ihr dabei um das zentrale Thema Frauenbildung. Sie sei ihren Weg »mit der großen Sicherheit eines Menschen gegangen, der die Furcht nicht kennt, wenn er sich in innerer Klärung Ziel und Weg vorgezeichnet hat«, sagt Theodor Heuss von ihr, und viele ihrer Handlungen zeugen von dieser selbstverständlichen Unbeirrbarkeit und planerischen Perspektive.

Da ist die Sache mit der Gelben Broschüre. Im Jahre 1887 reichen sechs pädagogisch fachkundige Frauen, unter ihnen auch die radikal argumentierende Minna Cauer, eine Petition mit 84 Unterschriftenbögen beim Preußischen Kultusministerium und dem Abgeordnetenhaus ein. Sie verlangen größere Beteiligung von Frauen am Unterricht in den Mittel- und Oberstufen der höheren Mädchenschulen und eine bessere wissenschaftliche Ausbildung der Lehrerinnen. Maßvolle und nicht sonderlich revolutionäre Ansprüche, aber im Ministerium ist man solch konkrete, sachlich fundierte Formulierungen von Frauen nicht gewöhnt, und schon gar nicht den ironischen Ton der beigefügten Gelben Broschüre, in der eine gewisse Helene Lange, 39, Lehrerin an einer höheren Privatschule, die bisherige Praxis der Mädchenerziehung und Lehrerinnenausbildung zu kritisieren wagt. Ärgerlich für die Ministerialbeamten, denn sie können das mit logischem Sachverstand aufgebaute Dokument nicht als unqualifiziert vom Tisch wischen. So konfrontiert sie Helene Lange mit Zitaten aus der Weimarer Denkschrift deutscher Pädagogen, in der es heißt: »Es gilt, dem Weibe eine der Geistesbildung des Mannes in der Allgemeinheit der Art und der Interessen ebenbürtige Bildung zu ermöglichen, damit der deutsche Mann nicht durch die geistige Kurzsichtigkeit und Engherzigkeit seiner Frau an dem häuslichen Herde gelangweilt und in seiner Hingabe an höhere Interessen gelähmt werde ...« – Solange die Frau nicht um ihrer selbst willen als Mensch geliebt werde, solange sie nur des Mannes wegen erzogen werden soll, solange konsequenterweise die geistig unselbstständigste Frau die beste sei, könne es mit der deutschen Frauenbildung nicht besser werden, schreibt Helene Lange und folgert: »Das wird nun vielen Männern als kein großer Schaden erscheinen, wenn nur ihr Behagen dabei gesichert ist.« Auch wenn diese Behauptung den Beamten die Sprache verschlägt, leugnen können sie nicht, dass es um die Mädchenbildung in Preußen nicht zum Besten steht.

Die Schule solle die Kraft des Glaubens und der Menschenliebe ebenso entwickeln wie die intellektuellen Fähigkeiten und Ernst machen mit Pestalozzis Forderung nach dem allseitig gebildeten Menschen, verlangt Helene Lange, und sie hat die allseitig gebildete Frau dabei im Blick, die nicht nach Höherer-Töchter-Manier mit »Selekten« wie Porzellanmalen oder Italienisch abgespeist werden dürfe. Wenn sie die Fächer der »Verstandeskultur«, Grammatik, Rechnen, Naturwissenschaften weiter männlichen Lehrkräften überlassen will, die ethischen, Deutsch und Religion aber Frauen zuweist, so betont sie damit den Unterschied der Geschlechter, den sie nicht aufheben möchte, sondern dem gerade in geschlechtsgebundenen Schulen und Lehrerbildungsanstalten Rechnung getragen werden soll. Allerdings müssten die Maßstäbe der Frau dieselbe Geltung haben wie die des Mannes, und die Voraussetzungen dazu könne nur eine selbstständige geistige Bildung, von Frauen vermittelt, schaffen.

Als Reaktion auf diese unbotmäßigen Forderungen wird Helene Langes Unterricht inspiziert, gleich durch die allerhöchste Instanz, einen Geheimen Oberregierungsrat aus dem Kultusministerium, der anschließend in einem Vortrag vor dem Kollegium den Frauen mit Hilfe Abrahams und der Bibel klar macht, wo ihr Platz sei: drinnen in der Hütte.

Im Abgeordnetenhaus wird indes die eingereichte Petition unter dem Druck der Regierung zwei Mal von der Tagesordnung abgesetzt. Helene Langes beigefügte Gelbe Broschüre weist die Regierung in schärfster Form zurück – eine Reaktion, die auf starke Betroffenheit schließen lässt und zeigt, dass es weniger um den Bildungsanspruch der Frau als um sorgsam gehütete Männerprivilegien geht. Man will sich keine Konkurrenz im eigenen Hause schaffen.

Helene Lange gibt sich nicht geschlagen. Geschickt baut sie in einer Strategie der kleinen Schritte einen Stufenplan auf, der sich erst einmal – 1889 – mit der Einrichtung von Realkursen für Mädchen begnügt. Sie sollen der Vorbereitung auf gewerbliche und kaufmännische Berufe dienen. Vier Jahre später folgen dann Gymnasialkurse, die zur Hochschulreife führen sollen. Durch dieses schrittweise Vorgehen und die Unterstützung bedeutender Gelehrter wie Adolf von Harnack, Dellbrück, Dilthey und Helmholtz unterläuft sie massivste Widerstände gegen das Frauenstudium in Universität und Öffentlichkeit. 1896 bestehen die ersten sechs Absolventinnen ihrer Anstalt das Abitur mit guten Zensuren. Damit ist – wieder einmal – der Beweis erbracht, dass auch Mädchen sich auf akademisch abstrakte Höhen emporarbeiten können. Aber die Vorurteile sitzen tief,

Möbius' Erfolgsschrift der Jahrhundertwende *Über den physiologischen Schwachsinn des Weibes* erlebt Auflage um Auflage und prägt das öffentliche Bewusstsein.

Um den Lehrerinnen den Rücken zu stärken bei ihrem langsamen aber unaufhaltsamen Eindringen in »männliche« Fächer und Positionen, hat Helene Lange schon 1890 den Allgemeinen Deutschen Lehrerinnenverein mitbegründet, den sie dann jahrzehntelang führt. Über die Mädchenbildungsfrage, ihr Lebensthema, kommt sie auch zur Frauenbewegung.

Erste Gedanken zur Stellung der Frau hatte sich das aus einem Oldenburger Kaufmannshaus stammende, früh verwaiste Mädchen schon mit sechzehn gemacht, als es ein Jahr in einer Tübinger Pastorenfamilie zubrachte. Die selbstverständliche Autorität des Mannes, Amtsautorität dazu, die Klugheit und Bildung der Pfarrfrau völlig überdeckte – war das gerecht? Auf der Werteskala der jungen Helene Lange fanden nun Selbstbestimmung und persönliche Freiheit ihren Platz ganz oben. Schiller im Herzen und Bilder der Freiheitshelden Garibaldi und Theodor Körner über dem Bett. Aber auch Lessings klare Denkkategorien imponieren ihr, während die Romantiker ihr zu verstiegen und gefühlsbetont vorkommen.

Erst mit ihrer Volljährigkeit kann sich Helene den Berufswunsch erfüllen, den ihr Vormund völlig abwegig fand: Lehrerin. Sie geht 1871 mit einer kleinen Erbschaft und der Erfahrung einiger Erzieherinnenjahre nach Berlin, um das Lehrerinnenexamen abzulegen. Und sie gerät an Menschen, die das praktizieren, was ihr schon immer vorschwebte, Selbstverwirklichung. Aber nicht in eng feministischer Auslegung um die eigene Person zentriert, sondern in der Zuwendung zu andern als soziale und pädagogische Aufgabe. Sie verkehrt im Hause der Henriette und Franziska Tiburtius, wo sie den Kampf um Anerkennung weiblicher Ärzte miterlebt. Sie liest Schriften von Hedwig Dohm und lernt Jeanette Schwerin, die Vorkämpferin für einen Wohlfahrtsstaat, kennen. Seit 1876 unterrichtet sie an einer Töchterschule so erfolgreich, dass man ihr die Leitung des angeschlossenen Lehrerinnenseminars überträgt.

Schritt um Schritt wächst ihr Einflussbereich, selbst am Hof. Der aus England stammenden Kronprinzessin Viktoria, Gemahlin des 99-Tage-Kaisers Friedrich III., verdankt sie manche Unterstützung. In ihren *Lebenserinnerungen* schreibt sie: »Die Kaiserin Friedrich ließ mich bald nach dem Tode des alten Kaisers nach Charlottenburg kommen, um mit mir die Möglichkeit einer Durchführung unserer Pläne zu besprechen. Ich traf sie strickend am Kamin und hatte die erste der anregenden und innerlich bereichernden Stunden mit ihr, der später noch so manche gefolgt ist …« Die strickende Kaiserin, die »wie keine andere berufen schien, Neues heraufführen zu helfen«, kann ihrer Gesprächspartnerin zwar noch einen Englandaufenthalt vermitteln, verliert aber nach dem Tod des Kaisers und der Thronbesteigung ihres Sohnes Wilhelm II. an Macht und Einfluss am Hof.

Helene Lange möchte ihre Ideen und Konzepte nicht nur in die Praxis umsetzen, sondern sie auch einem größeren Kreis zugänglich machen. Was lag näher als die Gründung einer Zeitschrift mit dem Schwerpunkt weiblicher Bildung und Kultur? 1893 bringt sie, sorgfältig geplant und auf Dauer angelegt, wie alles, was sie anpackt, die erste Nummer der Monatsschrift *Die Frau* heraus. Die in der Berliner Hofbuchhandlung Moeser erscheinende Zeitschrift wird bald zum wichtigsten Organ der bürgerlichen Frauenbewegung und spiegelt deren Entwicklung während fünf Jahrzehnten wider.

Die Arbeit, die mit der regelmäßigen Herausgabe einer Zeitschrift verbunden ist, hätte die Redakteurin nicht bis zu ihrem Tod bewältigen können, wenn ihr nicht eine junge Mitarbeiterin zur Hand gegangen wäre: Gertrud Bäumer. Mit der 25 Jahre jüngeren Studentin verband sie bald über die Arbeitszusammenhänge hinaus eine tiefe Freundschaft. Ihr Plan, ein mehrbändiges *Handbuch der Frauenbewegung* herauszugeben, konnte nur mit Gertrud Bäumers Hilfe verwirklicht werden. Da ein Augenleiden ihr das Lesen und Schreiben zunehmend mühsamer machte, kümmerte sich die junge Gefährtin auch mehr und mehr um die Redaktionsarbeiten der *Frau*.

Über Helene Langes Privatleben ist wenig bekannt, die Person verschwindet völlig hinter der Aufgabe. In ihren Lebenserinnerungen erzählt sie Persönliches nur aus ihrer Kindheit und Jugend. Bezeichnend die Kapitel, die dann folgen: Im Beruf, Kampfzeit, Aufbauende Arbeit, Ausbreitung und innere Entwicklung der Frauenbewegung, Erfolge und Enttäuschungen in der Frauenbildungsfrage. – Ein Leben, das nur aus Arbeit bestand? – »Mein Privatleben ist planmäßig in diesen Aufzeichnungen außer acht gelassen worden«, vermerkt sie in den Lebenserinnerungen. Viele persönliche Dokumente hat sie vernichtet. Bestand soll nur ihr Werk haben.

Fast zwanzig Jahre lang war sie Vorsitzende des Allgemeinen Deutschen Frauenvereins. Dem Vorstand des Bundes Deutscher Frauenvereine hat sie angehört. Sie gilt als die wichtigste Vertreterin der bürgerlichen Frauenbewegung, und sie gab diesem Kreis Konturen, auch indem sie ihn scharf gegenüber dem radikalen Flügel und der proletarischen Frauenbewegung abgrenzte. Ihre damals erhobenen Bildungsansprüche für Frauen sind längst erfüllt. Ihre Forderungen nach einem eigenen weiblichen Weg, einer weiblich-mütterlichen Kultur finden sich heute in Teilen der Neuen Frauenbewegung wieder. Wenn sie von der großen Bewegung der Frauen aller Kulturländer spricht, die sich über Machthunger, Hass und Materialismus emporringt und so zum »Ausgangspunkt für die steigende Vergeistigung der Welt« wird, so glaubt man, Marilyn Ferguson oder eine andere Apologetin des New Age zu hören.

Konservativ? Progressiv? Etikettierungen fassen nicht bei dieser Frau, die von sich selbst sagt: »Wenn mir etwas im Blut sitzt von klein auf, so ist es Republik und Demokratie.« Ihre Zeitschrift *Die Frau* stand politisch Friedrich Naumann und der Fortschrittlichen Volkspartei nahe. Aus der Ruhe bringen ließ sie sich vom turbulenten Tagesgeschehen selten. Als Anfang Februar 1922 in Berlin gestreikt wird, Licht und Heizung nicht funktionieren, das Wasser eimerweise aus einem Eisloch in der Spree geschöpft werden muss und Arbeiterfrauen ihre streikenden Männer verprügeln, schreibt sie mit klammen Fingern an ihre Freundin Emmy Beckmann: »Im übrigen habe ich mich mit einer Kerze an Shakespeares Königsdramen gesetzt – die waren eine wirkliche Hilfe.« – Weniger ruhig blieb sie nach der Wahl Hindenburgs. Da vermerkt sie am 27. April 1925 wütend: »Ohne die albern-sentimentale Magdseligkeit der deutschen Frauen wäre dieser unpolitische, für seine Stellung in keiner Weise befähigte alte Mann niemals durchgekommen. Natürlich kann er nur Puppe sein – das haben ja die Rechtsparteien gerade gewollt ... Der Freiheit hat man ja immer in Deutschland schließlich den Hals umgedreht.« – Ihr altes Thema. Kampflust bescheinigt auch Theodor Heuss »dieser großen Frau, in der sich so seltsam ein feuriges Herz mit einer nüchternen Gescheitheit begegnete«.

Helene Lange starb am 13. Mai 1930 in Berlin und wurde auf dem Westfriedhof in Charlottenburg beerdigt. Als einzige Vertreterin der Frauenbewegung und eine der ganz wenigen Frauen fand sie Aufnahme in die Serie »Die großen Deutschen«. Zwei Jahre vor ihrem Tod verlieh ihr die Preußische Regierung »Für Verdienste um den Staat« die große Staatsmedaille. Die Ehrung, die sie wohl am meisten freute, war die Verleihung der Ehrendoktorwürde durch die Universität Tübingen – auch wenn ein Dr. h. c. der Berliner Universität bei dieser preußischen Wahlberlinerin eigentlich näher gelegen hätte ...

Für Frauenstimmrecht und Frieden
Anita Augspurg
1857–1943

Ein kleines graugrünes Haus, das wie eine Bühnenkulisse mitten im München der Jahrhundertwende steht. Ecke Von-der-Tann-Straße/Königinstraße, unmittelbar am Englischen Garten. Der Jugendstilarchitekt August Endell hat es provozierend phantasievoll gestaltet, mit unregelmäßig gesetzten Fenstern, in deren Form Gertrud Bäumer das Temperament des Jugendstils zucken sieht, etwas »wie gebundene Elektrizität, ein schwungvolles Spiel elementarer Lust des Lebens«. Die Fassade wird von einem kühn stilisierten Drachen beherrscht, »Drachenhaus« spöttelt der Volksmund deshalb. Aber nicht nur deshalb: Das Haus gehört zwei jungen Frauen mit kurzgeschnittener Titusfrisur und unbekümmert selbstsicherem Auftreten. Frauen, die ohne männliche Begleitung durch den Englischen Garten radeln und sich in die Politik einmischen.

Das Drachenhaus haben Sophie Goudstikker und Anita Augspurg ganz nach ihren Vorstellungen bauen lassen, sie betreiben hier ein Photoatelier. »Hof-Atelier Elvira« steht in steilen Schnörkelbuchstaben neben der Eingangstür. Die Klientel kommt aus Künstlerkreisen und selbst aus der bayerischen Königsfamilie, die Frauen verstehen ihr Geschäft, sie haben sich bei erstklassigen Photographen ausbilden lassen.

In Wirklichkeit aber treibt sie etwas anderes um: die Benachteiligung der Frau im politischen Leben und in der Gesellschaft. Sie haben sich beide ganz der Frauenbewegung verschrieben, die im letzten Jahrzehnt des 19. Jahrhunderts allmählich Kontur und Macht gewinnt. »Verein für Fraueninteressen« nennt sich der Kreis, der sich im Drachenhaus trifft, unverfänglich. Darunter kann man sich backende Hausfrauen oder kunstbegeisterte höhere Töchter vorstellen; nur auf den Gedanken, es handle sich womöglich um politisch aktive Frauen, sollte niemand kommen. Noch – und das bis zum Jahre 1908 – ist Frauen die Gründung politischer Vereine und die Teilnahme an politischen Versammlungen gesetzlich untersagt. Aber Münchens Frauen machen sich trotzdem politische Gedanken, keine hochfliegend utopischen, sondern handfest praktische: Sophie Goudstikker hat eine Rechtsschutzstelle für Frauen in Not eingerichtet, Ellen Ammann die erste katholische Bahnhofsmission gegründet, Ika Freudenberg beruft 1899 in München den ersten »Allgemeinen bayerischen Frauentag« ein.

Anita Augspurg bringt kosmopolitischen Wind in die Münchner Frauenszene. Sie kennt sich im Ausland aus, hat Jahre in Zürich gelebt, in Berlin und Hamburg, Erfahrung in der Frauenarbeit gesammelt, sie sieht auch in München eine Chance, Frauen für ihre Rechte zu mobilisieren. München, nach Berlin und Hamburg das dritte deutsche Zentrum der Emanzipationsbewegung, gilt als kulturell aufgeschlossene und vorurteilsfreie Stadt. Doch auch hier sind die Bildungsmöglichkeiten für Frauen noch sehr eingeschränkt, der Zugang zur Universität ist ihnen noch verwehrt. Wohlmeinende Professoren lassen weibliche Hörer da und dort mit durchschlüpfen, aber Examen ablegen können sie erst von 1903 an. Noch im Jahre 1900 gibt es in München nur eine einzige Ärztin, und die ist Engländerin und darf keine Rezepte ausstellen.

Anita Augspurg, die Photographin, die auch eine solide Ausbildung als Lehrerin und eine etwas weniger solide als Schauspielerin hinter sich hat, musste deshalb ihre vierte berufliche Laufbahn, die einer Juristin, in Zürich beginnen.

Eine Legitimation als Gesetzeskundige schien ihr die einzige Möglichkeit zu sein, in Männergremien mitzuhalten, wenn dort Frauenpolitik »zum Besten« der politisch Unmündigen gemacht wurde. 1897 promovierte sie als Vierzigjährige an der Zürcher Universität zum Dr. jur. – gerade rechtzeitig, um sich in Deutschland in die Vorbereitungen für ein neues Bürgerliches Gesetzbuch einschalten zu können. Die neue Gesetzgebung sollte mit dem Jahrhundertbeginn in Kraft treten, da gab es im Vorfeld noch viele Weichen für die Frauenpolitik zu stellen. Abänderungsvorschläge mussten bei der Regierung und beim Reichstag eingebracht werden, das machte die Anwesenheit in Berlin nötig – ein großes Opfer für die Norddeutsche mit dem Hang zum Süden. Ihre spätere Gefährtin Lida Gustava Heymann beschreibt diesen Konflikt plastisch: »So leidenschaftlich sie Bayern und München liebte, ebenso haßte sie Preußen und besonders die Berliner Atmosphäre wie die Berliner selbst mit ihren schreienden mißtönenden Fistelstimmen, dem ewigen Getue, dem immer alles Besserwissenwollen.«

Doch ausgerechnet in diesem verhassten Berlin haben sich die beiden Frauen zum ersten Mal getroffen. 1896, auf dem Internationalen Frauenkongress: Anita Augspurg hielt eine Rede, und die elf Jahre jüngere Hamburger Kaufmannstochter Lida Gustava war von der Rednerin fasziniert. Damit beginnt ein Lebensbund, in dem die vitalere Anita Augspurg die Führungsrolle übernimmt. Die Gefährtin bewundert sie als »Lebenskünstlerin«.

Für beide steht die Frauenbewegung im Mittelpunkt, doch haben sie auch andere, gemeinsame Interessen: ihre Naturnähe, ihre Reiselust. Zu zweit machen sie Sommerferien im bayerischen Kloster Schäftlarn, pendeln zwischen Berlin und München und werden schließlich in München sesshaft.

Anita Augspurg hat sich inzwischen in die juristischen Probleme der Frauenfrage eingearbeitet, hat alle einschlägigen Gesetzestexte im Kopf, kein Parlament und kein Gericht kann sie noch mit Paragraphenzitaten einschüchtern. Wie wichtig der juristisch fundierte Unterbau einer Argumentation ist, wenn man politisch etwas erreichen will, hat sie schon in ihrem großbürgerlich geprägten Elternhaus in Verden an der Aller mitbekommen.

Der Vater war Jurist und wurde als engagierter Liberaler nach der Revolution von 1848 für seine Überzeugung eingesperrt. Von ihm hat sie den starken Gerechtigkeitssinn geerbt und das nüchterne Engagement, das weniger mit Emotionen als mit richtigen Gesetzesparagraphen an eine Sache herangeht.

Die Frauenanwältin sieht ihren Platz nicht im gemäßigten Flügel der Frauenbewegung, in dem Helene Lange mit ausgewogener Diplomatie eine Strategie der kleinen Schritte verfolgt, sondern im radikalen um Minna Cauer, der ungeduldiger und lautstarker Frauenrecht einfordert. Die beiden Flügel unterscheiden sich im Ton, aber auch in vielen ihrer Zielsetzungen. Es gibt unterschiedliche Auffassungen zu Fragen des Mutterschutzes, der Prostitution und Ausbeutung durch den Mann, zum § 218 – alles heute noch heiße Eisen. Auch bei der Forderung nach dem Frauenwahlrecht gibt es Differenzen. Die Gemäßigten setzen sich für das bestehende Dreiklassenwahlrecht ein, die Radikalen verlangen Gleichheit für alle Klassen und beide Geschlechter.

1908 kann die Frauenbewegung einige Erfolge verbuchen. Eine längst fällige Mädchenschulreform wird durchgesetzt, die endlich dem weiblichen Geschlecht gleiche Bildungschancen einräumt – wenigstens auf dem Papier. In der Praxis sind die eingewurzelten Familienstrukturen nicht so rasch zu verändern: der Junge studiert, das Mädchen heiratet.

Von 1908 an können Frauen auch politischen Parteien beitreten. Das verbessert ihre Lage aber erst einmal kaum, da sie ihre Kräfte in den verschiedenen Lagern verzetteln, ohne zu einer Solidarität über Parteigrenzen hinweg zu kommen. Den 1894 gegründeten »Bund deutscher Frauenvereine« sieht Anita Augspurg nicht als wirksame Frauenlobby, da er als Dachorganisation systemlos alles aufnehme, vom »Verein für die Aussteuer jüdischer Bräute« bis zum Verein »Frauenwohl«. Abseits halten sich ohnehin die Arbeiterinnen und die katholischen Frauenvereine. Die sozialistische Frauenbewegung mit Clara Zetkin an der Spitze hat sich vom bürgerlichen Lager abgekoppelt, um sich auf der Seite des Proletariats mit den Genossen gemeinsam für die Arbeiterinnen einzusetzen. Anita Augspurg bleibt da skeptisch: »Der sozialdemokratische deutsche Mann beutete, wo er die Möglichkeit dazu hatte, das heißt in der Familie, die Frau für seine persönlichen Zwecke in gleicher Weise aus wie die bürgerlichen Männer ... Bei den Sozialdemokraten war es die Natur, bei den Kirchenvätern der liebe Herrgott. Männlichen Despoten hat es noch nie an Ausreden gefehlt.«

Wie ihre Lebensgefährtin Heymann engagiert sich Anita Augspurg in der liberalen Deutschen Freisinnigen Volkspartei. Aber die beiden erfahren bald, dass Frauen in den bestehenden Männerparteien keine wirkungsvolle Frauenpolitik machen können. Schon 1902 hatten sie in Hamburg den »Deutschen Verein für Frauenstimmrecht« gegründet als Antwort auf das Desinteresse der Parteien an mitarbeitenden und mitdenkenden Frauen. Sie wissen, dass das Stimmrecht der entscheidende Hebel ist für die Gleichberechtigung auf allen Gebieten, deshalb setzen sie sich in Vorträgen und Diskussionen so nachdrücklich für dieses Ziel ein. 1912 erscheint die erste Nummer ihrer Zeitschrift *Frauenstimmrecht* und Anita Augspurg stellt mit Befriedigung fest, dass sich ihre Gegner sofort zu einem »Bund zur Bekämpfung des Frauenstimmrechts« formieren. In einem Leitartikel frohlockt die Kampfbereite: »Wann hätte wohl je der deutsche Blätterwald so intensiv von Frauenbewegung und Frauenstimmrecht gerauscht? ... das Frauenstimmrecht wurde verteidigt von Blättern, die bisher drei Kreuze vor ihm machten, die es ohne diesen Angriff nie für würdig befunden hätten, Gegenstand eines ernsten Leitartikels zu sein.«

Die unerwartete Publizität macht den Stimmrechtsanhängerinnen Mut, sich mit einem Propagandazug durch München zu ihrer Sache zu bekennen. In fröhlicher Reihe geht es mit zwanzig girlandengeschmückten Wagen quer durch die Innenstadt bis zum Englischen Garten. Tafeln mit der Aufschrift »Frauenstimmrecht« werden von Frauen getragen, die gar nicht wie Blaustrümpfe oder zigarrenqualmende Emanzen in den Witzblättern aussehen. Die Münchner sind verblüfft, nehmen's als Gaudi und das Bild der verbissenen, Furcht einflößenden Suffragetten ist gebannt.

Die Initiatorinnen wundern sich, dass es »weder Ungezogenheiten noch irgendwelche Anrempelungen oder Grobheiten« gab, nur erheiternde Zurufe wie »Aha, keinen Mann gekriegt!«

Der Münchner Frauenbewegung geht die herbe Strenge ab, mit der in Preußen Frauenpolitik gemacht wird. Aber gerade diese weniger dogmatische, vielleicht auch gemächlichere Art hat die beiden »radikalen« Norddeutschen aus Verden und Hamburg nach Bayern gezogen. Zwar setzen sich beide für die Frauenbelange voll ein, aber daneben führen sie ein intensives Privatleben auf dem Lande, mit körperlicher Arbeit und sportlicher Betätigung.

Lange schon hatte Anita Augspurg von einem eigenen Bauernhof geträumt – und auch diesen Traum mit mehreren Semestern an der Landwirtschaftlichen Hochschule in Berlin solide untermauert. Sie fühlt sich der Herausforderung gewachsen, einen Hof mit Landwirtschaft und Viehzeug zu führen. Der Siglhof bei Peissenberg ist nach ihrem

Geschmack: 1 000 Tagwerk Land, 43 Kühe. »… das war ein Feld praktischer Arbeit, da war Raum für Phantasie, köstliche Möglichkeiten, Neues zu gestalten«, heißt es in den Memoiren. Der etwas verkommene Bauernhof entwickelt sich nach und nach zu einem Mustergut. Sümpfe werden trocken gelegt, Wiesen drainiert, Hänge aufgeforstet, Torf wird gestochen. Und die ganze Arbeit wird ausschließlich von Frauen bewältigt. Die staatliche Moorkulturanstalt beteiligt sich an Versuchen mit Getreide-, Kartoffel- und Gemüseanbau auf moorigen Böden.

Die bäuerliche Umgebung verfolgt die Arbeit der »Weiberkommune« mit Misstrauen und die Erfolge mit Neid. Auch nach zwei Brandstiftungen geben die Frauen den Versuch noch nicht auf, mit den Einheimischen in Kontakt zu kommen. Vielleicht lassen sich Jugendliche und Frauen mit einer privaten und kostenlosen Bücherausleihe ins Haus locken? Zuerst ist die Neugier der Dorfbevölkerung groß und der Andrang entsprechend, doch bald hört die Leselust auf: Die ausgeliehene Literatur entspricht nicht dem, was der Pfarrer sich für seine Schäfchen wünscht.

1913 muss der Siglhof wegen einer schweren Erkrankung Anita Augspurgs verkauft werden. Auch ein späterer Versuch mit einem Landsitz bei Icking, den die beiden Besitzerinnen »Burg Sonnensturm« nennen und der ihr Altersruhesitz werden soll, erweist sich als kurzlebiger Traum. Der Hof kann aus finanziellen Gründen nicht gehalten werden. Trotzdem bereuen die beiden so ähnlich auf Herausforderungen und Schicksalsschläge reagierenden Gefährtinnen ihre Landerfahrungen nicht. Sie stellen fest, dass ihre »vielseitige private Beschäftigung vor Einseitigkeit und Sterilität im öffentlichen Leben schützt«. Sie holen sich bei diesem Ausgleich die Kraft für ihre politische Arbeit – und die brauchen sie in zunehmendem Maße.

Inzwischen ist der Erste Weltkrieg ausgebrochen, die nationale, vaterländische Begeisterung schlägt überall in

Deutschland hohe Wellen, von denen auch die Frauenbewegung nicht unberührt bleibt. Die Kluft, die die bürgerlichen Frauen seit langem in einen gemäßigten und einen radikalen Flügel gespalten hat, vertieft sich nun noch. Während die Gemäßigten unter Gertrud Bäumer einen Nationalen Frauendienst aufbauen, in dem sich auch Sozialdemokratinnen beim Roten Kreuz, in Nähstuben und Großküchen engagieren, sammeln die Radikalen ihre Anhängerinnen zum Widerstand. Unannehmbar ist für sie, was die Führerin der Gemäßigten, Helene Lange, postuliert: »Aber wenn die Frage heißt: Krieg oder Stillstand deutscher Entwicklung, Tod oder Knebelung deutschen Lebens, so lautet die Antwort der deutschen Frau ohne Besinnung: Krieg und Tod.« Entschieden lehnen die pazifistischen Radikalen dagegen jede »Beihilfe« zu Kriegshandlungen ab. Lida Gustava Heymann bekräftigt das nachdrücklich: »Wir würden keine Arbeit für direkte Kriegszwecke leisten, wie Hospitaldienst, Verwundetenpflege. Halbtot geschundene Menschen wieder lebendig und gesund machen, um sie abermals den gleichen oder noch schlimmeren Qualen auszusetzen? Nein, für einen solchen Wahnsinn würden wir uns nicht hergeben.«

Frauenstimmrechtsbewegung und Friedensbewegung gehören für die radikalen Frauen untrennbar zusammen. Erst wenn die Frauen in allen Parlamenten säßen, könne Krieg und Rüstung Einhalt geboten werden, argumentieren sie. Sie setzen ihre Hoffnung auf weltweite Frauensolidarität. Auf der Internationalen Frauenfriedenskonferenz 1915 in Den Haag, bei der sich Frauen aus zwölf Ländern in ihrem Friedenskampf solidarisch erklären, vertreten Augspurg und Heymann Deutschland – und werden daraufhin vom Bund Deutscher Frauenvereine wegen ihrer pazifistischen Aktivitäten ausgeschlossen. In Bayern verbietet das Kriegsministerium die Verbreitung der in Den Haag gefassten Entschlüsse. Das hindert die beiden nicht, in einem internationalen Friedensausschuss, der späteren »Internationalen Frauenliga für Frieden und Freiheit«, weiterzuarbeiten. Es folgt, was vorauszusehen war: Rede- und Publikationsverbot, Postüberwachung, Verbot von Auslandsreisen. Lida Gustava Heymann wird aus Bayern ausgewiesen. Die Überwachung ist aber so lasch, dass die laut Gesetz Ausgewiesene im Isartal untertauchen und hier das Kriegsende abwarten kann.

Das Ende des Krieges bringt mit der Novemberrevolution auch die Erfüllung einer immer wieder hartnäckig gestellten Forderung: Die Frauen erhalten das Wahlrecht. Aber für Anita Augspurg ist damit der politische Einsatz nicht zu Ende. Die in München gebildete sozialistische Regierung unter Kurt Eisner bietet ihr Mitarbeit an, obwohl sie kein Parteimitglied ist. Und sie sagt zu, auch wenn ihr eigentlich politisch frei schweifende Arbeit lieber ist als enge Parteibindung. Sie arbeitet im provisorischen Parlament mit und kandidiert als Parteilose für den bayerischen Landtag. Bei Schneetreiben und Kälte zieht sie mit einem Rucksack bepackt von Dorf zu Dorf, von Kneipe zu Kneipe. Wahlkampf im »schwärzesten« Oberbayern. Feixende, pfeifeschmauchende Männer, kichernde, neugierige Frauen, die zum ersten Mal eine Wahlversammlung erleben. Der Pfarrer hat vor den »unchristlichen« Wahlkämpferinnen aus der Stadt gewarnt und er hat Recht behalten: Die Religion wollen sie aus der Schule und aus dem Staat verdrängen – ja, wo kämen wir denn da hin? – Geschlossene Ablehnung der Dorfbevölkerung. Wahlkampf gescheitert, nicht nur in Oberbayern, nicht nur für Anita Augspurg.

Auch die am 7. April 1919 in München ausgerufene Räteregierung mit Köpfen wie Ernst Toller oder Erich Mühsam bleibt ein kurzer, blutig niedergeschlagener Traum. Von »Frauenräten« mit politischem Mitwirkungsrecht ist nun nicht mehr die Rede. Dabei hatte der Aufbruch der Frauen nach dem Kriegsende so verheißungsvoll begonnen, mit Volksversammlungen auf der Theresienwiese, mit aufbegehrenden Arbeiterinnen, mit Frauendemonstrationen auf dem Marienplatz. »Wohin sind alle diese widerspenstigen Frauen verschwunden?«, fragt Monika Meister in der Sendung *Friedensrechtlerinnen der Räterepublik* im Bayerischen Rundfunk, »in der Geschichtsschreibung über diese Zeit tauchen sie nicht mehr auf.« Und ihr bitteres Fazit: »Wenn Frauen ihre Geschichte nicht selbst schreiben, geht sie verloren ... Um Frauengeschichte zu erfahren, muß man wohl in Polizei-, Geheimdienst- und Gerichtsakten wühlen.«

Gegen dieses Vergessenwerden, dieses lässige Beiseiteschieben von Frauen- und Friedensinitiativen kämpft Anita Augspurg an. Auf die Weimarer Republik setzt sie keine großen Hoffnungen mehr, weltweit sieht sie für die Idee des Pazifismus größere Chancen. In Stockholm war Bertha von Suttner schon 1905 als erster Frau der Friedensnobelpreis verliehen worden. Ihr Buch *Die Waffen nieder* kam in 27 Sprachen heraus – das ermutigt.

Wieder einmal leistet das Gespann Augspurg/Heymann gemeinsame publizistische Arbeit mit der Herausgabe einer neuen Monatszeitschrift. *Die Frau im Staat* erscheint 1919 zum ersten Mal und kann sich durch alle Wirren der Weimarer Zeit bis 1933 halten. Frauenpolitik, Völkerverständigung, Frieden heißt die Zielsetzung, und die Herausgeberinnen scheuen sich nicht, heiße Eisen anzufassen: Versailler Vertrag, Ruhrbesetzung, Aufrüstung, Bürgerwehren, Kolonien. Die Konstituierung der Nationalversammlung 1919 kommentieren sie mit den aggressiven Worten: »Die selben altersschwachen Greise, dieselben Parteigötzen, die seit Jahrzehnten zu jedem Kuhhandel, zu jeder Konzession bereit waren, die sich von der verflossenen preussisch-monarchistischen, militärischen Regierung so schmachvoll hatten betrügen lassen ... diese Männer ziehen wieder in die Nationalversammlung ein.« – Dass die beiden scharfzüngigen Kritikerinnen polizeilich beobachtet werden, kann sie eigentlich nicht wundern. Sie empören sich aber über das ungleiche Maß, mit dem da gemessen wird. Während die Nationalsozialisten sich ungehindert immer dreister in München ausbreiten, werden linke Aktivitäten streng verfolgt.

Die Frauen entwickeln geradezu ein Gespür für die Gefährlichkeit des Demagogen Hitler und seiner Münchner Auftritte. 1923, noch vor dem Hitlerputsch, verlangen sie gemeinsam mit der katholischen Frauenführerin Ellen Ammann vom bayerischen Innenminister die Ausweisung Hitlers. Kühn und weitsichtig, aber erfolglos bleibt ihr Besuch im Ministerium Schweyer.

Als die Nationalsozialisten 1933, wie befürchtet, die Macht übernehmen, sind Anita Augspurg und ihre Gefährtin gerade auf einer Mittelmeerreise. Die Nachricht erreicht sie auf Mallorca und sie ziehen sofort die Konsequenzen. Sie wissen, dass eine Rückkehr nach München zu gefährlich wäre, da sie auf einer Liste der zu liquidierenden Personen stehen. So entschließen sie sich zu einem »vorübergehenden« Exil in der Schweiz und reisen, all ihre Habe in München zurücklassend, nach Genf. »Es wäre Wahnsinn gewesen, uns den Hitler-Schergen auszuliefern, diesen sadistischen Psychopathen, diesen Landsknechten schlimmster Sorte, deren Methoden uns von München her bekannt waren«, schreiben sie in den Memoiren. Für eine Tätigkeit im deutschen Untergrund halten sie sich nicht geeignet. »Illegale Arbeit lief unserer Natur, unserer ganzen Vergangenheit stracks entgegen; mit 75 und 65 Jahren lernt man nicht mehr um.«

Zehn Jahre verbringen die beiden noch gemeinsam im Schweizer Exil, in Zürich, dem Zentrum der Internationalen Frauenliga für Frieden und Freiheit. Sie leben von journalistischen Arbeiten und schreiben an ihren Memoiren.

Auf ihre Unterlagen in der Münchner Wohnung, ein umfangreiches Frauenarchiv und die gesamte Dokumentation ihrer Friedensarbeit, können sie nicht zurückgreifen. Die Nationalsozialisten haben alles beschlagnahmt und vernichtet. Lida Gustava Heymann stirbt am 31. Juli 1943, Anita Augspurg nur ein knappes halbes Jahr später, am 20. Dezember.

Was bleibt von ihrer Arbeit? – Das kleine Jugendstilhaus am Englischen Garten, das Gertrud Bäumer als eine »Zelle der Frauenbewegung« bezeichnet hat, das Haus mit der Drachenfassade gibt es nicht mehr. Es wurde 1944 bei einem Bombenangriff eingeäschert. Die letzten Reste ließen die Amerikaner beseitigen, als sie hier in den frühen Fünfzigerjahren ihr Generalkonsulat bauten – mit weniger Fantasie, aber vielleicht haltbarer.

Was von Anita Augspurg bleibt: Stapel von Zeitschriften, in denen sie geschrieben, die sie gegründet, redigiert, herausgegeben hat im Laufe ihres langen Lebens. Es bleiben Protokolle, Berichte und Vortragsmanuskripte, die weder vom Stil noch vom Inhalt her verstaubt sind. Heutige Politikerinnen, die sich Gedanken machen über Frauenfragen, könnten hier Anregungen holen.

Was vor allem bleibt, von Anita Augspurg immer wieder beschworen: die Hoffnung auf eine friedlichere Welt. Eine Welt, in der Frauen ihren angemessenen Part spielen sollten, vernünftig, versöhnend. Eine Welt, wie sie heute von vielen herbeigesehnt und herbeigeschrieben wird.

Eine Hoffnung, die Anita Augspurg und Lida Gustava Heymann auch bei der Niederschrift ihrer Memoiren *Erlebtes – Erschautes* beflügelt hat: »Der Sinn für die höchsten Güter der Menschheit: Freiheit, Frieden, Gerechtigkeit, ist nicht tot, er lebt.«

Der falsche Stallgeruch
Lily Braun
1865–1916

Wer eigene Wege sucht,
findet wenig Gefährten.
LILY BRAUN, MEMOIREN EINER SOZIALISTIN

»Auf dem trutzigen Schloß von Pirgallen in den Dünen der kurischen Nehrung verführte vor Jahrhunderten ein Burgfräulein einen keuschen Ordensbruder, der dann zum Stammvater der Golzows wurde, jener Sippe, die Liebesleidenschaft von Generation zu Generation weitervererbt.« – Diese Geschichte stammt nicht aus einem Groschenheft, sondern aus dem Anfangskapitel der »Memoiren einer Sozialistin«, dem autobiographischen Roman der Generalstochter Lily von Kretschman, der späteren Lily Braun. Wir lesen auf der ersten Seite weiter: »Nur selten fügte sich ein Golzow dem Rate der Familiensippe, wenn es galt, sich die Eheliebste zu wählen, und so wurden viele fremde Blumen in den nordischen Garten verpflanzt ... Auch meine Großmutter war solch eine fremde Blume gewesen: ein Kind der Liebe, dem heimlichen Bund eines Königs mit einem kleinen elsässischen Komteßchen entsprossen.« – Zu schön, um wahr zu sein. Das scheint auch der Verleger der Memoiren, Albert Langen, gedacht zu haben, denn Lily Braun versichert ihm in einem Brief vom 22. September 1908, die Biographie der Großmutter sei ohne jedes Zutun der eigenen Fantasie geschildert. »Das Leben ist eben nicht nur romantischer, sondern auch meist viel reichhaltiger als der Roman«, schreibt sie und die Fakten belegen dies: Lilys Großmutter, die Baronin Jenny von Gustedt, ist tatsächlich eine illegitime Tochter König Jérômes, des jüngsten Napoleon-Bruders, der von 1807–1813 über Westfalen regierte. Lily fühlt sich als bevorzugte Enkelin ihr wesensverwandt und widmet ihr den Gedenkband *Im Schatten der Titanen*.

Auch Lilys eigene Jugend hört sich an wie der Klappentext zu einem Trivialroman: Spross aus adligem Haus, von Privatlehrern und einer abweisend kühlen Mutter auf eine spätere Ehe hin erzogen; Reiten, Malen, Handarbeiten, erster Heiratsantrag mit fünfzehn; unglückliche Romanze mit einem Prinzen; Flucht in Krankheit und Vergnügungen, Flirts; Abweisen ernsthafter Freier, um ungebunden das Leben genießen zu können …

Ist das die Lily Braun, die wir aus den engagierten Schriften zur Frauenfrage und zur Sozialpolitik kennen? – Die Verwirrung löst sich, wenn man sich zwei Ereignisse vor Augen führt, die das Leben der 25-Jährigen grundlegend veränderten. Das eine ist der erzwungene Abschied des Vaters aus der Armee nach einer Manöveraffäre mit Kaiser Wilhelm II. und der damit verbundene jähe gesellschaftliche Abstieg der Familie. Die Erfahrung, wie stark das Ansehen eines Menschen von Rang und Stand abhängt und wie wenig von der eigenen Persönlichkeit. Das andere prägende Erlebnis ist Lilys Begegnung mit dem Berliner Professor Georg von Gizycki. Sie ist von dem an den Rollstuhl gefesselten Gelehrten, den sie bei einem Spaziergang im Zoologischen Garten kennen lernt, tief beeindruckt. Er, ein so genannter Kathedersozialist und Nationalökonom, macht sie mit seiner Bibliothek vertraut und schließt ihr die Welt des Geistes auf, in die sie sich gierig versenkt.

Sie lesen gemeinsam Marx und Engels und er führt sie in die »Gesellschaft für Ethische Kultur« ein, eine Vereinigung idealistischer Atheisten, die durch Veredelung des Menschen eine künftige freie Gesellschaft anstreben. Die

Lily Braun

Entwicklung zum Sozialismus sei eine gesetzmäßige, unabänderliche, auch wenn sich das Gefühl dagegen sträube; es gäbe deshalb keine andere Wahl, als sich in den Dienst dieser Entwicklung zu stellen, erklärt ihr der Professor, und sie ist bereit, ihm zu folgen, das Weltbild der ständischen Gesellschaft, mit dem sie aufgewachsen ist, einzutauschen gegen die Idee von der klassenlosen Gesellschaft: »Gleiche Rechte für alle: Männer und Frauen; Freiheit der Überzeugung; Sicherung der Existenz; Frieden der Völker; Kunst, Wissenschaft, Natur ein Gemeingut aller; Arbeit eine Pflicht für alle; freie Entwicklung der Persönlichkeit, ungehemmt durch Fesseln der Kaste, der Rasse, des Geschlechts, des Vermögens; wie konnte irgend jemand, der auch nur über seine nächsten vier Wände hinausdachte, sich der Richtigkeit und Notwendigkeit dieser Forderungen verschließen?!« – Dass zwischen den hehren Postulaten und der Alltagswirklichkeit eine gewaltige Lücke klafft, dass nicht nur die politischen Verhältnisse, sondern auch menschliche Schwächen den Aufbruch in eine neue Welt hemmen, erfährt Lily erst später schmerzlich.

Sie heiratet Georg von Gizycki 1893 in Berlin gegen den heftigsten Widerstand ihrer Eltern. Die Ehe mit dem schwer kranken Mann dauert nur knapp zwei Jahre, aber es ist für Lily eine erfüllte Zeit, eine Zeit des Aufbruchs. Sie besucht Parteiversammlungen, liest politische Schriften, diskutiert nächtelang, hält Vorträge. 1895 fordert sie als erste deutsche Frau nicht nur in Schriften, sondern in einer öffentlichen Versammlung das Frauenstimmrecht. Das denkwürdige Ereignis findet an einem Sonntagvormittag im dicht gefüllten Saal des Konzerthauses an der Leipziger Straße statt. Lily ist trotz ihres Lampenfiebers eine wortgewaltige, Gefühl und Verstand ansprechende Rednerin, die das Publikum mitzureißen versteht. Beifallsstürme, auch Empörungspfiffe. Ein eifrig mitschreibender Polizeileutnant und Pressevertreter jeder Couleur. Konservative Blätter berichten anderntags vom »unerhörten Seitensprung der Frau eines preußischen Universitätsprofessors«. Die Genossen aber bleiben misstrauisch gegen die adlige Generalstochter in ihrer Mitte: Sie hat den falschen Stallgeruch.

Nach dem Tod Georg von Gizyckis löst Lily den Haushalt auf, verkauft die umfangreiche und geliebte Bibliothek, um an Geld zu kommen, und zieht in eine bescheidene Zweizimmerwohnung. Sie will sich nun ganz dem politischen Kampf für die Rechte der Frau widmen. Da es um die Sache aller Frauen geht, hält sie eine Solidarisierung über ideologische Schranken hinweg für notwendig. Sie plant die Gründung eines Zentralausschusses für Frauenarbeit, dem auch Vertreterinnen des Bürgertums angehören sollen, doch sie stößt in beiden Richtungen auf Widerstand. Helene Lange, die Repräsentantin der bürgerlich gemäßigten Frauen, fürchtet eine Aufweichung moralischer Grundsätze bei einer Annäherung an das sozialistische Lager. Clara Zetkin, Leitfigur der proletarischen Frauenbewegung, lehnt jede Zusammenarbeit mit »bourgeoisen Kräften« strikt ab. Lily sitzt zwischen den Stühlen, das erste, aber nicht das letzte Mal in ihrem Leben erfährt sie, dass sich auch Frauen nicht unbedingt von politischer Vernunft und Einsicht leiten lassen, dass es Revierverhalten und Borniertheit nicht nur bei Männern gibt. Bei ihrer Arbeit hat sie den Sozialpolitiker Dr. Heinrich Braun kennen gelernt, einen Mann von ausgewogenem Urteil, der innerhalb der sozialdemokratischen Partei zum revisionistischen Flügel gehört. Im Gegensatz zu Clara Zetkin will er die Gesellschaft nicht durch revolutionären Umsturz, sondern durch schrittweise Reformen verändern. Lily schließt sich ihm an und nimmt den vollständigen Bruch mit ihrer Familie in Kauf, als sie 1896 den zwei Mal geschiedenen, mittellosen Parteipolitiker heiratet. Alle Fäden zur konservativen adligen Verwandtschaft sind nun abgeschnitten, die reiche Erbtante enterbt sie, weil sie »in

Wort und Schrift der Umsturzpartei dient«. Sie lernt Geldnot kennen im Braunschen Haushalt, zu dem auch noch zwei Söhne aus erster Ehe des Mannes gehören. Mit Zeitungsartikeln trägt sie zum Familienunterhalt bei, aber sie ist eine schlechte Wirtschafterin, sie hat nie gelernt, mit Geld umzugehen. Das Haus im Grunewald muss verkauft werden, der Ehemann wirft ihr Verschwendung vor.

Dazu kommen die Anfeindungen im Parteileben. Clara Zetkin sieht in der anmutigen, schreib- und redegewandten Lily mehr und mehr eine gefährliche Konkurrentin und beschneidet ihren Einfluss, wo immer es möglich ist. Das große und grundsätzliche Werk *Die Frauenfrage, ihre geschichtliche Entwicklung und wirtschaftliche Seite*, das Lily Braun 1901 herausbringt, wird von Clara Zetkin, die nichts Vergleichbares aufzuweisen hat, nach allen Regeln der Kunst verrissen. Für die Autorin gerade deshalb so schmerzlich, weil sie in diesem Buch versucht, in die Zukunft weisende Modelle einer sozialistischen Gesellschaft zu entwickeln. Im Mittelpunkt steht für sie die – auch heute noch nicht gelöste – Frage, wie man den drei Ansprüchen an die Frau als Ehefrau, Mutter und Berufstätige möglichst kräftesparend und befriedigend genügen kann. Eine Möglichkeit sieht sie in der Reform der Hauswirtschaft. Eine Art großer Wohngemeinschaft schwebt ihr vor, wenn sie ihr Modell der Wirtschaftsgenossenschaft entwickelt, die 50–60 Wohnungen in einem von Grün umgebenen Häuserkomplex umfassen soll: »An Stelle der 50–60 Küchen, in denen eine gleiche Zahl der Frauen zu wirtschaften pflegt, tritt eine im Erdgeschoß befindliche Zentralküche, die mit allen modernen arbeitssparenden Maschinen ausgestattet ist. Giebt es doch schon Abwaschmaschinen, die in drei Minuten zwanzig Dutzend Teller und Schüsseln reinigen und abtrocknen! Vorrathsraum und Waschküche, die gleichfalls selbstthätige Waschmaschinen enthält, liegen in der Nähe; ebenso ein großer

Eßsaal, der zur gleichen Zeit Versammlungsraum und Tags über Spielzimmer der Kinder sein kann. Ein kleineres Lesezimmer schließt sich ihm an. Die ganze Hauswirthschaft steht unter einer erfahrenen Wirthschafterin, deren Beruf die Haushaltung ist ...«

August Bebel steht solchen Plänen und dem ganzen Buch sehr aufgeschlossen gegenüber, die Genossinnen reagieren zurückhaltend, man traut der Praxisfernen praktikable Reformen nicht zu. Schlimmer noch: Man bezichtigt sie, die immer wieder aus den engen Parteigrenzen ausbricht und auch in bürgerlichen Zeitschriften schreibt, der Unzuverlässigkeit. Clara Zetkin gelingt es, sie aus der Redaktion der sozialdemokratischen Frauenzeitschrift *Die Gleichheit*, deren Mitherausgeberin sie ist, zu verdrängen. Schließlich wird Lily Braun aus der Berliner Frauenorganisation ausgeschlossen, eine Maßnahme, die zwar später revidiert wird, die sie aber im Augenblick hart trifft.

Ihr kleiner Sohn Otto, 1897 geboren, ein sehr begabtes und anhängliches Kind, hilft ihr über die Kränkung hinweg, und dann gibt es noch die Zeitschrift *Die neue Gesellschaft*, die sie mit ihrem Mann gemeinsam herausbringt – ohne Fortune, da die radikalen Sozialdemokraten das »Revisionistenblatt« ablehnen. 1909 erscheint der erste Band der *Memoiren einer Sozialistin*, ein unerwarteter Verkaufserfolg und endlich auch ein finanziell einträgliches Geschäft. Das Buch, das in leicht verschlüsselter Form Lilys eigenen Lebensweg schildert und aus subjektiver Sicht Zeitströmungen und gesellschaftliche Verflechtungen aufzeigt, festigt ihr Ansehen als Schriftstellerin. Das gilt auch für den 1911 herauskommenden zweiten Teil mit dem Titel *Kampfjahre*. Hier nun kann sie sich rächen für all die erlittenen Kränkungen: Clara Zetkin erhält das Etikett »die Blutige«, auch Helene Lange wird nicht sehr wohlwollend behandelt. Mit besonderer Bitterkeit zeichnet sie aber den seit 1888 regierenden Kaiser Wilhelm II., der ihren Vater aus dem Amt verstieß und so die Familie ruinierte.

Das hindert sie nicht daran, sich an der überschwänglichen vaterländischen Begeisterung beim Ausbruch des Ersten Weltkrieges zu beteiligen. Immer schon hatte sie alles, was sie anpackte, mit Leidenschaft und vollem Einsatz getan. So ruft sie auch jetzt unermüdlich die Frauen aller Schichten auf, sich für Hilfsdienste zur Verfügung zu stellen: der Krieg als große nationale Aufgabe. Sie ist stolz auf ihren Sohn, den frühreifen, literarisch hochbegabten, der sich mit siebzehn als Freiwilliger meldet. Und als er verwundet aus dem Feld entlassen wird, versucht sie nicht, ihn mit seinem steifen Arm im Hause zu behalten. Er rückt wieder ein und fällt kurz vor Kriegsende als Leutnant. Seine Tagebuchaufzeichnungen und Briefe erschienen 1921 unter dem Titel *Aus nachgelassenen Schriften eines Frühvollendeten*. Sie hinterließen tiefe Spuren bei der nachfolgenden Generation.

Den Tod des Sohnes hat Lily Braun nicht mehr erlebt. Sie starb, 51-jährig, im August 1916. Auf dem Weg von ihrer Wohnung am Zehlendorfer Erlenweg zur Post, wo sie Nachricht von ihrem Sohn erwartete, erlitt sie einen Schlaganfall. Herzbeschwerden hatten ihr schon vorher zu schaffen gemacht, aber sie gönnte sich nie Ruhe, schonte sich nicht. Rastlosigkeit, ein Vorwärtsdrängen zu Zielen und Lösungen zeichnen ihr Leben und ihr Werk aus. Sie war immer unterwegs. Immer auf der Suche nach dem, was die Menschen nicht trennt, sondern verbindet.

Der Traum von der Herrschaft des Proletariats

Rosa Luxemburg

1871–1919

Die kleine, gebrechliche Rosa war die
Verkörperung beispielloser Energie …
Bei Arbeit und Kampf wuchsen ihr Flügel.
CLARA ZETKIN

Am 31. Mai 1919 wird eine schon stark verweste Frauenleiche aus dem Berliner Landwehrkanal gezogen. Kein Grund öffentlicher Aufregung, in dieser Zeit blutiger Straßenkämpfe haben die Menschen sich an schockierendere Bilder gewöhnt. Die Tote muss schon länger im Wasser gelegen haben, eine Selbstmörderin vielleicht. Aber die Untersuchung ergibt eindeutig: Tod durch Kopfschuss.

Die Identifizierung der Toten dürfte trotz der Verwesung nicht schwierig gewesen sein: der auffallend kleine Wuchs, das deformierte Hüftgelenk – kein Zweifel: Rosa Luxemburg. Die Leiche der steckbrieflich gesuchten Rädelsführerin, um deren Verschwinden sich schon Legenden ranken, wird eiligst aus der Stadt geschafft und erst vierzehn Tage später wieder nach Berlin gebracht und dort ohne unerwünschte öffentliche Anteilnahme bestattet.

Der Mord liegt zu diesem Zeitpunkt schon fünf Monate zurück, es könnte – im wörtlichen Sinne – Gras darüber gewachsen sein. Doch weder Anhänger noch Gegner der »Roten Rosa« glauben an die offiziell verkündeten und von den Zeitungen ausführlich geschilderten Todesumstände. Rosa Luxemburg soll von einer wütenden Volksmenge ermordet worden sein, ihr Kampfgefährte Karl Liebknecht auf der Flucht erschossen …

Was an jenem kaltdüsteren 15. Januar nach der Verhaftung der beiden durch Soldaten und Offiziere der Reichswehr tatsächlich geschah, ist durch Zeugen – einer davon ist der Mitverhaftete Wilhelm Pieck – einigermaßen belegt. Liebknecht und Luxemburg, die am Neujahrstag 1919 die KPD, die Kommunistische Partei Deutschlands, gegründet hatten und auf deren Kopf eine hohe Prämie ausgesetzt war, agierten aus wechselnden Verstecken im Untergrund, wurden verraten, im vornehmen Hotel Eden, dem Sitz der Garde-Kavallerieschützen, verhört, verhöhnt, misshandelt und beim Abtransport in der Hotelhalle mit Gewehrkolben zusammengeschlagen. Auf dem Weg zum Untersuchungsgefängnis Moabit wurde Rosa Luxemburg durch einen Kopfschuss umgebracht und von einer Brücke in den Landwehrkanal geworfen, Karl Liebknecht wurde ebenfalls – nicht auf der Flucht – erschossen. Im Hotel Eden feierten die Gardeschützen den erfolgreichen Coup gegen die verhassten Aufrührer. Aber die Saat, die in den Köpfen der Revolutionäre keimte, lässt sich nicht durch Todesschüsse ausrotten. Die – wenn auch utopische – Idee von der Weltrevolution und der Herrschaft des Proletariats zieht weiterhin vor allem junge Menschen in ihren Bann.

Revolutionäre Wurzeln

Wie kommt eine junge Frau, geboren im 19. Jahrhundert in einer Kleinstadt der polnisch-russischen Provinz, weitab von den Brennpunkten politischen Geschehens, dazu, ihr ganzes Leben, auch ihr Privatleben, auf ein so hoch gestecktes revolutionäres Ziel hin auszurichten? Wann und durch wen sind diese Weichen gestellt worden?

Rosa Luxemburg

Über die Beweggründe von Rosa Luxemburgs radikaler und konsequenter Haltung wurde viel spekuliert: Benachteiligung als Frau, als Jüdin, als körperlich Behinderte, als Staatenlose ... Sicher haben all diese Faktoren zu einer Sensibilisierung, zu einem besonderen Gespür für benachteiligte Minderheiten geführt. Sie selbst hat sich jedoch nie als Opfer gesehen, sie hat Schwierigkeiten stets mit ihrem überragenden Intellekt und ihrer Willenskraft bewältigt oder als nebensächlich zur Seite geschoben.

Ihre Staatenlosigkeit ist durch die wechselhaften politischen Grenzziehungen zwischen Österreich, Polen und Russland bedingt. Die am 5. März 1871 (nach einigen Quellen 1870) als jüngstes von fünf Kindern im russisch-polnischen Weichsel-Städtchen Zamość geborene Rosalie Luksenburg wächst in eine polnisch sprechende jüdische Familie hinein. Die Mutter ist die Tochter eines Rabbiners, der Vater hat es als Holzkaufmann zu bescheidenem Wohlstand und einem eigenen Haus gebracht. 1873 – da ist Rosalie noch nicht drei Jahre alt – zieht die Familie in die unter russischer Verwaltung stehende Hauptstadt Warschau. So steht später in den Akten der Universität Zürich als Herkunftsort der Studentin Luxemburg, die ihren Geburtsnamen eingedeutscht hat, die verblüffende Bezeichnung »Warschau/Russland«. Durch eine spätere Scheinehe mit einem Deutschen wird das Hindernis der Staatenlosigkeit pragmatisch aus der Welt geschafft.

Als Frau hat sich Rosa Luxemburg nie benachteiligt gefühlt, obwohl sie in einer Zeit aufwächst, in der höhere Bildung für Mädchen noch nicht selbstverständlich ist, ein Universitätsstudium schon gar nicht. Sie hat sich von Kind an trotz ihrer Schmächtigkeit und ihrer jüdischen Herkunft durchgesetzt, zuerst im Warschauer Mädchengymnasium, das eigentlich russischen Beamtentöchtern vorbehalten ist und in dem nicht polnisch gesprochen werden darf. Dann, nach einem glänzenden Abitur, mit der Immatrikulation an der Universität Zürich. Auch in der Parteiarbeit und im politischen Kampf fühlt sie sich nie den männlichen Genossen unterlegen, ihr Einsatz gilt, im Gegensatz zu den Kämpferinnen der Frauenbewegung, nie ausschließlich den Frauen, sondern ist »eine gemeinsame Klassenangelegenheit« der benachteiligten Arbeiterinnen und Arbeiter aus dem Proletariat.

Ihre körperliche Behinderung überspielt sie souverän und geschickt mit modischer Kleidung und großen Hüten als Blickfang. Von einer tückischen Krankheit, die sie als Fünfjährige für lange Monate ans Bett fesselte, blieb eine Deformation der Hüfte zurück, eine lebenslange Gehbehinderung. Auf Diffamierungen als »hinkende Jüdin« geht sie nie direkt ein, erledigt ihre witzelnden Gegner aber durch ihre scharfzüngige Argumentation.

Ihr kämpferischer Elan bringt ihr schon im Gymnasium Schwierigkeiten ein. Sie übersetzt – frühreif und äußerst sprachbegabt – als Neunjährige deutsche Gedichte ins Polnische, mit 14 schreibt sie ihre ersten polemischen Gedichte, eines etwa auf den »listigen Lumpen Bismarck«. Die brutalen Ausschreitungen der zaristischen Polizei gegen streikende Arbeiter prägen sich ihr tief ein, und es verwundert nicht, dass sie sich einer illegalen revolutionären Gruppe anschließt, auch nicht, dass ihr die Goldmedaille für das beste Abitur wegen »oppositioneller Haltung gegenüber der Autorität« verweigert wird. Diese politische Sanktion dämpft ihren rebellischen Geist nicht, sondern spornt ihn an.

Sie strebt, noch nicht 18 und nicht volljährig, weg von Warschau, nach Zürich, dem Mekka polnischer und russischer Studentinnen. Über ihre abenteuerliche Flucht kursieren verschiedene Versionen, eine lautet, mit Hilfe eines katholischen Priesters sei sie auf einem Bauernwagen unter Heu versteckt über die Grenze geschmuggelt worden. Das klingt bei ihrem Wagemut nicht unglaubwürdig.

Zürich: Unter Anarchisten und ›Kosakenpferdchen‹

Die Zürcher Universität hat seit 1867 als erste im deutschsprachigen Raum Frauen zum Studium zugelassen. Das sprach sich schnell auch im Ausland herum und es waren vor allem junge Russinnen und Deutsche, die diese Chance nutzten. Die Historikerin und Dichterin Ricarda Huch hat hier promoviert, auch die erste Ärztin Berlins, Franziska Tiburtius, oder die Juristin Anita Augspurg. Aus Russland kam als erste die Medizinstudentin Nadezda Suslowa nach Zürich und schlug damit eine Bresche für studierwillige Frauen ihres Landes.

Doch studierwillig sind sie nicht alle. Viele nutzen den studentischen Freiraum zu politischer Agitation oder zu einem höchst freizügigen Lebenswandel. ›Kosakenpferdchen‹ nennen die Studenten sie spöttisch herablassend und unterschätzen dabei ihre politische Vitalität und fanatische Zielstrebigkeit. »Es waren meist ganz junge Mädchen, die dem Nihilismus und dem Bakuninschen Katechismus mit religiöser Begeisterung bis zum Fanatismus anhingen«, schreibt Franziska Tiburtius über ihre russischen Kommilitoninnen. Und die spätere deutsche Frauenrechtlerin Käthe Schirmacher sieht sich in den Vorlesungen umgeben von »begeisterten Schwärmern und Prophetengesichtern, Märtyreraugen und Fanatikerprofilen«, die, wie sie schreibt, »die Heerschar des Kommunismus bilden und sich entflammen für das Evangelium der Gleichheit und Brüderlichkeit«. Die Russin Vera Figner, die hier revolutionäre Verbindungen knüpfte, wurde später in ihrer Heimat wegen mehrerer Attentatsversuche auf Zar Alexander II. zum Tode verurteilt.

In dieses brodelnde, höchst explosive Milieu gerät nun die junge Rosa Luxemburg, die sich an der Universität erst einmal für Mathematik und Naturwissenschaften einschreibt, bald aber zu den politisch nützlicheren Fächern Staatswissenschaften und Jura überwechselt. In diesen Vorlesungen zeige sich die nihilistisch-anarchistische Jugend »in ihrem reichsten Flor«, berichtet die Kommilitonin Schirmacher und fragt sich, wie viele dieser Jugendlichen später wohl hinter Gefängnismauern oder in Sibirien enden werden ...

Rosa Luxemburg gehört mit einigen russischen und polnischen Studenten schon bald zum Kreis der »Berufsrevolutionäre«. Die von ihr mitgegründete SDKP, eine marxistische Partei mit dem russischen Anarchisten Leo Jogiches an der Spitze, bereitet den gemeinsamen Kampf des russischen und polnischen Proletariats gegen die »herrschende Bourgeoisie« vor. Aber die angehende Doktorandin vernachlässigt ob der Agitationsarbeit ihr Studium nicht. Mit ungeheurer Energie arbeitet sie sich in ihr Dissertationsthema *Die industrielle Entwicklung Polens* ein und promoviert 1897 beim Staatsrechtler Julius Wolf, der sie für »den begabtesten Schüler meiner Zürcher Jahre« hält, mit der Auszeichnung magna cum laude. Und die Genossen verkünden stolz den Erfolg einer Frau aus ihren Reihen: »Wir gratulieren der Frauenwelt zu diesem neuen moralischen Sieg! Er ist eine neue Begründung des Anrechtes der Frau auf Gleichheit mit dem Manne ...«

Die solchermaßen Gelobte jedoch ärgert sich über die mit wissenschaftlicher Archivarbeit vertane Zeit und schreibt an Jogiches: »Ich hasse dieses Doktorat jetzt so ... Unser bisheriges Arbeitssystem, was darauf hinausgeht, dass wir unsere Kräfte und unsere Gesundheit verschwenden, ist Idiotie. Anstrengungen, die nach außen hin unsichtbar sind, verdienen keine Achtung, sondern Gelächter. Man sollte zum Grundsatz erheben, mit der geringsten Bemühung das größte Resultat zu erzielen ...«

Pure Effektivität also, das, was den Erzfeinden, den Kapitalisten, angelastet wird. Diese auch auf die politische

Arbeit übertragene Einstellung teilt sie mit Jogiches, ihrem russisch-litauischen Mentor und bald schon Geliebten. Er stammt aus reichem jüdischen Elternhaus in Wilna, fühlt sich jedoch, wie etliche revolutionäre Köpfe, dem Proletariat zugehörig. Der aus zaristischer Festungshaft Geflohene hat in Zürich einen sozialistischen Propagandaverlag gegründet. Hier holt sich Rosa Luxemburg praktische Erfahrung für die revolutionäre Untergrundarbeit. Sie wird immer stärker in das Netz subversiver Verschwörungspläne einbezogen und ihr Einsatz für die linkssozialistische SDKP bringt ihr scharfe Kritik von konservativeren Parteigenossen ein, die sie als »hysterisches, zänkisches und herrschsüchtiges Weib« beschimpfen.

Ein jüdischer Sozialistenführer, Teilnehmer am III. Internationalen Sozialistenkongress 1893 in Zürich, sieht sie dagegen positiver: »... auf den ersten Blick machte sie keinen günstigen Eindruck, aber man brauchte nur kurze Zeit bei ihr zu sein, da sah man schon, wie viel Leben und Energie in der Frau steckte, wie klug und scharfsinnig sie war, auf welch hohem geistigen Niveau sie sich bewegte.« Und der belgische Sozialistenführer Vandervelde erinnert sich: »Ich sehe sie noch, wie sie aus der Menge der Delegierten aufsprang und sich auf einen Stuhl schwang, um besser verstanden zu werden. Klein, schmächtig und zierlich ... verfocht sie ihre Sache mit einem solchen Magnetismus im Blick und mit so flammenden Worten, dass die Masse des Kongresses, erobert und bezaubert, die Hand für ihre Zulassung erhob.«

An jenem Kongress lässt sich Rosa Luxemburg von der geballten Wortmacht der sozialistischen Elite beeindrucken: Engels, Bebel, Liebknecht, Kautsky, Clara Zetkin und die Tochter von Karl Marx, alle versammelt zum Aufbruch in eine neue, klassenlose Gesellschaft unter einem riesigen Marx-Porträt und dem Schriftband in 16 Sprachen *»Proletarier aller Länder, vereinigt euch!«*. Die junge staatenlose Polin, die in globalen Zusammenhängen denkt, ist begeistert: keine nationalen Diskriminierungen mehr, keine Unterdrückung von Minderheiten, alle Macht dem Volk …

Rosa Luxemburg schreibt mit glühendem Eifer für die Zürcher *Arbeiterstimme* – bis darin ihr akademischer Lehrer, der Jude Julius Wolf, in übelster Weise verunglimpft wird. – Antisemitismus lange vor Hitler – und das von ihren Genossen!

Die Empörte reist unmittelbar nach ihrer Doktorprüfung mit dem ebenfalls jüdischen Jogiches nach Paris. Es ist eine Zeit nicht nur politischer, sondern auch persönlicher Belastungen. Sie verliert ihre Mutter, die ihr viel bedeutet hat. Kurz darauf stirbt auch der Vater und sie macht sich Vorwürfe, dass sie in diesen letzten Monaten die Eltern nicht mehr besucht hat. Selbstkritisch schreibt sie an einen Freund: »Ich musste ja ständig der Menschheit dringende Geschäfte besorgen und die Welt beglücken und so fand ich die Nachricht vom Tode des Vaters in Berlin, als ich vom Internationalen Kongress zurückkam …«

Dass sich die Tochter nicht stärker um die Eltern in der fernen Heimat gekümmert hat, hängt zweifellos mit ihrer engen Bindung an den wenige Jahre älteren Revolutionär Jogiches zusammen, mit dem sie gemeinsam für »die Sache« kämpft, dem sie aber auch sexuell verfallen ist. Er, der als kalt und nüchtern Geschilderte, entbrennt für sie in ähnlicher Leidenschaft. Die körperlichen Mängel seiner Geliebten scheinen ihn nicht zu stören, er bewundert ihre geistigen Fähigkeiten.

Allerdings erfüllt er nicht all ihre Wünsche. Sie träumt, sozialistische Grundsätze hin oder her, von einer in ihren Kreisen verpönten Heirat und einer Familie mit eigenen Kindern, ihm widerstrebt eine solch bürgerliche Idylle. Eine bürgerliche Eheschließung hat Rosa Luxemburg, offiziell Dr. Rosalie Lübeck, bereits hinter sich. Die in Basel geschlossene Scheinehe mit dem deutschen

Emigranten Gustav Lübeck brachte ihr die begehrte deutsche Staatsbürgerschaft ein, aber auch Scherereien, als der Angetraute plötzlich auf seinen ehelichen Rechten bestand und sie die rasche Trennung regelrecht erkaufen musste.

Von Paris aus reist sie, nun ganz offiziell mit gültigem preußischem Pass, nach Berlin, während Jogiches, der ewige Revolutionär ohne Studienabschluss, nach Zürich zurückkehrt und unter dem Decknamen Leo Grosovski lebt. Sie schreibt ihm aus Berlin erwartungsvoll und mit ungewohnt euphorischer Zukunftshoffnung: »Du hast keinen Begriff mit welcher Freude und Sehnsucht ich auf jeden Brief von Dir warte, weil mir jeder so viel Stärke und Lebensmut bringt.« Sie träumt von der eigenen kleinen Wohnung und Bibliothek, von ruhiger, regelmäßiger Arbeit, gelegentlichen Opernbesuchen und jährlichen Sommerfrischen – lauter »spießbürgerliche« Wünsche, gipfelnd in der bangen Frage: »Und vielleicht noch so ein kleines, ganz kleines Baby? Wird das nie erlaubt sein? Nie? Liebster …« Jogiches bleibt hart gegenüber ihrem Zärtlichkeitsbedürfnis und ihren mütterlichen Regungen: Ihre Aufgabe sei es, nicht Kinder, sondern politische Ideen zu gebären.

Den Eltern hat die Tochter stets ein ordentliches Familienleben vorgespielt, auch die Parteifreunde ahnen nichts von der privaten Liaison des Paares, das nicht zusammen wohnt und sich in der Öffentlichkeit mit »Sie« anredet. Die politisch so Mutige tut sich auch später schwer, sich zu freier, offen ausgelebter Liebe zu bekennen. Die geforderte Befreiung des Menschen bezieht sich nicht unbedingt auf das Sexualleben, bürgerliche Moralvorstellungen wirken auch in revolutionären Köpfen nach – wie auch die Sehnsucht nach dem kleinen privaten Glück, das Jogiches nicht gelten lässt. Sie schreibt ihm nach Zürich: »Es stimmt, ich habe verfluchte Lust glücklich zu sein und bin bereit, Tag für Tag für mein kleines Portiönchen Glück mit dumpfem Eigensinn zu feilschen.«

Berlin – Brennpunkt revolutionärer Umtriebe

1890 wurden im deutschen Reich die so genannten Sozialistengesetze aufgehoben, ein Grund für die im Exil versprengten Sozialisten, sich in Berlin zu neuem Aufbruch und Kampf zu sammeln. Karl Liebknecht, August Bebel und Karl Kautsky nehmen die Zügel in die Hand, die Hauptstadt wird zum sozialistischen Machtzentrum. Kein Wunder, dass es Rosa Luxemburg nach Berlin zieht. Sie hat sich im Revolutionsjahr 1905 gemeinsam mit Jogiches in Warschau für die Befreiung Polens eingesetzt, wurde verhaftet und eingesperrt, kam aber nach Stellung einer Kaution frei und war nun umso motivierter für die sozialistische Bewegung. Von Jogiches hat sie sich abrupt getrennt, nachdem sie von dessen Untreue erfuhr. Doch auch er, der stets Eifersüchtige, hätte Grund zum Misstrauen.

Rosa Luxemburg hat ihre Berliner Wohnung für die Zeit ihrer Abwesenheit Kostja Zetkin überlassen, einem Sohn Clara Zetkins, der mit ihr befreundeten Führerin der sozialistischen Frauenbewegung. Diese ist froh, den in ihren Augen lebensuntüchtigen, entschlusslosen Sohn nun in der Obhut der zurückgekehrten Freundin zu wissen. Kostja ist 21, die mütterliche Betreuerin, die Briefe an ihren »geliebten kleinen Bubi« schreibt, ist 36. Eine weithin bekannte, geachtete oder gehasste Politikerin, Dozentin an der Berliner Parteischule, selbstbewusste Rednerin – niemand käme auf den Gedanken, diese Frau würde sich jemals in einen ihr nicht ebenbürtigen Partner verlieben. Mit Jogiches konnte sie sich auseinander setzen, sie war die Lernende, wenn sie ihn auch nach und nach mit ihrer rhetorischen und analytischen Begabung überflügelt hat. Und nun Kostja, dieser verträumte Jüngling ohne berufliche und politische Perspektive, der ihrer charismatischen Ausstrahlung zweifellos verfallen war … Über ihre Beweggründe für diese ungleiche Verbindung ist viel spekuliert worden: Angst vor dem Altern? Ersatz für eigene Kinder? Bedürfnis, einen Menschen nach ihrem Bild zu formen? Sehnsucht nach Zärtlichkeit, die ihr im harten Alltag fehlt?

Kostja ist nicht, wie die Mutter glaubt, ein intellektueller Versager, seine geistigen und künstlerischen Fähigkeiten wurden nur nie geweckt, am wenigsten von der unrastig tätigen Mutter. Er ist wach und wissbegierig, liebt die Natur und leidet an der Ungerechtigkeit der Welt. Die einfühlsame Mentorin versteht es, die Sensibilität des jungen Freundes in politische Bahnen zu lenken. Er liest ihre Schriften und setzt sich damit auseinander, sodass allmählich aus dem geliebten Bubi nicht nur ein Geliebter, sondern auch ein Gesprächspartner wird. Ob Clara Zetkin um die Intensität dieser ungewöhnlichen Beziehung wusste, ist nicht bekannt. Die selbst mit einem fast zwei Jahrzehnte jüngeren Mann Verheiratete könnte kaum etwas dagegen einzuwenden haben. Die Parteifreunde jedenfalls ahnen, wie schon bei Jogiches, nichts von der amour fou ihrer strengen Genossin.

Schwierig wird es, als Leo Jogiches nach seiner Flucht aus einem russischen Gefängnis plötzlich wieder in Berlin auftaucht und Kostja Zetkin in der Wohnung vorfindet. Die alte Eifersucht erwacht, der Heimkehrer bedroht Kostja und Rosa mit seinem Revolver, Rosa legt sich daraufhin auch eine Waffe zu, es kommt zu dramatischen Auftritten. Kostja, der sich erst in der Rolle des siegreichen Rivalen sonnt, fühlt sich doch zunehmend unbehaglich und eingeengt durch die so leidenschaftlich begonnene und nun sich immer lahmer dahinschleppende Beziehung. Er zieht wieder zu seiner Mutter und taucht nur noch gelegentlich in Berlin auf. Kein glorreiches Ende dieser so legendenträchtigen Liebe. Doch Kostja geht daran nicht zu Grunde. Der Kriegsgegner wird im Ersten Weltkrieg Soldat und wandert später nach Amerika aus, wo er 1980 stirbt, mit 95.

Und Leo Jogiches, der alte Kampfgefährte? Schwamm über die bedrohlichen Eifersuchtsszenen! Was nun zählt, ist die gemeinsame Parteiarbeit. Rosa Luxemburg spielt nach glanzvollen Auftritten auf dem Londoner Sozialistenkongress eine immer wichtigere Rolle in der Führungselite der Partei. Sie hat eine genaue Vorstellung vom strategischen Vorgehen auf dem Weg zur Weltrevolution. Ohne Scheu legt sie sich mit den Mächtigen, mit Bebel, Kautsky, sogar mit Lenin, dem Übervater, an. Sie ist sich einig mit ihnen über das politische Ziel, nicht aber über den Weg dahin. Und ihre Stimme wird gehört, gefürchtet. Die kleine Person mit der fast unheimlichen Ausstrahlung kann ihre Macht ausspielen, mit ihren scharf durchdachten Argumenten Menschenmassen überzeugen. An stilistischer Brillanz nimmt es nur der Historiker Franz Mehring mit ihr auf, an polemischer Schärfe nur Kurt Tucholsky oder Carl von Ossietzky.

Provozierende Thesen

Rosa Luxemburgs politisches Konzept ist geprägt von kompromissloser Konsequenz. Die Theoretikerin der radikalen Linken versteht es, auch schwierigste Inhalte anschaulich und allgemein verständlich darzustellen. Auf internationalen Kongressen warnt sie immer wieder vor der heraufziehenden Kriegsgefahr und hofft, die sozialistische Internationale würde zu einem Generalstreik aufrufen, um einen Weltkrieg zu verhindern. Doch sie unterschätzt die Kriegsbegeisterung vor allem der Jugend und muss erleben, dass selbst ihre Partei dem Reichstag Kriegskredite bewilligt. In grenzenloser Enttäuschung und Wut ruft sie in Massenversammlungen zum Kampf gegen den Militarismus und »imperialistischen Krieg« auf. Sie ist keine radikale Pazifistin, sie unterscheidet gerechte und ungerechte Kriege.

Die Zerschlagung der Hierarchien und staatlichen Apparate und die Übernahme der Herrschaft durch das Volk ist eines ihrer zentralen Anliegen. »Alle Macht dem Volke« ist für sie keine leere Parole, sondern erklärtes Ziel. Doch sie ist nüchtern genug zu erkennen, wie schwierig diese Umkehrung der Verhältnisse, die Umstellung auf eine Herrschaft »von unten« sein wird. Sie hat 1905 die Revolution in Russland und die Zerschlagung des Zarenreiches bejaht und mitgetragen, die anschließende Machtübernahme und die Säuberungen durch die Bolschewiki jedoch verurteilt. Revolution ist für sie stets ein befreiender Akt, ein Schritt hin zur Humanität, doch sie sieht auch die Gefahr des Umschlags in Terror und Willkür. Sie setzt auf die »physische Kraft« der revolutionären Volksmassen: »Und diese Kraft bereiten eben wir, die Sozialdemokraten, vor, indem wir die politisch-klassenmäßige Aufklärung in die städtischen Fabriken, unter die Strohdächer der Dörfer und in die Militärkasernen tragen, indem wir das politische Leben, den Aufruhr und den Widerstand in allen Sphären des arbeitenden Volkes wecken ...«

Kann es verwundern, dass die flammenden Reden und Pamphlete ihr immer wieder Verhaftung und Gefängnisstrafen einbringen? Sie nimmt das Risiko in Kauf, nutzt die Zeiten der Haft zur kritischen Aufarbeitung der Parteiarbeit, wie 1916 in dem Buch *Die Krise der Sozialdemokratie*. Kaum entlassen, wird die gefährliche Agitatorin wieder in »Schutzhaft« genommen, diesmal für mehr als zwei Jahre, bis zur Novemberrevolution 1918 und dem Ende des Kaiserreichs. Doch ihre Widerstandskraft ist ungebrochen. Gemeinsam mit Karl Liebknecht, Franz Mehring und Clara Zetkin hat sie den »Spartakusbund« gegründet, eine kleine, radikale Gruppe, die von den »laschen« Sozialdemokraten enttäuscht ist und die ihre revolutionären Forderungen mit Hilfe von Arbeiter- und Soldatenräten und notfalls mit Gewalt durchsetzen will.

Rosa Luxemburgs viel zitierter Satz von der Freiheit, die »stets die Freiheit des Andersdenkenden« sein müsse, gilt nur für Meinungskämpfe unter Genossen, niemals für den Klassenfeind. Ihren Gegnern droht sie unmissverständlich: »Wer sich dem Sturmwagen der sozialistischen Revolution entgegenstemmt, wird mit zertrümmerten Gliedern am Boden bleiben.« Aber – und das sorgt für Irritation – die harte Kämpferin hat auch eine ganz andere, mildere und menschenfreundliche Seite.

Briefe aus dem Gefängnis – Die andere Rosa L.

Die letzten Jahre ihres Lebens hat Rosa Luxemburg größtenteils im Gefängnis verbracht. Die Briefe, die sie in dieser Zeit schreibt, zeugen von ihrem Lebensmut und ihrem Charisma: »Ich habe das Bedürfnis, so zu schreiben, dass ich auf Menschen wie der Blitz wirke, sie am Schädel packe, selbstredend nicht durch Pathos, sondern durch die Weite der Sicht, die Macht der Überzeugung und die Kraft des Ausdrucks.«

Die Briefe zeugen aber auch von ihrer Sensibilität, ihrem Mitgefühl gegenüber Freunden, ihrer Liebe zu allem Schönen und – was am meisten überrascht – ihrer Güte und Wärme. An ihre Freundin Mathilde Wurm schreibt sie im Dezember 1916 aus der Festung Wronke: »Mensch sein heißt, sein ganzes Leben ›auf des Schicksals großer Waage‹ freudig hinwerfen, wenn's sein muss, sich zugleich aber an jedem hellen Tag und jeder schönen Wolke freuen …«

Doch im selben Brief steht auch: »Was mich anbelangt, so bin ich in der letzten Zeit, wenn ich schon nie weich war, hart geworden wie geschliffener Stahl und werde nunmehr weder politisch noch im persönlichen Umgang auch die geringste Konzession machen.« Sie liest Mörike-Gedichte, Hölderlins *Hyperion* und Kellers *Grünen Heinrich*. Mit ihrem jungen Freund Hans Diefenbach korrespondiert sie, fern aller Politik, über Literatur und ihre Lektüre. Sie schildert ihm all die Geräusche, die durchs Zellenfenster dringen: gackernde Hennen und lärmende Schulbuben, das Klappern von Pferdehufen und das Schilpen der Spatzen. Und das alles ergibt »in hellem Sonnenschein eine solche Symphonie, ein solches ›Lied an die Freude‹, wie es kein Bach und kein Beethoven wiedergeben kann, und mein Herz jauchzt über alles …«

In den Briefen an Kautskys Frau Luise schimmert Humor durch, gelegentlich Galgenhumor, wenn sie von ihrer Zelle als ihrer »Insel Robinson« schreibt und von den Kohlmeisen und Elstern am vergitterten Fenster: »Den letzteren – mein einziges Auditorium hier – bringe ich die weltstürzendsten Ideen und Losungen bei und lasse sie dann wieder losflattern!« – In einem anderen Brief an Luise Kautsky sorgt sie sich um ihre alte Kampfgefährtin Clara Zetkin: »Sie braucht jetzt dringend Menschengüte und Herzenswärme um sich, und ich weiß, wie Deine impulsiven Briefe solches auszustrahlen verstehen …« Dann wieder empört sie sich über das Gejammere ihrer Freunde, die sich um die schief gehende Weltgeschichte Sorgen machen: »Dieses völlige Aufgehen im Jammer des Tages ist mir überhaupt unbegreiflich und unerträglich. Schau z. B., wie ein Goethe mit kühler Gelassenheit über den Dingen stand. Denk doch, was er erleben musste: die große Französische Revolution … und dann eine ununterbrochene Kette von Kriegen, wo die Welt wiederum wie ein losgelassenes Irrenhaus aussah.«

Dies schreibt eine, die selbst vier Revolutionen erlebt hat, drei russische und die deutsche, dazu die Gräuel des Ersten Weltkriegs. Wie Goethe schöpft sie Kraft aus der Natur: »Ich weiß nicht, wie das kommt. Je länger ich lebe, umso bewusster und tiefer erlebe ich jedes Jahr das Wunder des Frühlings, dann des Herbstes. Jeder Tag ist mir ein herrliches Wunder …« Aus dem Strafgefängnis in Breslau bittet sie die Freundin um zwei Pfund Hanfsamen für ihre Vögel und versucht, der Verzagten Mut zu machen: »Verlass Dich auf mich, wir werden uns zusammen durchbeißen und nie vergessen, das geringste Schöne und Gute, was noch übriggeblieben, dankbar zu genießen.« Und der ihr nahe stehenden Marta Rosenbaum rät sie: »Lachen Sie über den ganzen Jammer: … Je hoffnungsloser es aussieht, umso gründlicher wird dann die Säuberung sein. – Also trotz alledem guten Mut und Kopf oben behalten!«

Rosa Luxemburg selbst kennt Phasen der Verzweiflung, bis hin zu Selbstmordgedanken, die sie nur ihrer Freundin Clara Zetkin anvertraut. Nach außen bewahrt sie Haltung, sei es gegenüber den Gefängniswärtern oder gegenüber den führenden Genossen. Ob sie im Innersten an die blühenden Landschaften glaubt, die sie in ihren Schriften und Reden verheißt? Oder macht sie sich selbst Mut, wenn sie schreibt: »Ich habe das Gefühl, dass dieser ganze moralische Schlamm, durch den wir waten, dieses große Irrenhaus, in dem wir leben, auf einmal, so von heute auf morgen, wie durch einen Zauberstab ins Gegenteil umschlagen, in ungeheuer Großes und Heldenhaftes umschlagen kann …«– Der Traum von der Weltrevolution, von der Weltherrschaft des Proletariats. Karl Kautsky malt diese Utopie weiter aus, er träumt von einer einzigen kommunistischen Weltgesellschaft, in der alle Sprachen und Kulturen eingeschmolzen werden …

Die Wirklichkeit sieht nüchterner und brutaler aus. Die nach dem Ende der Monarchie aus der Haft entlassenen

Spartakisten Liebknecht und Luxemburg, die Ende 1918 die KPD als straffe Kaderpartei gegründet haben, liefern sich blutige Straßenschlachten mit den Regierungstruppen. In ihrem Kampfblatt *Rote Fahne* fordern sie zum Sturz der verhassten provisorischen Regierung und der in ihren Augen unwürdigen »Verräter am Sozialismus« Ebert und Scheidemann auf. Die Reaktion der Gegner folgt prompt: die Aufforderung »Schlagt ihre Führer tot« an allen Plakatsäulen. Sie hat Erfolg. Am 15. Januar 1919 werden Rosa Luxemburg und Karl Liebknecht ermordet.

Eine Frau in ihrem Widerspruch

Kaum je hat eine Frau in der Öffentlichkeit so unterschiedliche Werturteile erfahren wie Rosa Luxemburg. Den einen ist sie unangreifbare Ikone und Märtyrerin, den anderen unheilvolle Aufrührerin. Sie weckt Emotionen und polarisiert Gefühle: Bewunderung oder Abscheu. Unbestritten ist ihr Mut. Sie war bereit, für die Revolution ihr Leben einzusetzen – aber auch das Leben derer, die sie bekämpfte. Sie war keine Mutter Teresa und hätte es auch nicht sein wollen, doch überraschen bei der Lektüre ihrer Briefe immer wieder ihre fürsorglich liebevollen Gefühle und ihr selbstloser Einsatz für Schwächere.

Sie selbst hat bewusst in diesen Widersprüchen gelebt. Im November 1918 postuliert sie: »Rücksichtslose revolutionäre Tatkraft und weitherzigste Menschlichkeit – dies allein ist der wahre Odem des Sozialismus.«

Freunde und Feinde holen aus dem reichen Zitatenschatz ihrer *Gesammelten Werke* jeweils das für sie Passende heraus. Die Achtundsechziger und auch die Bürgerrechtler in der DDR haben ihren – nur eingeschränkt gültigen – Satz von der Freiheit der Andersdenkenden auf ihre Fahnen geschrieben. Selbst die Machthaber der DDR haben sie mit ihrer Kapitalismuskritik zu instrumentalisieren versucht, obgleich ihre Werke im Arbeiter- und Bauernstaat nur zensiert erscheinen durften – zu viel Sprengstoff für das eigene System.

Für den nüchternen Analytiker Peter Glotz liegen Parallelen zwischen dem Ende des Ersten Weltkrieges und dem Wendejahr 1989 auf der Hand: »Damals wie heute zerbrachen multinationale Gebilde. Damals wie heute träumte man von universalistischen Ordnungsfaktoren ... Rosa Luxemburgs Internationalismus könnte wieder zum Stimulus werden ...« – Ihre Warnung vor kleingeistigem Nationalismus kleidet die Sprachmächtige in den Satz: »Auf dem nationalistischen Blocksberg ist heute Walpurgisnacht.«

Rosa Luxemburg ist also trotz ihrer ideologischen Wolkenschieberei noch immer politisch aktuell. Der von ihr vielgescholtene Lenin findet – nach Aufzählung all ihrer Irrtümer – den respektvollen Vergleich: »trotz aller dieser Fehler war sie und bleibt sie ein Adler.«

Ein Adler, der sich die Flügel nicht stutzen ließ. Der frühe Tod hat sie vor der Entzauberung ihrer Träume und Höhenflüge bewahrt. Sind es vielleicht gerade die Utopien und die inneren Widersprüche ihrer Gedankenwelt, die auch heute noch zu einer Auseinandersetzung mit ihrem Werk und ihrer Persönlichkeit herausfordern?

Unvergessen der Film von Margarete von Trotta: Barbara Sukowa in der Rolle der Rosa Luxemburg, schmächtig und stark, intolerant und großzügig, scharfzüngig und liebevoll. Eine kämpferische Pazifistin, weltausgreifend und Geborgenheit suchend, verehrt und verketzert – eine Frau in ihrem Widerspruch.

Anteil am Nobelpreis?
Mileva Einstein-Marić
1875–1948

Als Albert Einstein 1921 von der Schwedischen Akademie der Wissenschaften der Physik-Nobelpreis zugesprochen wurde, überließ er das gesamte Preisgeld, immerhin die damals beträchtliche Summe von 180 000 Schweizer Franken, seiner ersten Frau Mileva, von der er seit einigen Jahren geschieden war. Niemand nahm daran Anstoß. Warum sollte der in zweiter Ehe wohlhabend verheiratete Wissenschaftler, hoch dotiertes Mitglied der Berliner Akademie, dieses Geld nicht seiner weniger begüterten ehemaligen Gefährtin, die mit den beiden gemeinsamen Kindern in Zürich lebte, zukommen lassen?

Erst in den Achtzigerjahren bekam die Überweisung dieser Geldsumme eine neue Gewichtung – aus feministischer Sicht: Könnte es sich nicht um eine späte Wiedergutmachung an Mileva handeln? Hatte Albert Einstein seine erste Frau und Kommilitonin nicht für seine wissenschaftliche Arbeit ausgebeutet? Hatte sie ihm nicht mathematische Unterlagen für seine Forschungen zur theoretischen Physik geliefert, für die er dann den Nobelpreis bekam, ohne ihren Namen je zu erwähnen? Ist es Zufall, dass diese frühen Publikationen im Original nicht mehr auffindbar sind?

Dass all diese Fragen überhaupt gestellt werden konnten, hängt mit einem Buch zusammen, das schon 1969 in einem jugoslawischen Verlag erschienen ist, aber erst 1982 durch die Übersetzung ins Deutsche bekannt wurde: *Im Schatten Albert Einsteins. Das tragische Leben der Mileva Einstein-Marić.* Die Verfasserin Desanka Trbuhović-Gjurić hat Mathematik und Physik studiert und ist Serbin wie Mileva Marić. Ihr geht es weniger um eine Anklage Albert Einsteins, als um das Festschreiben des tragischen Lebens einer hochbegabten Wissenschaftlerin. Auch wenn man alle Regungen serbischen Nationalstolzes und alle Überhöhungen aus Zuneigung abzieht, bleibt diese Biographie beeindruckendes Zeugnis eines Frauenlebens zwischen Selbstbestimmung und Selbstaufgabe.

Natürlich ist Mileva Einstein-Marić, wie Feministinnen argwöhnen, auch ein Opfer patriarchaler Gesellschaftsverhältnisse. Natürlich hat sie aus Liebe zu einem Mann ihre eigene berufliche Entfaltung hintangestellt und die ihres Partners befördert. Natürlich lag die Last des Familienalltags auf ihren Schultern, während der Gefährte sich ungehindert der Wissenschaft widmen konnte. Doch aus diesem zeittypischen Muster darf noch nicht auf ein unglückliches oder zerstörtes Leben geschlossen werden. Mileva hat sich während der ganzen Zeit ihrer Ehe nicht ausgebeutet gefühlt. Sie hat ihrem Mann, an dessen geniale Begabung sie glaubte, als er noch völlig unbekannt war, zugearbeitet, hat mathematische Berechnungen für ihn angestellt, hat Ordnung in seine Zettelwirtschaft und sein unstetes Leben gebracht. Sie ist sein »liebes Weiberl«, sein »Schatzerl«, aber auch, wie er ihr schreibt, eine ihm »ebenbürtige Kreatur ... die gleich kräftig und selbständig ist wie ich selbst«. Mileva liebt ihn in ihrer zurückhaltend verlässlichen Art, er erwidert ihre Liebe offener, heiterer, unbekümmerter um Konventionen.

Milevas Tragik beginnt erst in dem Augenblick, als er sich um einer anderen Frau willen von ihr trennt. Da steht sie betroffen vor den Scherben ihres gemeinsamen Lebens, nichts lässt sich mehr zusammenfügen, sie war immer nur auf ihn ausgerichtet, sah ihr Forschen stets als Einheit, ohne jemals nach der Größe ihres Anteils zu fragen. Nun hält sie, mit 44 Jahren, kein eigenes Werk, keinen akademischen Titel, keinen Berufsabschluss in Händen. Nichts.

Albert Einstein aber nimmt in Stockholm den Nobelpreis entgegen für seine »Verdienste auf dem Gebiet der theoretischen Physik, besonders für die Entdeckung des Gesetzes der photoelektrischen Wirkung«. Dieses Gesetz, das die Entstehung des Lichtes durch Lichtquanten erklärt, wurde von ihm schon 1905 formuliert, in der Zeit, als er mit Mileva eng zusammenarbeitete. Sie hatte damals neben dem Haushalt noch ihren knapp einjährigen Sohn Hans Albert zu versorgen und konnte sich deshalb der wissenschaftlichen Arbeit nie so ungestört zuwenden wie ihr Mann. Trotzdem nutzte sie jede freie Minute, um die gemeinsamen Untersuchungen voranzutreiben. Sie sah sich dabei als seine ihm zuarbeitende Partnerin, die ihn anregt und seine Ergebnisse kontrolliert, die ihn auch wegen seiner intuitiv genialen Erfassung und Bewältigung physikalischer Probleme bewundert. Sicher würde sie es ablehnen, als »verhinderte Nobelpreisträgerin« unter die weiblichen Opfer einer machtorientierten Männergesellschaft eingeordnet zu werden. Auch den Titel »Mutter der Relativitätstheorie«, den ihr Norgard Kohlhagen in der Zeitschrift *Emma* (10/83) verlieh, würde sie mit Gewissheit zurückweisen. Selbst die Frage im *New Scientist* vom 3.3.1990 »Was the first Mrs. Einstein a Genius, too?« würde sie wohl, soweit wir sie aus ihren Briefen und der Schilderung ihrer Freunde kennen, verneinen. Sie hat sich nie als Genie gefühlt, empfand es als »unschön«, berühmt zu sein, auch wenn in ihrer Jugend einige Weichen in dieser Richtung gestellt worden sind.

Ihr Vater und später auch ihre Lehrer haben ihre außergewöhnliche mathematische Begabung früh erkannt und gefördert. In Titel, einer Kleinstadt im Randgebiet der österreichisch-ungarischen Donaumonarchie, in der Mileva am 19. Dezember 1875 geboren wurde, gilt sie, wenn nicht als Wunderkind, so doch als überragend intelligent und wissensdurstig, vor allem auf Gebieten, die Mädchen ihres Alters sonst wenig interessieren. Ein angeborenes Hüftleiden macht sie zur Außenseiterin, sie kann nicht mit den anderen Kindern herumtollen und wird gehänselt; so zieht sie sich auf den großen Dachboden des elterlichen Gutshauses und in ihre eigene Phantasiewelt zurück. Sie liest deutsche Märchen und serbische Volksdichtungen – beide Sprachen sind ihr von klein auf geläufig. Mit acht Jahren bekommt sie Klavierunterricht. Am meisten aber faszinieren sie Zahlenspiele, Rechenoperationen und Naturbeobachtungen am Ufer der träge dahinfließenden Theiß. Die Großmutter behandelt ihre missgestaltete Hüfte mit Hausmitteln und Zaubersprüchen, früh bringt man ihr bei, dass hinkende Mädchen keine Heiratschancen hätten.

Um so stärker setzt sich der umsichtige Vater für die Ausbildung ihrer geistigen Fähigkeiten ein. Der wohlhabende Grundbesitzer und Kanzlist im Bezirksgericht Ruma kann es sich leisten, seine Tochter auf gute Schulen zu schicken. In der Höheren Mädchenschule in Novi Sad gilt Mileva als beste Schülerin, wegen ihrer Zurückgezogenheit wird sie Svetac, Heilige, genannt. Da in Österreich-Ungarn Mädchen der Zugang zum Gymnasium noch verwehrt ist, bringt der Vater sie am Königlich-Serbischen Gymnasium in Sabac unter, wo sie durch Begabung, Willenskraft und Ehrgeiz auffällt und von den Lehrern mit besonderer mathematischer Lektüre versorgt wird.

Als der Vater 1891 in die kroatische Hauptstadt Zagreb versetzt wird – von der Mutter ist nie die Rede –, wechselt auch Mileva ans dortige Königliche Obergymnasium über. Sie legt die Griechischprüfung mit der Note »vorzüglich« ab, die Schlussprüfung – als einziges Mädchen in der Klasse – mit den besten Noten in Mathematik und Physik. Das hebt ihr durch die Körperbehinderung angeschlagenes Selbstbewusstsein. Sie will studieren. In Zürich. Der Vater ist einverstanden, obwohl das für ihn eine ziemliche Belastung bedeutet. Er hat noch zwei weitere Kinder zu versorgen, Zorka, die jüngere, ebenfalls mit einem Hüftleiden geborene Tochter und Miloš, den hochbegabten Sohn, der Medizin studieren möchte.

Mileva reist 1894 – mit 19 – allein nach Zürich, dessen Universität in ihrer Heimat einen guten Ruf hat und Frauen einen Studienabschluss ermöglicht. Sie fühlt sich hier vom ersten Augenblick an heimisch, die zurückhaltend nüchterne Art der Menschen sagt ihr zu. Unter den Studenten entdeckt sie eine Reihe vertrauter Gesichter aus Zagreb. Sie stürzt sich in die Arbeit und wird im November nach einer Aufnahmeprüfung in die dritte Klasse der Höheren Töchterschule aufgenommen. Ihre Lehrerin in allgemeiner Geschichte ist die Historikerin und Schriftstellerin Dr. Ricarda Huch, ihr Gesanglehrer der »Sängervater« Carl Attenhofer – Persönlichkeiten, die sie beeindrucken und prägen.

Die Maturitätsprüfung legt Mileva im Frühjahr 1896 an der Eidgenössischen Medizinschule in Bern ab, da sie anschließend Medizin studieren möchte. Sie beginnt auch ein Medizinstudium an der Universität Zürich, wechselt aber schon nach einem Semester ans Polytechnikum über und belegt die Fächer, die sie schon immer am meisten interessierten: Mathematik und Physik. In der Abteilung VI A, in der angehende Mathematik- und Physiklehrer ausgebildet werden, ist sie die einzige Frau ihres Jahrgangs, vor ihr haben erst vier Frauen an dieser Abteilung studiert. Sie nimmt die Herausforderung an, es ist nicht die erste ihres Lebens, sie traut sich zu, mithalten zu können.

Einer ihrer Kommilitonen ist der um gut drei Jahre jüngere Albert Einstein, der die Aufnahme ins Polytechnikum erst im zweiten Anlauf geschafft hat. Dass dies nichts mit seiner Intelligenz und mathematischen Begabung zu tun hat, höchstens mit seiner Unbekümmertheit und seinem unkonventionellen Denken, wird ihr bald klar. Die beiden teilen sich einen Laborplatz im Physikalischen Institut und Einstein verblüfft Mileva gleich am ersten Tag mit der Frage:

»Haben Sie je daran gedacht, dass Newton in einigen seiner Schlüsse nicht Recht hat?« – Sie ist in der Ehrfurcht vor großen Namen erzogen worden, er hinterfragt ohne Scheu eherne Gesetze. Dabei tut er dies nie – und das imponiert ihr – aus Besserwisserei, vielmehr aus einer kindlich-spielerischen Neugier heraus.

Über die Arbeit im Labor, über physikalische und philosophische Fragestellungen kommen sich die beiden näher und ergänzen sich: er in seiner sprunghaft intuitiven, sie in ihrer solide systematischen Art. Immer häufiger verbringen sie auch die Freizeit zusammen. Mileva führt Albert in den Kreis serbischer Studenten ein, man wandert, diskutiert und musiziert gemeinsam. Albert ist beliebt als geistreicher und witziger Gesprächspartner, auch als Violinspieler und Musikkenner, während man sein vagabundenhaftes Aussehen bespöttelt. Mileva kümmert sich nicht darum, so wie es ihn nicht stört, dass sie hinkt.

Die Kommilitonen gewöhnen sich an das seltsame Paar, die Eltern von Mileva und auch die von Albert nicht. Alberts Mutter setzt ihm mit drastischen Warnungen zu: »Du vermöbelst Dir Deine Zukunft und versperrst Dir Deinen Lebensweg ... Wenn Sie ein Kind bekommt, dann hast Du die Bescherung.« Und auf Milevas Intellektualität anspielend: »Sie ist ein Buch wie Du – Du solltest aber eine Frau haben.« Schließlich führt sie noch den Altersunterschied ins Feld: »Bis Du 30 bist, ist sie eine alte Hex.« Sie befürchtet zu Unrecht, Mileva klammere sich an ihn und halte ihn von seiner Karriere ab. Dabei ist es Albert, der von Heirat spricht, während Mileva sich sträubt und ihre wissenschaftliche Laufbahn gefährdet sieht durch Küche und Kinder. Um ihre Gefühle zu prüfen, hat sie in eigener Entscheidung und ohne Absprache mit Albert ein Semester in Heidelberg eingelegt, er nennt sie in seinem ersten Brief »kleine Ausreißerin« und wirbt erfolgreich um ihre Rückkehr nach Zürich.

Gemeinsam bereiten sie sich auf die Diplomprüfung vor, nachdem Mileva die Zwischenprüfungen im Oktober 1899 nicht so glänzend bestanden hat, wie sie das von sich selbst erwartete. Das Thema der Diplomarbeit, Wärmeleitung, interessiert Albert nicht besonders, Mileva hingegen arbeitet sich mit Energie in die Materie hinein und bereitet sich auch auf die anderen Fächer gewissenhaft vor. Trotzdem fällt sie bei der Diplomprüfung, die im Sommer 1900 stattfindet, durch. Vor allem ihre Leistungen in Funktionentheorie und Astronomie genügen den Anforderungen nicht. Sie wird die Prüfung ein Jahr später wiederholen müssen. Albert, dem Noten und Prüfungen unwichtig sind und der selber nur knapp bestanden hat, versucht sie zu trösten und zu ermuntern: »Du musst jetzt Deine Untersuchungen fortsetzen – wie stolz werd ich sein, wenn ich gar vielleicht ein kleines Doktorlin zum Schatz habe und selbst noch ein ganz gewöhnlicher Mensch bin!«

Aber aus dem Doktorlin wird nichts, die Dissertation bleibt unvollendet, auch der zweite Prüfungsversuch scheitert. Mileva gibt ihr Physikstudium auf. Was das für die arbeitsbesessene und ehrgeizige Gefährtin bedeutet, kann Albert am besten ermessen. Wenn er sie nun noch stärker als vorher in seine Arbeit einbezieht, hat das weniger mit Ausbeutung als mit Verständnis für ihre bedrückende Lage zu tun. Im März 1901, nachdem seine erste wissenschaftliche Publikation in den Leipziger *Annalen der Physik* erschienen ist, schreibt er ihr: »Wie glücklich und stolz werde ich sein, wenn wir beide zusammen unsere Arbeit über die Relativbewegung siegreich zu Ende geführt haben! Wenn ich so andere Leute sehe, da kommt mir's so recht, was an Dir ist!«

Ihr Versagen auch in der zweiten Prüfung hängt ohne Zweifel mit den psychischen Belastungen in diesem Jahr zusammen. Dass ihre Familie, ihr Vater vor allem, ihren Misserfolg nicht verstehen kann, bedrückt sie. Auch Alberts vergebliche Bemühungen um eine Assistentenstelle in

Zürich, in Wien und an deutschen Universitäten setzen ihr mehr zu als ihm. Es beschämt sie, wenn er ihr in einem Brief versichert: »Meine wissenschaftlichen Ziele und meine persönliche Eitelkeit werden mich nicht davon abhalten, die untergeordnetste Rolle zu übernehmen.« Die eilige Suche nach irgendeiner Verdienstmöglichkeit hat einen Grund: Mileva ist schwanger.

In den Semesterferien fährt sie wie jedes Jahr nach Hause. Was dort in Novi Sad und im Familienkreis abläuft, lässt sich nur vermuten, es sind keine Briefe Milevas aus dieser Zeit erhalten. Aus Alberts Briefen kann geschlossen werden, dass er zwar den Zeitpunkt der Schwangerschaft ungünstig findet, aber das erwartete Kind – »Lieserl« nennen sie es – nicht ablehnt. »Pfleg Dich nur gut und sei munter und freu Dich auf unser liebes Lieserl ...«, schreibt er der Hochschwangeren im Dezember 1901 und gibt zu bedenken: »Das einzige, was noch zu lösen übrig wäre, das wär die Frage, wie wir unser Lieserl zu uns nehmen könnten; ich möchte nicht, dass wir es aus der Hand geben müssen. Frag einmal Deinen Papa, er ist ein erfahrener Mann und kennt die Welt besser als Dein verstrebter, unpraktischer Johonzel.« Den Kosenamen Johonzel hat sich Mileva ausgedacht.

Zwei Tage später folgt die erfreuliche Nachricht, dass der zukünftige Kindsvater – nach einem kurzen Intermezzo an einer Privatschule in Schaffhausen – nun eine gut bezahlte Stelle am Patentamt in Bern antreten wird. »Und Du wirst bald mein glückliches Weiberl, paß nur auf. Jetzt haben unsere Leiden ein Ende.« Wie Mileva in ihrem Zustand seinen drängenden Heiratswunsch aufnimmt, ist nicht bekannt, auch nicht, wie sie sich die gemeinsame Zukunft mit dem Kind vorstellt. Denkbar, dass die Schwangerschaft, die ihre Berufspläne vereitelt und in der sittenstrengen heimatlichen Umgebung ein Stigma bedeutet, sie ganz aus der Bahn geworfen hat. Albert, der inzwischen in Zürich seine Dissertation fertig gestellt hat, versucht sie in seinen Briefen aufzumuntern: »Bis Du mein liebes Weiberl bist, wollen wir recht eifrig zusammen wissenschaftlich arbeiten, dass wir keine alten Philistersleut werden, gellst.«

Mileva hat die geheim gehaltene Geburt sehr zugesetzt, aber das »Lieserl« scheint gesund zu sein. Albert erkundigt sich eingehend nach ihm: »Was hat es denn für Augerl? Wem von uns sieht es mehr ähnlich? Wer gibt ihm denn das Milcherl?« Er wünscht sich eine Photographie oder eine Zeichnung: »Ich hab es so lieb und kenn's doch noch gar nicht!« – Er wird es nie kennen lernen. Das weitere Schicksal Lieserls bleibt im Dunkeln, weder Geburt noch Tod lassen sich in amtlichen Registern nachweisen. Auch der erst vor einigen Jahren in Princeton veröffentlichte Briefwechsel zwischen Albert und Mileva gibt keine näheren Aufschlüsse über das Kind, das vermutlich von einer Jugendfreundin Milevas aufgenommen und zur Adoption freigegeben wird. Lieserl bleibt ein Familientabu.

Albert ist inzwischen nach Bern gezogen und hat seine Stelle als technischer Sachverständiger am Eidgenössischen Amt für geistiges Eigentum angetreten. Mileva, die in Zürich immer zur Untermiete oder in Pensionen gewohnt hat, richtet zum ersten Mal eine eigene kleine Wohnung ein, bohemehaft gemütlich für lange Nachtgespräche mit Freunden. Am 6. Januar 1903 werden die beiden im Berner Zivilstandsamt getraut – ein glückliches, sich in der Arbeit geradezu ideal ergänzendes Paar.

Für Albert sind die nun folgenden Jahre die wissenschaftlich produktivsten seines Lebens. Er arbeitet an der *Elektrodynamik bewegter Körper*, einem nicht umfangreichen, aber fundamentalen Werk, das seine Spezielle Relativitätstheorie enthält. Wie weit Mileva daran mitgearbeitet hat, lässt sich nicht genau feststellen, da das Manuskript als verschollen oder vernichtet gilt. Fest steht, dass sie ihre Zeit nicht mehr ungeteilt der Forschung widmen kann, seit sie den im Mai 1904 geborenen Sohn Hans Albert zu versorgen hat; ein zufriedenes, pflegeleichtes Kind, das aber doch an ihren geschwächten Körperkräften und Nerven zehrt.

Die Linguistin Senta Trömel-Plötz sieht in der Tatsache, dass in dieser Ehe Albert allein alle wissenschaftlichen Arbeiten zeichnete, allein für geistige Leistung und Broterwerb zuständig war, allein sich um Lehrstühle bewarb, ein Geflecht patriarchaler Machtstrukturen (*Basler Zeitung*, Magazin 16/90). Dass Mileva gar keinen Studienabschluss besaß, wird dabei außer Acht gelassen, auch, dass Einstein die Lehrstühle keineswegs in den Schoß gefallen sind. Als er sich 1909 an der Universität Zürich um eine außerordentliche Professur für theoretische Physik bewirbt, bekommt er die Stelle nur, weil der von der Fakultät favorisierte Gegenkandidat zu seinen Gunsten verzichtet. Man kennt zwar seine Relativitätstheorie, ahnt aber noch nicht deren epochale Bedeutung.

Mileva wechselt gern wieder nach Zürich über, in die ihr so vertraute Stadt, die ein internationaleres Flair besitzt als das gemütliche Bern. Ihr Heim an der Moussonstraße wird rasch zum Treffpunkt schweizerischer und serbischer Freunde, die meisten von ihnen sind Musiker oder Musikliebhaber. Mileva ist eine gewandte Gastgeberin, das nicht gerade üppige Gehalt ihres Mannes bessert sie durch Zimmervermietung an Studenten auf. Eine Hausgehilfin können sich die Einsteins nicht leisten, so kocht und putzt und näht Mileva selbst.

Im Juli 1910 wird ihr zweiter Sohn Eduard geboren. Nun hat Mileva noch weniger Zeit, sich in neue Forschungen zu vertiefen und ihrem Mann mit Berechnungen zur Hand zu gehen. Er trifft sich mit Freunden und Studenten häufig im *Café Terrasse* und führt mit ihnen die Gespräche, die er früher mit Mileva geführt hat. Mehr und mehr vergräbt er sich in die Arbeit, nur fürs Musizieren im Freundeskreis, fürs Theater und für die Tonhalle-Konzerte nimmt er sich noch Zeit, wobei ihm der äußere Rahmen völlig gleichgültig ist.

Mit zerknittertem, kreidebeschmiertem Anzug eilt er direkt aus der Vorlesung in den Konzertsaal, Mileva steckt ihm in den Zwischenpausen heimlich Butterbrote aus ihrer Handtasche zu. Die Konzertbesucher belächeln das unbekümmert unbürgerliche Paar.

Als Einstein 1910 an der deutschen Universität in Prag der Lehrstuhl für theoretische Physik angeboten wird, nimmt er diesen Ruf trotz Milevas Bedenken an, da er mit größerer Unabhängigkeit und besserer Bezahlung verbunden ist. Das bedeutet für Mileva Umzug mit zwei kleinen Kindern und Abschied vom geliebten Zürich. Sie wird nicht heimisch in Prag, der gespaltenen Stadt mit den Rivalitäten zwischen der tschechischen und der deutschen Universität. Im Gegensatz zu ihrem Mann findet sie keinen gesellschaftlichen Anschluss und wird immer verschlossener und schweigsamer, auch die beiden Kinder vermögen sie nicht aufzuheitern. Sie sehnt sich nach Zürich zurück, obgleich sie sich in Prag zum ersten Mal in ihrer Ehe ein von Geldsorgen freies Leben und eine Hausgehilfin leisten kann.

Die Unstimmigkeiten zwischen Mileva und Albert vertiefen sich immer mehr, Einsteins Familie lässt keine Gelegenheit aus, ihm Milevas unvorteilhaftes Erscheinungsbild vor Augen zu führen: klein, hinkend, schüchtern und introvertiert. Die nachlässige Garderobe der beiden wird allein ihr angekreidet. Er, auf äußere und innere Harmonie bedacht, erträgt diese Spannung zwischen seiner Frau und seiner Familie nur schwer. Mileva fühlt sich durch die Einmischung der Verwandten verletzt; auch dass ihr Mann sie nicht mehr in seine Arbeit einbezieht, kränkt sie.

Auf einem wissenschaftlichen Weltkongress in Brüssel nutzt sie die Gelegenheit, berühmte Kollegen zu bitten, sich für Einsteins Rückkehr nach Zürich einzusetzen. Marie Curie und Henri Poincaré wenden sich daraufhin mit Empfehlungsschreiben an die Eidgenössische Technische Hochschule, das frühere Polytechnikum, an dem Albert und

Mileva studiert haben. Auch Einsteins Doktorvater, der Physiker Alfred Kleiner, und der ehemalige Kommilitone Marcel Großmann bemühen sich um seine Berufung an die ETH. Im Februar 1912 ist es soweit: Einstein wird ordentlicher Professor für theoretische Physik.

Mileva versucht den Umzug nach Zürich so schnell wie möglich zu bewerkstelligen, bevor ihr etwas zögerlicher Mann wieder rückfällig werden könnte. Sie erhofft sich von der Rückkehr an die Stätte ihres gemeinsamen Aufbruchs eine Wiederbelebung ihrer Zusammenarbeit und ihrer menschlichen Beziehung. Aber Glück und Nähe lassen sich nicht so einfach zurückholen, auch wenn Mileva bewusst an alte Gewohnheiten anknüpft: Man musiziert gemeinsam im Hause von Professor Hurwitz, man wandert mit Freunden und Kindern in den Bergen, die Wohnung auf dem Zürichberg soll wieder zum Treffpunkt des großen Bekanntenkreises werden, Marie Curie wird samt Töchtern und Gouvernante eingeladen.

Doch mehr und mehr fühlt sich Mileva im Abseits, wenn ihr Mann mit Kollegen und Studenten über seine Theorien diskutiert, ohne sie in die Gespräche einzubeziehen. Im März 1913 schreibt sie ihrer Freundin in Belgrad stolz, aber mit verbittertem Unterton: »Mein großer Albert ist unterdessen ein berühmter Physiker geworden, der in der physikalischen Welt sehr geehrt und bewundert ist. Er arbeitet unermüdlich an seinen Problemen, man kann ruhig sagen, daß er nur für sie lebt.« Von Zusammenarbeit ist nicht mehr die Rede, Einstein entzieht sich zunehmend auch der Familie, spinnt sich in seine Arbeit und seine Musik ein. Bei einem Besuch des deutschen Physikers Max Born in Zürich erkundigt er sich vorsichtig nach den Forschungsbedingungen in Berlin.

Im Sommer 1913 reisen Max Planck und Walther Nerst an, um Einstein für die Preußische Akademie der Wissenschaften in Berlin zu gewinnen. Gleichzeitig soll er Direktor des Kaiser-Wilhelm-Instituts für Physik werden – ein verlockendes Angebot, dem er sich nicht entziehen mag, obwohl Mileva sich gegen einen erneuten Umzug sträubt und immer noch hofft, in Zürich könnte ihr Familienleben wieder in Ordnung kommen. Sie hofft vergebens. Einstein trifft die endgültige Entscheidung für Berlin ohne Rücksicht auf ihre Bedenken. Doch auch sie handelt eigenmächtig: Bei einem Besuch in ihrer Heimatstadt Novi Sad lässt sie die beiden Kinder unter dem Einfluss ihrer Familie nach orthodoxem Ritus taufen. Ihr Mann nimmt die Provokation gelassen, auch wenn die Söhne ihm dadurch noch stärker entfremdet werden, er ist ein freischwebender, toleranter Geist, kein strenggläubiger Jude.

Der Umzug nach Berlin bedeutet für den älteren Sohn Hans Albert die Eingewöhnung in ein Schulsystem mit preußischem Drill, dem sich der begabte, aber eigenwillige Junge nur schwer fügen kann. Der dreijährige Eduard, genannt Tete, bleibt in der Obhut der Mutter. Ein zartes, kränkelndes Kind mit einem auffallend entwickelten Gedächtnis. Alles, was ihn interessiert, behält er, Lesen bringt er sich ohne Mühe selbst bei, musikalisch ist er – wie der Vater – hochbegabt. Seine nachdenklich altklugen Fragen und Überlegungen beunruhigen Mileva, aber sie hat niemanden, mit dem sie darüber sprechen kann. Sie liest viel, hauptsächlich wissenschaftliche Literatur, um Anschluss an die Umwälzungen in der neueren Physik zu finden. Dabei macht sie sich auch Gedanken über die Grenzen der Naturerkenntnis, doch ihr fehlen die philosophischen Grundlagen, um ihr Fachwissen in einen größeren Zusammenhang einordnen zu können. Vor allem jedoch fehlen ihr die Gespräche mit ihrem Mann, der sich ihr mehr und mehr – und dies nicht nur wegen der Arbeitsüberlastung – entzieht.

Von der politischen Unruhe nach dem Attentat von Sarajevo und der Kriegserklärung Österreich-Ungarns an Serbien bekommt Einstein in der Abgeschirmtheit seiner Akademie nur wenig mit. Immerhin bringt er im Juli 1914, zu Beginn der Sommerferien, seine Familie nach Zürich, wohl auf Milevas Drängen hin, aber auch, weil ihm hier eine ruhige, geregelte Entwicklung der Kinder am ehesten gewährleistet scheint. Er selbst kehrt umgehend in das turbulente Berlin zurück – aus Pflichtbewusstsein seinem Institut gegenüber, wie Mileva hofft, doch insgeheim ahnt sie, dass die ständigen Sticheleien der Einsteinschen Familie gegen sie doch ihre Wirkung getan haben und ihrem Mann die Trennung nicht ungelegen kommt. Seine Cousine Elsa sorgt in Berlin bestens für sein Wohl.

Mileva hat sich in Zürich in einer Pension an der Bahnhofstraße eingemietet, noch hat sie ja vor, um ihre Ehe zu retten, in das verhasste Berlin zurückzukehren. Der Ausbruch des Ersten Weltkriegs nimmt ihr die Entscheidung ab: Um der Kinder willen beschließt sie, die sichere Schweiz nicht mehr zu verlassen. Sie beschwört auch ihren Mann – vergeblich –, wieder nach Zürich zu kommen. Zu ihrer elterlichen Familie in Österreich-Ungarn ist durch den Krieg jede Verbindung abgebrochen. Sie steht allein da. Bald kann sie die Pension nicht mehr bezahlen, da die Geldüberweisungen aus Berlin sehr unregelmäßig eintreffen und durch die Entwertung der Mark immer geringer ausfallen. Die Freunde erfahren nichts von ihrer Not, auch die Kinder sollen nicht merken, wie viel sie sich ihretwegen vom Mund abspart.

Als Einstein eine größere Geldsumme schickt und ihr Klavier aus Berlin eintrifft, mietet sie sofort eine Wohnung und beginnt, Klavier- und Mathematikstunden zu geben. Um dem begabten Tete einen besseren Klavierunterricht als ihren eigenen zu ermöglichen, nimmt sie zahlende Pensionsgäste auf und macht Schulden, den Kindern soll es an nichts fehlen. Ihr Mann, der inzwischen zu seiner Cousine Elsa gezogen ist, besucht die Familie in Zürich ab und zu, wandert und musiziert mit den Söhnen und versucht, ihr Interesse für die Wissenschaft zu wecken. Eine Aussprache mit Mileva, die von ihm eine klare Entscheidung fordert, vermeidet er. Erst von Berlin aus und wahrscheinlich unter dem Einfluss seiner neuen Lebensgefährtin verlangt er in einem Brief von ihr die Scheidung. Mileva bäumt sich dagegen auf. Ihre ganze Verbitterung, ja ihr Hass, entlädt sich aber nicht gegen ihn, sondern gegen Elsa. Tröstlich ist ihr einzig, dass sie die Kinder und auch viele Freunde auf ihrer Seite weiß.

Der endgültige Bruch mit ihrem Mann und die Existenzsorgen setzen Milevas nie ganz stabiler Gesundheit zu, ihre immer häufiger auftretenden lebensbedrohenden Herzanfälle bedingen eine Einweisung ins Theodosianum, ein von katholischen Schwestern geführtes Spital. Wohlmeinende und besorgte Kollegen verwenden sich für eine Rückkehr Einsteins nach Zürich, aber er kann sich trotz innerer Kämpfe aus seiner Berliner Umgebung nicht lösen. Im September 1916 schreibt er an Milevas Freundin Helene, die seine beiden Söhne aufgenommen hat: »Die Trennung von Mica war für mich eine Sache des Überlebens. Unser gemeinsames Leben ist unmöglich, ja depressiv geworden. Weshalb, vermag ich nicht auszudrücken. So habe ich meine Buben, welche ich trotz allem zärtlich liebe, aufgegeben ... zu meinem tiefsten Bedauern habe ich bemerkt, daß meine Kinder meine Wege nicht verstehen und eine Art Groll gegen mich hegen. Ich finde, obwohl es schmerzlich ist, daß es für ihren Vater besser ist, sie nicht mehr zu sehen.«

Mileva ist verstört. Die Sorge um ihre Kinder veranlasst sie, das Spital zu früh und auf eigene Verantwortung zu verlassen, doch Rückfälle machen eine erneute Einweisung erforderlich. Diesmal kommt sie in das von Diakonissen geführte Bethanienheim, wo sie Tete bei sich behalten kann, während Hans Albert bei einer befreundeten Familie vorübergehend Aufnahme findet.

Nach zwei Monaten wird Mileva nach Hause entlassen, geheilt ist sie nicht, aber aus ihrer Heimat ist die jüngere

Schwester Zorka angereist, um ihr beizustehen. Dieses gutgemeinte Hilfsangebot ist der Beginn einer Kette tragischer Verstrickungen, denen sie schließlich nicht mehr zu entrinnen vermag. Zorkas immer merkwürdigeres und unberechenbareres Verhalten veranlasst Mileva, einen Arzt zu Rate zu ziehen, der ihre Befürchtung von Zorkas geistiger Verwirrtheit bestätigt, sie aber nicht zu heilen vermag. So lässt die Schwester sie schweren Herzens nach Novi Sad zurückreisen.

Noch stärker aber belastet Mileva der nun auch gesetzlich vollzogene Bruch mit ihrem Mann. In Abwesenheit beider Partner wird die Ehe am 14. Februar 1919 wegen »natürlicher Unverträglichkeit« geschieden. Einstein hält zu jener Zeit in Zürich eine Vorlesungsreihe über die Relativitätstheorie, er wohnt in einer Pension und besucht Mileva und die Kinder regelmäßig, die von ihrer Mutter nie ein schlechtes Wort über ihn hören. Er wünscht, dass seine Söhne in ihrer Obhut bleiben, nur in den Ferien will er mit ihnen wandern und musizieren. Auf einer Wanderung im Engadin hat er seinen ersten schweren Herzanfall, dem später weitere folgen.

Seine Heirat mit Elsa nimmt Mileva wortlos und niedergeschlagen, der ältere Sohn Hans Albert mit Feindseligkeit zur Kenntnis, während Tete nach wie vor nichts auf den Vater kommen lässt. Später allerdings ändert sich diese Haltung, da entwickelt sich eine Art Hassliebe des hochintelligenten Sohnes zum Vater, dessen Genialität er nie erreichen wird. Hans Albert hingegen hat die Fronten von Anfang an klar gezogen: Er will nicht Wissenschaftler, sondern handfester Ingenieur und Statiker werden.

Einstein besucht nach seiner Heirat in Berlin die Familie in Zürich häufiger, nimmt auch seine Manuskripte zur Durchsicht für Mileva mit – sei es aus schlechtem Gewissen, sei es aus dem Bedürfnis nach neuen, frei gewählten Arbeitszusammenhängen. Mileva jedenfalls blüht wieder auf, obgleich Tete ihr immer größere Sorgen macht. Einstein schreibt im April 1920 an einen Freund: »Mileva geht es gut; ich bin von ihr geschieden, die Kinder sind bei ihr in Zürich, Gloriastraße 59. Albert hat sich prächtig entwickelt, der Kleine ist leider etwas kränklich.« – Mit »etwas kränklich« ist der Zustand Tetes verharmlosend beschrieben. Seine Kopf- und Ohrenschmerzen werden immer stärker, Mileva fürchtet – das Schicksal ihrer Schwester vor Augen –, in seinem Gehirn könnte etwas nicht in Ordnung sein. Sie verwöhnt ihn, er bekommt das schönste Zimmer der Wohnung, alle Bücher, die er haben möchte. Er liest und schreibt und musiziert – ein frühreifer Einzelgänger. Die Matura besteht er ohne Schwierigkeiten, aber seine Aggressivität, auch gegen Mileva, nimmt zu. Nur mit Mühe kann sie ihn davon abhalten, in einem Anfall von Raserei aus dem Fenster des dritten Stockwerks zu springen. Der herbeigerufene Arzt weist ihn in die Nervenheilanstalt Burghölzli ein. Von den Würgemalen an ihrem Hals sagt Mileva nichts, aber sie fährt unverzüglich nach Berlin, um Einsteins Beistand einzuholen – offenbar vergebens. Allein und verzweifelt kehrt sie nach Zürich in die verwüstete Wohnung zurück. Ihrer Freundin in Belgrad schreibt sie: »Mitte Dezember wurde Tete sehr krank; ich kann Dir gar nicht sagen, wieviel Sorge und Angst ich ausstand ... Bei Tete gibt es nichts Organisches, sondern nur nervöse Störungen, und das ist fast noch ärger, denn man weiß nicht, wie man helfen soll.«

Tete wird auch nach der Entlassung weiter von den Ärzten im Burghölzli betreut. Er hat ein Medizinstudium begonnen und beschäftigt sich intensiv mit seiner eigenen Krankheit. Zu den Vorlesungen wird er von einem Wärter begleitet. Mileva lebt in dauernder innerer Spannung, äußerlich lässt sie sich nichts anmerken. Sie unterrichtet Physik an einem Lyceum, vertieft ihre Kenntnisse in Biologie und pflegt ihre Blumen und Kakteen. Das Nobelpreisgeld, das ihr Einstein aus Stockholm überbringt, legt sie, klug berechnend, in drei Häusern an. Zwei davon muss sie allerdings bald wieder verkaufen, um ihre durch Tetes Krankheit verursachten Schulden bezahlen zu können. In dem ihr noch verbleibenden Haus, einer Jugendstilvilla, richtet sie für sich, Tete und den Wärter eine Wohnung ein. Doch das häusliche Leben wird für sie mehr und mehr zur Hölle. Wenn Tete seine Anfälle bekommt, versucht er mit fürchterlichem Lärm seine Stimmen im Ohr zu übertönen, er hämmert auf das Klavier ein und zerschlägt alles, was ihm in die Hände fällt. Die Nachbarn beschweren sich ständig und Mileva muss mit all diesen Belastungen alleine fertig werden.

Ihr früherer Mann, dem sie sich nach wie vor wie keinem andern Menschen sonst verbunden fühlt, kann ihr nicht helfen, macht ihr nur zusätzliche Sorgen: In Deutschland haben sich die Judenverfolgungen verschärft, sein Haus in Caputh bei Berlin wird demoliert, sein Vermögen beschlagnahmt, auf seinen Kopf ist eine Prämie ausgesetzt. Über England flüchtet er im September 1933 mit seiner Frau Elsa und deren Tochter nach Amerika.

Mileva bleibt allein mit dem unberechenbaren Tete. 1935 reist sie zur Beerdigung ihrer Mutter nach Novi Sad, drei Jahre später löst sie, nach dem Tod der trunksüchtigen und nicht mehr zurechnungsfähigen Schwester Zorka, den elterlichen Haushalt auf – ihr letzter und trauriger Besuch in der Heimat.

Nach Zürich zurückgekehrt, igelt sie sich immer stärker ein, wird zunehmend misstrauischer und verdächtigt ihre Umgebung, sie zu bestehlen. Das hängt sicher auch mit dem Zwangsverkauf ihres Hauses zusammen und mit dem Verlust ihres vermeintlich lebenslangen Wohnrechts. Einstein, der im fernen Princeton lehrt, erhebt Anspruch auf den Erlös aus dem Hausverkauf, der Sohn Hans Albert, ebenfalls in Amerika lebend, kann der Mutter nicht beistehen, und Tetes Zustand verschlimmert sich so, dass eine endgültige Einweisung in die Anstalt Burghölzli notwendig wird.

Als Mileva ihn an einem frostigen Wintertag dort besuchen will, rutscht sie – von Sklerose geplagt und durch leichte Hirnschläge verunsichert – auf der eisglatten Straße aus und bricht sich ein Bein. Dies beschleunigt ihren körperlichen Verfall, den sie so lange mit fast übermenschlicher Willenskraft aus Verantwortungsgefühl für Tete verdrängt hat. Im Mai 1948 wird sie mit einer halbseitigen Lähmung in die Privatklinik Eos eingeliefert. Sie ist eine ungeduldige, schwierige Patientin, will sich zu ihrem Sohn ins Burghölzli verlegen lassen, resigniert schließlich und stirbt am 4. August 1948 einsam und ohne die Beruhigung, Tete gut versorgt zu wissen. Beerdigt wird sie nach orthodoxem Ritus auf dem Friedhof Nordheim in Zürich. Einstein wird später einem Studienkollegen schreiben: »Mir geht es soweit gut, indem ich die Nazizeit sowie zwei Frauen siegreich überlebt habe.«

Sein Sarkasmus befremdet angesichts des heroischen Lebenskampfes dieser Frau, die ihm während zweier Jahrzehnte eine treue Lebensgefährtin war, die seine Söhne großgezogen, seine Arbeit unterstützt hat und die ihn vor allem bis zum Schluss liebte. Ihr Anteil am Nobelpreis lässt sich nicht durch die Geldsumme aufrechnen, die ihr Einstein überließ. Wie weit ihm die Formulierung des photoelektrischen Gesetzes, das ihm den Nobelpreis eingebracht hat, ohne Milevas Grundlagenberechnungen und ohne ihre ordnende Hand gelungen wäre, sei dahingestellt. Mileva selbst hat sich nie an seiner Genialität gemessen, nie Ansprüche auf Erwähnung ihres Namens gestellt. Um so angemessener wäre ein öffentlicher Dank für ihre Arbeit gewesen.

In der *Neuen Zürcher Zeitung* vom 26. Oktober 1965 lesen wir die Todesanzeige für Tete: »Eduard Einstein, Sohn des verstorbenen Prof. Albert Einstein ...« – Kein Wort von Mileva, die diesem Sohn Jahre ihres Lebens und ihrer eigenen Entfaltung geopfert hat. Ihre Leistung geht nicht in die Geschichte ein. Ein Nobelpreis für Dienst am Nächsten wird nicht verliehen.

Nachruf auf eine Unbeugsame

Toni Pfülf

1877–1933

»Antonie Pfülf, geboren am 14. Dezember 1877 in Metz, gestorben am 8. Juni 1933 in München« – das sind die einzigen Worte, die bei der Feuerbestattung der sozialdemokratischen Reichstagsabgeordneten Toni Pfülf gesprochen werden. Nicht von einem Parteifreund, nicht von einem Pfarrer, sondern von einem angestellten Sprecher des Vereins für Feuerbestattung.

Mehrere hundert Freunde haben sich an diesem 12. Juni 1933 im Krematorium des Münchner Ostfriedhofs zusammengefunden, um die Tote ein letztes Mal zu ehren. Es gibt keinen Blumenschmuck in der Halle, keine Kränze, nur ein paar rote Nelken auf dem Sarg. Toni Pfülf hatte es so gewollt, hatte in ihrem Testament geschrieben: »Ich möchte in aller Stille dem Feuer übergeben werden, ohne Reden, nur mit etwas stiller Musik.«

Sie war ein bescheidener Mensch, ohne die großen Gesten, und es mag sein, dass sie das falsche Pathos fürchtete, das oft über Gedenkreden liegt, wenn es etwas zu verschweigen gilt. Man hätte vielleicht ihren Selbstmord verlegen umschrieben, hätte zu rechtfertigen versucht, wo sie keine Rechtfertigung wollte: Sie ist mit vollem Bewusstsein und in voller Verantwortung in den Tod gegangen.

Es mag sie auch Sorge um ihre Freunde zu dieser letztwilligen Verfügung veranlasst haben. Nachrufe an ihrem Sarg wären immer auch politische Bekenntnisse gewesen und lebensgefährlich in dieser Zeit des Machtrausches und der Rachegelüste einer nun legitimierten NSDAP.

Nicht auszumachen, wer unter den Trauernden ein Gestapospitzel ist.

Keine übliche Trauerfeier also. Die Anwesenden werden es, bei allem Verständnis, mit Bedauern zur Kenntnis genommen haben. Toni Pfülf hätte mehr als ein paar Schweigeminuten verdient. Die Gedenkreden, die bei dieser kargen Bestattung nicht gehalten werden, hätten ihr mutiges und konsequentes Wirken aufzeigen können. Denkbar, wie einige, die ihr nahe standen, nach vorn getreten wären, um Szenen aus diesem Leben, zu einem Mosaik zusammenzufügen – spontan aus der Erinnerung oder aus handgeschriebenen Notizen und Briefen.

Ihre Schwester Emma hätte wohl den Anfang gemacht. Sie hätte stockend gesprochen, leise. Vielleicht wäre Reden für sie eine Erleichterung gewesen.

EMMA PFÜLF: Ich stehe hier vor Ihnen, und mir fehlen die Worte. Ich bin voller Ohnmacht und Bitternis. Ohnmacht, weil ich meiner Schwester nicht helfen konnte. Nicht in ihrer letzten Zeit, als wir wussten, dass sie nicht mehr leben wollte, und nicht früher, als sie in unserer Familie kein Verständnis fand. Sie hat es so gewollt, gewiss, sie hatte ihre Grundsätze und ihren Stolz. Doch haben wir es uns nicht zu leicht gemacht mit dem Gedanken, sie sei an jenem kalten Dezembertag 1877, ihrem Geburtstag, einfach in die falsche Familie hineingeboren worden? Eine unbequeme Außenseiterin, die man erleichtert ziehen lässt, wenn sie sich nicht in das Gegebene fügt.

In unserer Familie hielt man auf Tradition, die Vorfahren waren über Generationen Juristen und Offiziere, auch unser Vater hat als hoher kaiserlicher Offizier gedient, später war er leitender Beamter im bayerischen Kriegsministerium. Über seine Gesinnung und seine Grundsätze wurde im Elternhaus, wie wohl in den meisten Häusern der Wilhelminischen Zeit, nicht gesprochen – mit Töchtern schon gar nicht. Die hatten sich im Haushalt zu perfektionieren, Politik und öffentliche Belange waren Männersache. Toni jedoch, von Kindheit an mit einem außerordentlichen Gerechtigkeitssinn ausgestattet, rieb sich am herrschenden Dreiklassenwahlrecht und an den Privilegien der Besitzenden, zu denen wir noch immer gehörten, obgleich keine Güter und kein Vermögen mehr vorhanden waren.

Toni stand schon in den Jahren, als sie noch die Höhere Töchterschule in Metz besuchte, in Opposition zum Elternhaus und ließ sich von den Ideen des Sozialismus, der eine klassenlose und gerechtere Gesellschaft verhieß, anstecken. Die harten Familienauseinandersetzungen zwischen dem unnachgiebigen Vater und meiner zu übersteigerten Gefühlsausbrüchen neigenden Schwester habe ich in beklemmender Erinnerung. Hier ausgleichend einzugreifen, fühlte ich mich als ältere Schwester – heute sehe ich das mit Bedauern – außerstande. Toni verließ 1896, mit 19 und noch nicht volljährig, das Elternhaus. Sie ging nach München, um Lehrerin zu werden. Das war ein Affront gegen die Familie und entsprach nicht der Standesreputation, so kamen die Eltern auch nicht für die Kosten auf. Toni musste sich die Ausbildung selber verdienen und Geld zusammenborgen.

Auch später, als wir nach München zogen, kam es zu keiner Annäherung mehr mit Toni, im Gegenteil, der Familie war es höchst peinlich, dass sie in die sozialdemokratische Partei eingetreten war und öffentliche Reden hielt. Das väterliche Hausverbot wäre allerdings nicht notwendig gewesen, Toni, die bei all ihrer körperlichen Zartheit einen unbeugsamen Eigenwillen besaß, hätte ohnehin nicht um Aufnahme gebeten. Dass ich trotz allem, was an Familienbelastung hinter uns lag, gerade in diesen letzten Monaten Tonis Vertrauen hatte, erfüllt mich mit Dankbarkeit. »Weltkind« nannte sie sich halb scherzhaft in unseren Briefen und sie spielte dabei wohl auf ihren Austritt aus der katholischen Kirche an, der uns alle schmerzlich traf. Sie hat uns viele Wunden zugefügt und wir ihr nicht weniger. Um so mehr rührt mich die Anrede noch in ihrem letzten Brief: »Mein geliebtes Schwesterle«. Was folgt, ist traurig, sie bittet mich, ihre letzten Wünsche zu erfüllen. »... ich weiß, daß ich Dir einen Schmerz antue mit manchem, was ich hier erbitte. Verzeih mir und tu's doch, weil es mein letzter Wunsch ist«, schreibt sie in dem Brief, dem sie ein Blatt mit ihrer letztwilligen Verfügung beigelegt hat.

Ich kann heute noch kaum fassen, was sie längst beschlossen, was sie aber jetzt erst wahr gemacht hat. Hätten wir es verhindern können? Immer wieder die bohrende Frage. Ich glaube nicht. Alles, was sie sich je vornahm, führte sie kompromisslos aus, und so ging sie auch in den Tod. Wir konnten ihr nicht helfen.

Ich halte mich an den letzten Zeilen ihres Briefes fest, die mir zeigen, dass sie nicht in kopfloser Verzweiflung von uns gegangen ist, sondern gefasst und im Wissen um ein Weiterleben. »Und Du sollst nicht trauern bitte«, schreibt Toni, »Der Tod ist ja nur Verwandlung, und ich warte schon lange drauf.« Sie sah ihr Sterben als Erfüllung und letzte Konsequenz ihres Handelns. Wir haben uns dem zu fügen, auch wenn es uns schwer fällt.

Denkbar, dass dann, nach einer längeren Pause, eine zweite Frau nach vorn ginge und einen Feldblumenstrauß neben den Sarg legte. Eine frühere Kollegin und Parteigenossin, die Toni Pfülfs Leben ein gutes Stück begleitet hat. Therese A. könnte sie heißen.

THERESE A.: Ich möchte meiner ehemaligen Kollegin und meiner verehrten Parteigenossin diesen letzten Gruß aus dem Oberbayerischen mitgeben, der Landschaft, die wir so oft gemeinsam durchwandert haben und die sie sehr liebte. Toni Pfülfs Tod hat mich erschüttert, und auch ich frage mich: Hätten wir ihn verhindern können? Vor allem, nachdem wir von dem ersten Versuch wussten, der ihr misslang. Sie erinnern sich an jenen unseligen 17. Mai, es sind noch keine vier Wochen her, an dem die Mehrzahl der SPD-Abgeordneten im Reichstag, genau 48 der 65 anwesenden Genossen, verunsichert und eingeschüchtert, Hitlers verlogener Friedensresolution keinen Widerstand entgegensetzten, obwohl die Genossin Pfülf, die diesen Schachzug durchschaut hatte, eindringlich warnte. Dass selbst der von ihr so verehrte Paul Löbe als ehemaliger Reichstagspräsident der Erklärung der Reichsregierung zugestimmt hatte, um die Sozialdemokraten nicht als »Landesverräter« gebrandmarkt zu sehen, enttäuscht sie tief.

An wen kann sie sich noch halten? Die meisten ihrer Freunde hatten das Land verlassen oder saßen schon im Gefängnis. Sie selbst hatte das Ehepaar Breitscheid in die Schweiz in Sicherheit gebracht und war danach nach München zurückgekommen in der Hoffnung, hier den verbliebenen Rest der Partei zum Widerstand formieren zu können. Aber weder in München noch in Berlin setzt sie sich durch. Die Partie ist verloren, die sozialdemokratische Partei wird verboten werden, das weiß sie genau. Enttäuscht verlässt sie den Reichstag und fährt nach München zurück. Im Eisenbahnabteil schluckt sie die Tabletten, die sie sich besorgt hat. Aber sie wird, noch bevor der Zug in München einfährt, entdeckt und in ein Krankenhaus gebracht. Gerettet. Doch was heißt hier »gerettet«? Um die Partei steht es schlimm, die Nationalsozialisten marschieren siegesgewiss, sie sieht das Ende deutlich, das ihre, das der Partei, das Deutschlands. Sie will nicht mehr leben. Hätten wir ihr dieses Leben aufzwingen müssen?

Noch vor ihrer Abfahrt nach München hat sie einige Abschiedsbriefe an Freunde geschrieben, einen davon an Alfons Bayerer in Regensburg, der sie als Parteisekretär bei ihren Wahlkämpfen unterstützt hat. Darin spricht sie den Genossen Mut zu: »Das Banner bleibt stehen, wenn der Mensch auch fällt. Ich danke Euch allen für euer Vertrauen und Eure Treue zu unserer großen Sache. Den Weg, den die Partei heute geht, kann ich nicht mitgehen. Ich sterbe im Glauben an die sozialistische Zukunft Deutschlands und der Welt! Freiheit!« – Der letzte Satz, denke ich, muss ihr besonders schwer gefallen sein, hellsichtig und realistisch wie sie war. Er kann nur in eine ferne Zukunft hinein gedacht sein, und wir sollten ihn als Hoffnung nehmen, nicht als Utopie.

Es war nicht ihr letzter Satz, sie wurde noch einmal ins Leben zurückgeholt. In was für ein Leben: Sie musste sich vor der Gestapo versteckt halten, ständig die Schlupfwinkel wechseln, bis sie völlig erschöpft am 8. Mai in ihrer Wohnung in München ihrem Leben endgültig ein Ende setzt. Zuvor hat sie Paul Löbe aus Berlin zwei Mal besucht, die Berliner Sozialdemokratin Louise Schroeder, den Augsburger Abgeordneten Josef Felder. Ihm klagte sie: »... daß die große Partei und das Millionenheer der Gewerkschafter, daß ihr Männer nicht auf jedes Risiko hin Widerstand geleistet habt ... läßt mir keine Ruhe mehr.« Sie wollte an keiner Reichstagssitzung mehr teilnehmen, um »keine weitere Schmach zu erleben«. Sie fühlte sich selbst als ein Stück dieser Partei, für die sie nun nicht mehr geradestehen konnte.

Ich weiß, wie viel Toni Pfülf die Partei bedeutet hat. Ich habe miterlebt, wie sie in ihren ersten Münchner Jahren Parteiversammlungen in Männerkleidern besucht hat, da Frauen die Teilnahme an politischen Veranstaltungen noch verboten war. Als sich die SPD als erste Partei den Frauen öffnete, ist sie sofort eingetreten und hat von Anfang an Ämter und Aufgaben übernommen. Von 1908 an durften Frauen ja politisch tätig werden, aber es war, auch in den anderen Parteien, immer eine kleine Minderheit, die sich dieser Arbeit stellte. Man kannte sich untereinander und unterstützte sich über Parteigrenzen hinweg. Gerade in München, wo Frauen der Einstieg in die Politik nicht leicht gemacht wurde, war eine solche Solidarität besonders wichtig.

Toni Pfülf engagierte sich schon im Wahlkampf 1912 für die politische Gleichberechtigung der Frau und forderte das Frauenwahlrecht. Hier traf sie sich mit den radikalen Frauenrechtlerinnen Anita Augspurg und Lida Gustava Heymann, die im selben Haus wie sie wohnten. So wurde das Gartengebäude der Kaulbachstraße 12 zu einem geistigen Zentrum der Frauenbewegung und später dann der Friedensbewegung. Auch wenn Toni Pfülf selbst in der internationalen Friedensarbeit nicht ihren Schwerpunkt sah, sprach sie doch mit Achtung von den Frauen, die sich in München für diese Ziele einsetzten, von Constanze Hallgarten, von Gertrud Baer und vor allem von Margarete Eleonore Selenka, die zu ersten internationalen Friedenskundgebungen der Frauen aufgerufen hatte.

Innerhalb der SPD exponierte sich die Genossin Pfülf, die damals, 1914, noch kein Mandat hatte, in der Frage der Kriegskredite. Ich erinnere mich, wie sie Friedrich Ebert, einen der Befürworter dieser Kredite, in einer Versammlung scharf angriff. Sie war aber genauso gegen eine schroffe Ablehnung, wie dies Karl Liebknecht und Rosa Luxemburg forderten, weil man dann später die Sozialdemokraten als vaterlandslose Gesellen hinstellen könnte. Sie plädierte in diesem Falle für Stimmenthaltung – eine Entscheidung, die ihrem kompromisslosen Wesen eigentlich nicht entsprach, doch sie dachte wohl dabei schon in die Zukunft hinein. Dieses Denken in geschichtlichen Dimensionen, über den Tag hinaus, habe ich an ihr immer bewundert. Historisches Wissen, praktische Fachkompetenz und schöpferische Fantasie verbanden sich in ihrem Kopf und befähigten sie zu konstruktiver politischer Arbeit – wovon sich allerdings die Genossen erst allmählich – und viele nie – überzeugen ließen.

Als nach dem Ende des Weltkriegs, im November 1918, in München Arbeiter- und Soldatenräte gebildet wurden, die die provisorische Regierung in den Revolutionswirren unterstützen sollten, gehörten diesen Räten nur Männer an. Toni Pfülf beließ es nicht bei Protesten, sie stellte eine Liste wichtiger Forderungen zusammen, zog damit zum Mathäser-Festsaal, wo der Rat tagte, und verlangte vom Sitzungsleiter Erich Mühsam im Namen der Frauen Gehör. Ich wartete und bangte damals vor der Tür. Toni kam schon nach kurzer Zeit wieder aus dem Saal, blass und empört. Mühsam hatte sie aufgefordert, sofort die Sitzung zu verlassen. Als sie sich weigerte, ließ er abstimmen. Die Entscheidung fiel gegen sie, obwohl ihre Forderungen auch die Männer hätten interessieren müssen: die Versorgung der aus der Rüstungsindustrie entlassenen Frauen, die katastrophale Wohn- und Hygienesituation in den Arbeitervierteln, die Betreuung der Kriegsgefangenen und Kriegsbeschädigten waren die wichtigsten Punkte.

Die sozialen Fragen brannten Toni Pfülf auf den Nägeln, seit sie ehrenamtlich in München als Waisen- und Armenrätin tätig war. In dieser Zeit arbeitete sie auch mit Frauen anderer Fraktionen zusammen, mit der Demokratin Luise Kiesselbach, die den Stadtbund Münchner Frauenvereine führte, oder mit Ellen Ammann, die in München die erste katholische Bahnhofsmission gründete und später für die Bayerische Volkspartei in den Landtag einzog. Toni Pfülf, inzwischen Vorsitzende des Bundes sozialistischer Frauen in München, brauchte Verbündete für ihre sozialen Bemühungen, im eigenen Parteivorstand fand sie kaum Rückhalt. Wenn nicht Johannes Hoffmann, der Kultusminister der Regierung Eisner, ihr einen sicheren Wahlkreis in Oberbayern/Schwaben verschafft hätte, wäre sie wahrscheinlich Anfang 1919 nicht einmal in die Verfassungsgebende Nationalversammlung in Weimar gewählt worden. In dieser Nationalversammlung waren zum ersten Mal weibliche Abgeordnete vertreten: 37 von 423, keine stolze Zahl, aber was Toni Pfülf freute: die Hälfte gehörte der SPD an. Sie arbeitete im Verfassungsausschuss mit und kümmerte sich besonders um Frauenbelange, wobei ihr die Münchner Basisarbeit zugute kam.

Die Nationalversammlung hatte auch über die Annahme des Versailler Friedensvertrags zu befinden, den die Genossin Pfülf mit Entschiedenheit ablehnte. Die Sozialdemokraten beschlossen jedoch, für eine Unterzeichnung zu stimmen, und die Gegnerin hatte sich dem Fraktionszwang zu fügen. Diese Beugung des eigenen Willens machte ihr schwer zu schaffen. Sie war aus der katholischen Kirche ausgetreten, weil sie keiner Autorität blind gehorchen wollte – nun zwang man ihr wieder fremden Willen auf. Rudolf Breitscheid, der damals außenpolitisch eine führende Rolle spielte, ging auf ihre innere Not wenigstens ein, wenn er den Genossen ihr Verhalten mit den Worten begründete: »Sie war ein Mensch von aufrechter Gesinnung und geradem Charakter. Kompromisse lagen ihr nicht, und so fand sie keine Freude an der Koalitions- und Tolerierungspolitik, die die Sozialdemokratie zu treiben genötigt war …« Ich habe miterlebt, wie sie darunter litt, dass die Politik durch Zwänge des Alltags bestimmt wurde und der Alltag nicht umgekehrt durch eine gute Politik verändert werden konnte.

An diesem Unvermögen, mit schlüssiger Theorie die Praxis zu beeinflussen, hat sie sich schon während ihrer Lehrerinnenausbildung gerieben. Ich habe das damals noch gar nicht verstanden; mich, die ich aus einer Arbeitersiedlung in Haidhausen kam, wo es viele Kinder, aber keine Bücher gab, drückten ganz andere Probleme. Ich hatte einen Freiplatz in der Lehrerinnenbildungsanstalt, die in einem Neubau in der Eduard-Schmid-Straße untergebracht war. Mir fehlte es an Bildung, an Umgangsformen, an allem, was Toni so überreich besaß. Ich bewunderte sie und sie wies mich nicht hochmütig ab, sondern nahm sich meiner geduldig an, erklärte mir vieles und holte mich später auch in die Partei, in die ich eigentlich viel besser passte als sie mit ihrer feinen Sprache und ihren hohen Ideen, die in den Köpfen der Arbeiterfrauen unseres Kreises keinen Widerhall fanden. Um so erstaunlicher, dass sie im Wahlkampf für die ersten Reichstagswahlen am 6. Juni 1920 in ihrem Wahlkreis Niederbayern/Oberpfalz mit der konservativen Landbevölkerung offenbar gut umzugehen wusste, sodass ihr skeptischer Parteigenosse Wilhelm Hoegner sich wunderte, »wie sie mit ihrem Antialkoholismus und ihrer Freigeisterei bei dieser gut katholischen und trinkfesten Bevölkerung zurechtkam«. In München hatte der Landesvorsitzende Auer ihre Kandidatur verhindert – es entsprach ihrer Natur, nun nicht klein beizugeben, sondern um so eifriger mit den roten Wahlkampfzetteln übers Land zu ziehen.

Das Landleben hatte sie in ihrem Schulalltag kennen gelernt, als Hilfslehrerin in Peiting, dann in Oberammergau. In Lechhausen bei Augsburg hatte sie über 70 Kinder in einer Klasse zu unterrichten, eine gewaltige Belastung für die schmächtige Frau, die sich daneben noch die Parteiarbeit zumutete. Der Kreisschulinspektor lobte bei einer Visitation ihre uneingeschränkte Hingabe, tadelte allerdings ihr Temperament, das sie oft nicht zu zügeln wisse. Die Schüler störte das nicht, sie mochten ihre Lehrerin so, wie sie war.

Toni Pfülf gönnte sich in dieser Zeit keinen Urlaub und nicht den kleinsten Luxus. Die Dienstwohnungen, die uns damals auf dem Land zur Verfügung standen, genügten sanitären und hygienischen Anforderungen in keiner Weise. Weibliche Lehrkräfte mussten sich dabei mit den schäbigsten Unterkünften begnügen, denn sie wurden stets in der niedrigsten Gehaltsklasse eingestuft. So holte sich Toni Pfülf in den schlecht desinfizierten Räumen ihrer TBC-kranken Vorgängerin eine Tuberkulose. Die Behandlung in einem Lungensanatorium brachte keinen raschen Erfolg. Die Ungeduldige nahm deshalb ihr Geschick selbst in die Hand, zog sich im Gebirge in eine einsame Sennhütte zurück, die sie billig gemietet hatte, und wurde dank ihrer eisernen Energie bald wieder arbeitsfähig.

1907 trat sie eine Stelle an der Volkshauptschule München-Milbertshofen an, abends unterrichtete sie noch an der kaufmännischen Fortbildungsschule. Ihre körperliche Anfälligkeit überspielte sie mit ihrer Willenskraft. Für sie gab es keine Trennung von Dienst und Privatleben, von Arbeit und Freizeit. Sie nahm sich der Schulprobleme auch in der Partei an, diese Praxisnähe kam ihr später in den Arbeitsausschüssen des Reichstags zugute, wo sie sich in den Debatten um ein neues Reichsschulgesetz als Gegnerin eines frühen Ausleseverfahrens profilierte. Frühestens nach dem sechsten Schuljahr sei eine Trennung in verschiedene Schultypen zu verantworten, sonst seien Proletarierkinder ohne häusliche Förderung immer die Benachteiligten, argumentierte sie. Sie setzte sich für Elternmitbestimmung und Beschneidung des kirchlichen Einflusses in den Schulen ein.

Schul- und Sozialfragen sind ihre Themen im Reichstag, sie arbeitet an der Reform des Bürgerlichen Gesetzbuches mit. Heiße Eisen fasst sie beherzt an, seien es Revisionen im Strafvollzug, im Familien- und Scheidungsrecht oder die Reform des § 218, von der sie schreibt: »Wir haben diesen Antrag nicht gestellt, um die Abtreibung zu propagieren, sondern deshalb, weil in diesem Gesetzesparagraphen ein Klassengesetz liegt.« Immer hat sie die Nöte der Betroffenen vor Augen, purer Reformeifer oder eigene Profilierungssucht liegen ihr fern. Um so bitterer für sie, dass ihre Arbeit von ihren Genossen oft genug nicht unterstützt oder gar nicht verstanden wird. So plädiert sie dafür, ohne Feministin zu sein, dass die Frauen ihre Sache selbst in die Hand nehmen: »Wir haben lange genug reine Männerpolitik gehabt«, sagt sie auf einem Frauenparteitag in Kassel. »Wenn es überhaupt einen Sinn haben soll, der Frau das Wahlrecht zu geben, dann nur den, dass sie das Ihre hineinträgt in die Politik.« Das »Ihre«, darunter versteht sie – und das mag bei der Karg-Sachlichen überraschen – Gefühlswerte. Die Frauen wünschten keine Gewaltpolitik, sondern Kulturpolitik, und diese sei immer eine Politik des Friedens, eine Politik, für die sich der Einsatz lohne.

Sie warnt vor den neuen Strömungen, die Deutschland zu überfluten drohen, und jeder weiß, wer gemeint ist. Die Nationalsozialisten entsenden Spitzel in ihre Wahlversammlungen – kein Wunder, wenn sie, wie im Januar 1932 in Weiden, ihrem Vortrag im Gasthof Zur Sonne den Titel gibt: »Wie lange noch der Hitlerzirkus?« Wenn sie, wie in Weimar, sich nach einer Rede des NS-Barden Streicher zu Wort meldet. Ihr Beitrag geht in tosender Heiterkeit unter. Nicht dass man sie angreift, ärgert sie, sondern dass man sie nicht ernst nimmt. »Gehen's heim, nehmen's an Schrubber und an Putzlumpen in d'Hand und überlassen's das Politisieren den Mannsleuten«, gibt ihr Streicher hämisch mit auf den Weg. Ich habe einige solcher Auftritte selbst miterlebt, mich geschämt und gleichzeitig Toni bewundert, wie sie das alles durchstand.

Im Februar dieses Jahres organisierte sie in Weiden ihre letzte Kundgebung, an der sich 500 Menschen beteiligten. Noch einmal warnte sie eindringlich davor, bei den Wahlen am 5. März den Nationalsozialisten die Stimme zu geben. Wegen Aufforderung zum Widerstand wurde sie vorübergehend verhaftet. Zwei Tage später, am 27. Februar, brannte in Berlin der Reichstag und nun überstürzten sich die Ereignisse. Ich brauche Ihnen nichts von den Denunziationen und Verhaftungen zu berichten, Sie wissen das alles, es liegt ja erst ein paar Monate zurück.

Toni Pfülf hatte zu der Zeit ihr Testament schon geschrieben. Sie sah die Gefahr, die durch Hitler und seine braunen Gehilfen auf uns zukam, und konnte nicht begreifen, wie Genossen dem nichts anderes als Legalitätsdenken entgegenzusetzen hatten, wie sie noch von Wahrung der Rechtsstaatlichkeit sprachen, als der Rechtsstaat schon aus den Fugen war. »Wir kämpfen gegenwärtig mit unseren eigenen Klassenbrüdern den Kampf um Demokratie oder Diktatur«, sagte sie – und wir haben sie bei diesem Kampf im Stich gelassen. »Wir«, das heißt, wir Parteigenossen, wir Frauen.

Sie wollte den Widerstand organisieren. Sie ist gescheitert. Nehmen wir ihren Tod als Mahnung, nicht klein beizugeben. Noch am Vorabend des 8. Juni, an dem man sie tot in ihrer Wohnung fand, hat sie an Rudolf Breitscheid im Schweizer Exil über ihre letzte Reise geschrieben: »Durch das Eisenbahnmalheur neulich ist meine Reise nach Hause ein wenig verzögert worden. Ich trete sie heute an. Hoffentlich komme ich ans Ziel. Freilich – es ist ein wenig untreu gegen Euch alle. Seid nicht böse, und seht es nicht als Flucht an, was es auch nicht ist. Grüßt alle guten Freunde – besonders Otto (Wels) und viel Glück auf den Weg!« – Das Glück werden wir brauchen.

Nach dem warmherzigen und mutigen Nachruf der Kollegin und Freundin Toni Pfülfs würde sich überraschend, aber doch von der Trauergemeinde erhofft, der ehemalige Reichstagspräsident Paul Löbe erheben, nach vorn treten und eine rote Nelke, die Blume der Sozialdemokraten, auf den Sarg legen. Spannung und Nervosität läge über dem kahlen Raum. Jedem der Anwesenden wäre bewusst, wie gewagt diese Geste ist, alles, was er sagte, würde später gegen ihn verwendet werden können. Er spräche mit bewegter, aber fester Stimme.

Paul Löbe: Ich bringe den letzten Gruß der Partei, die so sehr Deine Partei war, liebe Genossin Pfülf. Sie war Dein Zuhause, wie man früher in der Kirche seine Heimat hatte. Während meiner beiden letzten Besuche bei Dir in München habe ich versucht, Dich abzuhalten von dem Schritt, den Du nun getan hast. Ich habe den Kampf verloren, den ich mit Dir und Deinem Lebenswillen führte. Vielleicht war ich im Ringen mit Dir nicht genug Kämpfer, wie ich in all den Jahren seit der Gründung unserer Republik mehr ein Mann des Ausgleichs, der Anpassung, des Kompromisses war – welch ein Gegensatz zu Deiner Entschlossenheit und Entschiedenheit! Dass ich trotzdem im Laufe der Zeit Dein Vertrauen, ja, Deine Zuneigung erwerben konnte, mag erstaunen und erstaunt mich selbst.

Wir arbeiteten schon 1920 in den Kommissionen zusammen, die sich um ein neues Parteiprogramm bemühten, dann im Parlament. Wenn du zu den Sitzungen von München nach Berlin kamst, hattest Du Dein Zimmer im Reichstagsgebäude, meinem Amtssitz, da ergaben sich häufiger Gespräche. Was uns verband, war der Glaube an den Sozialismus. Du gehörtest zu den Unbequemen, auch in der Fraktion. Während ich zu hohen Ämtern aufstieg und wegen meines taktischen Geschicks gelobt wurde, warst du immer ein wenig isoliert vom großen Strom, einsam, und in dieser Einsamkeit wurdest du spröde und zuletzt verbittert, bis die Verzweiflung dich in den Tod trieb. Du wolltest nicht ohne Würde leben.

Der Tod ist das konsequenteste Zeichen des Protestes und der Verweigerung. Wie in der griechischen Tragödie sahst Du Dich in einer Verstrickung, aus der es keinen Ausweg mehr gab. Ich kann Deine Enttäuschung über mein Handeln verstehen, zeichnet es sich doch in diesen Tagen ab, dass man von einer »Löbe-Fraktion« spricht, die sich von den emigrierten Parteiführern distanziert, mit denen Dich viel verband. Du wirst meinen Schritt nicht verstehen, aber ich tue ihn in Verantwortung für die Parteigenossen, die sich in Bedrängnis befinden. Ich ahne allerdings, dass es nichts nützen wird.

Du, Genossin Pfülf, hast noch führende Sozialdemokraten außer Landes gebracht, bist aber selber zurückgekommen. Du wolltest im Land bleiben, um hier Deine Pflicht zu tun – oder unterzugehen. Bei uns fandest Du keinen Rückhalt mehr. Die Gespräche in den Fraktionssitzungen vor der großen »Friedensrede« Adolf Hitlers am 17. Mai im Reichstag waren eindeutig. Wir entschieden uns, für den Friedens- und Abrüstungsappell der Nationalsozialisten zu stimmen, weil wir den Inhalt gutheißen mussten. Du aber sahst die Lage als Ganzes und hast mit wenigen anderen Genossen den Weg der Verweigerung eingeschlagen. Das war für Dich der entscheidende Schlag. Vorher schon waren die Diskussionen in der Partei um das Ermächtigungsgesetz nervenaufreibend. Und diese Diskussionen wiederholten sich im Bayerischen Landtag hier in München, wo der Sprecher der sozialdemokratischen Fraktion frei heraus sagte, dass die Partei in der gegenwärtigen Lage die Regierungsarbeit nicht durch »kleinliche Nörgelei« erschweren dürfe, sondern wie bisher pflichtbewusst mitarbeiten müsse.

Da war kein Platz mehr für Dich, Du Aufrechte und Grundsatztreue. Du warst eine der klügsten und tapfersten Vertreterinnen unserer Sache. Du verbandest Intelligenz mit Charakter, warst eine Sozialistin der Tat, von sprudelnder Lebendigkeit und warmer Menschenliebe, im Justizausschuss die rechte Hand des alten Professors Kahl. Du konntest die Grausamkeiten der Nazis, aber auch die Haltung der eigenen Fraktion in diesen Tagen nicht verkraften. So schiedst Du am 8. Juni, allein in Deiner Wohnung, freiwillig aus dem Leben, nachdem Du Deine schmale Habe und Deine Bücher sorglich unter die Freunde verteilt und von allen in herzlichen Briefen Abschied genommen hattest. – Wir werden Dich nicht vergessen.

Die Reden wurden an jenem 12. Juni 1933 im Krematorium des Ostfriedhofs nicht gehalten. Die Trauergemeinde ging nach kurzem, schweigendem Gedenken wortlos auseinander. Spitzel der NSDAP, die sich ohne Zweifel unter die Menge gemischt hatten, konnten ihrer Zentrale von keiner Anstiftung zum Widerstand berichten. Journalisten, die auf eine dramatische Zuspitzung durch aufrührerische Parteifreunde gehofft hatten, fanden den Ablauf der Trauerfeier hinterher keiner Zeitungsnotiz wert. Das Kräftemessen mit einer demokratischen Opposition ging ohnehin zu Ende, die Nationalsozialisten waren auf der ganzen Linie siegreich.

Toni Pfülf hat diese Entwicklung klar vorausgesehen und in ihrer Gradlinigkeit, die keine Kompromisse duldete, für sich die Konsequenz gezogen. Mit ihrem Tod wollte sie ein Zeichen setzen für ihre Parteifreunde, sie ermutigen, nicht aufzugeben in dem Kampf, für den sie nicht mehr die Kraft hatte.

Eine von ihr selbst formulierte Traueranzeige, die nach ihrem Tod in den sozialdemokratischen Zeitungen erscheinen sollte, endete mit dem Satz: »Sie ging mit dem sicheren Wissen von dem Sieg der großen Sache des Proletariats, der sie dienen durfte.« – Die Anzeige konnte nicht mehr erscheinen. Wenige Tage nach Toni Pfülfs Bestattung wurde die Sozialdemokratische Partei in Deutschland verboten.

Politik – mehr als das halbe Leben

Marie Elisabeth Lüders

1878–1966

Was macht man – in den neunziger Jahren des vorigen Jahrhunderts – mit einem Mädchen, das sich vor nichts fürchtet, das Sport treibt wie ein Junge und den politischen Teil der Tageszeitung liest, statt am Stickrahmen zu sitzen? Die Mutter ist ratlos, der Vater, der Geheime Oberregierungsrat Karl Lüders, nimmt es mit Humor, dass seine Jüngste, lang, schlaksig, neugierig, mit Bubikopf und schlagfertigem Mundwerk, wohl nie unter die Haube kommen wird. Marie Elisabeth aber fühlt sich wohl in ihrer Haut und im Berliner »Geheimratsviertel« zwischen Lützowplatz und Charlottenburger Knie, wo sie mit den fünf Geschwistern und unter Spielgefährten aus Professorenhäusern und Dienstbotenwohnungen aufwächst. Es gab wenig Luxus in dieser Gegend, aber Bücher und jede Menge Kinder: 122 bei den 17 befreundeten Familien der nächsten Umgebung. Der Garten hinter dem Haus in der Uhlandstraße war eine Löwenzahnwildnis mit Eidechsen und dem Blick über Kartoffeläcker und Getreidefelder bis zu den Kiefern hinter der hölzernen Halenseebrücke.

Im Hause Lüders, wie in den Häusern ringsum, wurde musiziert und debattiert. Der Vater sammelte nicht nur wertvolles Porzellan – die Tochter war seine Verbündete beim Einschmuggeln ins Haus an der strengen Mutter vorbei – er hatte auch eine soziale Ader. Er unterstützte den Letteverein bei dessen Bemühungen um praktische Mädchenbildung, das Pestalozzi-Fröbel-Haus und die Viktoria-Fortbildungsschule – kein Zweifel, dass Marie Elisabeth von diesem Vorbild stark geprägt wurde. Nach dem Besuch einer Höheren Töchterschule ohne Mathematik, Physik und Chemie, »weil das Mädchen sowieso nicht verstehen«, und einigen unbefriedigenden Weiterbildungsversuchen auf musischem, hauswirtschaftlichem und sozialem Gebiet wird sie schließlich Mitarbeiterin in der Berliner Zentrale für private Fürsorge. Die praktische Tätigkeit regt sie zu theoretischen Fragen an, sie möchte Zusammenhänge erkennen, den Dingen auf den Grund gehen. Sie möchte studieren.

Als die Berliner Universität 1908/9 endlich Frauen zum regulären Studium zulässt, immatrikuliert sie sich sofort. In den juristischen Kollegs und Seminaren ist sie die einzige Frau, das Füßescharren bei ihrem Eintritt ins Auditorium nimmt sie gelassen. 1910 holt sie vor einer Prüfungskommission das humanistische Abitur nach, mit 32 Jahren, zwei Jahre später promoviert sie magna cum laude in Staatswissenschaften. Eiserne Energie und messerscharfe Logik, einen »männlichen« Verstand bescheinigt man ihr. Ihr Dissertationsthema *Fortbildung und Ausbildung der im Gewerbe tätigen weiblichen Personen und deren rechtliche Grundlagen* weist in den juristischen Bereich der Sozialarbeit, der ihr besonders liegt.

Sie wird erste Wohnungspflegerin in Charlottenburg – ein Beruf, den sonst kräftige Männer ausüben: Hausbesuche in Hinterhöfen – »Mutta, mach die Fenstern uff, det lange Frollein kommt!« – Alkoholikerbetreuung, jugendliche Arbeitslose. Nach Ausbruch des Ersten Weltkrieges baut sie mit Gertrud Bäumer und Hedwig Heyl den Nationalen Frauendienst auf, ein Großprojekt des Bundes Deutscher Frauenvereine zur Linderung der kriegsbedingten sozialen Not. Sie steht der Charlottenburger Kriegsfürsorgestelle vor und übernimmt 1915 die Leitung der sozialen Hilfsstelle für Frauen in dem von Deutschen besetzten Belgien. Ein Jahr später wird ihr vom Kriegsmi-

Marie Elisabeth Lüders

nisterium in Berlin die Leitung der gesamten Frauenarbeit in Deutschland übertragen. Die Erfahrungen aus dieser Zeit hält sie in einem Buch fest: *Das unbekannte Heer. Frauen kämpfen für Deutschland 1914–1918* – eine Würdigung dieses Fraueneinsatzes, die ihr die Kritik der Pazifistinnen einträgt.

Nachdem Frauen schon seit 1908 politischen Parteien beitreten konnten – vorher verbot dies das Preußische Vereinsgesetz »Frauenspersonen, Geisteskranken, Schülern und Lehrlingen« – erhielten sie 1918 auch das hart erkämpfte aktive und passive Wahlrecht. Damit war für Marie Elisabeth Lüders der Weg in die Politik frei, ein für Frauen immer noch sehr ungewöhnlicher Weg. 1919 zieht sie als Vertreterin der Deutschen Demokratischen Partei in den Reichstag ein. Ihr Sachverstand, vor allem aber ihre Zivilcourage lassen bald die Stimmen verstummen, die einer Frau dieses Amt und die mühselige Arbeit in den Ausschüssen nicht zutrauen. Sie kämpft erfolgreich für die Zulassung von Frauen zu juristischen Berufen und für eine Reform des Familienrechts. Eine Lex Lüders regelt das Nationalitätenrecht bei der Heirat einer Deutschen mit einem Ausländer.

Auch außerhalb des Parlaments tritt die Politikerin für die Belange der Frau ein. An der Weltwirtschaftskonferenz in Genf 1927/28 nimmt sie für den Frauenweltbund, den Weltbund für Frauenstimmrecht und den Bund Deutscher Frauenvereine teil. Diese internationalen Beziehungen erweisen sich später als sehr hilfreich. Dem Protest ausländischer Frauenverbände verdankt sie 1937 ihre Freilassung aus viermonatiger Gestapohaft. Man hatte der seit 1933 unter Schreib- und Redeverbot Stehenden »Heimtücke« vorgeworfen, was immer damit gemeint war. Vielleicht ihre trockene Art, nicht Parolen, sondern Fakten sprechen zu lassen, so, wie sie schon am 3. Oktober 1930 in einem Wahlbericht der *Vossischen Zeitung* einfach Zahlen auflistet. 204 122 Stimmen von Frauen für die NSDAP in Berlin, unter den Kandidaten keine einzige Frau.

An die Zeit im Gestapogefängnis am Alexanderplatz denkt M. E. Lüders nicht nur mit Schrecken zurück, sie hat dort auch echte Hilfsbereitschaft erfahren. Bei ihrer Einlieferung in die Gemeinschaftszelle nach mehrstündiger Fahrt im Gefangenenwagen und einem Zwischenhalt im berüchtigten »Plötzensee« kümmern sich die Zellengenossinnen, alles Metallarbeiterinnen, »Politische«, rührend um sie: »Die Frau wird erst jewaschen, sie bekommt det beste Bette und noch eene Decke extra unter det Laken!« Auch in den folgenden Wochen darf sie weder ihr Bett selber machen noch den Fußboden scheuern: »Mit die zarten Fingerkens wird det doch nischt.« Dafür muss sie erzählen, alles, was sie im Kopf hat, aus ihrem Leben, Geschichten aus der Bibel, Märchen. Am wirkungsvollsten sind Balladen, die sie noch einigermaßen auswendig kann, Der Taucher, Die Bürgschaft, Die Kraniche des Ibikus. Bei biblischen Wundern, besonders bei der Erweckung des Lazarus, geben sich die Arbeiterinnen, die ohne religiöse Unterweisung aufgewachsen sind, skeptisch.

Marie Elisabeth Lüders bleibt auch nach ihrer überraschenden Entlassung unter Beobachtung der Gestapo. Die Bespitzelungen setzen ihr so zu, dass sie sich in eine Klinik begibt, um Ruhe zu haben, aber selbst hier stöbert man sie auf. Dann sorgen die Bombardierungen für Aufregungen anderer Art. »Das größte Feuerwerk aller Zeiten«, schreibt sie sarkastisch an ihre Freundin. Ihre Berliner Wohnung wird im Dezember 1943 zerstört. Die Alleinstehende wird nach Süddeutschland evakuiert, da eine Knieverletzung ihr das rasche Aufsuchen des Luftschutzkellers unmöglich macht. Das Kriegsende erlebt sie im kleinen fränkischen Dorf Brombach. Sie hält sich mit Aushilfsarbeiten in einer Buchbinderei und mit Lateinnachhilfe über Wasser, übersetzt amerikanische Liebesbriefe und leitet schließlich eine amerikanische Militärschule in Oberammergau, bevor sie 1947 nach Berlin zurückkehrt – ohne Papiere. Sie kann sich nicht ausweisen, alle Register verbrannt, auch das ihrer Taufgemeinde von Zwölf-Apostel. Ein alter Beamter, der sie von früher kennt, bescheinigt ihr schließlich ihre Existenz und sie erhält eine befristete Zuzugsgenehmigung und die damit verbundene Lebensmittelkarte. Bekannte in Ruhleben nehmen sie auf, da ihr Haus noch von Flüchtlingen voll belegt ist.

Politisch macht sie wie selbstverständlich dort weiter, wo sie vor Anbruch der NS-Zeit aufgehört hat. Für die FDP, deren Vorstand sie angehört, rückt sie in den Berliner Magistrat ein. Als Stadträtin für das Sozialwesen hat sie mit ihrem Amt menschlich und organisatorisch fast Unmögliches zu bewältigen: Von 1949 bis Mitte 1953 strömen über 617 000 Flüchtlinge aus der sowjetischen Zone in die Stadt. Wohin mit 300 000 Arbeitslosen? Mit den ehemaligen Kriegsgefangenen? Allein 1949 kehren 24 000 nach Berlin zurück. Viele sind verletzt, krank, invalide. Ein Spezialdienst für Kriegsversehrte muss eingerichtet werden, der auch die Familien mit betreut, neue klinische Abteilungen sind erforderlich, Altentagesstätten für die 150 000 alleinstehenden Alten fehlen. – Womit beginnen? Alles ist nur ein Tropfen auf den heißen Stein. Die Notaufnahmelager, unwirtliche Holzbaracken, quellen über, begünstigen die Kriminalisierung entwurzelter Jugendlicher, die Flüchtlinge können nicht schnell genug ausgeflogen und in den verschiedenen Bundesländern untergebracht werden.

Aber es gibt auch Erfreuliches: die gute Zusammenarbeit von Behörden, Wohlfahrtsverbänden, Kirchen und den alliierten Besatzungsmächten. Dann die Hilfsbereitschaft des Auslands, die unzähligen Spendenaktionen von Care, Unicef, dem Roten Kreuz; die Kinderverschickungen nach Westdeutschland. Auch eine Universität soll aufgebaut werden, eine Freie Universität, ohne Auflagen für Forschung und Lehre. Das Wort »frei« hat für Marie Elisabeth Lüders einen hohen Stellenwert, Freiheit ist ein Grundelement ihres Lebens, daran misst sie jede Gesellschaft. Sie sitzt tagelang, wochenlang auf einer alten Holzkiste – alles ist improvisiert in diesem Haus in der Bolzmannstraße – und prüft die Studierwilligen für eine Aufnahme in die Universität. Die meisten sind Heimkehrer aus der Gefangenschaft, das Abitur liegt lang zurück und der Wissensstand ist entsprechend. Deshalb wird erst einmal ein »studium generale« auch für die Absolventen der Technischen Universität eingerichtet. Bis der reguläre Studienablauf allmählich in Gang kommt, hält Frau Dr. Lüders selbst Vorlesungen. Sie ist nun über siebzig, hätte das Pensionsalter längst erreicht, aber es brennen ihr noch so viele Probleme auf den Nägeln, sie kann nicht aufhören.

Das Schicksal Berlins treibt sie um, besonders nach dem 17. Juni 1953, jenem Tag, an dem die Bauarbeiter der Stalinallee sich zusammenrotteten und zum Zentralgebäude der SED zogen, um die Herabsetzung der immer höher geschraubten Arbeitsnormen zu fordern. Die Sprechchöre: »Kollegen, reiht euch ein, wir wollen freie Menschen sein!« Die sowjetischen Panzer, die den Aufstand überrollten. Die Verwundeten und Toten: »Trauer und Haß blieben zurück. Die sowjetische Flagge stieg auf dem Brandenburger Tor wieder auf, von wo ein paar mutige Arbeiter sie niedergeholt hatten. Sie weht dort noch heute.« – Eine Herausforderung für die Politikerin, Anlass auch, sich nicht zu versagen, als die Berliner FDP sie im Sommer 1953 bittet, Berlin im Bonner Bundestag zu vertreten. Sie wird Alterspräsidentin – nur Bundeskanzler Adenauer ist noch zwei Jahre älter –, aber sie betrachtet dies nicht als passives Ehrenamt, sondern stürzt sich sofort in die parlamentarische Feinarbeit: sich sachkompetent machen, den Gegner mit seinen eigenen Waffen schlagen. Sie kämpft nicht polemisch, aber hart und furchtlos. Als der Bundesbevollmächtigte für Berlin auf einem Empfang Adenauer versichert, er kenne die Abgeordnete Lüders nur liebenswürdig, antwortet dieser trocken: »Da haben Se aber Jlück jehabt, Vockel!«

Die »Lange Dürre« aus Berlin arbeitet in wichtigen Ausschüssen mit: für Inneres, für Gesundheit und für Recht, mit dem Unterausschuss Familienrecht. Ihre alten Themen, aber nicht die alten, sondern neue Fragestellungen interessieren sie. Zeitströmungen in den Griff bekommen. Ihre Reden im Plenum sind kurz und prägnant, doch jeder spürt die innere Anteilnahme. So am 15. Oktober 1957, als sich der Dritte Deutsche Bundestag zu seiner konstituierenden Sitzung in der neu erbauten Berliner Kongresshalle zusammenfindet: »Andere Parlamente tagen in historisch weltberühmten Gebäuden, uns hat die Kriegsfurie auch das Parlament geraubt. Aber es lebt in uns das unzerstörbare Gefühl für den Auftrag aus den Worten über dem Hauptportal des alten Reichstages ›Dem Deutschen Volke!‹ ... Es wird – ich glaube es bestimmt – in gemeinsamer Arbeit ein Weg gefunden werden, mit Verstand und gegenseitigem Verständnis zu einer Verständigung zu gelangen, die allmählich auch die geistig-seelischen Schranken überwindet, die durch die erzwungene räumliche und politische Zweiteilung unsere Einheit bedrohen.« – Die Wiedervereinigung: ihr zentrales Anliegen in diesen letzten Jahren, nachdem auf dem sozialen Sektor vieles, wofür sie sich eingesetzt hat, erreicht ist. Berlin eines Tages wieder Hauptstadt eines geeinten Deutschlands – die so nüchtern-realistische Politikerin glaubt daran, wider alle Rückschläge der Tagespolitik. Den härtesten Rückschlag erlebt sie am 13. August 1961, dem Tag des Mauerbaus: »Viele Berliner fragen sich besorgt, ob nach dem 13. August 1961, nach Stacheldraht und Betonmauer, nach Schießen auf fliehende Menschen, der Westen nun endlich begriffen hat, was ist und was man eventuell noch zu erwarten hat. Diese Frage ist kein Zeichen böswilliger Kritik, kein Zeichen der Angst um die eigene Existenz, sie ist aber das Resultat eines bedenklichen Vertrauensschwundes in die Weisheit von Bonn.« Eine kurzfristige Lösung hat sie auch nicht anzubieten, doch sie setzt auf eine »zunehmende Aufweichung des völlig verhärteten Verhältnisses Deutschland-Russland«.

Die Rede, mit der sie sich am 22. August 1961 nach zwei Legislaturperioden vom Deutschen Bundestag verabschiedet, umfasst nur fünf Sätze. Zweimal kommt darin »Friede und Freiheit« vor. Sie hofft, dass aus einer Parole eine Tatsache wird.

Sie ist nun 83 und schreibt ihre Lebenserinnerungen auf, das, was sie an die Nachfolgenden weitergeben möchte: »Fürchte dich nicht«, der Anfang ihres Konfirmationsspruches, der sie durch all die Jahrzehnte begleitet hat. Dem Gang durch mehr als 80 Jahre hat sie einen Horaz-Spruch vorangestellt:

> »Halb vollendete schon, wer mutig begann,
> wage es, mutig zu sein – beginne!«

Sie ist dieses Wagnis immer eingegangen, ist aus der Reihe getreten, wenn es nötig war, hat gehandelt, ohne vor unbequemen Konsequenzen zurückzuschrecken. Die Bundesrepublik verlieh ihr das Große Verdienstkreuz mit Stern und Schulterband, die Freie Universität Berlin den Dr. med. h. c. und die Bonner Universität den Dr. jur. h. c.

Knapp vor ihrem 88. Geburtstag starb sie am 23. März 1966 in Berlin. Bis zuletzt hatte sie Anteil am politischen Geschick dieser Stadt genommen, deren Ehrenbürgerin sie war. Vier Epochen deutscher Geschichte hat sie durchlebt, sie war die letzte der geschichtsprägenden Frauengestalten aus der Weimarer Zeit.

Herrin über eine Tankerflotte

Liselotte von Rantzau-Essberger

1918–1993

> Mit ihrer Weltoffenheit und
> Fürsorglichkeit, ihren klaren
> Maßstäben und ihrem
> Verantwortungsbewußtsein war sie
> eine ganz ungewöhnliche
> Unternehmerpersönlichkeit.
> RICHARD VON WEIZSÄCKER

Es gibt kaum noch Lebenswelten, die ganz von Männern geprägt sind. Die Hochseeschifffahrt gehört dazu, auch wenn von rauer Seemannsromantik und verwegenen Abenteuern auf den Weltmeeren nur noch die alten Kämpen zu berichten wissen. Risikoreich ist die Seefahrt jedoch geblieben. Trotz hoher Technisierung lassen sich Unwägbarkeiten der Natur und menschliches Fehlverhalten nicht völlig ausschalten. Dazu kommen politische Komplikationen im globalen Verkehr – und auch Spannungen, die sich an Bord ergeben können: Männer unter sich, wochenlang getrennt von ihren Familien, auf engstem Raum zusammenlebend …

Nicht nur an Bord, auch in den Kontoren der großen Reedereien haben Männer das Sagen. An der Palmaille in Hamburg-Altona wird diese Tradition im Jahre 1959 zum ersten und einzigen Mal durchbrochen. Eine Frau tritt an die Spitze der Tankreederei John T. Essberger und der Deutschen Afrika-Linien: Liselotte von Rantzau-Essberger. Nach dem Tod ihres Vaters, des legendären »Tankerkönigs« John T. Essberger, gibt es keine männlichen Erben in der Familie, die Söhne Liselotte von Rantzaus sind noch im Schulalter, so nimmt sie selbst im wahrsten Sinne des Wortes das Ruder in die Hand und behält es über 30 Jahre lang sicher im Griff, bis sie es an ihre Söhne Heinrich und Eberhart von Rantzau weitergeben kann. Selbstbewusst lässt sie sich am Schreibtisch ihres Vaters nieder – vor dem Fenster liegt ihr Imperium, das Hamburger Hafengelände. Warum sollte in der Schifffahrt nicht möglich sein, was in Königshäusern üblich ist: die Weiterführung der Familientradition durch eine Frau?

Skeptiker, die ihr das harte Männergeschäft nicht zutrauen, werden bald eines Besseren belehrt. Von Jugend an ist sie in die Geschäfte ihres Vaters hineingewachsen und hat ihn auf seinen Fahrten oft begleitet. Sie kennt sich aus in der Branche, und was ihr an Spezialkenntnissen fehlt, holt sie sich ohne Angst, das Gesicht zu verlieren, von ihren Mitarbeitern. Ihr steht eine erfahrene Crew zur Seite, allen voran der weltläufige Jurist Prof. Dr. Rolf Stödter, den John T. Essberger noch zu seinen Lebzeiten zum Geschäftsführer und Teilhaber am Tankergeschäft gemacht hat. Zum engen Vertrauten wird ihr über fast 30 Jahre Ruprecht Brennecke, der Geschäftsführer der Deutschen Afrika-Linien. Diesen Linien fühlt sich die Reederin emotional am stärksten verbunden. Sie liebt Südafrika, das Land, das schon ihrem Vater ans Herz gewachsen war. Vieles hat sie, bewusst oder unbewusst, von ihrem Vater übernommen, dieser markanten Persönlichkeit mit unternehmerischer Fantasie und wagemutiger Durchsetzungskraft.

Verpflichtendes Familienerbe

Als Liselotte von Rantzau sich 1959 im erinnerungsträchtigen Kontor ihres Vaters einrichtet, hat sie seine Aufstiegsgeschichte vor Augen, die von Wagnis und Glück geprägten Anfangsjahre, die Schwierigkeiten im Dritten Reich, die Kriegsverluste und den Neuaufbau der Reederei aus dem Nichts nach dem Zweiten Weltkrieg.

Ihre Geburt im Oktober 1918 in Kiel fällt in eine unruhige Zeit. In ihrer Geburtsstadt proben die Matrosen der Kaiserlichen Marine den Aufstand und geben damit das Signal zur Revolution auch in anderen Städten. In Berlin ruft Philipp Scheidemann die Deutsche Republik aus, am 11. November kommt es zum Waffenstillstand von Compiègne. Mit diesem Ausgang des Ersten Weltkrieges sind herbe Sanktionen für die deutsche Marine verbunden: die Übergabe aller U-Boote an die Alliierten und die Abrüstung der Hochseeflotte.

Der gebürtige Engländer John T. Essberger, der auf deutscher Seite als Torpedoboot-Kommandant gekämpft hat, kann die Niederlage und die Versenkung seines Torpedozerstörers nur schwer verkraften, auch wenn sich in seinem Privatleben alles zum Guten wendet. Noch kurz vor Kriegsende hat er die Kieler Kapitänstochter Charlotte Simonsen geheiratet, die ihm zwei Töchter schenkt: Liselotte und Anneliese. Am 20. Januar 1921 charakterisiert er in einem Brief seine dreijährige Tochter: »Liselotte ist jetzt schon sehr vernünftig, das heißt, man kann sich fast mit ihr unterhalten. Im übrigen ist sie unglaublich frech und dickköpfig.« Die Dickköpfigkeit wird der späteren Reederin bei der Durchsetzung ihrer Vorstellungen inmitten einer Männerriege sehr hilfreich sein.

Ihr Vater, der schon bald wieder als Korvettenkapitän zur See fährt, gründet 1924 mit sicherem Gespür für kommende Entwicklungen in Hamburg eine Tankschiffreederei, die sich in kurzer Zeit zum größten privaten Schifffahrtsunternehmen Deutschlands entwickelt. Nach der Scheidung von seiner Frau Charlotte heiratet er 1929 in zweiter Ehe die Witwe eines jüdischen Zigarrenfabrikanten, Elsa Wolff, die drei »halbjüdische« Kinder mit in die Ehe bringt. Die elfjährige Liselotte muss die Trennung von ihrer Mutter und die Gewöhnung an die neue Familie – an die beiden Stiefschwestern Inga und Lisa und den Stiefbruder Eberhart – verkraften.

Der Halbbruder wird später im Zweiten Weltkrieg trotz seiner jüdischen Herkunft bei der Luftwaffe dienen – protegiert von keinem Geringeren als Hermann Göring, der die Judendiskriminierung im Dritten Reich eigenwillig auslegt nach dem Motto: »Wer hier Jude ist, bestimme ich.« Eberhart ist der einzige männliche Nachkomme aus dem Essberger-Wolff-Clan, der später die Reederei übernehmen könnte. Der »arische Mischling« stirbt jedoch – makabrerweise – als Kampfflieger »den Heldentod für Führer, Volk und Vaterland«. John T. Essbergers Augenmerk richtet sich nun auf seine älteste, »dickköpfige« Tochter.

Liselotte hat die rasante Expansion des Tankergeschäfts und die weltweiten Reederei-Verbindungen ihres Vaters als junges Mädchen miterlebt. Bei der Machtergreifung Hitlers ist sie 15, die komplizierten politischen Verflechtungen kann sie kaum durchschauen. Der Vater wird einerseits von den NS-Machthabern umworben und gefördert, andererseits misstrauisch beobachtet wegen seiner halbjüdischen Stiefkinder und auch wegen seiner Freundschaft mit dem Chef der Abwehr, Admiral Canaris, der nach dem 20. Juli 1944 als Mitglied des Widerstands hingerichtet wird.

Die Tochter erlebt die mit großem Presseaufwand inszenierte Auszeichnung der Reederei als NS-Musterbetrieb und gleichzeitig die hasserfüllte Beschimpfung dieses Betriebs als »Judenbude«. Im väterlichen Kontor hängt das obligate Hitlerbild, während die Gestapo zur selben Zeit das Elternhaus an der Elbchaussee nach Trophäen aus dem Familienbesitz der Stiefmutter durchsucht, deren erster

Mann trotz jüdischer Herkunft hoch dekorierter Jagdflieger im Ersten Weltkrieg war. Und zugleich sieht Liselotte die Stiefmutter, die aus ihrer Empörung gegen Hitlers Rassengesetze in der Öffentlichkeit keinen Hehl macht, an einer Festtafel im elterlichen Haus neben Reichsmarschall Göring sitzen – lauter irritierende Beobachtungen, die sich nicht zu einem stimmigen Bild fügen.

Ihr Vater, Mitglied der Freimaurerloge und alles andere als ein treuer Gefolgsmann der NSDAP, versteht es offensichtlich, durch geschicktes Manövrieren seine Großreederei über lange Jahre vor staatlichem Zugriff zu bewahren. Das ihm 1933 ohne seinen Antrag zugestellte Parteibuch gibt er aus Rücksicht auf seine Kinder und wohl auch auf seine Geschäftsinteressen nie zurück – was ihm später Schwierigkeiten machen wird. Doch erst einmal bringt der Wirtschaftsaufschwung im Dritten Reich auch ihm geschäftliche Vorteile. Der Verband Deutscher Reeder wählt ihn zu ihrem Vorsitzenden und die Stadt Hamburg ernennt ihn zum Staatsrat.

Das klassizistische Gebäude an der Elbchaussee in Blankenese, das die Familie bewohnt, ist mit seinen repräsentativen Räumen ein Mittelpunkt des Hamburger Gesellschaftslebens. Liselotte lebt in dieser scheinbar gesicherten Welt zwischen erlesenen Möbeln und impressionistischen Gemälden; dass der Name ihres Vaters im Zusammenhang mit dem so genannten Röhmputsch auf einer Todesliste der SS steht, dass einige seiner Freunde erschossen werden, ahnt sie nicht. John T. Essberger ist nicht der Mann, der über Bedrohungen spricht und sich einschüchtern lässt. Er baut sein Imperium unbeirrt weiter aus.

1936 erwirbt er das ehemalige Baur'sche Palais an der Palmaille in Altona, das noch heute Sitz der Reederei ist. 1938 läuft der nach modernsten Erkenntnissen gebaute und auf den Namen seiner Frau getaufte Frachter Elsa Essberger vom Stapel, der von der NS-Propaganda als deutsches Musterschiff herausgestellt wird. Beim Stapellauf ist Tochter Liselotte dabei. Sie wächst allmählich ins Reedereigeschäft hinein und geht dem Vater auf seinen vielen Reisen zur Hand. Mit Kriegsbeginn gestaltet sich die Lage für die internationalen Linien immer schwieriger, die Welt ist in Freund und Feind geteilt, die gesamte Seeschifffahrt wird mehr und mehr von politischem Kalkül bestimmt. Essberger verliert seinen ehrenvollen Posten als Vorsitzender der Deutschen Reeder und fast seine gesamte Flotte wird von der Kriegsmarine beschlagnahmt. Gegen Ende des Krieges werden die letzten Schiffe der Reederei zur Evakuierung von Flüchtlingen eingesetzt.

Im Sommer 1942, mitten im Krieg, heiratet Essbergers Lieblingstochter Liselotte den acht Jahre älteren Regierungsrat Cuno von Rantzau. Er hat zum Bedauern des Schwiegervaters keinen Bezug zur Seefahrt, sondern arbeitet als Jurist für die Universitätsverwaltung. Das Ehepaar zieht in das Essbergersche »Weiße Haus« an der Elbchaussee. 1943 wird das erste Kind, Sohn Roland, geboren, im Jahr darauf der zweite Sohn Heinrich – Kriegskinder, die vom Kriegsgeschehen jedoch weitgehend verschont bleiben. Cuno von Rantzaus langwierige Erkrankung macht einen Luftwechsel erforderlich, die junge Familie siedelt auf das Schlossgut Thal in der Steiermark über. Die Kinder leben hier und auf Gut Trittau bei Hamburg in ländlicher Umgebung, fern vom zerbombten Hamburg.

Die Essbergers und von Rantzaus sind während des Krieges von persönlichen Katastrophen verschont geblieben: Kein Toter ist zu beklagen, die beiden Häuser, das Reedereikontor an der Palmaille und das Wohnhaus an der Elbchaussee, stehen noch. Doch John T. Essberger ist ein gebrochener Mann. Seine gesamte Flotte ist zerstört, versenkt, verschollen oder als Beutepfand in die Hände der Siegermächte geraten. An einen Neuaufbau seines Werkes glaubt der früher so wagemutige Reeder nicht mehr. Während er in einem Internierungslager bei Neumünster von den Briten festgehalten wird, muss sich die Familie an das improvisierte Nachkriegsleben gewöhnen. Im beschlagnahmten Reedereikontor an der Palmaille residiert nun Max Brauer, der erste Nachkriegsbürgermeister der Stadt, in Schloss Thal, dem Refugium derer von Rantzau, zieht der britische Hochkommissar für Österreich ein und auch das Wohnhaus an der Elbchaussee ist von der britischen Besatzungsmacht okkupiert. Die Schäden halten sich in Grenzen: verschmutzte Gobelins, die den Soldaten als Fußabtreter dienen und mit roter Farbe »verzierte« barocke Putten – andere Hausbesitzer erleben Schlimmeres.

Nach der Freilassung aus dem Internierungslager fasst John T. Essberger neuen Mut. Bei den Entnazifizierungsverhandlungen hat man ihm zwar seine Parteizugehörigkeit vorgeworfen und ihn als »Profiteur des Naziregimes« eingestuft, aber frühere Mitarbeiter, NS-Verfolgte und Widerstandskämpfer haben sich erfolgreich für ihn verwandt, sodass er nicht mit Berufsverbot belegt wird. Eines der ersten Tankschiffe, das er nach der Bergung wieder flottmacht, wird auf den Namen Eberhart getauft. So heißt sein 1948 geborener dritter Enkel.

Deutschlands einzige Großreederin

In den Fünfzigerjahren boomt das Tankergeschäft weltweit. In Deutschland herrscht Wirtschaftswunderoptimismus, doch John T. Essberger verliert nach einer schweren Gallenblasenoperation seinen gewohnten Elan: Er braucht einen Nachfolger, dem er seine wieder international agierende Reederei anvertrauen kann. Der einzige Mensch, dem er diese Aufgabe zutraut, ist seine Tochter Liselotte. 1955 nimmt er sie als Teilhaberin und potenzielle Nachfolgerin in die Firma auf. Sie hat ihm lange genug zur Seite gestanden und sich das notwendige Wissen auch ohne klassische Ausbildung zur Reedereikauffrau angeeignet. Der Vater hat in kluger Voraussicht gehandelt. Nach seinem Tod im Juli 1959 geht der Reedereibetrieb in gewohntem Rahmen weiter. Für Außenstehende völlig ungewohnt ist nur die Tatsache, dass nun eine Frau auf dem Chefsessel sitzt.

Liselotte von Rantzau behält nach der einvernehmlichen Scheidung von ihrem Mann dessen Familiennamen bei, fügt ihm aber, als Nachfolgerin ihres Vaters, den Namen Essberger hinzu. Die drei Söhne tragen den Namen von Rantzau. Der stets kränkelnde Cuno von Rantzau hat sich auf ein Familiengut in der Lüneburger Heide zurückgezogen, bleibt aber mit der Familie – vor allem dank des gemeinsamen Jagdinteresses – in Kontakt. Liselotte von Rantzau-Essberger kniet sich mit voller Kraft in die Arbeit hinein, denn sie fühlt sich dem Erbe ihres Vaters verpflichtet – und sie will allen Skeptikern beweisen, dass auch eine Frau Manns genug ist, eine Großreederei zu führen.

Mit dem Tankergeschäft geht es weiterhin aufwärts. 1966 kann die Reedereichefin einen hochmodernen Rohöltanker auf ihren Namen taufen und im Jahr darauf bezieht sie mit ihren Mitarbeitern das neue Verwaltungsgebäude an der Palmaille, das mit seiner luziden Glasfassade einen reizvollen Kontrast zum daneben liegenden traditionsreichen Baur'schen Palais bietet. Da dieses unter Denkmalschutz stehende Gebäude nicht erweitert werden durfte, war ein Neubau dringend erforderlich. Die Genehmigung dazu hat Liselotte von Rantzau-Essberger der Stadt abgerungen mit der Drohung, den ganzen Reedereibetrieb aus Hamburg abzuziehen, falls eine Baugenehmigung nicht erteilt werde. Die Baubehörde kann sich damit trösten, dass der solchermaßen »erzwungene« Neubau das alte Palais nicht verdrängt, sondern sich harmonisch in das Ensemble einfügt.

Krisen als Herausforderung

Die Tankschifffahrt ist extrem krisenabhängig: Kriege und politische Auseinandersetzungen lassen sich nicht voraussehen, der Bau von Tankern erfordert jedoch eine langfristige Vorausplanung – eine Schwierigkeit, die sich besonders bei den Ölkrisen der Siebzigerjahre und im Jom-Kippur-Krieg zwischen Israel und Ägypten zeigt. Das Ölembargo der arabischen Staaten und die Konkurrenz durch japanische Werften setzen dem europäischen Tankergeschäft zu. Folgenschwere Havarien von Tankern beschädigen das Ansehen der Reedereien. Die Reederei Essberger, die auf den Bau von Großtankern gesetzt hat, erleidet herbe Verluste, die auch durch die Beteiligung eines Versicherungskonzerns nicht ausgeglichen werden können. Die Reedereichefin springt zur Überbrückung der Krise mit ihrem Privatvermögen ein.

In der Tankschifffahrt beginnt eine heilsame Zeit des Umdenkens und des Umbruchs: Nicht mehr Größe, sondern Sicherheit ist das entscheidende Kriterium beim Tankerbau. Doch die soliden Reedereien, die dieser Entwicklung Rechnung tragen, sehen sich der Konkurrenz obskurer Firmen ausgesetzt, die unter der Flagge von Liberia, Panama oder den Bahamas auf Kosten der Sicherheit mit maroden »Seelenverkäufern« und kaum ausgebildetem Personal über die Weltmeere schippern.

Die Reederei Essberger mit ihrer flexiblen Chefin an der Spitze zieht aus dem Debakel der Tankschifffahrt Konsequenzen und stellt auf kleinere, hoch spezialisierte Küstentanker für den Chemikalientransport um. Die grell orangefarbenen Schiffe, die alle Sicherheitsstandards erfüllen und äußerst wendig sind, kommen hauptsächlich auf den viel befahrenen Routen in der Nord- und Ostsee zum Einsatz.

Besondere Verdienste um die Sicherheit der Seeschifffahrt hat sich die Reederei mit dem Bau des weltweit modernsten und leistungsfähigsten Seenotrettungskreuzers erworben, den Liselotte von Rantzau auf den Namen ihres Vaters John T. Essberger getauft hat. Das von der Deutschen Gesellschaft zur Rettung Schiffbrüchiger bestellte Schiff hat gleich im ersten Einsatzwinter bei Orkanstürmen über der Nord- und Ostsee mit der Rettung von zwei Fischkuttern aus Seenot und der Evakuierung von Kindern aus einem von den Sturmfluten eingeschlossenen Erholungsheim seine Bewährungsprobe bestanden.

Nach dem Modell der John T. Essberger werden weitere Seenotrettungskreuzer gebaut. Wer erinnerte sich nicht beim Anblick der auslaufbereiten Rettungsschiffe im Hafen an die dramatische Schulbuchlektüre, die Ballade *Nis Randers* des Hamburger Autors Otto Ernst: »Krachen und Heulen und berstende Nacht … / Boot oben, Boot unten, ein Höllentanz! / Nun muss es zerschellen …! Nein: es blieb ganz …«

Die Einsätze des Seenotrettungskreuzers und die Arbeit der Deutschen Gesellschaft zur Rettung Schiffbrüchiger sind ganz im Sinne der Reederin, die bei Besuchen ihres Patenschiffes stets kleine Überraschungsgeschenke für die Besatzung im Gepäck hat und sich Zeit nimmt für die Sorgen und Nöte der Mannschaft. Besuche an Bord ihrer Schiffe gehören für sie zu den angenehmen Pflichten ihres Berufs.

Besonders verbunden ist sie den Frachtschiffen der Deutschen Afrika-Linien. Sie weiß, dass sie an Bord jederzeit willkommen ist und dass die Offiziere, die ihr in weißer Tropenuniform ihre Referenz erweisen, dies nicht nur aus gebotener Höflichkeit tun. Sie schätzen die offene, herzliche Umgangsart ihrer Chefin, die auch in die Maschinenräume hinuntersteigt und sich dort mit der Besatzung unterhält. Jedes dieser Schiffe ist ihr vertraut, hat für sie einen eigenen Charakter »wie ein lebendiges Wesen« und sie gesteht: »Wenn ich Ärger habe, fahre ich am liebsten im Hafen auf ein Schiff. Ich fühle mich an Bord am entspanntesten.«

Während diese persönliche Vertrautheit bei kleineren Schiffen noch möglich ist, läuft bei den Großtankern, auch wenn sie auf den Namen von Familienmitgliedern getauft sind, alles nüchterner, anonymer und automatisierter ab. Besonders im harten globalen Containergeschäft zählen in erster Linie ökonomische, nicht menschliche Gesichtspunkte. Umso wichtiger ist es für Liselotte von Rantzau, wenigstens den Mitarbeitern an Land, im Kontor an der Palmaille, eine familiäre Atmosphäre zu erhalten.

Ihr ausgeprägtes Zusammengehörigkeitsgefühl und Sozialempfinden zeigt sich bei vielen Gelegenheiten – nicht nur bei Betriebsausflügen, Weihnachtsfeiern und Hafengeburtstagen, die immer ihren persönlichen Stempel tragen. Einige Rituale haben Tradition: der Puter auf dem Weihnachtstisch, für die Kleinen ein Besuch des Weihnachtsmärchens im Theater, die persönlichen Geburtstagsgrüße in zierlicher Sütterlinschrift, die Besuche mit einem Strauß weißer Kaprosen bei alten und kranken Betriebsangehörigen. Sie kennt viele ihrer Mitarbeiter beim Namen, hört sich geduldig ihre Beschwerden an und versucht diskret zu helfen, wo es um finanzielle Probleme geht. Als »Mutter der Kompanie« macht sie schon einmal Kündigungen rückgängig, wenn sie ihr zu hart erscheinen. Das Vorbild ihres Vaters steht ihr vor Augen, wenn sie sagt: »Wir legen ganz besonderen Wert auf die persönlich-menschlichen Beziehungen zu unseren Mitarbeitern – und insbesondere zu unseren Seeleuten. Wir versuchen allen unseren Reedereiangehörigen das Gefühl zu vermitteln, daß sie Mitglieder einer großen Familie sind, in der sie persönliche Sicherheit und Geborgenheit finden sollen.« Eine hausinterne Zeitschrift, die *Flaggen Post*, trägt dazu bei, dieses Familiengefühl zu erhalten.

Da sich die Reederin nicht selbst um sämtliche Anliegen der Belegschaft kümmern kann, hat sie einen Sozialdienst aufgebaut, den alle – auch die pensionierten Mitarbeiter – in Anspruch nehmen können. Über diese mütterliche Fürsorge, die nicht als Aktivposten in der Geschäftsbilanz erscheint, verliert sie nur wenig Worte: »Der Reederberuf mag für den Außenstehenden als in der männlichen Gefühlswelt und in männlichen Interessen liegend erscheinen. Ich weiß jetzt aber, daß es in einem Schifffahrtsunternehmen sehr viele Dinge gibt, die von einer Frau durchaus richtig beurteilt werden können. Ich denke hier weniger an das Buchen von Ladung oder an den Abschluß von Zeitcharterverträgen, als vielmehr an die ... rein menschlichen Probleme, die sich für die Besatzungen der Schiffe ergeben.«

Sie hat sich für die Ausbildung weiblichen Schiffspersonals nachdrücklich eingesetzt – nicht nur für Stewardessen und Funkerinnen, auch für weiblichen Nachwuchs in Führungspositionen. Nur ganz wenige Frauen haben es zu ihrem Leidwesen bis zum Kapitänspatent gebracht; sie tun Dienst als Erste Offiziere. Die Verantwortung als Kapitän eines Überseeschiffes liegt nach wie vor in männlichen Händen, während es in der Luftfahrt schon Flugkapitäninnen gibt.

Vorausdenken und loslassen können

Liselotte von Rantzau-Essberger hat noch eine Menge Pläne und Ideen im Kopf, die sie verwirklichen möchte. Aber sie spürt auch, dass im Reedereibetrieb eine neue Zeit angebrochen ist, dass sie nicht mehr allen Entwicklungen folgen kann und will. Das ist der Augenblick, ohne Hektik und Resignation die Zukunft zu planen. Sie hat es einfacher als ihr Vater damals, sie braucht sich um die Nachfolge keine Gedanken zu machen. Zwei ihrer Söhne, gut ausgebildete Fachleute, sind bereit, die Reederei in dritter Generation weiterzuführen.

Heinrich von Rantzau tritt nach einem Jurastudium und einer Reedereiausbildung in Großbritannien, den USA und Südafrika 1978 als Geschäftsführer in die Firma John T. Essberger ein. Sein jüngerer Bruder Eberhart hat seinen Wehrdienst nach dem Vorbild des Großvaters als Reserveleutnant zur See auf einem Zerstörer der Bundesmarine geleistet und nach einem Studium der Betriebswirtschaftslehre und der Promotion bei Schifffahrtsunternehmen und Banken in Frankreich, Großbritannien und den USA volontiert. Auch er ist als Fachmann für Finanzen gut gerüstet für den Eintritt in die Geschäftsleitung.

Die Söhne bringen Zukunftsperspektiven ein: Der Bau von sicheren Chemikalientankern soll Schwerpunkt des Unternehmens bleiben und weiter ausgebaut werden. Tankerunfälle mit verheerenden Folgen haben die Öffentlichkeit aufgeschreckt – Greenpeace ist wachsam. Die Familienreederei hat die geforderten Sicherheitsstandards immer schon erfüllt, trotzdem bemüht sie sich um weitere Verbesserungen des Umweltschutzes. Dazu sind langfristige Investitionen notwendig, die nur durch Kontinuität in der Führung gewährleistet sind. Diese Kontinuität ist in der dritten Generation gesichert und wird sich auch, wenn alles in normalen Bahnen verläuft, in die vierte Generation hinein fortsetzen: Heinrich von Rantzau und seine Frau Annette haben drei Söhne, Eberhart von Rantzau und seine Frau Patricia sind Eltern eines Sohnes und einer kleinen Tochter – vier männliche Nachkommen: Da wird Liselotte von Rantzau-Essberger wohl die einzige Reedereichefin bleiben – in der Familiengeschichte und vielleicht auch in der Geschichte der deutschen Seeschifffahrt.

Mäzenin mit hanseatischer Zurückhaltung

Auf ihren Schultern lastet nun nicht mehr die alleinige Verantwortung für das schwieriger werdende Reedereigeschäft. So kann sie sich stärker den internen Problemen widmen und sich mehr Zeit für ihre ehrenamtlichen Tätigkeiten nehmen – und für ihre Aufenthalte in Südafrika, dessen landschaftliche Schönheit, aber auch dessen Apartheidsprobleme sie schon zu Zeiten ihres Vaters kennen gelernt hat.

Ihr Haus in Kapstadt ist nicht nur Refugium und Mittelpunkt für gesellschaftliche Anlässe, hier werden auch wirtschaftspolitische Gespräche geführt, die für die Bundesrepublik und für Südafrika gleichermaßen von Bedeutung sind. Die lange belasteten Handelsbeziehungen haben sich unter Staatspräsident de Klerk wesentlich verbessert. Der Friedensnobelpreisträger schätzt es, sich im Hause der von Rantzaus mit Vertretern von Wirtschaft und Politik zu beraten. Die Hausherrin ermöglicht nicht nur als charmante Gastgeberin solche Treffen auf diplomatischer Ebene, sie fühlt sich auch zuständig für die Sozialbetreuung der farbigen Arbeiter auf einer reedereieigenen Fruchtfarm am Kap. Als Vorsitzende des Afrika-Vereins hat sie gute Kontakte zu afrikanischen Künstlern und unterstützt diese durch großzügige Ankäufe ihrer Werke.

Auch in Hamburg gilt sie als bedeutende Mäzenin, obwohl ihr Wirken selten ins Blitzlicht der Presse, schon gar nicht der Boulevardpresse, gerät. Als Hanseatin liebt sie das Understatement: mehr sein als scheinen. Mit großem Engagement hat sie sich für die Städtepartnerschaft zwischen Hamburg und Dresden eingesetzt und Auftritte der Sächsischen Staatskapelle Dresden unterstützt. Für Musik hat sie stets ein offenes Ohr und eine offene Hand, sie sponsert die Hamburger Musikfeste und macht sich für den Förderkreis Philharmonie stark. Als Kunstliebhaberin vervollständigt sie die Impressionistensammlung ihres Vaters, die bei Kennern hohes Ansehen genießt. Ihr ganz persönliches Hobby ist die umfangreiche Sammlung von Meißner Porzellan, die sie im Laufe der Jahre zusammengetragen hat.

Von Jugend an gilt ihre Liebe den Pferden – mit Pferden sind auch die Söhne groß geworden. Die Ponyzucht auf Gut Trittau ist von jeher Familienangelegenheit, während der Deutsche-Afrika-Linien/John T. Essberger-Preis, der beim traditionsreichen Deutschen Derby auf der Rennbahn in Hamburg-Horn verliehen wird, internationales Ansehen genießt.

Dass die Förderung begabter Jugendlicher ein besonderes Anliegen Liselotte von Rantzaus ist, erstaunt nicht. Noch kurz vor ihrem Tod, im Dezember 1992, richten die Deutschen Afrika-Linien die Preisverleihung des Bundeswettbewerbs Mathematik des Stifterverbandes für die Deutsche Wissenschaft im Essberger-Haus an der Palmaille und im Weißen Haus in Blankenese aus.

Alle Flaggen auf Halbmast

Am 25. Januar 1993 werden weltweit auf allen Schiffen der Rantzau-Gruppe die Flaggen auf Halbmast gesetzt. Liselotte von Rantzau-Essberger, die mehr als 30 Jahre an der Spitze des Unternehmens stand, ist im Alter von 74 Jahren an den Folgen einer Herzoperation gestorben.

Obgleich Freunde und Mitarbeiter sich seit längerem Sorgen um den Gesundheitszustand der Seniorchefin gemacht haben, hat zu diesem Zeitpunkt wohl nur die engste Familie mit ihrem Tod gerechnet. Man wollte nicht glauben, dass diese vitale, willensstarke Frau sich nicht aus eigener Kraft und mit Hilfe erfahrener Ärzte wieder erholen könnte. Die Folgen des Herzinfarktes und der Operation in Hamburg hoffte sie in der ihr vertrauten Klinik in

Mammern am Bodensee auszukurieren. Doch statt der ersehnten Genesung ließen ihre Kräfte mehr und mehr nach. Sie nahm zwar bei Besuchen ihrer Familie noch lebhaft Anteil an allen Geschäften und freute sich über die Enkel, litt aber sehr unter der erzwungenen Inaktivität: wollen, aber nicht können – eine Erfahrung, die ihr in ihrem Leben bisher erspart geblieben war.

Zum feierlichen Gedenkgottesdienst finden sich am 5. Februar fast 3000 Trauergäste in der Hamburger Hauptkirche St. Michaelis ein. Pastor Helge Adolphsen wählt als Predigtthema das Gleichnis von den jedem anvertrauten Talenten aus dem Matthäus-Evangelium. Liselotte von Rantzau hat ihre Talente genutzt – zum Wohl der Familie, des Unternehmens und der Gesellschaft. Mitglieder des Philharmonischen Staatsorchesters Hamburg und der Sächsischen Staatskapelle Dresden danken der Gönnerin auf ihre Weise: mit Musik von Mozart und Bach, die die Verstorbene so liebte.

Den Dank der Republik Südafrika stattet im Namen von Staatspräsident de Klerk Botschafter van Heerden ab, die Trauerrede hält Hamburgs Erster Bürgermeister Dr. Henning Voscherau. Er hebt die von Frau von Rantzau wie selbstverständlich praktizierte unternehmerische Verantwortung und Fürsorge für alles ihr Anvertraute hervor und ihre Verdienste um das Gemeinwohl: »Hamburg verliert eine Mäzenin, die auf leise, unauffällige Art und Weise Anstöße für Projekte gab, die heute das Gesicht unserer Stadt mitprägen.«

Kapitäne der John T. Essberger-Flotte tragen den nur mit der blauweißen Reedereiflagge geschmückten Sarg aus der Kirche. Liselotte von Rantzau-Essberger findet an der Seite ihres Vaters auf dem Friedhof Hamburg-Nienstedten die letzte Ruhe.

Rettet die Donau-Auen!

Freda Meissner-Blau

*1927

Videoaufzeichnung eines Amateurfilmers: Hainburg, Dezember 1984. – Auf wie vielen Bildschirmen mag von Zeit zu Zeit ein solches Dokument aus heroischen Tagen aufflimmern? Weißt du noch, damals …

Winterlandschaft. Die Sonne blass über der Flussbiegung. Bäume im Raureif. Ein Waldweg, der sich wie eine Ameisenspur durchs Dickicht schlängelt, schwarz von Menschen: die friedliche Besetzung der Donau-Auen. Kameraschwenk auf eine Lichtung mit bunten Zelten und Lageratmosphäre. Umweltschützer, in Decken und Schlafsäcke gehüllt, wärmen die Hände an kleinen Feuern und reden sich die Köpfe heiß. Meist Jugendliche, auch Frauen mit Kindern darunter; ein paar weißhaarige Köpfe. Dampfender Tee wird herumgereicht, man prostet sich mit den Bechern zu. Die Stimmung ist gelöst, die Abholzung des Auwaldes – so scheint es – erst einmal gestoppt. Die Kamera tastet sich durchs Unterholz, bleibt an einem gefällten Baumriesen hängen. Im Hintergrund Bulldozer, schwere Kettensägen – ein verlassenes Schlachtfeld. Kein Waldarbeiter mehr zu sehen. In Großaufnahme ein bärtiges Gesicht, skeptischer Blick: Darf man dem vorweihnachtlichen Frieden trauen?

Chronik einer Rettungsaktion

Herbst 1984: In den Au-Wäldern bei Hainburg, nur 50 Kilometer von Wien entfernt, soll ein umstrittenes Jahrhundertprojekt realisiert werden: ein Mammutkraftwerk, dem über eine Million Bäume und der alte Donaulauf geopfert werden müssten. – Unmöglich in einem ausgewiesenen Landschaftsschutzgebiet mit einzigartigem Tier- und Pflanzenreichtum, glauben die Naturschützer. Doch Ende November 1984 müssen sie erleben, wie der zuständige Landesrat für Naturschutz sich über bestehende Gesetze hinwegsetzt und dem Baubeginn zustimmt – rechtswidrig, aber rechtskräftig, ohne Einspruchmöglichkeit. Die ORF-Moderatorin Freda Meissner-Blau nennt ihn öffentlich einen Umweltverbrecher, sie will seine Klage provozieren, um den Fall landesweit publik zu machen. Die Empörung über die geplante Zerstörung der letzten Naturreservate an der Donau geht weit über die Kreise der Umweltschützer hinaus.

Anfang Dezember wird der gewaltlose Widerstand organisiert. Frauen aller Parteien und Lager solidarisieren sich in einer von Freda Meissner-Blau einberufenen Pressekonferenz mit den Kraftwerksgegnern für die Erhaltung der Au-Wälder. Diese Parteien übergreifende Solidarität unter Frauen hat es noch nie gegeben, »die Patriarchen aller Parteien waren außer sich«, erinnert sich die Initiatorin heute lächelnd. Ein paar hundert junge Naturschützer ziehen in die Au und stellen sich den anrückenden Bulldozern entgegen – ein medienwirksames Kräftemessen. Die Wiener Bevölkerung wird aufgeschreckt, immer breitere Kreise schließen sich dem Protest an, kurz vor Weihnachten kampieren 3500 Menschen in den Au-Wäldern. Sie werden aus umliegenden Dörfern verpflegt und erhalten Zuspruch und warme Decken aus allen Teilen Österreichs.

Die Verhandlungen eines Auschützer-Komitees mit der Regierung verlaufen ergebnislos, die mächtige Lobby der Industrie und die Gewerkschaften drängen auf Räumung des Geländes. Die Polizei rückt mit Wasserwerfern an und versucht, die Waldbesetzer auseinander zu sprengen. Es

Freda Meissner-Blau

gibt Verletzte. Die ersten Bäume fallen. In Wien versammeln sich unterdessen 40 000 Menschen auf dem Heldenplatz zu einem Solidaritätsmarsch durch die Innenstadt. Viel Prominenz dabei, Professoren, Künstler, Schauspieler. Namen wie Hundertwasser oder Nenning garantieren überregionale Aufmerksamkeit. Eine Telefonkette hält die Freunde der Au auf dem Laufenden, spontan machen sich unzählige Wiener, Männer und Frauen, ganze Familien und Belegschaften auf nach Hainburg. Eine Solidarität quer durch alle Bevölkerungsschichten, von der Freda Meissner-Blau noch heute mit leuchtenden Augen erzählt und die sie »nie davor und nie mehr danach« erlebt hat. Die Regierung sieht sich zum Einlenken gezwungen, der Bundeskanzler gewährt einen zehntägigen »Weihnachtsfrieden«. Die Auschützer merken, was Bürgerrechtler auch andernorts erfahren haben: Die Mächtigen sind gar nicht so mächtig, wenn sie sich begründetem Widerstand gegenübersehen.

Am Weihnachtsabend kommen 15 000 Österreicher bei klirrender Kälte zu einer Christmette in der Au zusammen. Am Neujahrstag wird zwischen die gefällten Baumriesen ein kleines Hoffnungs-Bäumchen gepflanzt und die Aulandschaft euphorisch zum künftigen Nationalpark erklärt. Das Verwaltungsgericht untersagt weitere Baumfällungen, die Entscheidung über den Kraftwerksbau wird vertagt – auf den Sankt Nimmerleinstag, wie die Auschützer hoffen. Sie haben ihr Ziel, vorerst wenigstens, erreicht. Für Freda Meissner-Blau, eine der Schlüsselfiguren in diesem Kräftemessen, sieht die Bilanz weniger positiv aus. Zwar hat der Landesrat sie nicht verklagt, wie sie erwartet hatte, aber sie hat noch am Tag ihrer »Majestätsbeleidigung« den Moderatorinnenjob beim ORF verloren. Arbeitslos ist sie deshalb nicht geworden: Sie kann jetzt für das Engagement in der Umweltbewegung ihre ganze Kraft einsetzen – eine Jeanne d'Arc im österreichischen Forst.

Jeanne d'Arc der Grünen

An der Aktion Hainburg wollte Freda Meissner-Blau sich eigentlich nicht beteiligen. Sie hatte sich seit langem in der Anti-Atom-Bewegung engagiert, hatte gegen Atomstrom und für Wasserkraftwerke plädiert, sie konnte realistischerweise nicht beides ablehnen und für Österreich das vorindustrielle Zeitalter zurückwünschen. Irgendwoher muss der Strom ja kommen – war da Hainburg nicht das kleinere Übel?

So dachte sie, bis sie die Donau-Auen kennen lernte, zu Fuß die Wälder durchstreifte, diese fast unberührte Flusslandschaft mit den Graureiherkolonien, den Regenpfeifern und Säbelschnäblern, den Wasserlilien im Uferschlick und einem furchtlos äsenden Hirsch auf der Lichtung. Sie fühlte sich zurückversetzt in die böhmischen Wälder ihrer Kindheit. Sollten ihre Enkel solch ein Paradies nicht mehr erleben dürfen? – Vernunftgründe hin oder her: Dieses letzte Stück unverbauter Donaulandschaft musste vor den Baggern gerettet werden.

Sie macht mit. Ihr Organisationstalent, ihr diplomatisches Geschick, ihre Presseerfahrung sind gefragt, ihr Optimismus wirkt ansteckend, ihr gepflegt bürgerliches Aussehen weckt Vertrauen auch bei Naturliebhabern, die den Grün-Alternativen fern stehen. Der »Au-Krieg« eint politisch gegensätzliche Fronten, und Freda Meissner-Blau hat zu dieser Einigung maßgeblich beigetragen.

Den Titel »Jeanne d' Arc der Grünen« hat ihr nicht Hainburg, sondern – schon viel früher – ihr Einsatz für die Anti-Atom-Bewegung eingebracht. Sie gehört zu den Mitbegründerinnen einer Gruppe »Mütter gegen Atomenergie«. Aber sie hat eine schlechtere Position als die historische Jeanne d'Arc, die Gott auf ihrer Seite wusste und die feindlichen Heere ganz real vor Augen hatte. Die Gefahr, die von der Atomkraft ausgeht, bleibt – außer bei Katastrophen – unsichtbar. Hiroshima liegt weit zurück und ein Tschernobyl ist noch nicht denkbar. Wie können Menschen sensibilisiert werden für eine Bedrohung, die sie gar nicht als solche empfinden? Eine Frage, die sich Freda Meissner-Blau damals stärker stellt als heute im Nach-Tschernobyl-Zeitalter.

Ihr Engagement gegen Atomkraft und Atomrüstung beruht nicht auf ideologischer Besessenheit, vielmehr auf Erfahrungen, die sie während ihrer mehrjährigen Tätigkeit für die UNESCO in Paris gesammelt hat. Damals in den Sechzigerjahren hatte sie Atomkraftwerksangebote ins Deutsche zu übersetzen. Eine Aufgabe, die genaue Kenntnis der Materie erforderte. Und je mehr sie sich mit der Sache befasste, umso skeptischer wurden ihre Fragen: Wird die Strahlengefahr, die man seit den Erkrankungen Röntgens und Madame Curies kennt, nicht absichtlich verharmlost? Wie kann sich die Menschheit vor denkbaren Katastrophen schützen? Was geschieht mit den radioaktiven Abfällen? Wohin verschwinden sie? – Fragen, auf die sie keine Antwort bekam, über die sie nur mit ihrem späteren Mann sprechen konnte. Paul Blau war bei der Internationalen Atomenergie-Organisation tätig und Autor eines Buches über Strahlengefahr und Strahlenschutz.

Die 68er Studentenrevolte erlebt sie in Paris. Die ursprünglich Unpolitische macht dabei die Erfahrung, dass politische und gesellschaftliche Veränderungen möglich sind, auch wo man sie nicht für möglich gehalten hätte. Bei ihrer Rückkehr nach Wien im Jahre 1972 zieht sie die Konsequenzen aus dieser Erkenntnis und engagiert sich – zuerst in der noch jungen österreichischen Frauenbewegung, dann in der Friedensbewegung und bei Amnesty International. Als Bildungsreferentin versucht sie, Frauen aus Arbeiterkreisen das Rückgrat zu stärken in Fortbildungsseminaren, die unter dem Motto stehen: »Selbstbewusstsein kann man lernen.«

Selbstbewusstsein ist, neben Ausdauer, unabdingbar, wenn Frauen politische Forderungen durchsetzen wollen, das weiß Freda Meissner-Blau aus Erfahrung. Immer wieder muss sie erleben, dass Frauen als Bitt- und Antragstellerinnen nicht ernst genommen werden von Männern, die an den Schalthebeln sitzen. So hat sie es auch beim Kampf gegen das unmittelbar vor den Toren Wiens liegende, schon fast fertig gestellte Atomkraftwerk Zwentendorf erlebt. Rückblickend beschreibt sie ihren damaligen Einsatz: »Wir besuchten den Bundeskanzler und erkannten an seiner Herablassung, dass die oft beschworene Gleichberechtigung der Frauen bloßer Lippendienst ist … Gemeinsam suchten wir die Abgeordneten im Parlament auf, um ihnen die biologischen und gesundheitlichen Folgen der Kernenergie darzulegen … Zunehmend betrachteten wir unsere Aktivität als ›Training in direkter Demokratie‹. Denn die Atomenergie und die Menschen, die sie vorantrieben, machten uns klar, dass die Demokratie von einer Expertokratie und Oligarchie mißbraucht wird: Eine kleine Clique sogenannter Fachleute maßt sich die Entscheidung über Leben und Tod unserer Gesellschaft an …«

Harte Worte, denen damals harte Diskussionen vorausgingen, flankiert von Flugblattaktionen und Gesprächen mit der Bevölkerung. Frauen aller Gesellschaftsschichten und Altersgruppen ließen sich mobilisieren – diese Anti-Atom-Lobby der Frauen war es wahrscheinlich, die bei der Volksabstimmung im Herbst 1978 den Ausschlag gab und in Österreich zu einem gesetzlichen Verbot der Atomenergie führte. Das Ergebnis ist äußerst knapp: 50,5 Prozent gegen, 49,5 Prozent für Atomenergie, aber es hat zur Folge, dass das Atomkraftwerk Zwentendorf nicht ans Netz gehen darf. Freda Meissner-Blau hat sich damit mächtige Feinde geschaffen – aber auch begeisterte Anhänger, die in ihr eine geeignete Kandidatin für das Bundespräsidentenamt sehen.

»Nie«, sagt sie überzeugt und bei diesem Nein bleibt es erst einmal. Sie strebt nicht nach politischen Ämtern, sieht realistisch, dass sie zwischen den Kandidaten der beiden großen Volksparteien aufgerieben würde. Die Grünen, die sie als Kandidatin aufstellen wollen, haben noch kein politisch gefestigtes Profil in Österreich. Das ändert sich erst nach dem ermutigenden und von Freda Meissner-Blau mitgetragenen Volksbegehren gegen das Kraftwerk Hainburg allmählich. Dass die »Jeanne d'Arc der Grünen« nach ihrer Rückkehr von einem Greenpeace-Hearing in Neuseeland doch ihre Einwilligung zur Kandidatur gibt, hängt mit einem plötzlich auftauchenden Rechtsaußen-Kandidaten zusammen, der Protestwählerstimmen auf sich vereinen und womöglich die Fünfprozenthürde überspringen könnte. Um dies zu verhindern, steigt Freda schließlich klopfenden Herzens in den Ring – festgehalten in einer pfiffigen Wahlkampfkarikatur: Die beiden Kandidaten der großen Parteien liegen sich, träge Schach spielend, im Boxring gegenüber. ÖVP-Waldheim in schwarzen, SPÖ-Umweltminister Steyrer in roten Boxhandschuhen. Klein und drahtig hechtet als Dritte kampfbereit Freda Meissner-Blau mit gewaltigen grünen Fäustlingen über das Seil, den Missmut der beiden Matadore herausfordernd …

Sie kann bei der Wahl im Mai 1986 5,5 Prozent der Stimmen auf sich vereinen und damit den Rechtsaußen-Mann unter ein Prozent zurückdrängen und im ersten Wahlgang eine absolute Mehrheit für Waldheim verhindern. Das beachtliche Resultat steigert ihre Popularität über das alternative Lager hinaus. Bei den Nationalratswahlen im Herbst 1986 steht sie an der Spitze der grün-alternativen Liste und zieht mit sieben männlichen Parteigenossen ins Parlament ein – ein Erfolg für die grüne Bewegung, aber eine herbe Enttäuschung für sie: Durch geschickte »Männertaktik« in den eigenen Reihen ist die vollmundig angekündigte Geschlechterparität auf der Strecke geblieben. Die »Klubobfrau« fühlt sich als Galionsfigur fehl am Platz. Sie ist überzeugt, dass nur eine viel stärkere Frauenpräsenz eingefahrene Machogewohnheiten aufbrechen kann. Trotz der internen Parteiquerelen nutzt sie ihre Chancen im Parlament. Gleich in der Antrittsrede und später immer wieder nimmt sie leidenschaftlich Stellung zu sozialen und umweltpolitischen Fragen: zum mangelnden Umdenken nach Tschernobyl, zur Ressourcenverschwendung unserer Industriegesellschaft, zur Vernichtung der Regenwälder. Wir alle müssten begreifen, »dass auch Europa am Amazonas zu sterben beginnt«.

Ihre Schärfe in der sachlichen Argumentation artet nie in persönliche Angriffe und Beleidigungen politischer Kontrahenten aus. Auch Gegner schätzen ihren fairen Stil, ihre Beispiel gebende »Streitkultur«, und bedauern ihr Ausscheiden aus dem Parlament nach zwei Jahren. Die eigene Fraktion ist gespalten, nicht alle haben ihre »Mutterrolle« akzeptiert. Sie selbst fasst ihre parlamentarischen Erfahrungen für eine amerikanische Studie in wenigen Sätzen zusammen, die nicht nur für die Politik Gültigkeit haben dürften:

»Frauen werden in der Politik viel häufiger als Person (nicht der Sache wegen) angegriffen als Männer. Männer sind untereinander toleranter als gegenüber Frauen. Wenn sich Frauen als ›nicht männer-angepaßt‹ entpuppen, sondern ihre eigene Meinung vertreten, verweigern die Männer die Zusammenarbeit in der Gruppe. Von Frauen wird erwartet, dass sie alle Nebenarbeiten ihrer Aufgabe selbst erledigen, während die Männer Hilfe von Typistinnen, Sekretärinnen und Experten fordern. Ebenso wird von Frauen erwartet, dass sie ihre politische Arbeit männlichen Kriterien anpassen.«

Ein Behinderungskatalog, der Frauen resignieren lassen könnte. Nicht Freda Meissner-Blau. Sie ist zwar aus der parlamentarischen Arbeit ausgestiegen, aber ihr politisches Engagement bleibt unverändert: »Man kann resignieren, oder man kann sich engagieren. Ich wählte das Engagieren, im persönlichen Leben und für große öffentliche Anliegen, die mich bewegen …«

Privatleben ist nicht nur Privatleben

Dass politische Auseinandersetzungen nicht selten mit Mitteln persönlicher Diffamierung ausgetragen werden, ist eine der schmerzlichsten Erfahrungen, die Freda Meissner-Blau in ihrer politischen Karriere gemacht hat. »Vielleicht sind Frauen da dünnhäutiger als Männer«, räumt sie ein. Während sie über Sachargumente mit Lust streiten kann, machen sie persönliche Angriffe wehrlos. Auch wenn diese völlig aus der Luft gegriffen sind, wie das besonders perfide Gerücht, sie sei eine nach Österreich eingeschleuste DDR-Agentin, wobei man geschickt ihren Geburtsort Dresden ins Spiel bringt. Dass sie dort zwar am 11. März 1927 geboren ist, das Land aber lange vor Gründung der DDR verlassen hat, interessiert nicht. Auch nicht, dass ihr Vater, Dr. Ferdinand von Meissner, der aus einer altösterreichischen Offiziersfamilie stammt, später als »Staatsfeind« auf der Gestapoliste stand und nach England emigrieren musste. Der Stempel »Dresden« genügt zur Diffamierung.

Freda Meissner-Blaus ganzes Leben ist mit der Politik verwoben, auch da, wo es sich scheinbar privat im Familienrahmen abspielt. Ihre Schlüsselerlebnisse hängen alle mit politischen Daten zusammen und aus allen hat sie ihre politischen Lehren gezogen: Einmarsch der Hitlerarmee in Linz an ihrem elften Geburtstag, Ernüchterung über »das Marionettenmännchen auf dem Rathausbalkon«, dem die Bevölkerung zujubelte. Übersiedlung der 14-Jährigen mit der Mutter und den Geschwistern zu den Großeltern nach Reichenberg in Böhmen, Erfahrung des »Vertriebenseins« aus der gewohnten Umgebung. Entschluss der 17-Jährigen, allein Richtung Westen zu flüchten. Zeugin des Dresdner Infernos, als alliierte Bomber im Februar 1945 in wenigen Stunden die Stadt zerstörten. Sich durchschlagen in der amerikanischen Besatzungszone, von der Tellerwäscherin zwar nicht zur Dollarmillionärin, aber doch zur Dolmetscherin.

Dann die Wiederbegegnung mit dem Vater 1947 in England. Das Medizinstudium als Werkstudentin im Nachkriegs-Frankfurt. Die Heirat mit George Pawloff, einem russischstämmigen Chemiestudenten mit französischem Pass. Die gemeinsame Arbeit für ein deutsches und belgisches Industrieunternehmen in Leopoldville, dem heutigen Kinshasa in Zaire. Das Unbehagen an der Privilegierung der Weißen und das aufwühlende Erlebnis der Revolution in Zaire, dazwischen die Geburt des ersten Sohnes. Die UNESCO-Arbeit in Paris. 1962 die Berufung als Generalsekretärin ans neu gegründete Ford-Institut nach Wien. Nebenher ein Psychologie- und Soziologiestudium an der Wiener Universität und die Geburt eines Zwillingspärchens.

Das Miterleben der 68er Studentenbewegung in Paris, nicht mehr als ungebundene Studentin, sondern als Mutter von drei kleinen Kindern. Das »politische Aufwachen« und die Trennung von George Pawloff. 1970 die Heirat mit dem an der österreichischen Botschaft in Paris tätigen Paul Blau, der ihre politischen Interessen voll unterstützt. Zwei Jahre später Rückkehr nach Wien und Einstieg in die Bildungsarbeit, die fast zwangsläufig in die politische Arbeit einmündet, obwohl sie, wie sie schreibt, »mit einem tiefwurzelnden Mangel an Selbstvertrauen, dem so vielen Frauen bekannten Gefühl, ›nicht gut genug‹ zu sein«, zu kämpfen hat. Aber sie setzt sich durch, sucht ihre eigene

Linie – nach ihrem inneren Kompass, nicht nach Parteivorgaben. Das macht sie für enge Parteistrategen unbequem, für Außenstehende um so glaubhafter.

Und wie steht es mit ihrem Einfluss in der eigenen Familie, bei den Kindern? Da kann Freda Meissner-Blau nur weise lächeln. Einer ihrer Söhne, ehemaliger Revoluzzer, ist heute Banker, verdient viel Geld und hat Spaß an großen Wagen – vielleicht werden die drei Enkel, so hofft sie, aufs Fahrrad oder Ökoauto umsteigen. Die beiden anderen Kinder sind mehr in die Familienart geschlagen: Die Tochter ist Fotografin und macht Dritte-Welt-Reportagen, der zweite Sohn, »Lebensphilosoph«, unterrichtet an einer Rudolf-Steiner-Schule in England und befasst sich mit der Heilkraft des Wassers. Mit ihrem Ehemann, Professor Paul Blau, langjähriger Direktor des Instituts für Gesellschaftspolitik und Ehrenpräsident des Wiener Naturschutzbundes, ergeben sich immer wieder fruchtbare Arbeitszusammenhänge. Beide wurden sie mit dem Österreichischen Naturschutzpreis ausgezeichnet, er 1975, sie zehn Jahre später, nach Hainburg. 1989 erhielt sie den Österreichischen Staatspreis für außerordentliche Verdienste um den Umweltschutz. Jede öffentliche Anerkennung von Umweltengagement kommt nicht nur dem Preisträger, sondern auch der Sache zugute. Freda Meissner-Blau hält notwendige Kurskorrekturen im ökologischen Bereich nur für möglich, wenn sie nicht einfach verordnet, sondern der Bevölkerung einsichtig gemacht werden.

Eine bewohnbare Welt für die Enkel?

Wenn Freda Meissner-Blau die Bilanz ihres bisherigen Lebens zieht, sieht sie einige Entwicklungen mit Genugtuung: den Ausstieg Österreichs aus der Kernenergie, die Rettung der Donau-Auen und die Planung eines künftigen länderübergreifenden Nationalparks, den Einzug der Grünen und damit einer stärker ökologisch ausgerichteten Politik ins österreichische Parlament – und nicht zuletzt die Erfahrung, dass Frauen über Partei- und sonstige Grenzen hinweg solidarisch handeln können.

Dieser Positivbilanz und ihrem jahrzehntelangen Optimismus stehen Zukunftsbefürchtungen gegenüber, die sie in einem Brief äußert. Es gehe nicht allein um die Eindämmung unseres Energieverbrauchs, schreibt sie, sondern um einen grundlegenden Wechsel unserer Lebensweise: »Mit der derzeitigen Industriegesellschaft, die auf ständigem Wachstum aufgebaut ist, ja von diesem zu ihrem Funktionieren abhängt, können weder die vorhandenen Ressourcen auch nur annähernd gerecht verteilt werden, noch so weit geschont werden, dass auch künftige Generationen ihre Bedürfnisse aus ihnen decken können. Die Kluft zwischen den ›Haves‹ und den ›Have-nots‹ wird – übrigens schon jetzt – dauernd größer, was kurz- bis mittelfristig zu großen sozialen Spannungen führen muß, nicht nur zwischen Nord und Süd, sondern innerhalb unserer noch immer reichen Länder.«

Der Psychoanalytiker Wolfgang Schmidbauer sieht in unserem Konsumverhalten eine von der Werbung gesteuerte, destruktive Regression, bei der dauernd Bedürfnisse geweckt und ihre Erfüllung mit Glücksversprechen verbunden würden. »Die Konsumgesellschaft ist das erste Experiment der Geschichte, in dem jedem Individuum versprochen wird, es habe das Recht, über seine Verhältnisse zu leben«, schreibt er und sieht einen Ausweg nur, wie Freda Meissner-Blau, in der Umstellung unserer Lebensweise: bewusst mit weniger auskommen und sich damit unabhängiger fühlen. Allerdings sind seine Vorschläge so radikal, dass sie sich kaum in die Praxis umsetzen lassen: Jeder darf nur so viel Energie verbrauchen, wie er selbst mit umweltverträglichen Mitteln produziert.

Wenn sein Stromanteil aus der kommunalen Solaranlage erschöpft ist, muss er aufs Fahrrad mit Dynamo steigen und so lange strampeln, bis der Speicher wieder aufgefüllt ist …

Dass sich die Energieprobleme nicht mit dem Fahrrad lösen lassen, ist Freda Meissner-Blau und sicher auch Autor Schmidbauer klar. Aber wo beginnen die wirksamen Veränderungen? Das große Erbe der griechischen Weisheit, das Maßhalten, sei uns verloren gegangen, beklagt der Zivilisationskritiker Erwin Chargaff. Wie weit lässt sich der Mensch, lässt sich die Industriegesellschaft noch zu einem verantwortungsbewussten Umgang mit der Umwelt erziehen? »Nach Rio und nach Berlin (Klimakonferenz) ist meine Hoffnung sehr geschrumpft, daß ohne schwere Zusammenbrüche die notwendigen Maßnahmen ergriffen werden«, schreibt Freda Meissner-Blau – ganz gegen ihre Gewohnheit – pessimistisch. 1992 wurde in Rio de Janeiro eine UN-Konvention zum Schutz der biologischen Vielfalt von 170 Staaten unterzeichnet – eine Reaktion auf den weltweiten Schwund an Tier- und Pflanzenarten. Der Erhalt der Donau-Auen ist global gesehen nur ein Tropfen auf den heißen Stein. Im neuesten Umweltprogramm der Vereinten Nationen lesen wir, dass durch Zerstörung und Übernutzung von Lebensräumen in den nächsten Jahrhunderten über die Hälfte der Säugetiere, Vögel und Reptilien verschwinden werden, wenn die Entwicklung weitergeht wie bisher.

Auch wenn auf österreichischer Seite die Auen-Landschaft an der Donau zu einem Tier- und Pflanzenreservat wird, ist die Gefahr für das gesamte Donaugebiet noch längst nicht gebannt. Nach dem Baustopp von Hainburg und einer ähnlich erfolgreichen Aktion gegen ein ungarisches Kraftwerk wagten auch die slowakischen Umweltschützer den Widerstand gegen das geplante Riesenkraftwerk Gabcikovo.

Die Bürgerinitiative *Eurochain* rief im Frühjahr 1990 zu einer Menschenkette auf, um gegen das Jahrhundertprojekt aus kommunistischen Zeiten, das nun weitergebaut werden sollte, zu protestieren. Freda Meissner-Blau schildert, wie österreichische und ungarische Umweltschützer den Slowaken zu Hilfe eilen: »Über 60 000 Menschen aus den drei Ländern bildeten schließlich eine schier endlose lebende Kette, die von Österreich über die Slowakei bis nach Ungarn reichte, im Widerstand gegen blindwütiges, muttermörderisches Ersticken von Leben unter tonnenschweren Betondecken.«

Die Naturschützer haben den Baubeginn nicht verhindern können, aber sie haben trotzdem viel erreicht mit ihrem Protest gegen Gabcikovo. »Gegen diesen Alptraum sind wir ausgezogen«, schreibt Freda Meissner-Blau, »in Österreich, in der Slowakei, in Ungarn, um Bäume und Demokratie zu beschützen. Holten uns Frostbeulen dabei, Prügel und blaue Flecken, erlebten die Kraft der Gewaltlosigkeit, die Freude und die Unbeugsamkeit der Gemeinsamkeit. Wir bekamen Lust auf mehr Demokratie.« – Das war 1991. Inzwischen schlägt Freda Meissner-Blau gedämpftere Töne an, die Euphorie ist Zweifeln an der menschlichen Vernunft gewichen: »wir sägen uns blindlings den Ast ab, auf dem wir hocken«, schreibt sie und fragt: »Wieviel Jahre das noch dauern kann? Die Schätzungen schwanken zwischen 20 und 50 Jahren (Meadows, World Watch Institute und andere).«

Aber immerhin: Auch die Regierungen sind inzwischen wach geworden – nicht zuletzt aufgescheucht durch wählerwirksame Bürgerinitiativen. Dass jedoch die gängigen Mittel der Politik nicht ausreichen und durch unkonventionelle Denkansätze ergänzt werden müssen, macht eine Studie des Wuppertaler Instituts für Klima, Umwelt, Energie deutlich, die vom Bund für Umwelt und Naturschutz und dem katholischen Hilfswerk Misereor gemeinsam in

Auftrag gegeben wurde. Darin fordert Reinhard Loske eine Ergänzung politischer Institutionen durch mehr Bürgerpartizipation »von unten« und durch einen ökologischen Rat »von oben«. Wir müssten lernen, »gut zu leben, statt viel zu haben« – das geht nicht ohne Verzicht, auch wenn die Parteien dies ihren Wählern nur ungern offen sagen. Es fehle an charismatischen Führungspersönlichkeiten, die den ökologischen Umbau der Bevölkerung einsichtig machen könnten, beklagt Loske.

Könnte nicht Freda Meissner-Blau eine solche Leitfigur sein? Die Frau, die tagaus, tagein in der Diele ihrer Wohnung – Bräunerstraße im Zentrum Wiens – an einem riesigen, von Papieren überquellenden Arbeitstisch saß, voller Elan und Ideen? Nackenschläge haben sie nicht geduckt, nur nüchterner gemacht. Nach einer schweren Herzerkrankung hat sie sich aus der Öffentlichkeit zurückgezogen, aber mit Kopf und Herz ist sie noch immer voll »bei der Sache«. Sie sehe ihre Aufgabe darin, schrieb sie, »quer durch die Parteien, Weltanschauungen, Konfessionen und Institutionen Sensible und Verantwortungsbewußte zu finden, um mit ihnen gemeinsam das notwendige Um-Denken, Um-Fühlen, Um-Handeln der vielen zu bewirken«.

Sie strahlt, trotz ihrer pessimistischen Prognosen, Vertrauen aus. Vertrauen in die Zukunft. Die Fotos ihrer vier Enkel im Blick, weiß sie: Diesen Enkeln sollen die Donau-Auen erhalten bleiben und eine Welt, die bewohnbar ist.

Was sie in der Anthologie *Healing The World* 1991 geschrieben hat, gilt noch immer: »Nicht die Frauen waren es, die die Bomben warfen, die Flüsse verschmutzten, Luft und Boden vergifteten. Aber viel geschah in der Vergangenheit mit unserer schweigenden Zustimmung. Nun, da das Leben selbst auf dem Spiel steht, haben wir uns einzumischen, leidenschaftlich und kraftvoll …«

Blick hinter Mauern und Fassaden

Eva Rühmkorf

*1935

Es ist so viel Dreck auf der Erde,
was sollen wir denn tun, als sie ein
bißchen zu verbessern?
PETER RÜHMKORF

Hinter Mauern und Fassaden heißt der Titel eines Buches von Eva Rühmkorf. Er benennt nüchterne Realität – ihre Zeit als Gefängnisdirektorin hinter ausbruchsicheren Mauern und grauen Fassaden – und spielt gleichzeitig auf ihre Erfahrung als Psychologin an, auf Menschen, die sich einmauern, Blendfassaden aufbauen, hinter denen sich ihr eigentliches Leben verbirgt. Solche Fassaden zu durchschauen, Menschen aufzuschließen, den Beweggründen ihres Handelns nachzugehen – dieser hartnäckige Spürsinn hat Eva Rühmkorf bei all ihren beruflichen Tätigkeiten geleitet, ob in der Marktforschung, im Strafvollzug oder in der Politik. Psychologische Studien betrieb sie nicht als Berufsroutine, sondern aus einem sozialen, gesellschaftspolitischen Antrieb heraus.

»Ich habe immer schon die Welt verbessern wollen«

Verkrustete Verhältnisse aufbrechen, etwas bewegen und verändern, das wollte Eva Rühmkorf stets in ihrer langen, überraschungsreichen Laufbahn. Dass die 1935 in Breslau geborene Psychologin vom Job in einem Marktforschungsinstitut zur politischen Arbeit überwechselt, ist da nur konsequent. Auch dass sie während des Studiums in Marburg dem Sozialistischen Deutschen Studentenbund und wenig später der SPD beitritt, überrascht nicht, das hat Tradition in der Familie. Ihre Großmutter hat noch Rosa Luxemburg und Clara Zetkin gekannt. Sie trug Reformkleider und nahm an Demonstrationen zur Abschaffung des Korsetts teil. Die jungen Frauen zogen damals in schwarzen Badeanzügen durch die Straßen und ließen sich von empörten Zurufen über die »unzüchtige« Kleidung nicht beirren.

1907, als sich noch kaum Frauen für Politik interessierten, trat die Großmutter als 23-Jährige in die SPD ein und profilierte sich schon bald in der Parteiarbeit. Sie wurde Landtagsabgeordnete – später Stadträtin im Magistrat der Stadt Breslau und zog daneben vier Kinder groß. Als ihr Mann – auch er war als Gewerkschaftssekretär im Stadtrat – im Ersten Weltkrieg eingezogen wurde und danach in Gefangenschaft kam, hat sie die Familie allein durchgebracht. Die vier Kinder wuchsen als Jungsozialisten früh in die Parteiarbeit hinein, denn Eva Rühmkorfs Mutter engagierte sich bei den Naturfreunden. Gegen die Verlockungen nationalsozialistischer Jugendorganisationen waren diese Kinder immun.

Für Eva Rühmkorf ist die Breslauer Großmutter die prägende Figur ihrer Kindheit. Den Vater hat sie nur in Uniform auf Heimaturlaub in Erinnerung. Er fällt 1944 in der Normandie, da ist sie neun, ihre Schwester sechs. Die Mutter ist verzweifelt, sieht keinen Sinn im Leben mehr, will sich und die beiden Mädchen im Kirschbaum aufhängen, bevor die Russen kommen … Doch noch vor den Russen kommen die Großeltern mit einem hoch bepackten Schlitten und überreden die Mutter zur gemeinsamen Flucht in den Westen. Die Großmutter organisiert alles: Wurstbrote von den Rote-Kreuz-Schwestern, Plätze in

Eva Rühmkorf

einem überfüllten Soldatenzug, ein Zimmer bei Evas Patentante in einem hessischen Dorf, später ein preisgünstiges Internat in Bensheim, das mit der kargen Waisenrente bezahlt werden kann.

Die Mutter stirbt 1947 an Brustkrebs. Doch dieser Tod schmerzt die Zwölfjährige nicht so tief wie der der geliebten Großmutter einige Jahre danach. Die Zivilcourage dieser Frau steht der Enkelin später stets als Ansporn und Mahnung vor Augen, wenn es darum geht, sich politisch oder beruflich zu exponieren, oder wenn unbequeme Entscheidungen zu treffen sind.

Nach dem Abitur studiert Eva – nun ganz auf sich allein gestellt – in Marburg erst einmal Germanistik, Anglistik und Theologie mit dem Berufsziel Lehrerin, schwenkt dann aber zur Psychologie über. Politisch engagiert sie sich im Sozialistischen Deutschen Studentenbund und in der SPD. Als der SDS 1961 samt ihrem politischen Mentor Professor Wolfgang Abendroth aus der sozialdemokratischen Partei ausgeschlossen wird, gibt auch sie ihr Parteibuch zurück. Ihre Sympathie haben jedoch nicht die militanten Gruppen, sondern die »Bergpredigt-Sozialisten«, denn es widerstrebt ihr, Andersdenkenden ihre Überzeugung mit revolutionärer Gewalt aufzuzwingen. Sie setzt lieber auf Überzeugung durch beispielhaftes Verhalten, also durch gute Studienleistungen – und erntet damit den Hohn der Kommilitonen.

1961 schließt sie ihr Studium als Diplompsychologin ab und nimmt eine Stelle in einem Hamburger Marktforschungsinstitut an. Sieben Jahre lang testet sie nun mit wachsender Unzufriedenheit die Wirkung von Zeitungsanzeigen für Seifen, Margarine, Hundefutter und Trockenrasierer: »Mir wurde die Diskrepanz zwischen meiner politischen Einstellung und meinem Arbeitsalltag immer bewußter. Von den hehren Idealen meiner Studienzeit war die Praxis als Marktforscherin Lichtjahre entfernt ...

Mein linker Kopf konnte schließlich die Einsicht nicht länger verdrängen, daß ich mit dieser Arbeit wahrlich nicht zur Verbesserung der Gesellschaft, zur Aufklärung von Menschen beitrug.« 1970 tritt sie wieder in die SPD ein, sie hat inzwischen die Erfahrung gemacht, dass sie »für den Status der heimatlosen Linken wenig geeignet war«.

Als Gefängnisdirektorin auf dem Prüfstand

Eva Rühmkorf bewirbt sich um eine von der Hamburger Justizbehörde ausgeschriebene Stelle. Ein »Grundsatzreferat« soll neu eingerichtet werden. Beim Vorstellungsgespräch spürt sie den Gegenwind, der ihr aus der kritischen Männerrunde entgegenweht: Sie ist weder Juristin noch erfahren im Strafvollzug. Auch gibt ihr Dossier beim Verfassungsschutz Anlass zu Bedenken, vor allem aber: Sie ist eine Frau und Frauen gibt es bei der Justizbehörde nicht in leitenden Stellungen. Doch wider Erwarten stimmt die Mehrheit der Deputierten für ihre Einstellung, erst auf Probe, dann, 1968, als »Wissenschaftliche Rätin im Verwaltungsdienst«. An das Neuwort »Rätin« gewöhnen sich einige altgediente Justizhengste nur schwer. Die Arbeit der jungen Kollegin wird misstrauisch unter die Lupe genommen, Reformvorschläge und Anschaffungswünsche stoßen auf Erstaunen: Wozu denn das? Das hat doch noch nie jemand verlangt ...

Die Besichtigung der verschiedenen Hamburger Strafanstalten ist ein Schock für sie, obwohl sie alle Presseberichte über Missstände, auch über einen mysteriösen Todesfall, vorher gelesen hat. Abends schreibt sie in ihr Notizbuch über einen Zellenrundgang: »Eine Mischung widerlicher Gerüche von abgestandenem Essen, ungelüfteten Betten und Fäkalien verursachte mir Übelkeit. Nicht umkippen, dachte ich, du mußt das durchstehen, du willst etwas verändern!« Der Leiter des Untersuchungsgefängnisses lässt sie deutlich spüren, was er von einer 33-jährigen Nichtjuristin hält, die sich anmaßt, den Strafvollzug zu reformieren.

Eines wird ihr bald klar: Reformprozesse lassen sich nicht von oben anordnen. Eine langwierige Überzeugungsarbeit steht ihr bevor bei den 1300 Vollzugsbediensteten, den 3000 Gefangenen und auch in der Öffentlichkeit. Sie macht sich Erfahrungen aus England, Holland und den USA zunutze. Sozialtherapeutische Einrichtungen für Problemgruppen werden geplant, Möglichkeiten, Häftlinge durch Freigänge auf eine bevorstehende Entlassung vorzubereiten, erwogen. Die Idee, Frauen als Vollzugsbeamtinnen einzusetzen, um die »Männer-Monokultur« aufzubrechen, lässt sich Anfang der Siebzigerjahre noch nicht realisieren, die Einrichtung von Anstaltsbeiräten stößt hingegen bei den Gefangenen und in der Öffentlichkeit, die mehr Transparenz im Strafvollzug fordert, auf breite Zustimmung.

In der 1970 neu eröffneten festen Anstalt für männliche Jugendliche in den Vierlanden südlich von Hamburg wird auf Transparenz besonderer Wert gelegt. Mit dem jungen und dynamischen Anstaltsleiter Jan Braden arbeitet Eva Rühmkorf eng zusammen. Als er in den weniger aufreibenden Richterdienst zurückkehrt, wird sie seine Nachfolgerin – die erste Frau im Hamburger Strafvollzug, die eine Anstalt mit männlichen Insassen leitet. Das ist der Presse allemal eine Schlagzeile wert. »Chef im Gefängnis wird jetzt eine Frau«, titelt das *Hamburger Abendblatt* am 14. August 1973.

Sie steht unter Erfolgszwang. Diesen Druck spüren alle Frauen, die in männliche Domänen einbrechen. Sie beobachtet sich selbstkritisch: Ist sie schon auf dem Weg, von Sachzwängen gebeutelt, ihre Persönlichkeit zu verbiegen und den Anstaltsleitern ähnlich zu werden, die sie früher ob ihrer Unbeweglichkeit so oft kritisiert hat? Wie stark lässt sie sich von der Diskrepanz zwischen Anstaltswirklichkeit und ihren Reformträumen entmutigen? Ist ihr »revisionistischer« Weg der kleinen pragmatischen Schritte der richtige? Die zum Alltag gehörenden Auseinandersetzungen kosten Zeit und Kraft: die Streitereien und Handgreiflichkeiten zwischen deutschen und ausländischen Häftlingen, die Kluft zwischen reformbereiten und am Althergebrachten klebenden Beamten, die Konflikte zwischen der Anstaltsleitung und aufsässigen Sozialpädagogen, die sich mit den Häftlingen solidarisieren und deren Auflehnung schüren.

Unversehens ist sie doch wieder in unerquickliche politische Grabenkämpfe verstrickt, aber sie hält an ihrer Überzeugung fest, dass Konflikte, auch wenn sie an Nerven und Nieren gehen, nicht unterdrückt oder kaschiert werden dürfen. Wenigstens in ihrer Anstalt soll eine konstruktive Streitkultur möglich sein. Die hat jedoch da ihre Grenzen, wo eingeschleuste Flugblätter gegen »Bullenterror« hetzen, sie als »Lagerkommandantin« verunglimpfen und ein ehemaliger »Knacki« nach einer Gerichtsverhandlung mit einer Pistole »die Alte kaltmachen« will.

Nach fünf Jahren Anstaltsleitung mit Zehnstundentag und psychischem Stress zieht sie in der Silvesternacht 1978 trotzdem eine positive Bilanz: »Ich hatte in meinen Knastjahren nicht nur viel gelernt, ich hatte auch bewirkt, daß die Jugendanstalt Vierlande weit über die Grenzen Hamburgs hinaus als Modell für einen liberalen, humanen Jugendstrafvollzug bekannt und anerkannt wurde.«

Hamburg hat nicht nur im Jugendstrafvollzug, sondern auch in der Frauenpolitik neue Wege beschritten. Schon 1978 plant der Senat, eine »Leitstelle für die Verwirklichung der Gleichberechtigung der Frau« einzurichten. Eva Rühmkorf, für Experimente stets aufgeschlossen, lässt sich von der schwerfälligen Amtsbezeichnung nicht schrecken und bewirbt sich – ihre für Emanzipation kämpfende Großmutter vor Augen – um die Leitung der geplanten Stelle. Der Senat stimmt zu, so wird sie zur ersten Gleichstellungsbeauftragten in der Bundesrepublik und steht, wieder einmal, im Blickpunkt der je nach Parteiausrichtung mehr oder weniger wohlwollenden Medienberichte.

Im Zuge der 68er-Revolte hat sich auch eine neue Frauenbewegung formiert, die sich »als gesellschaftspolitische und kulturelle Gegenbewegung zur männlich geprägten patriarchalen Gesellschaft« versteht. Selbsterfahrungs- und Selbsthilfegruppen entstehen allerorten. Entkriminalisierung der Abtreibung und Streichung des Paragrafen 218 werden gefordert, wobei das Selbstbestimmungsrecht der Frau Priorität haben soll vor dem Lebensrecht des Embryos – eine von den Kirchen und vielen bürgerlichen Frauenorganisationen missbilligte Kampagne. Feministische Netzwerke, unterstützt von Alice Schwarzers Zeitschrift *Emma*, setzen sich für mehr »Frauenpower« ein – und Eva Rühmkorf fällt es nicht immer leicht, in endlosen Gesprächen und Diskussionen Standpunkte zu klären, zwischen den Fronten zu vermitteln: »Einerseits kann und will ich nicht verheimlichen, daß mir die Form des bis zur Männerfeindlichkeit reichenden Feminismus schlicht zuwider ist; andererseits bin ich eine uneingeschränkte Befürworterin der Gleichberechtigung – in jeder Beziehung.«

Bei Studienaufenthalten in den USA und in Schweden informiert sie sich über Frauenhäuser und die Entwicklung der Frauenforschung, die in Deutschland erst anläuft. In Hamburg richtet sie einen monatlichen Journalistinnentreff ein, um in der Öffentlichkeit Frauenprojekte bekannter zu machen und sich selbst über Fragen und Wünsche aus Frauenkreisen zu informieren. In den Sprechstunden der Leitstelle kann vielen Frauen in Not geholfen werden. Dabei zeigt sich, dass häusliche Gewalt nicht allein ein Unterschichtenproblem ist, dass sie sich in bürgerlichen Kreisen nur versteckter abspielt. Zum Problemfeld der Leitstelle gehört auch das Rotlichtmilieu um St. Georg und St. Pauli. Besonders die noch minderjährigen Prostituierten brauchen eine Anlaufstelle, wenn sie von Zuhältern ausgebeutet und misshandelt werden. Eva Rühmkorf bemüht sich erfolgreich um private Unterstützung für ein Pilotprojekt, das »Café Sperrgebiet«, das später auch aus Haushaltsmitteln des Senats gefördert wird.

Ein besonderes Anliegen ist ihr die Förderung von Frauenkultur, die sich nicht in der Umbenennung männlicher Titel und Berufsbezeichnungen erschöpft. Zur Frauenkultur gehören auch die Erforschung der nicht nur in Hamburg lange vernachlässigten Frauengeschichte und der Nachweis geschlechtsspezifischer Benachteiligungen. Eva Rühmkorf selbst kann sich nicht beklagen: Sie wird 1983 zur Staatsrätin ernannt – der ersten in der Geschichte des Hamburger Senats. Das Angebot des Regierenden Bürgermeisters von Berlin, Hans-Jochen Vogel, Sozialsenatorin in seinem Kabinett zu werden, schlägt sie Ende 1982 aus, verspricht jedoch, ihm im Falle eines Wahlsieges der SPD auf Bundesebene als Staatssekretärin für Frauenpolitik zur Verfügung zu stehen. Es kommt nicht dazu, die SPD verliert am 6. März 1983 die Bundestagswahl. Dieser Abend der Wahlniederlage, den sie mit ihrem Mann und einigen engen Freunden in der Bonner Parteizentrale, der »Baracke«, erlebt, gehört zu den bittersten Momenten ihrer politischen Laufbahn.

Doch es muss weitergehen. Sie zieht in Schleswig-Holstein für Björn Engholm in den Wahlkampf, fährt bei Schnee und Eis über Land, von Gasthof zu Gasthof, von AWO-Stätte zu AWO-Stätte. Aber am Wahltag fehlen der SPD einige Stimmen zum Sieg. Wieder eine Enttäuschung. Trotzdem ist sie, als Björn Engholm sie im Februar 1987 erneut um Mitarbeit beim Landtagswahlkampf bittet, dazu bereit. Sie weiß aus Erfahrung, dass sie in der Frauenpolitik nur etwas bewegen kann, wenn sie mitmischt. Und sie hat sich im Laufe der Jahre ein dickeres Fell zugelegt. Widerstände versteht sie als Herausforderung.

Ministerin in Schleswig-Holstein

Ein Aufbruch zu neuen Ufern: Im Mai 1988, nach der Barschel-Affäre und Neuwahlen in Schleswig-Holstein, die diesmal mit dem Sieg der SPD enden, wird Eva Rühmkorf als Kultusministerin ins Kabinett Björn Engholms berufen. Es werden vier turbulente Jahre mit internen Machtkämpfen, aus denen sie sich herauszuhalten versucht.

Sie ist unter anderem für die Schulpolitik zuständig. Ihr Einsatz für Gesamtschulen trägt ihr Zustimmung aus den eigenen Reihen und erbitterte Angriffe politischer Gegner ein. Dabei will sie die Einführung dieser Schulform nicht flächendeckend und nicht mit der Brechstange durchsetzen. Doch als »Überzeugungstäterin« betont sie: »Ich weiß, daß die Gesamtschule Jungen und Mädchen gute Chancen für die Entwicklung ihrer Begabungen und Leistungen bietet. Dennoch wollen wir Gesamtschulen nicht von oben her verordnen.« Neue Gesamtschulen sollen nur dort eingerichtet werden, wo Eltern dies wünschen. Inzwischen hat die Pisa-Studie gezeigt, dass der Lernerfolg von Kindern weniger von der Schulform als vom Engagement der Lehrer, von der Lernmotivation und individuellen Förderung der Schüler und vom Schulklima abhängt.

Neben der Schulpolitik ist die Kulturpolitik ein Schwerpunkt der Ministerin. Sie will regionale Kultur, »Kultur für alle«, fördern: »Wir müssen die Einzelnen ermutigen, die Sinne aufzuschließen, Zugänge zur Sprache, zur Geschichte, zur Gegenwartskunst zu entwickeln, ohne der Gefahr zu erliegen, Dritt- und Viertklassiges als Kultur zu etablieren ...« Das Schleswig-Holstein-Musikfestival wird von ihr, wenn auch nicht üppig, weiterhin unterstützt – zum Missfallen vieler Genossen, für die »Veranstaltungen in Herrenhäusern und eigens dafür (mit öffentlichen Mitteln) hergerichteten Scheunen und Kuh-Häusern ein elitäres Unternehmen nach Gutsherrenart« sind.

Besonders entwicklungsbedürftig in diesem nördlichsten Bundesland ist die Frauenkultur, die nun erstmals einen eigenen Etat im Kulturhaushalt des Landes erhält.

Damit werden Künstlerinnenprojekte bezuschusst, Literatinnen und Filmemacherinnen unterstützt und Frauennetzwerke an Hochschulen gefördert. Da öffentliche Gelder nur beschränkt zur Verfügung stehen, fürchten männliche Kulturschaffende um ihre Fleischtöpfe. Auch in der Verwaltung stoßen die unkonventionellen Ideen der Kultusministerin nicht überall auf Gegenliebe.

Als Eva Rühmkorf 1990, kurz nach der Wende, turnusgemäß die Präsidentschaft der Kultusministerkonferenz der Länder übernimmt, bemüht sie sich darum, »den Menschen hier das andere, immer noch fremde Deutschland näherzubringen«. Schulbücher sollten überprüft werden, wie weit darin »vorurteilsfrei über die Nachbarn informiert wird«. Statt Mauerfahrten wünscht sie sich Schulpartnerschaften und Künstleraustausch. Die Frage beschäftigt sie, ob es die von Günter Grass proklamierte, eine deutsche Kulturnation tatsächlich gibt oder ob die beiden Teile Deutschlands unumkehrbar auseinander gedriftet sind.

Nicht alle Fragen lassen sich eindeutig beantworten, nicht alle Probleme auf die Schnelle lösen, diese Lektion hat die politische Macherin im Laufe ihres bewegten Berufslebens gelernt. Aber etwas aussitzen ist Eva Rühmkorfs Sache nicht, obwohl es bequemer wäre. Nach ihrem Wechsel vom Kultusministerium ins Ministerium für Bundesangelegenheiten hofft sie auf etwas weniger Stress und Ärger. Doch als Engholm 1991 Bundesvorsitzender der SPD wird, rückt sie zur stellvertretenden Ministerpräsidentin auf. Das bedeutet ständiges Pendeln zwischen Kiel und Bonn, bedeutet weiterhin Stress, dazu gesellschaftliche Verpflichtungen und Medienpräsenz. Noch schwelt die Barschel-Affäre, noch müht sich ein Untersuchungsausschuss, Licht in die verworrene Angelegenheit zu bringen.

Als Engholm 1993 von seinen Ämtern zurücktritt, findet sich in den eigenen Reihen niemand für die Abschiedsrede. Eva Rühmkorf, von Engholm vier Jahre zuvor ins Kabinett berufen, übernimmt die heikle Aufgabe und beklagt dabei die »selbstgefällige Selbstgerechtigkeit«, nicht nur beim politischen Gegner, sondern auch bei den eigenen Genossen: »In unserer Partei, für die Solidarität ein so hoher Wert ist, hat das Dolcheschleifen traurige Tradition.« Ein zorniger, ein mutiger Satz – oder ein Eingeständnis von Resignation?

Endstation Hamburg

Eva Rühmkorf kehrt nach Hamburg zurück. Ein Kapitel ihrer politischen Karriere ist abgeschlossen. Ihre Erfahrungen schreibt sie Jahre später als »Erinnerungen einer engagierten Frau« im Buch *Hinter Mauern und Fassaden* nieder. Sie widmet dieses Buch nicht nur »den Frauen, die mir Vorbild und Beispiel waren«, sondern auch »den Frauen, die nach uns kommen«.

Eine dieser jungen Frauen ist Ute Vogt, die SPD-Landesvorsitzende von Baden-Württemberg. Aus einem Treffen im Schwarzwald mit zwei Spiegel-Redakteuren, aus Diskussionen und privaten Zwiegesprächen entsteht ein Buch über »starke Frauen und Politik«. Der Titel *»Wir sind die Besseren«* ist – wohl vom Verlag – unglücklich gewählt, er klingt anmaßend und überheblich wie ein vollmundiger Wahlslogan. Wird er eingelöst?

Die beiden Politikerinnen tauschen sich aus über drängende politische Fragen, über die Zukunft der Partei, über das weibliche Rollenverständnis und die Macht der Medien. Ihr Erfahrungshorizont ist denkbar verschieden: Psychologin die eine, Juristin die andere. Fast vierzig Jahre liegen zwischen ihnen und 800 Kilometer von Nord nach Süd. Was die Ältere erträumte und erkämpfte, ist für die Jüngere Selbstverständlichkeit. Aber Probleme gibt es noch immer und die Nachwuchspolitikerin geht sie mit nicht weniger Elan an als die »Veteranin«, die nach ihrem Ausscheiden aus der aktiven Politik im Bundesvorstand von Pro Familia ein neues Wirkungsfeld gefunden hat, zunächst als stellvertretende, dann als Bundesvorsitzende und heute als Mitglied der Schiedskommission.

Soziales und politisches Engagement ist für Eva Rühmkorf ein Lebenselixier geblieben, auch wenn sich einige ihrer Hoffnungen als Illusion erwiesen haben. Zum Beispiel das Glanzwort Bildung: »Daß Bildung automatisch zu einem offeneren Bewußtsein, zu einem besseren Menschen führt, wie das etwa Bertolt Brecht in seinen Stücken und Lehrgedichten formuliert hat, muß ich mir abschminken.«

Oder der Traum von einer gerechteren sozialistischen Welt: »Ich habe mir über den Sozialismus in der DDR nie Illusionen gemacht«, schreibt sie. »Es ist übrigens durchaus kein Anzeichen von Altersstarrsinn, wenn ich mich von meinen Ziel- und Wertvorstellungen auch nach dem

Zusammenbruch des ›real existierenden Sozialismus‹ nicht verabschieden will. Der real existierende Turbo-Kapitalismus jedenfalls übertrifft auch alle meine früheren Einschätzungen und Befürchtungen. Ich halte eine tiefgehende und grundlegende Debatte über die Entwicklung unserer Gesellschaft und ihre Perspektiven für überlebenswichtig und kann mir sehr gut vorstellen, daß ein moderner, demokratischer Sozialismus eine gute Antwort auf die Fragen nach dem Wie-weiter in der globalisierten Welt sein könnte.«

Ein Zimmer für sich allein

Virginia Woolfs Forderung kann Eva Rühmkorf gut nachvollziehen. Auch ihr ist der eigene Freiraum wichtig, das Büro am Ballindamm, ihr Refugium, in dem sie ungestört arbeiten und für sich sein kann. Ein Luxus, den sie sich gönnt nach all den harten beruflichen Arbeitsjahren. Sie genießt vom Schreibtisch aus den Panoramablick auf die Binnenalster hinüber zum Jungfernstieg, sie genießt die Ruhe, die Ordnung, die sich in der kleinen Wohnung im Övelgönner Lotsenhaus, in der sie mit ihrem Mann seit den Sechzigerjahren lebt, nie herstellen lässt. Hier sieht alles aufgeräumt aus und trotzdem nicht steril. Weiße moderne Möbel, weiße Wände. Raumbeherrschend eine eindrucksvolle Grass-Lithographie. Günter Grass gehört zum Freundeskreis des Ehepaares Rühmkorf. Sie treffen sich gelegentlich in der ländlichen Abgeschiedenheit Schleswig-Holsteins, bei Grass oder in ihrem Häuschen bei Mölln.

Eva Rühmkorf gießt Kaffee nach, füllt das Konfektschälchen auf und erzählt von ihren Plänen. Ihr Tag ist nach wie vor mit Arbeit angefüllt, doch sie kann nun selbst über ihre Zeit verfügen, sich freiwillig in Fron begeben.

Eigentlich hatte sie vor, endlich die lange geplante Dissertation über die Sozialisation von Politikerinnen zu schreiben, aber die Theorie ist ihr ein Horror, so konzipiert sie das Ganze jetzt in lockerer Form als Buch.

Ihrem Mann kommt sie dabei nicht ins Gehege, beide gehen beruflich strikt getrennte Wege. Einmal nur, noch vor ihrer Heirat im Jahre 1964, als Peter Rühmkorf noch Lektor bei Rowohlt war, hat sie für ihn einen Katalogtext ins Englische übersetzt, aber er eignet sich nicht besonders für Teamwork und sie kann und will nicht in die Rolle einer Sekretärin schlüpfen. Diese frühe Einsicht hat ihnen wahrscheinlich manche Auseinandersetzung erspart. Es gibt genügend andere Gemeinsamkeiten, die sie aufzählen kann: »das gemeinsame Interesse an Kultur und Politik, die Lust am Diskutieren über politische und kulturelle Themen und die Übereinstimmung in der Einschätzung gesellschaftlicher Entwicklungen«.

Dass sie beide zur linken Szene gehören und ihr Freundeskreis ähnlich gelagert ist, schafft eine verlässliche Basis für Gespräche und politisches Handeln. Allerdings scheut ihr Mann als notorischer Einzelgänger jede Einbindung in eine Partei oder andere Organisation, während sie lieber nach der Parole der Frauenbewegung »Vereint sind wir stark« handelt und bei ihren Aktionen stets nach Verbündeten sucht. Ihr haftet von klein auf der richtige Stallgeruch an, er jedoch, Sohn einer Lehrerin und eines reisenden Puppenspielers, hat diese sozialdemokratische Nestwärme nie kennen gelernt. Ihm sind Geborgenheitsoasen suspekt. »Wer sich in der Welt so richtig geborgen und zu Hause fühlt«, sagt er in einem Zeit-Interview, »hat in der Literatur vermutlich gar nichts verloren«.

»Introvaganter Hochseilartist« nennt er sich, und das lässt ahnen, dass ein Zusammenleben mit diesem hochsensiblen Lyriker nicht einfach sein kann. Er hat depressive Phasen, in denen er sich einkapselt, dann wieder entschlossene Aufbrüche: »Das Dennoch ist die Gedankenfigur, die mein Leben beherrscht.« Dieser Satz könnte auch von Eva Rühmkorf stammen, der strukturellen Optimistin, die ihre sozialpolitische Arbeit nicht durchgehalten hätte ohne die Überzeugung, in dieser Gesellschaft, wenn auch mit winzig kleinen Schritten, doch etwas bewirken zu können.

Seit fast vier Jahrzehnten lebt das Ehepaar Rühmkorf zusammen, die meiste Zeit im alten Lotsenhaus über der Elbe in Övelgönne, dort, wo sich Künstler und Nonkonformisten angesiedelt haben. Ein südliches Flair liegt über dem schmalen Sandstrand und dem grünen Hang, der zur Elbchaussee hinaufführt. Von seinem Dachlukenfenster aus kann Peter Rühmkorf ein rechteckiges Stück Hamburger Welt beobachten: Vorgärten, die Uferpromenade mit flanierenden Spaziergängern, jenseits der Elbe die Hafen- und Kaianlagen und im Hintergrund die Harburger Berge. In seiner Mansardenklause herrscht Chaos, Zeitungsstapel auf dem Fußboden, darüber die aufgebockte Schreibplatte mit allem Lebensnotwendigen: Schreibmaschine, Aschenbecher, Teekanne, Manuskripten, Weinglas, Lesebrille, Krimskrams. Seine Frau macht dieses Durcheinander nervös, in ihrem kleinen Arbeitszimmer im unteren Stockwerk hat alles seinen festen Platz – Ordnung, die seine Kreativität lähmt, erleichtert ihr die Arbeit.

So verschieden wie das Schreibambiente war früher auch der Tagesrhythmus der beiden. Sie war zur Zeit ihrer Berufstätigkeit morgens am aktivsten, er ist ein Nachtmensch, ging zu Bett, wenn sie aufstehen musste. Heute genießt sie es, an keine festen Bürostunden gebunden zu sein und wie ihr Mann in die Nacht hinein zu arbeiten. Er bekocht sich meistens selbst und brüht den Tee für seine Gäste eigenhändig auf. Nur an den Wochenenden in der ländlichen Datsche essen sie gemeinsam. Über lange Zeiten haben sich die beiden kaum gesehen, wenn sie zwischen Kiel und Bonn pendelte oder er eine Gastprofessur irgendwo in der Welt angenommen hatte – in Austin/Texas, im englischen Warwick oder in New Hampshire. Diese unkonventionelle Lebensführung wäre, meint Eva Rühmkorf, Kindern nicht zuzumuten, sie sind deshalb bewusst kinderlos geblieben.

»Ich finde, wir haben es gut miteinander«, sagt sie, ihr gemeinsames Leben überblickend. Manchmal sitzen die beiden wie ein altes Rentnerpaar zusammen auf dem Biedermeiersofa und sehen sich die Tagesschau oder eine politische Sendung im Fernsehen an. Vorbei die Zeiten, wo sie mit eifersüchtigem Argwohn all die Verehrerinnen beobachtete, die ihren »Lyngi« – so nennen ihn die Freunde – nach Veranstaltungen mit Autogrammwünschen belagerten. Jetzt genießt sie seine Lesungen und freut sich über positives Echo aus dem Publikum.

In ihrem Buch *Hinter Mauern und Fassaden* zitiert sie die russische Schriftstellerin Nina Berberova, die ein Fazit ihres Lebens zieht. Dieses Fazit könnte auch für Eva Rühmkorfs Schaffen gelten: »Ich habe, so scheint mir, aus jeglichem Ballast irgend etwas gemacht, etwas Trauriges oder etwas Freudiges, in jedem Fall etwas Lebendiges. Wenn ich mich betrachte, sehe ich, daß mir, wie man so sagt, alles zum Vorteil gereicht hat, und wenn der Preis dafür manchmal übermäßig hoch war, so war es doch der Preis für das Leben.«

Expo mit Zukunftsvisionen

Birgit Breuel

*1937

Das Leben ist hart, und trotzdem war
stets ein Gefühl des Auswegs da,
und daß er möglich sei. Da er so lange
nicht gefunden wurde, schwärmte
träumerischer Mut nach überallhin aus.
Ernst Bloch

Visionen für die Zukunft standen im Mittelpunkt der Expo 2000. Anders als bei früheren Weltausstellungen ging es in Hannover nicht in erster Linie um eine nationale und internationale Leistungsschau, sondern um Konzepte für ein zukünftiges Zusammenleben auf diesem immer stärker vernetzten und immer stärker geplünderten Planeten. Ein kühnes, ehrgeiziges Experiment. Hat es sich gelohnt? Die Generalkommissarin Birgit Breuel möchte noch keine endgültige Bilanz ziehen, für sie geht das Experiment weiter, weltweit. Die in der Agenda 21 von Rio geforderte Nachhaltigkeit lässt sich nicht kurzfristig messen.

Ein Jahrhundertexperiment

»An der Schwelle des neuen Millenniums stehen wir vor ungeahnten Herausforderungen, die bewältigt werden müssen«, schreibt die Expo-Chefin in dem Band *Ideen für die Zukunft*. »Die Expo 2000 wollte zeigen, wie überall auf dieser Welt Nationen und Regierungsorganisationen, Initiativen, Projekte und kreative Persönlichkeiten gemeinsam an der Lösung dieser Probleme arbeiten. Es ging uns nicht darum, nur schöne, perfekt gemachte Ausstellungen zu zeigen – wir wollten Anstöße geben und Unternehmungen vorstellen, in denen das Projekt Zukunft schon heute Gestalt annimmt.«

Visionen für das 21. Jahrhundert zu den Themenbereichen Mensch – Natur – Technik noch im alten Jahrhundert in langjähriger Arbeit zu entwickeln und nach und nach gegen heftige Widerstände zu gestalten – dazu gehörten Stehvermögen und Durchhaltewillen, Überzeugungskraft und Optimismus: Eigenschaften, die der erfahrenen Managerin schon immer zugeschrieben wurden. Die Kritik an der Jahrhundertschau entzündete sich vor allem an den immensen Kosten, die die Finanzexpertin Breuel zum größten Teil durch Einnahmen wieder hereinholen wollte. Die Rechnung ging nicht auf, sie ist noch bei keiner Weltausstellung aufgegangen. Aber sowohl die Bundesregierung unter Helmut Kohl als auch das Land Niedersachsen mit Ministerpräsident Gerhard Schröder stellten sich hinter das prestigeträchtige Projekt dieser ersten Weltausstellung auf deutschem Boden.

Mit kritischen Fragen grundsätzlicher Art musste sich die Expo-Chefin immer wieder auseinander setzen: Warum überhaupt noch ein Zurschaustellen einzelner Nationen im Zeitalter der Globalisierung? Warum dieser Aufwand zur Präsentation neuer Ideen, die auch im Internet abrufbar sind? Und Birgit Breuel wiederholte mit eiserner Langmut ihre Argumente für die Expo als Ort der Begegnung von Menschen und Kulturen, als Diskussionsforum für Fragen des zivilisatorischen Wandels und als Impuls für »die Veränderung des Denkens, der Werte, der sozialen Strukturen, die im Zuge der Globalisierung alle Gesellschaften – die der Industrienationen und die der sich entwickelnden Nationen – erfaßt hat«. Das Internet kann

Themen nicht »sinnlich erlebbar und erfahrbar gestalten«, wie dies die Erlebnislandschaften taten, die einzelne Nationen in ihren Pavillons mit viel Fantasie aufgebaut hatten. Praxismodelle regten zur Nachahmung an: Warum sollten sich zum Beispiel in Zukunft nicht Tätigkeitsgesellschaften durchsetzen, in denen bezahlte Erwerbsarbeit, Familienarbeit und ehrenamtliche Arbeit kombiniert werden und gleichwertig nebeneinander stehen?

Die Weiterentwicklung der Industriegesellschaft zur Dienstleistungsgesellschaft kreativ und flexibel zu gestalten ist Birgit Breuel ein wichtiges Anliegen, genauso wie die Schärfung des ökologischen Bewusstseins und das Knüpfen neuer Beziehungen: »Aus Fremden sollen Freunde werden.« Das gilt nicht nur für weltweite Kontakte, sondern auch für das Zusammenwachsen innerhalb Europas, zum Beispiel mit den polnischen Nachbarn. »Es ist wohl nicht übertrieben zu sagen, dass von der weiteren Entwicklung der polnisch-deutschen Beziehungen viel für Europas Zukunft abhängt. Gegenseitiges Verstehen wird über eine Vielzahl direkter Kontakte erreicht und belebt. Denn die wirkliche Verständigung findet zwischen den Bürgern beider Staaten statt.«

Die Presse widmete diesen positiven Impulsen weit weniger Raum als kritischen Berichten. Während sie mit der Expo-Leitung und mit deren Chefin hart ins Gericht ging – überhöhte Preise, Managementfehler, die *Süddeutsche Zeitung* sprach gar von einer »traurigen Kirmes« –, strömte die Bevölkerung in Massen zu den Hallen und Freiluftanlagen auf dem 160 Hektar großen Messegelände, reihte sich geduldig in die Warteschlangen ein, nahm keinen Anstoß an dem albernen Expo-Maskottchen Twipsy und murrte höchstens über die teuren Würstchen. Die Besucher ließen sich von der virtuellen Journalistin Lisa neugierig durch künftige Megastädte führen, bestaunten den Einfallsreichtum der einzelnen Nationen, gingen bei den Finnen in einem echten Wald spazieren, bei den Japanern in einem stabilen Papiergehäuse und erholten sich bei den Schweizern in einer kunstvoll aus Hölzern aufgeschichteten »Oase der Stille«.

Ob die von nah und fern Angereisten außer schönen Erinnerungsfotos auch Anstöße für ihre eigene Lebensgestaltung mit nach Hause nahmen, wie die Veranstalter hofften, wird die Zukunft zeigen. Die Generalkommissarin gibt sich zuversichtlich, ist überzeugt, dass »diese Ideen weiterleben ... mit Sicherheit in den weltweiten Projekten, die in allen Teilen der Welt lokale Antworten auf globale Herausforderungen geben«. Ein bleibendes Denkmal wie den Eiffelturm oder das Brüsseler Atomium hinterlässt diese Weltausstellung jedoch nicht.

Für Birgit Breuel, bei der seit 1995 auch als Beauftragte der Bundesregierung und seit 1997 als Geschäftsführerin alle Expo-Fäden zusammenliefen, war dieses Milliardenprojekt eine große berufliche Herausforderung. Über positives Echo freut sie sich, auf Kritik an ihrer zu optimistischen und erst spät berichtigten Kostenkalkulation antwortet sie kühl und entwaffnend: »Es war ein Fehler. Man muss seine Fehler auch offen zugeben, damit habe ich kein Problem. ... Öffentliche Prügel kriegt man so oder so.«

Treuhand: Ein undankbares Geschäft

Prügel hat die furchtlose Hanseatin reichlich bezogen, nachdem sie 1991 die Leitung der Treuhandanstalt in Berlin übernommen hat: von den Ostmedien, von »abgewickelten« Betriebsangehörigen, von allen, die »die Beerdigung der DDR-Volkswirtschaft« betrauerten und »Vollstrecker des Kapitals« am Werk sahen. Die 1990 gegründete Anstalt sollte die Privatisierung der ehemals staatseigenen Betriebe der DDR in die Wege leiten. Tausende von Objekten mussten verkauft, saniert oder stillgelegt werden. Da in den neuen Bundesländern vielerorts noch alte Seilschaften jede Veränderung blockierten, setzte die Bundesregierung Sanierer aus dem Westen ein, die oft nicht mit dem nötigen Fingerspitzengefühl und Einfühlungsvermögen vorgingen und vorhandenes Misstrauen noch verstärkten. Doch als Anfang April 1991 Terroristen der Rote-Armee-Fraktion den ersten Leiter der Treuhand, Detlev Karsten Rohwedder, in seinem Wohnhaus heimtückisch ermordeten, war das Entsetzen auch in den östlichen Bundesländern groß.

Wie sollte es nun weitergehen mit der ungeliebten, aber notwendigen Anstalt? Niemand drängte sich in das gefährliche Amt. Schließlich erklärte sich Birgit Breuel, Vorstandsmitglied der Treuhand, zur Übernahme bereit, als – wie Helmut Kohl es formulierte – »alle Männer kniffen«. Sie bezog ihre Dienststelle im ehemaligen NS-Luftfahrtministerium und musste feststellen, dass sie nicht nur von massiven Mauern aus Stein umgeben war, sondern auch von den oft zitierten »Mauern in den Köpfen«. Sie versuchte in vielen Einzelgesprächen und in Diskussionsrunden an die Menschen heranzukommen, aber es ist schwer, Vertrauen zu gewinnen, wenn es überwiegend Hiobsbotschaften zu verkünden gibt: Schließungen unrentabler Betriebe, Kündigungen, Machtlosigkeit bei der Verfolgung westlicher Abzocker, die Firmen günstig aufkauften, sie ausschlachteten, stilllegten und die Belegschaft ohne Skrupel in die Arbeitslosigkeit entließen. Für die Betroffenen sind Positivbeispiele gelungener Sanierung – etwa der Zeiss-Werke in Jena durch Lothar Späth – kein Trost.

Die dreieinhalb Jahre Treuhand waren ein hartes Brot für Birgit Breuel, auch wenn sie eine Reihe erfolgreicher Abschlüsse verbuchen konnte. Sie sagt rückblickend: »Aus dieser Zeit habe ich auch sehr quälende Gefühle. Ich mußte massiv in das Leben von vielen Menschen eingreifen. Es gab keinen besseren Weg, und trotzdem ist das menschlich unglaublich belastend gewesen, was ich da tun mußte.« Die Gespräche haben sie bis in die Träume verfolgt, aber sie ist trotz dieser bitteren Erfahrungen heute noch überzeugt, dass Privatisierung unter den gegebenen Umständen die beste Form der Sanierung war. Eine bessere Lösung hatten ihre Kritiker auch nicht anzubieten. Das Kapitel Treuhand schloss 1994 mit einem beachtlichen Schuldenloch. Daran konnte selbst die »Managerin des Jahres 1992« und Hanns-Martin-Schleyer-Preisträgerin als ausgewiesene Fachfrau nichts ändern.

Mit Bilanzen vertraut

Als junges Mädchen wäre es Birgit Breuel – damals noch Münchmeyer – nicht möglich gewesen, ins Bankhaus ihres Vaters einzutreten und dort Karriere zu machen. Für den Hamburger Privatbankier Alwin Münchmeyer war eine Frau an der Spitze seines Bankunternehmens undenkbar – er konnte sich nur einen Sohn als Nachfolger vorstellen. Tochter Birgit entschließt sich nach dem Abitur und einem Praktikum bei der Vereinsbank Hamburg zu einem Studium der politischen Wissenschaften und immatrikuliert sich an der Hamburger Universität. Zur Familientradition gehört es, sich Sprachkenntnisse nicht nur aus Lehrbüchern, sondern im praktischen Alltagsumgang anzueignen, so setzt sie ihr Studium in Oxford und Genf fort. Abgeschlossen hat sie es nie, denn inzwischen hat sie den sechs Jahre älteren Verlagskaufmann Ernst Jürgen Breuel kennen gelernt und – mit 21 – geheiratet.

Dr. Breuel ist Inhaber eines Verlages für bibliophile Bücher. Da liegt es nahe, dass sie, statt sich weiter mit Politikwissenschaft zu beschäftigen, die Prüfung als Einzelhandelskauffrau ablegt. Sie tritt jedoch nicht in seinen Verlag ein, sondern nimmt eine Stelle als Direktionsassistentin beim Hamburger Weltwirtschaftsarchiv an. Mit einem Job beim International Report in New York endet ihre Berufskarriere erst einmal: Sie bringt ihren ersten Sohn zur Welt. Obwohl sie eine passionierte Berufsfrau ist, sind weitere Kinder eingeplant, eine Familie mit nur einem Kind kann sie sich nicht vorstellen. Sie stammt selbst aus einer Fünfkinderfamilie und hat aus ihrem Elternhaus das – nicht immer konfliktfreie – Aufwachsen mit mehreren Geschwistern als positiv und bereichernd in Erinnerung. Vor allem die fröhliche, mit sanfter Autorität alles regelnde Mutter war es, die den Stil des Hauses prägte und sich trotz ihrer ehrenamtlichen und gesellschaftlichen Verpflichtungen immer Zeit für die Kinder nahm.

Diese selbstverständliche Geborgenheit möchte Birgit Breuel auch ihren Kindern vermitteln. Zum erstgeborenen Sohn Nikolaus kommen in kurzen Abständen noch zwei weitere Söhne, Christian und Philipp, hinzu. »In der Familie verschollen«, wie dies Elisabeth Albertsen in ihrem Buch *Das Dritte* beschreibt, fühlt sie sich deshalb noch lange nicht, obgleich auch sie mit drei kleinen Kindern trotz häuslicher Hilfe ziemlich ausgelastet ist.

Als der Älteste eingeschult wird, engagiert sie sich als Vertreterin der Elternschaft und ärgert sich von Jahr zu Jahr mehr über die Hamburger Schulverhältnisse. Lamentieren nützt nichts, das merkt sie bald, Veränderungen sind nur über eine andere Schulpolitik möglich. 1966 tritt sie deshalb in die oppositionelle CDU ein – und sitzt vier Jahre später, mit 32, als Abgeordnete in der Hamburger Bürgerschaft. Von da an ist die politische Karriere vorprogrammiert. In allen Parteien, nicht nur in der CDU, ebnet man jungen, engagierten Frauen den Weg nach oben, sie stehen für Aufgeschlossenheit und Reformwillen, nimmt sich doch der Frauenanteil in deutschen Parlamenten im internationalen Vergleich nicht besonders rühmlich aus.

Schon bald avanciert die Landespolitikerin zur CDU-Fraktionssprecherin für Wirtschaft. Der kühne Versuch, mit einem Direktmandat in den Bundestag einzuziehen, scheitert allerdings.

1978 wirbt der neue niedersächsische Ministerpräsident Ernst Albrecht die Hamburger Politikerin nach Hannover ab und macht sie zur Wirtschafts- und Verkehrsministerin. Noch nie hat es so etwas in der Bundesrepublik gegeben: eine Frau zuständig für das klassische Ressort Wirtschaft! Frauen billigt man – wenn überhaupt – Kompetenz nur in der Sozial- und Kulturpolitik zu. Auch der noch mit patriarchalen Vorstellungen groß gewordene Bankier Münchmeyer ist über die Ernennung seiner Tochter zur Wirtschaftsministerin verblüfft – und gleichzeitig stolz auf sein »Mädchen«. Dieses Mädchen gilt schon bald als »der einzige Mann im Kabinett Albrecht«.

Mit ihrem Mut zu unpopulären Maßnahmen macht sich die Ministerin nicht nur Freunde. Sie ist eine Verfechterin der sozialen Marktwirtschaft und sieht in der »staatlichen Subventionitis« einen Hemmschuh für die wirtschaftliche Entwicklung des Landes. Dass durch den Abbau von Subventionen kurzfristig Härten entstehen können, hält sie für weniger gravierend als eine auf Dauer am staatlichen Tropf hängende Wirtschaft. Ihre Beurteilung der Lage wird von den einen als politisch vernünftig und weitsichtig gewertet, während andere sie für unsozial halten und hart kritisieren. Birgit Breuel ist nicht darauf angewiesen, eine Wahl zu gewinnen, ihr ständen auch andere Möglichkeiten als das politische Geschäft offen. Das macht sie unabhängig von Mehrheitstrends und Umfrageergebnissen.

Als ihre Partei 1986 in Niedersachsen die absolute Mehrheit verliert und eine Kabinettsumbildung notwendig wird, will man auf die in Wirtschafts- und Finanzfragen beschlagene Politikerin nicht verzichten und überlässt ihr ein anderes »hartes« Ressort: das Finanzministerium. Sie gibt dazu in ihrer trockenen Art den knappen Kommentar: »Ich wurde Ministerin, weil ich eine Frau bin, und bin Ministerin geblieben, obwohl ich eine Frau bin.«

In diese Zeit als Finanzministerin fallen die erbitterten Auseinandersetzungen um das Atomzwischenlager in Gorleben. Niedersachsen findet sich durch den organisierten Widerstand von Atomgegnern und die massiven Polizeieinsätze plötzlich im Fokus auch der internationalen Presse. Die niedersächsische Ministerin führt 1988 auf Bundesebene Verhandlungen mit Finanzminister Stoltenberg und Umweltminister Töpfer. Es geht um die »politische Akzeptanz des Entsorgungsprojektes im Land und vor Ort«. Diese Auseinandersetzungen zwischen Gegnern und Befürwortern des Zwischenlagers Gorleben sind noch nicht beigelegt, als Gerhard Schröder 1990 die Niedersachsenwahl gewinnt. Nun muss sich eine rotgrüne Koalition mit den Entsorgungsproblemen im Wendland auseinander setzen. Birgit Breuel hat ein Problem weniger – und bürdet sich ein neues auf: die Treuhand.

Managerin auch im Ruhestand

Für ihre Verdienste als Ministerin wurde Birgit Breuel mit der Landesmedaille Niedersachsens ausgezeichnet. Ihrer Heimatstadt Hamburg hat sie, bedingt durch die beruflichen Tätigkeiten, für mehr als zwei Jahrzehnte den Rücken gekehrt: Erst die Studienzeit in Oxford und Genf, der Job in New York, dann das Engagement als Politikerin in Hannover und bei der Treuhand in Berlin, zuletzt das Abenteuer Expo – da könnte die Rückkehr ins vertraute Hamburger Heim verdientes Ausruhen und Nichtstun im Liegestuhl an der Sonne bedeuten.

Nicht für die Managerin und Ehrendoktorin Breuel. Natürlich genießt sie das gemütliche Frühstück mit ihrem

Mann und sturmerprobten Gefährten. Natürlich freut sie sich, endlich mehr Zeit für die beiden Enkel in Berlin zu haben und einspringen zu können, wenn einer krank ist. Natürlich kommt sie jetzt eher dazu, Fragen nachzugehen, die sie seit langem beschäftigen – etwa die Frage, wie man Menschen dazu bewegen kann, mehr Gemeinschaftsverantwortung zu übernehmen. Doch bei diesen Gedanken gerät sie nicht ins philosophische Grübeln, sie sucht nach praktischen Lösungen.

Wenn irgendwo ihre Hilfe gebraucht wird, packt sie zu. Als im Sommer 2002 die Flutkatastrophe über Sachsen hereinbrach, engagierte sie sich sofort im Kuratorium Fluthilfe, einer unter dem Vorsitz von Altbundespräsident Richard von Weizsäcker eingerichteten Schlichtungsstelle für übergangene Opfer, die nun aus einem »Nothilfetopf« entschädigt wurden. Diese Erfahrung hat ihr gezeigt, dass es bei den Deutschen doch eine Gemeinschaftsverantwortung gibt, wenn die Not groß ist. Die spontane Spendenbereitschaft überstieg die kühnsten Erwartungen – allerdings lässt sich diese Solidarität zu ihrem Bedauern nicht auf das normale Alltagsleben übertragen.

Verantwortung zu übernehmen auch für Projekte, die nicht dem eigenen Nutzen dienen, gehört zur hanseatischen Tradition und zum Pflichtbewusstsein ihres Vaters, dessen Haltung sie zur Richtschnur ihres eigenen Handelns gemacht hat. 1990, im Jahr ihres Ausstiegs aus der aktiven Politik, ist er gestorben. Ein weiterer schwerer Verlust lastet auf ihr und ihrer Familie: Ihr jüngster Sohn Philipp erlag noch während seines Kunststudiums einem tückischen Krebsleiden.

Nach außen bewahrt Birgit Breuel stets Haltung, ihre Gesichtszüge verraten kaum innere Bewegung. Das macht es Gesprächspartnern schwer, an sie heranzukommen. Doch Abstand wahren muss nicht Interesselosigkeit oder Gefühlsarmut bedeuten, Menschen, die ihr nahe stehen, kennen sie auch anders: gelöst und heiter. Ihr Privatleben schirmt sie vor der Öffentlichkeit und der Presse nach Möglichkeit ab. Ihr Name steht nicht im Telefonbuch, zur Familie lässt sie sich nur knappe Daten entlocken. Ehemann Ernst Jürgen: selbstständiger Verlagskaufmann, Sohn Nikolaus: Jurist, Sohn Christian: Betriebswirt.

Für sich selbst könnte sie allerdings als Beruf schlecht »Rentnerin« angeben, denn ihr nun von Berufszwängen befreites Leben gestaltet sie höchst aktiv. Als sie nach dem Ende der Expo in einem Interview gefragt wurde, was sie denn nun mit ihrer freien Zeit anfange, wies sie nicht auf ihre weiteren Tätigkeiten, zum Beispiel ihr Umweltengagement im Aufsichtsrat des WWF, hin, sondern antwortete ironisch: »Ich ziehe mich ins Privatleben zurück und werde Maiglöckchen züchten.« Hätte sie Ernst gemacht damit, wäre ihr Parkgarten über der Elbe längst von Maiglöckchen übersät, sie hätte eine Maiglöckchen GmbH gegründet und auf dem Wochenmarkt wären sicher Maiglöckchen der besonders üppig blühenden und widerstandsfähigen Sorte »Birgit« zu kaufen …

Tradition und Innovation im Römer

Petra Roth

*1944

Was kannst du gewinnen,
was du nicht wagst?
BETTINE VON ARNIM

Im Juni 1995 wurde Petra Roth von der Frankfurter Bevölkerung in Direktwahl zur Oberbürgermeisterin gewählt. Wann, seit Louise Schroeder 1947 in turbulenten Blockadetagen Berlins Amtsgeschäfte führte, hat je eine Frau an der Spitze einer deutschen Stadt dieser Größenordnung gestanden? Die gespannte Erwartung ging über Parteigrenzen hinaus: Wird sie sich halten können? Lassen sich altgewohnte Männerbastionen ungestraft erobern?

Sie traute sich das Wagnis zu, und das unterscheidet sie von den meisten ihrer Geschlechtsgenossinnen, die zögern, ›öffentliche Person‹ zu werden und sich damit ungeschützt der Kritik und den Medien auszusetzen. Petra Roth hat sich im Laufe ihrer politischen Karriere – zumindest äußerlich – Gelassenheit antrainiert, sie wirkt angelsächsisch zurückhaltend, hanseatisch nüchtern, auch in ihrer Kleidung bevorzugt sie dezente Eleganz. Ihr Privatleben hält die Politikerin nach Möglichkeit ›außen vor‹, es eignet sich auch nicht für Illustrierten-Schlagzeilen. Seit 1994 verwitwet, zwei Söhne, beide haben die juristische Laufbahn eingeschlagen. Das sind knappe Fakten und bei dieser Knappheit möchte sie es auch belassen.

Bereitwilliger gibt sie über ihren politischen Werdegang Auskunft. Auf mehr als ein halbes Jahrzehnt Amtszeit als Oberbürgermeisterin kann sie zurückblicken – und widerlegt damit Skeptiker, die Frauen die für diesen ›Knochenjob‹ nötige Nervenstärke nicht zutrauen. Doch auch anderswo rücken Frauen mehr und mehr in wichtige Ämter vor, auf regionaler, nationaler und internationaler Ebene. Die Praxis in Politik und Wirtschaft zeigt, dass sie sich in Spitzenpositionen nicht weniger bewähren als Männer, dass Sachverstand, Belastbarkeit und Entschlusskraft keine männlichen Privilegien sind.

Trotzdem gibt es, wenn man die Biographien männlicher und weiblicher Politiker vergleicht, auffällige Unterschiede. Während Männer – von Quereinsteigern abgesehen – ihre politische Karriere meist zielstrebig und geradlinig aufbauen, Politik als Laufbahn und Beruf sehen, kommen Frauen häufiger über ein Sachengagement zu politischem Handeln und werden dann von ihrer Umgebung für Parteiämter vorgeschlagen. Nicht so sehr die Karriere als Berufspolitikerin reizt sie, sondern eher die Chance, mit einem politischen Mandat ihre Anliegen und Vorstellungen leichter durchsetzen zu können denn als Privatperson.

Zur Politik »wie die Jungfrau zum Kind«

Ohne politische Ambitionen kam auch Petra Roth zur Politik – »wie die Jungfrau zum Kind«, sagt sie. Das war 1972. Als junge Mutter mit einem einjährigen Sohn wollte sie wieder, wenigstens teilweise, zurück in den Beruf. Aber wer betreute während ihrer Abwesenheit das Kind? Sie sah sich nach einem Hortplatz oder einer Kindertagesstätte um. Keine Chance.

Wenn Parteien es mit der Gleichberechtigung ernst meinen, müssen sie Frauen mit Kindern auch Hilfestellung geben bei der Wiedereingliederung ins Berufsleben, sagt sich die pragmatisch Denkende und macht sich daran, die örtlichen Politiker nach ihrem Engagement in dieser Sache unter die Lupe zu nehmen. Sie besucht Wahlveranstaltungen in ihrem Umkreis, bringt in Diskussionen ihr Problem, das nicht nur das ihre ist, zur Sprache – und findet die größte Resonanz und die Aufforderung zur Mitarbeit im Kreis der CDU. So tritt sie dieser Partei bei und engagiert sich ehrenamtlich im Sozialbereich, nicht nur für Kindergärten und nicht nur für die eigenen Kinder – ihr zweiter Sohn kam 1974 zur Welt.

Junge, tatkräftige Frauen sind in allen Parteien willkommen. Sie machen nicht selten Parteikarriere ohne die übliche ›Ochsentour‹. Es gibt in der Politik, im Gegensatz zur Wirtschaft oder zur Hochschule, durchaus einen Frauenbonus. Doch Petra Roth, die in Frauenquoten keine Dauerlösung sieht, sie aber für bestimmte Bereiche und absehbare Zeitspannen akzeptiert, hätte ihren Weg auch ohne Bonus gemacht. Die gelernte Arzthelferin, die soziale Probleme aus der Praxis kennt, bringt als Abgeordnete im Landeswohlfahrtsverband Hessen und als Vorsitzende der Frankfurter Frauenunion neue Impulse in die Parteiarbeit: Frauenförderung nicht nur als emanzipatorisches Schlagwort, sondern als Notwendigkeit in einer Gesellschaft, die es sich nicht leisten kann, Talente brachliegen zu lassen.

Aufstieg ohne Frauenbonus

1977 – der ältere Sohn ist bereits in der Schule, der jüngere im Kindergarten – wird Petra Roth in die Frankfurter Stadtverordnetenversammlung gewählt. Sie profiliert sich als Vorsitzende des Sportausschusses und als jugendpolitische Sprecherin der Fraktion. Die Arbeit an der Basis und in den Ausschüssen macht ihr Spaß – und zahlt sich für ihre Parteilaufbahn aus. In ihrem Wahlkreis Frankfurt-Ost wird sie drei Mal direkt in den Hessischen Landtag gewählt. Die Arbeit am Regierungssitz in Wiesbaden bedeutet zeitweilige Abwesenheit von der Familie, ein organisatorisches Problem, das sich in Übereinkunft mit Ehemann und Söhnen zufrieden stellend lösen lässt.

Neue Aufgaben kommen auf sie zu, in neue Themen muss sie sich einarbeiten: Wohnungswesen und Städteplanung, Sportförderung, Landespolitik. 1990 wird sie in den Landesvorstand der Partei gewählt, zwei Jahre später übernimmt sie den Kreisvorsitz in Frankfurt. Es ist das erste Mal, dass nun in einer großen deutschen Stadt eine Frau die CDU führt. Eine Frau, die keine Einheimische ist, die gar nicht erst versucht, das schwierige hessische Idiom zu sprechen, und die sich trotzdem in Frankfurt heimisch fühlt.

Petra Roth stammt aus Norddeutschland. Im Mai 1944, ein Jahr vor Kriegsende, wurde sie in Bremen geboren. In der alteingesessenen Kaufmannsfamilie gelten noch hanseatische Tugenden: Redlichkeit, Pflichtbewusstsein, Gutes tun, ohne darüber zu reden. Mit der Mittleren Reife geht sie vom neusprachlichen Gymnasium ab und wechselt zur Höheren Handelsschule über. In Freiburg im Breisgau absolviert sie eine Ausbildung als Arzthelferin und in London ein Sprachjahr. Mit 20 Jahren heiratet sie und zieht mit ihrem Mann nach Frankfurt am Main, ohne zu ahnen, dass sie in dieser Stadt später politische Weichen stellen wird.

Alltag im Römer

Der Aufstieg zum Stadtoberhaupt bringt neue, interessante Perspektiven und Kontakte, aber auch viel anstrengende Routinearbeit. Die Zeiten lockerer Spontanentscheidungen für ein Wochenende oder einen Zwischenurlaub sind endgültig vorbei, der Terminkalender beherrscht den Tagesablauf. Sorgfältig verwaltet die Sekretärin im Vorzimmer das knappe Kontingent an Zeit. Nicht einmal eine halbe Stunde kann die Oberbürgermeisterin in der Regel einzelnen Besuchern und Bittstellern widmen, sonst käme die ausgeklügelte Planung ins Wanken. Unangemeldete Besuche sind nicht möglich, auch die Telefonate laufen über das Vorzimmer. Gelegentlich bedauert Petra Roth dieses Terminkorsett, das den unmittelbaren Kontakt zu den Bürgern, den sie früher gern pflegte, erschwert.

Alles wirkt würdevoll in ihrem Amtssitz auf dem Römerberg. Der Römer, das Frankfurter Rathaus, besteht aus verwirrend ineinander verschachtelten Gebäuden, die 1944 zerstört und erst Anfang der Achtzigerjahre wieder sorgfältig rekonstruiert wurden, um etwas vom Flair des alten Messezentrums in die Zukunft zu retten. An dem mächtigen Eichentisch, dem Mittelpunkt des Amtszimmers, können auch größere Gruppen empfangen werden. Ein Kaffeegedeck steht bereit, das gibt den Gesprächen eine persönliche, geruhsame Note, obgleich die Uhr unerbittlich tickt und die nächsten Besucher schon im Vorzimmer warten.

Die Termindichte und die Verschiedenartigkeit der Besucherwünsche verlangen von der Oberbürgermeisterin ein hohes Maß an Flexibilität und Konzentration, niemand soll das Gefühl haben, routinemäßig abgefertigt zu werden. Dazwischen Ausschuss- und Ratssitzungen, interne Besprechungen, Erledigen der Korrespondenz. Außentermine bringen ein paar Schritte an der frischen Luft, aber kaum Erholung, werden sie doch häufig von Journalisten mit gezücktem Notizblock und gezückter Kamera begleitet. Immer schlagfertig antworten, entspannt lächeln. Am nächsten Tag die Bilder in der Zeitung: Die Oberbürgermeisterin, einen Rollstuhl schiebend, beim Besuch im Altenheim. Mit Amtskette und sorgfältigem Make-up beim Empfang eines ausländischen Staatsmannes. Zu Goethes Geburtstag locker beim Literarischen Bankett mit Sir Peter Ustinov …

Nicht immer sind die Medienberichte wohlwollend, vor allem, wenn es um kulturelle oder denkmalpflegerische Belange geht. Ob das Wegstecken unsachlicher Kritik oder auch das Eingestehen eigener Fehler einer Frau im politischen Geschäft leichter fällt als einem Mann, weil sie ihren Lebensinhalt weniger ausschließlich über Beruf und Amt definiert?

Ansprachen und Grußworte zu offiziellen Anlässen und Ehrungen gehören zum Pflichtpensum eines Stadtoberhauptes und gehen nicht immer problemlos über die Bühne. Petra Roth erinnert an die Krawalle bei der Verleihung des Goethe-Preises an Ernst Jünger oder an die hitzigen Diskussionen um die Rede des ersten Adorno-Preisträgers Jürgen Habermas im Jahre 1980. Plötzlich kann eine Veranstaltung zum Politikum werden, wie es die Verleihung des Friedenspreises des Deutschen Buchhandels an Martin Walser zeigt. Die Rede des Preisträgers und die darauf folgende Reaktion des Vorsitzenden des Zentralrates der deutschen Juden, Ignatz Bubis, spalteten die Deutschen in zwei Gesinnungslager.

Immer war die Frankfurter Paulskirche Ausgangspunkt der Auseinandersetzungen. Hier, schreibt Petra Roth, prallten Meinungen und Gesellschaftsentwürfe aufeinander: »Das freie Wort entfaltet seine unvorhersehbare Wirkung.« Ein Ort der Harmonie sei die Paulskirche selten gewesen, »aber letztlich mussten diese Debatten sein, weil wir unserer Geschichte nicht ausweichen können und dürfen«.

Petra Roth hat vorgeschlagen, zum Gedenken an Ignatz Bubis, diesen Frankfurter, der sich immer als deutscher Staatsbürger jüdischen Glaubens gefühlt hat und für Verständigung, Toleranz und Integration eingetreten ist, einen

Ignatz-Bubis-Preis zu stiften. Die Stadt Frankfurt gilt, obwohl sie nicht aus dem Vollen schöpfen kann, als stiftungsfreudige Kommune und die Oberbürgermeisterin bemüht sich um Kultursponsering nach amerikanischem Muster: Sie versucht, in Frankfurt ansässige finanzstarke Firmen, Banken und Versicherungen in Kulturprojekte einzubinden. Die Stadt vergibt eine Reihe renommierter Kulturpreise, allerdings erinnern sie alle, bis auf den Toni-Sender-Preis, an bedeutende Männer, die in Frankfurt gewirkt haben. Und wo bleiben die Ehrungen für Frauen?, fragen frauenpolitisch engagierte Kreise. Sie wollen weibliche Leistung in der Geschichte der Stadt stärker berücksichtigt sehen.

Auch Frauen haben Geschichte geschrieben

Dörthe Jung weist in der von der Hessischen Landeszentrale herausgegebenen *FrauenStadtGeschichte* auf die Schwierigkeiten hin, die Frauen von jeher hatten, sich in der Gesellschaft zu profilieren: »Öffentliche Frau zu sein, darauf wurden die wenigsten Frauen … in ihrer Sozialisation vorbereitet.« Auch Petra Roth nicht. Aber sie hat sich die politische Kompetenz allmählich erarbeitet. Heutigen jungen Frauen möchte sie den Start erleichtern. Die Hürden liegen gegenwärtig weniger in der Missachtung weiblicher Leistung als in den unbefriedigenden Rahmenbedingungen: Mehrfachbelastung durch Haushalt, Kinder und Beruf, weniger Qualifikations- und Aufstiegsmöglichkeiten und geringere Chancen auf dem Arbeitsmarkt. Mit mehr Flexibilität und Fantasie in der Lebensgestaltung ließen sich einige Schwierigkeiten abmindern. Dies setzt jedoch Selbstvertrauen in die eigene Leistung voraus.

Auch Rückbesinnung auf das, was Frauen vergangener Zeiten geschaffen haben. Agnes Bucaille-Euler beklagt in der *FrauenStadtGeschichte* den »eindimensionalen Blick« auf Männerleistung und das »vollständige Fehlen systematischer frauenhistorischer Forschung zur Frankfurter Stadtgeschichte«. Zum Beweis führt sie die marginale Auflistung von Frauenleistung in stadtgeschichtlichen Werken und Biographien an. Dem verdienstvollen, von der Stadt verliehenen Toni-Sender-Preis, der an die in der Emigration verstorbene Frankfurter Politikerin erinnert, stehen sieben höher dotierte Preise gegenüber, die männliche Leistungen würdigen.

Dabei böte die Frankfurter Geschichte genügend Beispiele für soziales und politisches Frauenengagement, das in Erinnerung gerufen werden sollte. Meta Quarck-Hammerschlag etwa, die erste weibliche Stadträtin, die ihr Amt bis 1933 innehatte. Oder die nach Paris und New York emigrierte jüdische Fotografin Ilse Bing, deren Fotoessays über Frankfurt 1929 neue künstlerische Möglichkeiten aufzeigten. Oder Henriette Fürth, die sich um den Mutterschutz verdient gemacht hat und 1918 auf der ersten Frauenversammlung in der Paulskirche über das »dem größeren Teil der Bevölkerung« endlich gewährte Wahlrecht sprach.

Frankfurter Frauen haben sich schon an den Freischärlerzügen und der 1848er Revolution aktiv beteiligt. Sie erkämpften sich den Zutritt zur Nationalversammlung in der Paulskirche wenigstens als Zuschauerinnen und nahmen von der stets voll besetzten Damengalerie aus lebhaft Anteil am politischen Geschehen. »Bei einer lebendigen Verhandlung, einem entschiedenen Auftreten, nimmt das Klatschen, das Wehen mit den Tüchern, das Zuwerfen von Blumen und Kußhändchen oder die Übersendung von Buketts oft gar kein Ende«, schreibt der Abgeordnete und Freiheitskämpfer Robert Blum.

Wie kann Frauengeschichte vergangener Tage für unsere Zeit sichtbar und begreifbar gemacht werden? Weibliche

Leistungen sollten, fordern die Autorinnen der *Frauen StadtGeschichte*, stärker herausgestellt und honoriert werden. Warum gibt es keine Cornelia-Goethe-Straße und keinen Maria-Sibylla-Merian-Platz?, fragen die Frauenrechtlerinnen – die Reihe der denkwürdigen Frauen ließe sich ohne Mühe ergänzen, etwa durch ›verschollene‹ Wissenschaftlerinnen wie die Mathematikerin Ruth Moufang. Bei der Verleihung der Goethe-Plakette an die über 80-jährige Schriftstellerin und KZ-Überlebende Anja Lundholm sagte Petra Roth, die Auszeichnung für diese »außergewöhnliche Persönlichkeit, die seit 45 Jahren in unserer Stadt lebt«, komme sehr spät. – Besser spät als nie, aber früher wäre noch besser.

Zwischen Paulskirche und Messeturm

Von ihrem Amtssitz auf dem Römerberg aus hat Petra Roth sowohl die Paulskirche als auch die für Frankfurt so charakteristische Hochhauskulisse im Blick. Die Symbole für Tradition und Fortschritt vereint in einem Fensterausschnitt. Die nach den Kriegszerstörungen rekonstruierte Paulskirche steht für die geschichtsträchtige Vergangenheit dieser Stadt, die nie Residenz oder Bischofssitz war und deshalb auch nicht mit prunkvollen historischen Bauten aufwarten kann. Trotzdem gibt es Superlative zu verzeichnen: Zu 32 Königswahlen kamen die Kurfürsten im Laufe der Zeiten hier zusammen und im Dom fanden mit großer Prachtentfaltung zehn Kaiserkrönungen statt.

Die Superlative setzen sich in der Gegenwart fort, nicht so sehr an Personen, sondern an Gebäuden und Institutionen festgemacht: 400 Banken, größter Flughafen des europäischen Festlands, größte und bedeutendste Buchmesse der Welt, Sitz der Europäischen Zentralbank, Drehkreuz der internationalen Telekommunikation ... Die Wolkenkratzer überbieten sich in Höhenrekorden: Messeturm 256 Meter, Commerzbank 299 Meter und die europäische Zentralbank plant ebenfalls ein markantes, ästhetisch anspruchsvolles Hochhaus. Der Hochhausentwicklungsplan sieht insgesamt 15 neue Riesengebäude vor. »Um unsere Anziehungskraft als Standort international zu steigern, müssen wir in Frankfurt neue Wege gehen«, sagt die Oberbürgermeisterin. Wachstum, Modernisierung, Globalisierung sind die Stichworte.

Und wo bleiben die Menschen?, fragen besorgte Bürger, die bei diesem Innovationstempo nicht mitkommen. Und wo bleibt die Kultur?, fragen sich die nicht mehr ganz zeitgemäßen Liebhaber des Schöngeistigen. »Hochmut oder Mut zur Höhe?« ist ein Leitartikel in der Zeitschrift der Deutschen Stiftung Denkmalschutz überschrieben. Petra Roth, die wiederholt zur Präsidentin des Deutschen Städtetages gewählt wurde, hat den Blick fest in die Zukunft gerichtet: Internationalität erfordert auch Anpassung an internationale Normen, an einen 24-Stunden-Arbeitsrhythmus, an neue urbane Wohnformen, wie sie sich im Hochhauszentrum ›Eurotheum‹ entwickeln sollen. Auf dem Gelände des alten Güterbahnhofs ist eine Freizeitmeile geplant, die den Bürgern Erholung und Entspannung und auch kulturelle Angebote verheißt. Menschlichkeit und Kultur sollen nicht auf der Strecke bleiben bei diesem Wettlauf um Innovationen. »Ich möchte diese Stadt in eine gute Zukunft führen«, sagt die Wahlfrankfurterin und man nimmt ihr dieses Wunschziel ab, auch wenn die Vorstellungen dessen, was eine gute Zukunft sein könnte, wohl sehr weit auseinander klaffen.

Madame de Staël hatte Frankfurt einst »eine Stadt ohne geistigen Quellwert« genannt – da würde ihr in einem Disput über die Jahrhunderte Petra Roth heftig widersprechen und auf all die geistigen Anregungen und Kontakte hinweisen, die ihre Stadt Einheimischen und Besuchern aus aller Welt bietet. »Ihre« Stadt, würde sie betonen, denn sie fühlt sich nach dreieinhalb Jahrzehnten in Frankfurt fest verwurzelt, und sie könnte mit Marie Luise Kaschnitz sagen: »Meine Stadt / Nicht Vaters nicht Mutters / Nur meine«.

Bei allem Zukunftsoptimismus kommt ihr die Vergangenheit nicht aus dem Blick. Sie weiß sehr wohl, welch wertvolles ›Kulturgut‹ die Stadt mit dem Goetheerbe besitzt, auch wenn Goethe selbst dieses Frankfurt nicht besonders schätzte, in dem »ein gewisser Komplex aus Handel, Kapitalvermögen, Haus- und Grundbesitz, aus Wissen- und Sammlerlust zusammengeflochten schien«.

Die Politikerin ist sich auch der historischen Bedeutung der Paulskirche – nicht nur für Frankfurt – bewusst: »Wo sonst sind Politiker einem für Deutschland, ja für Europa so zentralen Ereignis wie der – gescheiterten beziehungsweise unvollendeten – Revolution von 1848 so nahe? … ›Einigkeit und Freiheit‹ der Deutschen, das waren nicht nur Schlagworte im parlamentarischen Disput, sie wirkten als Fanal, mobilisierten Hoffnungen, den europäischen Gesellschaften eine zukunftsweisende Wende geben zu können.«

Eine zukunftsweisende Wende wäre auch heute vonnöten. Die Skeptiker, die an eine vernünftige Steuerung des Fortschritts und an den Versuch einer menschenfreundlichen Zukunftsgestaltung nicht mehr glauben, werden auch dem Diskurs mit Politikern misstrauen. Doch Petra Roth bleibt optimistisch. Sie ist überzeugt, dass die Frankfurter Paulskirche weiterhin »Symbol und Ort der Auseinandersetzungen über die großen Fragen der Geschichte, Gegenwart und Zukunft« sein wird.

Das Weib schweige *nicht* in der Gemeinde

Maria Jepsen

*1945

Es steht den Weibern übel an,
in der Gemeinde zu reden.
I. KORINTHER 14, 35

Im Sommer 1992 geht ein ungewöhnliches Foto durch die in- und ausländische Presse: eine jüngere, entschlossen in die Kamera blickende Frau in schwarzem Ornat und weißer Halskrause, Stola und großes Brustkreuz umgehängt, die Arme zum Segen ausgebreitet. Bildunterschrift: »Erste lutherische Bischöfin der Welt«.

Für die Gläubigen ist dies eine Sensation – ein verstörender Bruch mit vertrauten Traditionen für die einen, Aufbruchshoffnung für die anderen, vor allem für die Frauen, die die Mehrheit des Kirchenvolkes bilden. Das Experiment, auf das sich die Synode der Nordelbischen Evangelisch-Lutherischen Kirche mit der Wahl einer Frau zur Bischöfin eingelassen hat, wird in kirchlichen Kreisen aufmerksam verfolgt: Ob sich die 47-jährige Maria Jepsen in der Männerphalanx der Bischöfe wohl durchsetzen kann? Eine Frage, die immer dann gestellt wird, wenn Frauen in männliche Machtgehege einbrechen.

Maria Jepsen ist dieses verantwortungsvolle Amt nicht als Alibifrau zugefallen, sie hat sich in der kirchlichen Hierarchie redlich und mit großem Engagement hochgedient: als Vikarin in einer Gemeinde am Stadtrand von Hamburg, als Gemeindepastorin in Meldorf und Leck, als Pröpstin im Kirchenkreis Hamburg-Harburg und als Mitglied der

Synode der EKD (Evangelische Kirche in Deutschland). Von der Forderung des 1. Timotheusbriefes (2, 12) lässt sie sich nicht entmutigen: »Einem Weibe aber gestatte ich nicht, dass sie lehre, auch nicht, dass sie des Mannes Herr sei, sondern stille sei.« Die frisch gekürte Bischöfin ist alles andere als still, sie nimmt lebhaft und öffentlich Stellung zu Fragen der Zeit, fasst heiße Eisen an, verbrennt sich die Finger, mischt sich ein, wo sie es für nötig hält. Dass viele Frauen ihre Hoffnung in sie setzen, sieht sie als Verpflichtung, sich für ihre Geschlechtsgenossinnen innerhalb und außerhalb der Kirche besonders zu engagieren.

Gleichberechtigung auch in der Kirche

Frauen waren, wurzelnd in biblischer Tradition, seit jeher das »Fußvolk« der Kirche, treu im Glauben, im Besuch der Gottesdienste und unentbehrlich als Hilfskräfte – stets übergangen jedoch bei verantwortungsvollen Führungsämtern. Augustinus und Thomas von Aquin sahen die Frau grundsätzlich als mit Mängeln behaftetes Wesen und als gefährliche »Einfallspforte des Teufels«. Sie eher als Hexen zu verbrennen, als ihnen Macht in der Kirche zuzubilligen, lag auf der Hand. Erst zu Beginn des 17. Jahrhunderts traten der Jesuit Friedrich von Spee und der protestantische Aufklärer Christian Thomasius öffentlich gegen diese Wahnideen und Diskriminierungen auf.

Doch in der Vorstellung des Volkes und auch im Kirchenrecht blieb die Unterwerfung der Frau unter den Willen des Mannes weiterhin eine Selbstverständlichkeit. Die Frauenemanzipation sei von den Kirchen eher gehemmt als gefördert worden – in der katholischen Kirche, die eine Frauenordination nach wie vor ablehnt, weit stärker als in der evangelischen, stellt der katholische Theologe Hans Küng fest. Aber Küng schließt sein Buch *Die Frau im*

Christentum mit der Ermunterung: »Nicht aufgeben! Kirche lebt von unten. Und die da oben werden früher oder später den Kampf gegen die Gleichberechtigung der Frau ebenso verlieren wie den gegen die Hexen oder den gegen Demokratie und Menschenrechte. Dafür sorgen die Frauen schon selber.«

Bischöfin Jepsen sieht sich als Wegbereiterin dieser Gleichberechtigung. Ihr Wunsch nach Mitschwestern im Bischofsamt ist schon wenige Wochen nach ihrer Wahl in Erfüllung gegangen: in den USA und in Norwegen, 1999 dann in Deutschland. In Hannover hat sich Margot Käßmann als Landesbischöfin profiliert, in Lübeck Bärbel Wartenberg-Potter. Doch das genügt der Hamburgerin nicht. »Wir müssen noch immer eine Quote für leitende Ämter im Kopf haben, und ich erwarte schon, dass in anderen Gliedkirchen der EKD bald nachgezogen wird«, sagt sie und weiß doch, wie schwierig es für Frauen mit Familie und Kindern ist, ein leitendes Kirchenamt mit all den daran hängenden Verpflichtungen zu übernehmen. Sie selbst ist kinderlos, das erleichtert ein Vollzeitengagement, muss aber nicht die Regel sein – Bischöfin Käßmann ist Mutter von vier Töchtern.

Die Bischöfinnen können bei ihrer Arbeit am »Sanierungsfall Frau« auf das Werk zweier Vordenkerinnen feministischer Theologie zurückgreifen: die katholische Theologin Elisabeth Gössmann, die sich auf Hildegard von Bingen und Franz von Assisi beruft, und ihre evangelische Kollegin Elisabeth Moltmann-Wendel, deren 1974 erschienenes Buch *Menschenrechte für die Frau* wegweisend für eine das ganze Sein umfassende weibliche Theologie wurde. Beide Frauen zeichnet nüchterne Besonnenheit aus, frei von aggressiver Polemik oder mystisch verklärter Gefühlsseligkeit.

Um diese nüchterne Besonnenheit bemüht sich auch Maria Jepsen, wenngleich ihr beim Lesen hämisch-ironischer Presseberichte Gleichmut schwer fällt, etwa wenn das Magazin *Focus* (42/00) unter dem Titel »Göttin, Mutter unser?« ihr und ihrer Amtsschwester Käßmann feministischen Muttergöttinnenkult unterstellt und durch die Zuwahl der Lübecker Bischöfin »die feministische Machtübernahme in der nördlichsten deutschen Landeskirche in greifbare Nähe« gerückt sieht.

Maria Jepsen ist keine Radikalfeministin, aber sie möchte weibliche Werte in die »intellektualisierte und vermännlichte Kirche« einbringen. Dass Frauen, entsprechend dieser männlichen Sichtweise, in der Kirchengeschichte kaum erwähnt werden oder nur eine untergeordnete Rolle spielen, ist ihr ein Ärgernis. In ihren Predigten kommt sie deshalb immer wieder auf Frauengestalten der Bibel zu sprechen, die als Leitbilder neu entdeckt werden müssten: Auf Rebekka zum Beispiel, die sich über herrschende Gepflogenheiten und Verordnungen mutig hinwegsetzte und der Stimme des Herzens und der Verheißung Gottes vertraute. Oder auf die Jüngerinnen am Grab, unter ihnen Maria von Magdala, die den Tod ihres Meisters betrauerten und den Verkündigungsauftrag erhielten. Dieses vom Evangelisten Lukas aufgezeichnete Ereignis sieht Bischöfin Jepsen als Schlüsselstelle – als Beweis dafür, dass Frauen berechtigt sind, das Amt der Verkündigung auszuüben.

In einer Predigt zum Welt-Aids-Tag geht sie auf vier andere Frauen der Bibel ein – Frauen, die aus der Gesellschaft herausgefallen sind und um ihre Rechte zu kämpfen hatten: Batseba und Rut und die Prostituierten Tamar und Rahab. Die Predigt schlägt den Bogen zum heutigen Hamburg, zu den Prostituierten auf St. Pauli und St. Georg und ihrer Gefährdung durch Aids und sie erinnert an die christliche Verpflichtung, sich derer anzunehmen, die – nach Luther – »am Ersaufen« sind. Kein erbauliches Thema für eine Sonntagspredigt, vielmehr eine Herausforderung, der sich die Kirchen in besonderer Weise zu stellen haben, »um Jesu willen, der den Weg nicht um die Elenden herum suchte, sondern direkt zu ihnen ging …« Die Predigt handelt auch von sexuellem Missbrauch und von Frauen, die sich stets selbst zurücknehmen, sich anderen anpassen, zur Verfügung stellen: »Frauen lernten es eher, zu schlucken als aufzumucken. Und wenn sie deutlich beim Namen nannten, was sie quälte, was sie bedrängte, dann hieß es, heißt es sehr schnell: Das hast du zu tragen – oder: Darüber spricht man nicht.«

Maria Jepsen spricht darüber. Sie ist überzeugt, dass Empathie, das Sich-Einlassen auf andere Menschen, Frauen besonders liegt und dass ihnen daher auch in der Seelsorge mehr Entfaltungsmöglichkeiten geboten werden müssten. Sie hofft, dass Frauen ermutigt werden, sich stärker ins kirchliche und gesellschaftliche Leben einzubringen, um strukturelle und inhaltliche Veränderungen zu bewirken.

Natürlich weiß sie, wie schwer es Männern fällt, »Stühle zu räumen, auf denen sie jahrhundertelang saßen«. Sie macht sich keine Illusionen: 20 Jahre brauchten Hamburgs Kirchen für den ersten kleinen Schritt in Richtung Gleichberechtigung. Von 1969 an durften auch Frauen Pfarrstellen besetzen – aber nur, wenn gleichzeitig ein Mann als Pastor in der Gemeinde tätig war. Und noch einmal mehr als 20 Jahre dauerte es, bis Frauen auch kirchliche Führungsämter anvertraut wurden. Doch Jepsens Fazit klingt optimistisch und selbstbewusst: »100 Tage Schonfrist gewährt man einem Politiker, wenn er neu im Amt ist, als Bonuszeit. Nach fast 2000 Jahren Alleinherrschaft der Männer in der Kirche wären 100 Jahre Schonfrist für die Frauen wohl angemessen. Die brauchen wir aber gar nicht, wir verzichten darauf, stark genug, im Vertrauen, daß Gott uns geschaffen hat zu gemeinsamer Verantwortung für seine Schöpfung, Frauen und Männer, mit oder ohne Amt.«

Ihre Zuversicht zahlt sich aus: Im April 2002 wird Maria Jepsen nach zehnjähriger Amtszeit von der Synode der Nordelbischen Kirche für eine weitere Dekade wiedergewählt.

Ökumene schließt auch Juden ein

Hamburg soll die größte Zahl von Religionsgemeinschaften auf der ganzen Welt haben: Allein die Arbeitsgemeinschaft Christlicher Kirchen umfasst beinahe 50 verschiedene Gruppierungen. Besonders eng ist die Verbindung der evangelischen Kirche, der 40 Prozent der Bevölkerung Hamburgs angehören, zu den Katholiken, die mit 13 Prozent in der Stadt vertreten sind. Im Rahmen einer ökumenischen Vesper in der St.-Petri-Kirche stand Bischöfin Jepsen sogar neben Kurienkardinal Ratzinger, der »grauen Eminenz« der katholischen Kirche, am Altar.

Zur biblischen Ökumene gehören nach dem Verständnis der lutherischen Bischöfin aber nicht nur die christlichen Kirchen, sondern auch die jüdischen Gemeinden. Eine Teilnahme an der Chanukka-Feier empfindet sie als beglückendes Erlebnis, als Versöhnungsangebot, als Neuanfang. Sie ist eine Verfechterin des Hebräischen und bedauert, dass ihre Sprachkenntnisse nicht ausreichen, ohne Mühe den Talmud zu lesen. Doch nicht nur mit den jüdischen Quellen, auch mit der jüdischen Gegenwart beschäftigt sie sich: »Wenn wir als Christen glaubwürdig sein wollen, können wir das heutige Israel nicht außer acht lassen, allein lassen ... Wir haben den einen Gott, wir haben den einen Teil ›Hebräische Bibel‹, und dann sind wir verschiedene Wege gegangen, aber mit demselben Gott und unter seinem Segen.«

Sie wünscht den Christen die Energie und Ausdauer eines Schalom Ben-Chorin im Bemühen um gegenseitiges Verständnis und stellt mit Bedauern fest, »dass diese biblische Ökumene, dass das christlich-jüdische Gespräch immer noch keine Lebensfrage für uns geworden ist«. In einer Rede zur Woche der Brüderlichkeit im Hamburger Thalia-Theater zieht sie gegen Dogmatismus, Absolutheitsanspruch und Arroganz zu Felde: »Statt uns, statt das Christentum aufzubrechen und statt selber zu Hörenden zu werden, zu Fragenden auch, bleiben wir die, die es doch schon immer besser wissen ...«

Da die Hamburger Gemeinden auch palästinensische Partnerkirchen haben, kommen zu den religiösen Unterschieden politische Auseinandersetzungen hinzu. Abbau des Feinddenkens und das Bemühen um Verständigung zwischen den verhärteten Fronten sind deshalb Bischöfin Jepsens besonderes Anliegen – und das nicht nur verbal: Sie beteiligt sich auch an Demonstrationen gegen Gewalt und Fremdenfeindlichkeit und für den Frieden, wo immer in der Welt er bedroht ist. Zu den Friedensgebeten und Friedensgottesdiensten in St. Petri finden sich Juden und auch Moslems ein – ein kleiner Hoffnungsschimmer. Maria Jepsen hat bei ihrer Israelreise nicht nur jüdische Gemeinden, sondern ebenso das palästinensische Beit Jala besucht, eine Geste der Verbundenheit, wo Vermitteln schwierig ist. Sie engagiert sich auch für die Abrahams-Herberge in Beit Jala, in der Christen, Juden und Muslime aus Israel und Palästina einen Ort des Miteinanders finden sollen.

Einsatz für Randgruppen

Manche Gläubige vermissen bei der Hamburger Bischöfin ein deutlicheres Engagement für Ehe und Familie. Diese

Institutionen hält Maria Jepsen für immer noch so gefestigt und von der Gesellschaft getragen, dass sie sich mehr den Randgruppen zuwenden möchte, die in der Öffentlichkeit keine starke Lobby besitzen – den Alleinerziehenden und Patchworkfamilien, den Homosexuellen und Junkies, den Obdachlosen und Asylanten, die alle unter sozialer Kälte besonders leiden. Für Drogenabhängige wünscht sie sich bessere Ausstiegschancen, mehr Entzugshilfen und Betreuung. »Hamburg ist nun mal eine Hochburg für Drogen«, stellt sie nüchtern fest und sieht darin auch ein Problem der Gesellschaft: Warum geraten so viele Jugendliche an Drogen? Vermitteln wir ihnen zu wenig Werte? Muss die Kirche nicht mehr tun, als sich nur mit Worten einzumischen? Trotz Beratungsstellen, Elternhilfe und Therapiestätten hält sie die Fürsorgebemühungen nicht für ausreichend und fordert gerade von den Kirchen eine »Kultur der Barmherzigkeit«.

Ihr Einsatz für die Anerkennung eheähnlicher Partnerschaften und gleichgeschlechtlicher Lebensgemeinschaften, denen sie den kirchlichen Segen nicht verweigern möchte, brachte Unruhe in die Nordelbische Kirche. Während die Synode eine Segnung homosexueller und heterosexueller Paare ohne Trauschein ermöglichen wollte, legte das Bischofskollegium sein Veto dagegen ein. Bischöfin Jepsen jedoch konnte in dem Beschluss der Synode »nichts Bekenntniswidriges sehen«. Hier steht Standpunkt gegen Standpunkt – nur eines der heißen Eisen, die Maria Jepsen mutig oder mutwillig aus dem Feuer holen will.

Viele Christen fühlen sich verunsichert, vermissen klare und eindeutige Normen der Kirche. Wie weit darf Toleranz gehen, etwa im Umgang mit anderen Lebensformen, ohne die eigene Substanz zu gefährden? Ängste, auch letzte sichere Verortungen zu verlieren, kommen hoch. Für Bischöfin Jepsen steht fest, dass wir anders Lebenden nicht von oben her Anweisungen aufdrängen dürfen, dass wir aber sehr wohl die Pflicht haben, »zu mahnen und zu warnen, wenn wir in Sorge umeinander sind«. Mit dieser Haltung schlägt sie keine Türen zu und bleibt offen für Gespräche nach der einen und der anderen Seite. Gespräche, auch kontroverse, zu ermöglichen, Annäherungen zu suchen, ohne die eigene Überzeugung verleugnen zu müssen, darum geht es ihr, sei es in der Ökumene, in politischen Diskussionen oder bei Auseinandersetzungen mit einzelnen Gruppen der Gesellschaft.

80-Stunden-Woche – und was sonst?

Immer ein offenes Ohr haben für die Nöte der anderen – wie schafft man das bei einer 80-Stunden-Arbeitswoche? Maria Jepsen muss sich die Zeit sehr sorgsam einteilen, um wenigstens hie und da eine freie Stunde herauszuschlagen für sich selbst oder für gemeinsame Unternehmungen mit ihrem Mann. Er hält ihr den Rücken frei für ihre berufliche Arbeit. Die beiden sind ein eingespieltes Team: Nach ihrer Wahl zur Pröpstin, 1991, ließ er sich aus dem Pfarrdienst beurlauben und führt seither den Haushalt – ein noch immer viel zu selten praktiziertes Modell der Arbeitsteilung, meist ebnet die Frau dem Mann den beruflichen Weg.

Befreit von allen häuslichen Arbeiten kann sich die Bischöfin ganz ihren Amtspflichten widmen – wobei diese Pflichten zum größeren Teil auch ihren persönlichen Neigungen entsprechen, sodass sie keine Trennlinie ziehen möchte zwischen Berufs- und Privatleben. Die hohe Arbeitsbelastung wird gemildert durch eine flexible Zeitgestaltung – ein Privileg, das sie zu schätzen weiß, wie auch den kreativen Gestaltungsraum, den ihr das Amt bietet. Nicht Macht an sich reizt sie, sondern die Macht, etwas verändern zu können. Das hat sie dazu bewogen, im Ausschuss der EKD-Synode für Diakonie, Mission und Ökumene und im Vorstand der Arbeitsgemeinschaft Christlicher Kirchen auf Bundesebene mitzuarbeiten und den Vorsitz der Nordelbischen Kirchenleitung wie des Evangelischen Missionswerks in Deutschland zu übernehmen. Sie hat auch das interreligiöse Forum Hamburg initiiert. Als Bischöfin ist sie Vorgesetzte von weit über 400 Pastoren und Pastorinnen in mehr als 200 Kirchengemeinden – ein gut organisiertes Netzwerk, das neben seelsorgerischen Aufgaben auch Sozial- und Bildungsarbeit umfasst.

Nie hätte sie sich in ein so verantwortungsvolles Amt hineingeträumt – eigentlich wollte sie Lehrerin werden. Maria Jepsens beruflicher Weg führt dennoch kontinuierlich und geradlinig nach oben, ohne Verwerfungen, Abweichungen, Ausbrüche. Keine Exkurse in fremde Lebensbereiche und ferne Länder, keine Tiefpunkte und utopischen Höhenflüge, alles überschaubar, beinahe berechenbar – und trotzdem nicht langweilig.

Ihre Jugend in Bad Segeberg hat sie, die im Januar 1945 kurz vor Kriegsende geboren ist, als harmonisch in Erinnerung, obwohl sich die Eltern trennten, als sie sechs Jahre alt war. Sie bleibt mit ihren drei älteren Geschwistern bei der Mutter, die wie ihr Vater, der Zahnarzt Dr. Hans-Jürgen Bregas, promoviert hat und den Kindern gute Bildungsvoraussetzungen mit auf den Weg geben kann. Die Tochter studiert nach dem Abitur am neusprachlichen Gymnasium von Bad Segeberg in Tübingen und Kiel Altphilologie und Theologie fürs Lehramt, wechselt aber nach fünf Semestern ganz zur Theologischen Fakultät über.

Nach dem Ersten Theologischen Examen in Kiel ist sie als Vikarin tätig, heiratet während dieser Zeit ihren Amtskollegen, den Vikar Peter Jepsen, legt ihr Zweites Theologisches Examen ab und geht mit ihrem Mann als Gemeindepastorin in die norddeutsche Provinz. Diese Zeit der kollegialen Zusammenarbeit endet 1991 mit ihrer Wahl zur Pröpstin in Hamburg-Harburg und ihrer Berufung in die EKD-Synode. Da diese Ämter ihren vollen Einsatz fordern, besorgt ihr Mann nun die häuslichen Geschäfte allein und steht ihr als Berater und Stütze zur Seite.

Die Wahl zur Bischöfin im Jahre 1992 als Nachfolgerin von Bischof P. Krusche bürdet ihr zwar noch mehr Arbeit auf, gibt ihr aber die Genugtuung, damit eine erste Bresche geschlagen zu haben für ihre Geschlechtsgenossinnen, nachdem zwei Versuche, Frauen für das Bischofsamt in der Nordelbischen Kirche zu nominieren, gescheitert waren. Ihre Wiederwahl 2002 für ein weiteres Jahrzehnt zeigt, dass ihre oft provozierenden Meinungen und Taten als konstruktive Denkanstöße betrachtet werden, die zwar Unruhe stiften, aber auch helfen können, Verkrustungen aufzubrechen.

Wünsche und offene Fragen

Eine Untersuchung des World Economic Forum erfragte vor kurzem in 47 Ländern das Ansehen bestimmter Institutionen. Überall lag die Kirche danach im vorderen Feld, nur in Deutschland fand sie sich abgeschlagen auf dem letzten Platz. Dass sich hier die Kirchenaustritte häufen, muss Gründe haben, die nicht allein mit hohen Kirchensteuern und der Abneigung gegen Institutionen erklärt werden können.

Während in einem Sammelband über *Kirche und Staat im 21. Jahrhundert* (Herder 2002) kritisch angemerkt wird, die evangelische Kirche habe sich immer mehr zu einem »perfekt funktionierenden Funktionärsverband« entwickelt, vermutet die Zeitschrift *chrismon* (10/01), die protestantische Kirche stecke in der Modernitätsfalle: »Gerade weil sie so modern und aufgeklärt ist, kann sie nicht mehr Heil versprechen und eine neue Welt prophezeien ... Hungersnot in Afrika und die Arbeitslosenstatistiken scheinen ihr wichtiger als der Römerbrief.« Und Florian Illies fragt in der *FAZ* (15. 11. 02) noch deutlicher: »Wie weit soll dieses in der evangelischen Kirche schon fast zur Folklore gewordene kirchliche Bemühen, sich bis zur eigenen Unkenntlichkeit mit der Welt zu ›verständigen‹, noch führen?« Er fürchtet, die Kirche werde ob all ihrer Bemühungen um Randgruppen über kurz oder lang selbst zur Randgruppe.

Bischöfin Jepsen sieht nicht so pessimistisch in die Zukunft, wenngleich sie sich der Defizite in ihrer Kirche bewusst ist. Religiös-emotionale Gefühle würden allzu oft zugeschüttet, glaubt sie. Im kirchlichen Leben vermisst sie das unbeschwerte und zugleich verantwortungsbewusste Ausleben von Emotionen, von Freude und Glück: »Juden und Katholiken haben wahrscheinlich ein elementareres Verhältnis zum Glück als die Protestanten. Ich komme mehr vom Alten Testament und dem jüdischen Denken her. Darum fällt es mir vielleicht leichter, mich zu freuen ...«

Zuversichtlich stimmt sie, dass so viele junge Menschen auf der Suche sind nach Werten jenseits der flüchtigen Konsumwelt: »Dahinter steht manchmal der Wunsch nach etwas Magischem, nach dem Unerklärlichen, Unverfügbaren, nach Gott.« Ein diffus empfundener Wunsch, der nicht artikuliert werden kann, weil dieser Generation »das Gerüst der Frömmigkeit fehlt«. Der Frage der Frömmigkeit und des Gottvertrauens will Bischöfin Jepsen deshalb in Zukunft einen zentraleren Platz in der Verkündigung und Seelsorge einräumen. Und sie möchte Suchenden die Erkenntnis vermitteln, die ihr selbst weiterhilft: »Ich bin nicht für alles verantwortlich, ich lege, was mich beschäftigt, in Gottes Hände.«

Sprengstoff zwischen Aktendeckeln
Marianne Birthler
*1948

Glinkastraße 35: ein graues, wuchtiges Gebäude, im Berliner Stadtplan als ›Gauck-Behörde‹ eingezeichnet. Die Behörde heißt im Volksmund noch immer so, obwohl hier seit geraumer Zeit nicht mehr Joachim Gauck, sondern seine Nachfolgerin Marianne Birthler als ›Bundesbeauftragte für die Unterlagen des Staatssicherheitsdienstes der ehemaligen DDR‹ residiert. Ein Zungenbrecher, diese Amtsbezeichnung. ›Birthler-Behörde‹ wäre einfacher. Doch die charmant resolute Amtsinhaberin möchte nicht ihre Person, sondern die Aufgabe der Behörde festgeschrieben wissen.

Als sie im Oktober 2000 ihren neuen Arbeitsplatz im ehemaligen DDR-Innenministerium bezog – verantwortlich für 2 600 Beschäftigte und 180 Kilometer Akten –, prophezeiten ihr nicht nur politische Gegner Schwierigkeiten: zu groß die Schuhe, in die sie geschlüpft sei. Zu mächtig der Schatten des Vorgängers. Zu vertrackt die Materie für eine Neueinsteigerin. Zu aufreibend die seelischen Belastungen für ein empfindsames Frauengemüt. Und womöglich fehle ihr als selbst Betroffene die nötige Objektivität …

Bedenken und Vorurteile zu entkräften fiel ihr umso leichter, als sie sich von der großen Mehrheit des Bundestages bestätigt fühlte. 416 Abgeordnete haben – parteiübergreifend – für sie gestimmt bei nur 43 Gegenstimmen und 34 Enthaltungen. Der überwältigende Vertrauensbeweis erleichterte ihr den Start in diesem schwierigen Amt, das Mut zu unbequemen Entscheidungen auf der einen, Sensibilität für menschliche Schicksale auf der anderen Seite erfordert.

Selbstbestimmt gehandelt hat sie schon in der Oberschule mit ihrem – später zurückgenommenen – Spontanaustritt aus der FDJ. Ihre eher ängstliche Mutter hat damals Verständnis gezeigt für ihr Freiheitsbedürfnis und sie auch später ermutigt, zu ihrer Meinung zu stehen. Die Mutter hatte in der Nazizeit diesen Mut nicht, sie hat geschwiegen und sich später schuldig gefühlt. Der Tochter sollten solche Schuldgefühle erspart bleiben, sie sollte ›den Mund aufmachen‹, wenn im SED-Staat Menschenrechte missachtet wurden. Die Tochter erinnert sich, wie die Mutter bei der Niederschlagung des Aufstands am 17. Juni 1953 geweint hat, wie sie im Westfernsehen Willy Brandts Bemühungen um die Ostpolitik verfolgte. Es war eine nicht nach außen getragene Opposition; öffentlich zu rebellieren, das blieb der Tochter vorbehalten.

Diese gehörte 1986 zu den Gründungsmitgliedern des oppositionellen Arbeitskreises ›Solidarische Kirche‹, zwei Jahre später schloss sie sich der ›Initiative Frieden und Menschenrechte‹ an, einer von der Stasi argwöhnisch beobachteten Dissidentengruppe. Im Oktober 1989, als es schon brodelte in Berlin und Aufständische von der Volkspolizei niedergeknüppelt wurden, verlangte sie von den Verantwortlichen resolut und beharrlich Rechenschaft. Das brachte ihr Respekt auf beiden Seiten ein.

Nach der Wende saß sie wie eine Reihe prominenter DDR-Bürgerrechtler mit am Runden Tisch, dem berühmten Symbol für hierarchiefreien, demokratischen Diskurs. Dass dieser Tisch in Wirklichkeit nicht rund war, sondern Ecken und Kanten aufwies, hatte durchaus Realitätsbezug. Von den damaligen Oppositionellen, die sich hier mit Leidenschaft und Idealismus für einen neuen bürgernahen Staat einsetzten, haben sich die meisten aus der Politik zurückgezogen. »Man hat sie weggebissen«, sagt Marianne Birthler.

Marianne Birthler

Sie selbst ließ sich nicht wegbeißen. Im Auftauchen aus der Illegalität, in der pluralistischen Parteienlandschaft sah sie Chancen für die Mitgestaltung des künftigen gesamtdeutschen Staates. Sie errang ein Mandat in der nach dem Mauerfall frei gewählten Volkskammer und wurde Sprecherin der bündnisgrünen Bundestagsfraktion.

Als Bildungsministerin in Brandenburg machte sie zum ersten Mal bundesweit von sich reden. Nicht so sehr als Erfinderin des umstrittenen Faches ›Lebenskunde – Ethik – Religion‹, kurz LER genannt, das Gegner mit Hilfe des Bundesverfassungsgerichts abschaffen wollten. Mehr Aufsehen erregte sie, als sie unter Protest von ihrem Ministeramt zurücktrat, weil sie die engen Stasikontakte ihres Ministerpräsidenten und Dienstherrn Manfred Stolpe nicht billigen wollte – im Ohr die Mahnung der Mutter: »Es ist besser, den Mund aufzumachen als zu schweigen.«

Sie ist nicht die einzige Frau in Brandenburg, die ihr Ministeramt aus Gewissensgründen aufgegeben hat. Auch die einstige Sozialministerin Regine Hildebrandt tat dies, um gegen eine Regierungsbeteiligung der CDU in ihrem Land zu protestieren, nicht nur mit Worten, sondern mit einer konsequenten Tat.

Fällt es Frauen leichter als Männern, aus Gesinnungstreue auf Amt und Würden zu verzichten, weil Politik nicht ihr alles bestimmender Lebensinhalt ist? Regine Hildebrandt hat drei Kinder großgezogen und sich in vielfältiger Weise ehrenamtlich betätigt. Dasselbe gilt für Marianne Birthler. Ihre drei Töchter werden es nicht immer leicht gehabt haben mit der umtriebigen, sozial kreativen Mutter, die eigentlich stets nur Anstöße geben wollte und sich dann doch mit vollem Engagement in Aufgaben hineinkniete: als Vorstandssprecherin der Grünen, dann als Leiterin des Berliner Büros der Bundestagsfraktion Bündnis 90/Die Grünen, wie die vereinigte Ost-West-Partei korrekt heißt.

Daneben absolvierte sie eine vierjährige Ausbildung als Organisationsberaterin am Institut für Gestalttherapie und Gestaltpädagogik. Arbeitsabläufe nicht nur funktional zu bewerten, sondern den Menschen mit einzubeziehen, der an der Werkbank oder hinter dem Ladentisch steht, ist eines ihrer Anliegen.

Lebenslanges Lernen: Sie praktizierte und praktiziert, was vielen Politikern nur als Schlagwort dient. Dabei bedurfte es in der DDR für Parteiverweigerer besonderer Energie und Findigkeit, um sich berufliche Freiräume zu schaffen. Marianne Birthler hat nach dem Abitur neben einer mehrjährigen praktischen Tätigkeit im Außenhandel ein fünfjähriges Fernstudium der Außenhandelswirtschaft durchgezogen.

Auch nach ihrer Heirat mit dem Tierarzt Wolfgang Birthler, der als Wehrdienstverweigerer Dienst als ›Bausoldat‹ ableisten musste und nicht als linientreu galt, nahm sie jede Gelegenheit wahr, ihren Horizont zu erweitern. Keine Parteiprivilegien ebneten ihr den Weg, der Alltag in der rasch wachsenden Familie musste genau durchgeplant werden, zumal eine berufliche Umorientierung – vom Außenhandel zu pädagogischer Tätigkeit – wieder Lehrjahre bedeuteten. Nach der Ausbildung zur Katechetin und Gemeindehelferin war sie in der Jugendarbeit der Evangelischen Kirche tätig, ein Feld, das ihr näher lag als Wirtschaftsbilanzen.

Beruflich klappte alles bestens, privat weniger, die Ehepartner hatten sich im Laufe der Zeit auseinander gelebt. Schmerzlich vor allem für die drei Kinder, auch wenn die Scheidung in gegenseitigem Einvernehmen und Respekt erfolgte. Das liegt lange zurück, hat aber Narben hinterlassen. Wolfgang Birthler sitzt heute noch als Sozialminister im Kabinett Stolpe, das Marianne Birthler unter Protest verlassen hat. Während er der SPD treu blieb, engagierte sie sich bei den Grünen.

1998 ließ sie sich, nicht zum ersten Mal, auf ein politisches Abenteuer ein – und scheiterte. Das war für nüchterne Beobachter vorhersehbar: Statt eines sicheren Listenplatzes hatte die Partei sie für die Bundestagswahl mit einem aussichtslosen Direktmandat ausgestattet. Dass sie in ihrem Wahlbezirk Berlin Mitte / Prenzlauer Berg nicht gegen Wolfgang Thierse ankam, konnte sie gut verkraften, dass die ehemalige Pionierleiterin Petra Pau von der PDS an ihr vorbei in den Bundestag einzog, machte ihr mehr zu schaffen.

Aber sie ist nicht auf ein politisches Mandat angewiesen, längst hat sie sich weitere ehrenamtliche Betätigungsfelder gesucht: im Präsidium des Evangelischen Kirchentages, im UNICEF-Komitee, in der Heinrich-Böll-Stiftung, in der ›Stiftung zur Aufarbeitung der SED-Diktatur‹ und in der ›Stiftung Mitarbeit‹, einer Dachorganisation von Bürgerinitiativen in der ganzen Bundesrepublik.

Bürgerinitiative – ein Impulswort für die ehemalige Bürgerrechtlerin. Es weckt Erinnerungen an die Zeit des Aufbruchs und der Runden Tische, an Hoffnungen auf eine ›Demokratie von unten‹, aber auch an Enttäuschungen im alten und im neuen Staat. Der Bürger, der ausschließlich das Gemeinwohl im Auge hat, ist in West und Ost eine seltene Spezies. Angst, Neid, Raffgier und Machtstreben sind häufiger anzutreffende menschliche Eigenschaften, das weiß Marianne Birthler und das bewahrt sie vor zu hoch gesteckten Erwartungen in ihrem jetzigen Amt.

Den Ausdruck ›Bürgerrechtlerin‹ gebraucht sie selber – im Gegensatz zu Bärbel Bohley – nicht. Beide haben sich jedoch in schwierigen Zeiten für Bürgerrechte eingesetzt, beide tun dies noch heute, Bärbel Bohley, die nie einer Partei angehörte, mehr in Einzelaktionen und auf privater, humanitärer Basis, Marianne Birthler, die grüne ›Realo-Frau‹ mit parteiübergreifender Ausrichtung, im Rahmen von Organisationen und Stiftungen – und in ihrem Amt als Hüterin der Stasi-Akten.

Immer wieder, von verschiedensten Seiten und mit unterschiedlichsten Motiven, gibt es Versuche, dieses Amt aufzulösen oder einzufrieren. Dagegen wehrt sich Marianne Birthler mit Vehemenz und sie hat die Statistik auf ihrer Seite: Fast zwei Millionen Anträge auf Einsicht in die Stasiakten sind bislang bei der seit mehr als einem Jahrzehnt bestehenden Behörde eingegangen, 10 000 kommen monatlich dazu, nicht mitgerechnet die Anfragen von Behörden und Betrieben. Über zwei Millionen Menschen, Betroffene, Opfer, die wissen möchten, wann und wo sie bespitzelt wurden, wer verantwortlich war für Abhörprotokolle und Überwachung, für Denunziationen und Erpressungen.

Aus 180 000 laufenden Regalmetern Unterlagen, 40 Millionen Karteikarten und hunderttausenden von Bild- und Tondokumenten müssen Fakten und Beweise herausgefiltert werden – eine Sisyphusaufgabe, die die 2 600 Mitarbeiter im Zentralarchiv und in den 13 Außenstellen zu leisten haben. Noch lagern in den Archiven Berge von Säcken mit zerrissenen Akten, die von der Stasi gleich nach der Wende aus den Karteien und Ordnern entfernt wurden, um Spuren zu verwischen. Sie müssen nun in mühevoller Kleinarbeit wieder zusammengefügt werden.

Lohnt sich dieser Aufwand? Sollte man die Akten nicht samt und sonders vernichten, die Vergangenheit ruhen lassen, um die Gegenwart nicht mit bitteren Abrechnungen zu belasten? Diese Fragen stellen nicht nur all jene, die fürchten, als Mitarbeiter oder IM, inoffizielle Mitarbeiter, enttarnt zu werden, diese Frage stellen sich auch Politiker im Westen, die den Millionenetat der Behörde umverteilen möchten oder die Stasi-Aufarbeitung für ein internes Ostproblem halten – fälschlicherweise: Der DDR-Geheimdienst konnte sich auch auf zahlreiche Agenten im Westen stützen. Ihnen kommen keine mildernden Umstände zu, während manche DDR-Bürger mitmachten, um befürchteten Repressalien zu entgehen.

Umgekehrt – und das ist für Marianne Birthler ein wichtiges Argument, die Akten nicht zu schließen – geht aus den Unterlagen auch hervor, wie viele Bürger der DDR sich nicht erpressen oder von Privilegien verlocken ließen. Von ihnen ist in der Öffentlichkeit kaum die Rede. Sie hätten es verdient, als Gegengewicht zu den 90 000 hauptamtlichen Mitarbeitern der Staatssicherheit und dem Heer der IMs genannt zu werden.

Nicht selten kann Akteneinsicht auch zu einer beruflichen Rehabilitation der Opfer beitragen. Oder Misstrauen gegen Verwandte und Freunde abbauen, die man zu Unrecht verdächtigt hatte. Natürlich ist auch das Gegenteil möglich: Die Bürgerrechtlerin Vera Wollenberger musste zur Kenntnis nehmen, dass ihr eigener Mann sie bespitzelt hatte, und der Schriftsteller Hans Joachim Schädlich entdeckte seinen Bruder als Stasi-Informanten – Schicksale, Tragödien in Aktenordnern abgeheftet.

Von besonderer Brisanz nicht nur für Marianne Birthler und ihre Behörde ist der ›Fall Kohl‹. Ein Präzedenzfall. Es geht um die Auslegung des Ende 1991 vom Bundestag verabschiedeten Stasi-Unterlagengesetzes, worin das Recht auf Persönlichkeitsschutz offenbar nicht völlig eindeutig formuliert ist. Es gibt ein Recht des Bürgers auf Wahrung seiner Privatsphäre und es gibt bei Persönlichkeiten der Zeitgeschichte ein Recht auf Offenlegung der Akten, sofern diese nicht private Belange betreffen. Wo liegt die Grenze? Ein kniffliger Fall für die Juristen. Altbundeskanzler Kohl hat als erster Politiker die Stasi-Unterlagenbehörde verklagt. Das Verwaltungsgericht bestätigte ihm das Recht, Journalisten und Wissenschaftlern Einsicht in seine gesammelten Akten zu verwehren. Aufschrei im Osten: Da werde mit zweierlei Maß gemessen, wenn es westliche Prominenz betreffe ... Aus der westlichen Presse, genauer von Robert Leicht in der *ZEIT*, kam die kritische Frage: Darf die Erforschung der Stasi umschlagen in die Ausforschung der Opfer? Und er stellt mit Verwunderung fest, dass ostdeutsche Bürgerrechtler, sonst sehr auf Wahrung der Privatsphäre bedacht, nun auf einmal das öffentliche Interesse höher veranschlagten.

Die Chefin der Stasi-Unterlagen sieht das anders. Sie will im Interesse der Aufklärung von Stasi-Machenschaften weiterhin politisch relevante Akten herausgeben und weiß sich darin von ihrem Vorgänger Gauck und von zahlreichen Stasi-Opfern bestärkt. Innenminister Schily dagegen drohte ihr ›Rechtsaufsichtsmaßnahmen‹ an. Er verlangte Aktenherausgabe nur mit Zustimmung der Betroffenen. Der Streit ging weiter, allerdings nicht bis vors Bundesverfassungsgericht. Das könnte, da ein Grundsatzurteil gefällt werden müsste, Jahre dauern.

Marianne Birthler geht es nicht um Rechthaberei. Sie befürchtet, dass neben hochkarätigen Westinformanten der Stasi auch ehemalige DDR-Funktionsträger die Öffnung ihrer Akte verweigern könnten und so Unrecht endgültig unter den Teppich gekehrt wird. Sie hat gute Nerven gebraucht in der Auseinandersetzung mit so unterschiedlichen Gegnern wie Helmut Kohl und Otto Schily oder mit ehemaligen SED-Funktionären, denen an einer Offenlegung der Akten nicht gelegen sein kann. Nun hat das Bundesverwaltungsgericht entschieden, dass Akten, die nicht das Privatleben betreffen, in beschränktem Umfang herausgegeben werden müssen – jedoch mit Benachrichtigung der Betroffenen. Helmut Kohl hat sich diesem Urteilsspruch nicht widersetzt, Marianne Birthler ist erleichtert.

Einem Urteil des Bundesverfassungsgerichts hätte sich die unbeugsame Behördenchefin allerdings gebeugt, auch wenn es ihrer Überzeugung widersprochen hätte. Sturheit kann man ihr nicht vorwerfen, stur ist sie nie gewesen, doch sie hat sich immer zu wehren gewusst, schon als Kind. Nach dem frühen Tod des Vaters hat sie in einem reinen Frauenhaushalt mit Großmutter, Mutter und Schwester beizeiten gelernt, das Leben allein zu meistern. Sie war emanzipiert und setzte sich für Frauenrechte ein, ohne sich einer feministischen Gruppe anzuschließen, die es inoffiziell auch in der DDR gab.

In ihrer Behörde arbeiten überwiegend Frauen, das war schon zur Zeit ihres Vorgängers so. Sie hat vieles von ihm übernommen, liegt gesinnungsmäßig auf seiner Linie, ihr Temperament und ihre Arbeitsweise sind allerdings verschieden. Joachim Gauck, der ehemalige Pfarrer und Bürgerrechtler, hat dieser Stasi-Aufarbeitungsbehörde in den zehn Jahren seiner Tätigkeit ein eigenes Gepräge gegeben. An seinem besonnen leisen Auftreten und seinem pastoralen Charisma muss sich die Nachfolgerin messen lassen. Sie ist wie er zupackend und entscheidungsstark, geht Probleme jedoch eher frontal an, zu ungestüm bisweilen, und möchte alles lieber heute als morgen erledigen. Es gibt ein Sprichwort, das sie für sich selbst zutreffend findet: Gras wächst nicht schneller, wenn man daran zieht.

Ihr Büro ist mit modernster Technik ausgestattet, während ihr Vorgänger alle Briefe von Hand schrieb und Aktenordner elektronischen Datenspeichern vorzog. Auf Marianne Birthlers Schreibtisch ist kein Platz mehr für Aktenberge, hier herrscht Computerordnung. Der riesige Raum mit den schwarzen Schleiflackregalen, den schwarzen Korbsesseln und den belebenden Grünpflanzen wirkt freundlich modern im Gegensatz zu den langen eintönigen Fluren, in denen noch unausrottbar der Lysolgeruch aus DDR-Zeiten hängt. Die dicken Tresortüren im Kellergeschoss stammen nicht aus dem Stasi-Nachlass, hier hortete die Deutsche Bank ihre Schätze, ehe das DDR-Innenministerium das Gebäude mit Beschlag belegte. Stasiakten lagern in diesen Räumen nicht, deshalb gibt es auch kaum Publikumsverkehr und das Gebäude wirkt gespenstisch verlassen. In der gläsernen Pförtnerloge wird der Pass genau kontrolliert, der Aufstieg zur Chefetage ist nur nach Anmeldung möglich.

Lebhafter geht es bei den anderen, auswärts untergebrachten Dienststellen zu: bei der Abteilung Auskunft, die Akteneinsicht ermöglicht, oder bei der Abteilung Bildung und Forschung. In dieser Abteilung sieht Marianne Birthler eine wichtige Zukunftsaufgabe für ihre Behörde. Die Erforschung und Publikmachung der Methoden des Staatssicherheitsdienstes ist nicht nur für die Geschichtsschreibung von Bedeutung, sie erleichtert, vor allem für junge Menschen, auch das Erkennen heutiger totalitärer Strukturen, wie wir sie in der rechtsradikalen Szene finden. Und sie wirkt einer um sich greifenden Verdrängung und einem Nostalgiegefühl entgegen, das auch nach dem Ende des Dritten Reiches zu beobachten war: Ist doch alles nicht so schlimm gewesen … Wir haben doch ordentlich gelebt und hatten unser Auskommen … Wir sind doch nicht verantwortlich für das, was ›Die da oben‹ machten …

Nein, die Mehrzahl der Bevölkerung war nicht beteiligt an der Wühlarbeit der Staatssicherheit. Aber wer bespitzelt und verfolgt wurde, muss das Recht haben, damalige Zuträger aufzuspüren. Für Stasi-Opfer, die Einblick in ihre Akte – falls eine solche vorhanden ist – nehmen möchten, wurden Anlaufstellen eingerichtet. Seit 1992 können Betroffene dort nachlesen, wie ihr Leben zu DDR-Zeiten durchleuchtet und festgeschrieben wurde, und nicht nur bekannte Dissidenten wie Wolf Biermann oder Katja Havemann werden zwischen den Aktendeckeln auf Verleumdung und Verrat durch vermeintliche Freunde gestoßen sein.

Von Marianne Birthler gibt es nur spärliche Unterlagen. Beweise ihrer Bespitzelung finden sich jedoch bruchstückhaft in den Ordnern von Freunden und in der Akte ihres früheren Mannes. Beklemmend die Erfahrung, wie hemmungslos da auch die private Sphäre ausspioniert wurde.

Diese private Sphäre ist der Vielbeschäftigten immer sehr wichtig gewesen. Ihre geräumige Altbauwohnung am Kollwitzplatz, heute noch Treffpunkt der Familie, bietet Platz für Diskussionsrunden und Geselligkeit im Freundeskreis und gibt ihr gleichzeitig die Möglichkeit, sich zwischen ihren Bücherwänden ungestört zurückzuziehen. Sie braucht beides: das offene Haus und menschliche Kontakte, nicht zuletzt mit ihrer kleinen Enkeltochter, aber auch die stillen Stunden des Alleinseins, das nie Einsamkeit bedeutet, sondern produktives Nichtstun. Entspannung von der Alltagshektik und den häufigen dienstlichen Reisen findet sie bei der Gartenarbeit, beim Fernsehen oder Krimilesen. Früher hat sie für den großen Haushalt gekocht, heute genießt sie es, sich in einem gepflegten Restaurant bedienen zu lassen.

Kultivierte Geselligkeit schätzte und schätzt auch Joachim Gauck. Doch beide verbindet mehr: das Engagement für die Sache, die sie zu ihrer Berufs- und Lebensaufgabe gemacht haben und die, so hoffen sie, auch in der Öffentlichkeit weiterhin als wichtig und notwendig betrachtet wird. In ihrer Antrittsrede hat Marianne Birthler von der ›Kultur des Erinnerns‹ gesprochen und deutlich gemacht, was sie als ihre und unser aller Aufgabe sieht:

»aufbewahren, erinnern, sich auseinandersetzen, die Schuld nicht beschweigen, trauern und zornig sein, die Angst nachempfinden, die eine Diktatur verbreitet, den Mut und die Anständigkeit besingen, die eigene Würde verteidigen und die anderer Menschen respektieren …«

Der Sprengstoff zwischen Aktendeckeln – wann wird er endgültig entschärft sein?

Mit Fantasie und Kreativität

Klingers verstoßene Muse
Elsa Asenijeff
1867–1941

Niemand hat Zeit,
bei seiner Seele zu sein
ELSA ASENIJEFF

Über ihrem Leben liegt Tragik. Die Bildnisse, die Max Klinger von ihr gemalt, die Büsten, die er von ihr modelliert hat, lassen davon nichts ahnen. Noch ist sie ja seine jugendliche Muse, die ihn inspiriert und entzückt. Eine schöne, begehrenswerte Frau, temperamentvoll und selbstbewusst, Blickfang und Mittelpunkt, wo immer er mit ihr auftaucht. Fast 15 Jahre lang ist sie sein Modell, seine Partnerin, seine Geliebte. Dann holt er sich eine andere, Jüngere ins Haus. Elsa Asenijeff verkraftet diese Demütigung nicht, sie schreibt vergeblich dagegen an, verstummt nach einem letzten »Aufschrei«, lässt sich gehen, macht Schulden, verschwindet schließlich, für beinahe zwei Jahrzehnte, in psychiatrischen Anstalten. Leipzig-Dösen, Hubertusburg, Colditz heißen die Stationen ihres allmählichen Verfalls. In Bräunsdorf bei Freiberg stirbt sie am 5. April 1941.

War sie tatsächlich psychisch so gestört, dass es keine andere Möglichkeit gab als Einweisung in geschlossene Anstalten, Entmündigung? Oder hat man sich einer Lästigen, im Straßenbild vagantenhaft Auffallenden entledigen wollen? Hat man eine Aufsässige, die Beschwerdebriefe an den »Direktor der Verschleppungsanstalt« schrieb, aber nicht als gemeingefährlich galt, auf diese Weise abgestraft?

Die Behauptung einer Leipziger Zeitung von 1946, Elsa Asenijeff sei einer NS-Aktion »gegen Kranke und Hilflose« zum Opfer gefallen, wird sich heute kaum noch nachprüfen lassen, belastende Akten wären wohl längst entsorgt.

Vieles bleibt im Dunkeln bei der Schriftstellerin Asenijeff. Einiges lässt sich aus ihren kaum verschlüsselten autobiografischen Romanen rekonstruieren, einiges aus Zeitungsartikeln, Briefen und Dokumenten aus dem Leipziger Staatsarchiv, aus Schilderungen von Zeitzeugen und einer 1986 in Australien verstorbenen Enkelin, deren Spuren Rita Jorek nachgegangen ist.

Was vermag uns, abgesehen vom persönlichen Schicksal, heute noch an Elsa Asenijeff zu fesseln? Ihre Romane und Gedichte muten uns, angesiedelt zwischen Spätromantik und Expressionismus, zu ekstatisch an. Als feministische Galionsfigur eignet sie sich kaum, zu sehr hat sie sich in frei gewählte Abhängigkeit, ja, Willfährigkeit verstrickt. Aber könnte nicht gerade diese – in den *Tagebuchblättern einer Emancipierten* geschilderte – Zerrissenheit zwischen bedingungsloser Hingabe und betonter Selbstbestimmtheit ein auch für heutige Frauengenerationen nachvollziehbarer Konflikt sein? Liebe und Leidenschaft als das Unwägbare, das sich rationalen Beweggründen entzieht?

Elsa Asenijeffs lockere Lebensführung und »wilde Ehe« stieß im wenig bohemehaften Leipzig auf Ablehnung. Die Tochter Désirée, das einzige Kind Max Klingers, wurde, um die Leipziger Gesellschaft nicht vollends zu schockieren, heimlich in Frankreich zur Welt gebracht und von einer Pflegemutter großgezogen. Die Verbindung zu den Eltern blieb, zum späteren Bedauern der Mutter, lose. 1919, in der bitteren Zeit nach dem Ersten Weltkrieg, als Klingers Geldzahlungen für seine Tochter ausblieben, schrieb Elsa Asenijeff nach Frankreich: »Dein Vater ist im Augenblick nicht reich … Aber bedenke, er ist berühmt,

Elsa Asenijeff

und sein Name wird bestehen bleiben, und Deine unbekannte Mutter entstammt einer sehr alten Familie.« Kein Wort der Klage über Klinger, der sie längst verlassen hat. Kein Wort über ihre eigene Armut. Alter Familienstolz. Zu spätes Werben um die Gunst der Tochter. Kann oder will Désirée sich der fremden Mutter nicht mehr zuwenden?

Denkbar, dass Elsa Asenijeff, in psychiatrischen Kliniken ruhig gestellt und sehr einsam, ihr Leben ins Gedächtnis zurückzuholen versucht, es für die ferne Tochter aufschreiben und sich rechtfertigen möchte. Eine alte Frau, obgleich erst in den Fünfzigern, blättert mit zitternden Händen in einem vergilbten Album, in ihrer Erinnerung. Manchmal sieht sie die Fotos verschwommen. Liegt es an den unscharfen Aufnahmen? An ihren schwächer werdenden Augen? An den Bildern, die sich im Kopf anders bewahrt haben als auf dem Papier?

Sie blättert sich in die Kindheit zurück, in die Jahre mit Klinger. Sie will ihrer Tochter davon schreiben. Désirée soll alles aus ihrem Leben erfahren. Die Anschrift in Frankreich hat sie vergessen, vielleicht überwindet der Brief die Mauern der Anstalt nicht. Vielleicht entsteht er nur in ihrem Kopf. Aber sie will schreiben:

Meine liebe Désirée!

Du wirst Dich wundern, von Deiner Mutter, die so lange geschwiegen hat, einen Brief zu bekommen. Einen Brief mit alten Fotografien. Ich brauche sie nicht mehr. Man hält mich hier fest, nimmt mir alles weg, was zu mir gehört, ich soll nicht mehr ich sein. Aber bevor mein Gedächtnis verlöscht, will ich Dir aufschreiben, was Du von mir und von Deinem Vater wissen sollst:

Dass Du aus einer guten Familie stammst, habe ich Dir schon einmal geschrieben. Wir haben slawisches Blut in den Adern, Deine Vorfahren haben der ungarisch-österreichischen Monarchie als hohe Offiziere gedient, Dein Großvater war Direktor der österreichischen Südbahn. Ich, Elsa Maria von Packeny, kam im Januar 1867 in Wien zur Welt, in der Josefstadt. Ich war ein schönes Kind, ein kluges, wissbegieriges Mädchen. Aber was konnte eine höhere Tochter damals schon anderes tun als eine Lehrerinnenbildungsanstalt besuchen und heiraten?

Als ich mich mit 23 noch immer nicht danach sehnte, meine Freiheit gegen eine Versorgungsehe einzutauschen, drängte mir die Familie einen Gatten auf: den elf Jahre älteren Bulgaren Ivan Nestoroff. Ein angesehener Mann, Chefingenieur und Diplomat. Die erste Nacht mit ihm war schrecklich. Ich fühlte mich ausgeliefert, überfallen, verletzt in meinem Selbstgefühl. Er war im Grunde kein unrechter Mensch, doch ich taugte nicht zur gehorsamen Gattin. Ließ mich scheiden. Mein ganzes Vermögen ist dabei draufgegangen, aber ich konnte die bulgarische Staatsangehörigkeit behalten. Nannte mich von nun an Asenijeff – ein schöner Künstlername, findest Du nicht? Interessiert es Dich, wie ich in jenen Jahren mit mir und der Welt zurechtgekommen bin, mit meiner Sinnlichkeit, die ich verabscheute, und meiner Intellektualität, für die ich Nahrung suchte? Mit dem ewigen Kampf zwischen Körper und Geist? Ich habe viel darüber nachgedacht und geschrieben, Du kannst es nachlesen in meinem Roman *Das hohe Lied an einen Ungenannten* und in den *Tagebuchblättern einer Emancipierten*.

Ein paar Sätze aus den Tagebuchblättern will ich Dir – Du wirst ja schon Deine Erfahrung mit Männern gemacht haben – mit auf den Weg geben. Sie hängen mit meinen Erlebnissen zusammen, Du wirst heute – hoffentlich – alles anders empfinden, mir widersprechen, wenn ich geschrieben habe: »All' unser Unglück kommt von der Liebe – wenigstens gilt das für uns Frauen. Von Jugend auf lehrt man uns: Liebe ist alles und dazu: entbehre die Liebe – ergo – – – Dann steckt man uns in die Ehe, die mit der Liebe nichts zu thun hat. Wir zappeln wohl ein wenig zwischen den Eisengittern des Gehorsams und der elterlichen Autorität, aber endlich geben wir nach. Und dann lächeln wir als Bräute und fixieren unsere Gedanken auf die erste Schleppe, die sich so schön am Boden hinringelt, damit wir nicht weinen.« – Und noch etwas, was mir damals wichtig war: »Ich suche Ruhe, Alleinsein, Nachdenkenkönnen! All' das, was man Frauen verwehrt …«

Ich hoffe, Du findest genügend Zeit, zu Dir selbst zu kommen. Glaub mir, das ist wichtig. Ich versuchte es in Leipzig. Dort wollte ich studieren, Philosophie, Schopenhauer, Nietzsche. »Jüngerin Zarathustras« nannte ich mich. Aber alle Wissenschaft befriedigte mich nicht. Das Interessanteste ist doch der Mensch. Und keine Fakultät lehrte mich den Menschen verstehen, all' sein Rätselhaftes, Unberechenbares. Dann habe ich begriffen: Die Kunst ist der Allzuspäten Retter. Las bei Segantini nach: Der Künstler horcht hinaus in das Schweigen der Natur und denkt nicht, was geschieht – er schaut nur und nimmt die Augen voll von allem Schönen. – Ich holte mir das Schöne sowohl aus der Natur als auch aus dem Museum. Staunend stand ich vor Klingers Salome, vor der Kassandra und wusste nicht was tun vor innerem Glück im Anblick dieser großen Kunst.

Dann habe ich den Künstler kennen gelernt. Klinger. Meine Kommilitonin Hella, die den visionären Blick besaß, hatte mir die Begegnung mit dem großen Unbekannten vorausgesagt. Hella hat sich kurz danach ertränkt, aber ihre Prophezeiung erfüllte sich:

Es war – ich erinnere mich genau, auch wenn ich vieles andere vergessen habe – im Februar 1898 nach einem Liliencron-Abend in der Leipziger Literarischen Gesellschaft. Wir saßen noch in einem Lokal am Augustusplatz zusammen, Wedekind, ein ziemlich bekannter Dichter, umgurrte mich und machte mir recht zudringlich den Hof, aber ich wusste mich seiner zu erwehren.

Ich hatte nur Augen für den einen, Rotbärtigen, der am unteren Tischende saß und in breitestem Sächsisch, was ich eigentlich nicht leiden konnte, von der Entstehung seiner *Salome* sprach. Der Prophet gilt nichts in seinem Vaterland, sagt ein Sprichwort, aber für Max Klinger traf das nicht zu. Er war in Leipzig und in der ganzen Kunstszene sehr geachtet, wenn auch umstritten, war Professor an der Akademie für graphische Künste und gehörte der Berliner und der Wiener Sezession an. Kannst Du Dir meine Aufregung, mein Glücksgefühl vorstellen, als ich merkte, wie sehr ich ihn »verhext« hatte?

Er war 41, zehn Jahre älter als ich, Junggeselle, stark vom Einfluss seiner Familie abhängig. Sein Vater, Dein Großvater, war als Seifenfabrikant zu Reichtum gekommen und hat das prächtige Haus in Leipzig-Plagwitz mit dem Atelier, das Du ja kennst, finanziert. Von diesem Atelier aus schickte mir Klinger seine Liebesbriefe, manchmal mehrere an einem Tag. Ich wurde – und hätte mir nichts Begehrenswerteres vorstellen können – sein Modell. Seine Familie tolerierte unsere Verbindung nicht. Eine Geschiedene! Ich war in ihren Augen ein verderbtes, verführerisches Geschöpf, Du kennst den Ausdruck »femme fatale«. Eine Heirat war unter diesen Umständen unmöglich und ich weiß auch nicht, ob ich mich, trotz meiner Verliebtheit, ein zweites Mal eingebunden hätte.

So lebten wir nur auf den vielen Reisen richtig zusammen, Klinger war ständig auf der Suche nach dem passenden Marmor für seine Skulpturen, in Italien, Griechenland, in den Pyrenäen, in Tripolis. Der lange Aufenthalt vom Juni 1900 an in Paris galt, Du weißt es, nicht nur dem Bronzeguss des Thronsessels für das Beethoven-Monument, sondern auch der Vertuschung meiner Schwangerschaft. Seltsam: Ein so souveräner Künstler und so abhängig vom Urteil der Familie und der Leipziger Klatschgesellschaft!

Als Du im September geboren wurdest, nannten wir Dich trotzig oder unbedacht Désirée – die Ersehnte. Wie musst Du später Deinen Vornamen empfunden haben, wissend, dass Du weder in Leipzig noch von Deinen Eltern ersehnt warst? Dass wir Dich weggegeben haben, will ich nicht allein Deinem Vater anlasten – bei seinem Lebenszuschnitt, seinem besessenen Schaffen wäre ein Kind sicher hinderlich gewesen –, ich selbst muss mir den Vorwurf machen, dass ich nicht um Dich gekämpft habe. Du warst eine Bedrohung. Eine Bedrohung meiner Freiheit, meiner schriftstellerischen Ambitionen, ja, das sehe ich heute ganz deutlich, auch meiner Gier, das Leben zu genießen: Reisen, Gesellschaften, Deinem Vater stundenlang Modell sitzen, das alles hätte ich Deinetwegen einschränken müssen …

Wir haben eine gute Pflegemutter für Dich gesucht, das wirst Du bestätigen. Wir haben unser Gewissen mit Geldüberweisungen beschwichtigt. Wir haben Dich in Marcoussis besucht, wann immer es möglich war, und Dich mit Geschenken verwöhnt. Dass damit der Neid der Dorfbewohner geweckt und – zumal im Krieg – Vorurteile gegen das deutsche Kind und seine Ziehmutter Charlotte Heudeline geschürt wurden, haben wir nicht bedacht. Was musst Du durchgemacht haben in diesen Jahren. Und ich, nichtsahnend – oder Ahnungen verdrängend – im fernen Leipzig. Immer beschäftigt, Max Klinger und mir die Tage angenehm zu gestalten. Wir nahmen uns Zeit für Gespräche und für Menschen, die ihn im Atelier besuchten, Maler vor allem, Paula Modersohn-Becker, Rilkes Frau Clara Westhoff … Eugen d'Albert spielte hier die Appassionata, Gerhart Hauptmann war unter den Gästen – die Namen sagen Dir vielleicht nichts, aber in Leipzig sind sie berühmt. Klinger gilt – ich schreibe Dir das, damit Du ihn, falls Du Dich überhaupt dafür interessierst, in der Kunstgeschichte einigermaßen einordnen kannst – als Spätromantiker, aber auch als eigenwilliger Symbolist. Er liebte schöne Körper, nicht nur Frauenkörper, alles musste sich bei ihm zum »Gesamtkunstwerk« fügen.

Er hat mich gemalt, immer wieder, mit Leidenschaft, in Marmor gemeißelt, in Bronze gegossen. Ich war seine »neue Salome«. Er liebte meine Extravaganz, meine sinnliche Ausstrahlung. Er genoss es, wenn ich bewundert wurde: auf den Soiréen bei Max Reger, der sogar einige Gedichte von mir vertont hat; in den Salons der Leipziger Haute volée, bei der Malerin Philippine Wolff-Arndt oder bei der Kunstfreundin Edith Mendelssohn Bartholdy, die einen Enkel des großen Komponisten geheiratet hat. Klinger bestand darauf, mich bei gesellschaftlichen Anlässen dabei zu haben, auch wenn sittsame Leipziger Professorengattinnen über mich tuschelten. Ich habe die gezielten Demütigungen mit noch gezielteren Provokationen beantwortet.

Ich war nicht nur Klingers kleines Modell, ich habe ernsthaft gearbeitet, immer in meiner eigenen Wohnung, auf dieser Selbstständigkeit habe ich bestanden. Nur im »Weinberghäuschen«, dem Sommerrefugium in Großjena bei Naumburg, wohnten wir unter einem Dach. Ich habe das Haus hergerichtet, es bot uns den passenden Rahmen für unsere ländliche Zurückgezogenheit, aber auch für bukolische Feste. Es war Klingers intensivste Schaffenszeit. Ich habe die Entstehung des gewaltigen Beethoven miterlebt und diese »Geburt« in einem Buch festgehalten: *Max Klingers Beethoven – Eine kunst-technische Studie*. Wenn Du dem Werk Deines Vaters näher kommen möchtest, solltest Du diese Arbeit lesen. Meine aufgewühlte innere Verfassung in jener Zeit kannst Du aus den Versromanen *Die neue Scheherazade* und *Das hohe Lied an einen*

Ungenannten herauslesen, die einiges vorwegnehmen und Dir vielleicht mein späteres Handeln verständlicher machen. Nicht dass Du glaubst, ich hätte diese Bücher nur als Selbsttherapie und für die Schublade geschrieben: Sie sind in angesehenen Verlagen in München und Leipzig erschienen und in der Presse auch von der jungen Expressionistengeneration, wie Hasenclever oder Pinthus, mit viel Lob bedacht worden.

Du siehst, und ich schreibe es noch einmal, weil es mir wichtig ist: Ich war mehr als Klingers Muse, auch wenn ich ihn zu vielen seiner Schöpfungen inspiriert habe, selbst noch in Florenz, wo er als Vorsitzender des Villa-Romana-Vereins eine Zeitlang residierte und ich die Honneurs machte. Vielleicht war ich ihm zu selbstständig geworden, zu wenig aufschauend zu seiner Größe? Er beschuldigte mich, ihm Eifersuchtsszenen zu machen – aber mein Instinkt hat mich nie betrogen. 1912 – ein bitteres Jahr für mich – zog sein neues Modell, die blutjunge Gertrud Bock als »Haushälterin« ins Weinberghäuschen ein. Unser trautes Weinberghäuschen.

Ich war 45, noch keine alte Frau, keine abgetakelte Fregatte. Ich habe gekämpft. Sollte ich alles klaglos aufgeben, was uns fast 15 Jahre lang verband? Der Rechtsstreit zog sich hin, wenn ich Dir einen guten Rat geben kann: Hüte Dich vor Rechtsanwälten, vor Gerichten! Klinger hatte einen guten Anwalt, er musste mir keinen Unterhalt bezahlen. Wovon sollte ich leben? Meine Zeitungsberichte und Bücher brachten nicht ein, was ich ausgab. Der Gerichtsvollzieher pfändete das wenige, was mir geblieben war. Weil ich einer gerichtlichen Vorladung nicht gefolgt war, nahm man mich in Haft. Ich wehrte mich, wurde wegen Beamtenbeleidigung verurteilt. So geht es einem, wenn man die Wahrheit sagt.

Im Oktober 1919 hatte Klinger einen schweren Schlaganfall, der ihn rechtsseitig lähmte – kein Arbeiten mehr möglich. Gertrud Bock pflegte ihn – und wurde vier Wochen später, Du weißt es, seine Frau. Du kannst Dir meine Verbitterung kaum vorstellen. Vielleicht doch: So wie er mich im Stich gelassen hat, habe ich ja Dich im Stich gelassen, nicht danach gefragt, was in Dir vorging in all den Jahren, auch nicht nach dem Tod Deines Vaters, im Juli 1920, als Du mit einem schnöden Almosen abgefunden wurdest und die kurz zuvor angeheiratete, dreieinhalb Jahrzehnte jüngere Geliebte Alleinerbin wurde. Du hast sie an der Beerdigung in Großjena kennen gelernt, weißt, dass kurze Zeit später ihr Freund, Professor Hartmann, ins Haus einzog ...

Aber dafür kann Klinger nichts. Behalt ihn in guter Erinnerung, so, wie Käthe Kollwitz an seinem Grab in Großjena über ihn gesprochen hat. Ich habe mir damals einige ihrer Worte aufgeschrieben und gebe sie Dir – wie ein Vermächtnis Deines Vaters – weiter: »Wir jungen Leute drängten uns zu den Kupferstichkabinetten in München, in Berlin, um Klingers Radierungen zu sehen. Was uns fortriß, was wir liebten in diesen Blättern, war nicht die technische Meisterschaft. Der ungeheure Lebensdrang, die Energie des Ausdrucks waren es, was uns daran packte. Wir wußten: Max Klinger bleibt nicht an der Oberfläche der Dinge haften, er dringt in die dunkle Lebenstiefe ... Alle Register des Lebens zog er auf, das gewaltige, herrliche und traurige Leben faßte er und deutete es uns.«

Max Klinger, das wissen wir beide, wird weiterleben. Nur mich wird man vergessen. Mich hat man schon vergessen. Ich sitze hier in dieser Irrenanstalt, weiß nicht, wie lange schon, ein Tag ist so eintönig wie der nächste, weiß nicht, die wie vielte Anstalt das ist, in die man mich verschleppt hat, sie sehen alle gleich grau und gleich preußisch aus. Man hält mich eingesperrt wegen meiner Neigung zum Querulantentum – aber wer würde hier nicht zum Querulanten? Man hat mich entmündigt, weil ärztliche

Gutachten mir eine Abnahme meiner geistigen Fähigkeiten bescheinigt haben. Das ist infam. Dazu die Kosten des Entmündigungsverfahrens, die mir das Amtsgericht Leipzig in Rechnung gestellt hat … Kannst Du diese Absurdität verstehen? Sag mir ehrlich, macht dieser Brief, den ich bei klarem Kopf zu schreiben glaube, auf Dich einen so verwirrten Eindruck?

Gewiss, mein Kopf ist nicht immer so klar. Meine Hände zittern. Ich weiß, ich weiß, man hat mich auf der Straße aufgegriffen, randalierend, in etwas verwahrlosten Kleidern – ist das ein Grund, mich zu entmündigen? Nur weil ich ihnen lästig bin? Wenn ich mich im Spiegel anschaue, erschrecke ich selbst: was für ein faltiges, zerfallenes Gesicht. Und dann die Bilder im Album. Das war ich. Diese schöne Frau ganz in Schwarz mit dem eleganten Hut. An Klingers Seite: Das war ich. Ich lege Dir die Bilder bei, man wird mir das Album ohnehin wegnehmen. Man nimmt mir alles weg.

Ich weiß nicht, ob dieser Brief Dich im fernen Frankreich erreicht. Ich weiß nicht, wem ich ihn anvertrauen könnte. Ich bin so allein. Und Dich, meine Tochter, habe ich von mir ferngehalten. Ich bin nicht nur an Klinger, nicht nur an Dir gescheitert, auch an mir selbst. An meinem Bedürfnis, alles auszukosten, ohne zu Opfern bereit zu sein. Nun bin ich das Opfer. Ich darf mich nicht beklagen, auch nicht, wenn Du nichts von mir wissen willst.

Leb wohl. Lebe ein besseres Leben als das meine.

Deine Mutter Elsa Asenijeff

»Löwin und Gazelle zugleich …«
Ida Dehmel
1870–1942

> Sie ist Löwin und Gazelle zugleich,
> die vollkommene Debora der Bibel;
> erst mit ihr zusammen hat sich mein
> Innenleben in sicheres Gleich-
> gewicht gesetzt, und erst recht
> mein Wirken nach außen hin.
> RICHARD DEHMEL

Im Spätherbst 1901 lassen sich in Blankenese zwei frisch Vermählte nieder, die man sich eher in der Künstlerszene von Berlin oder München vorstellen könnte: Ida und Richard Dehmel. Das illustre, schillernde Paar, das Bohemeluft in die gediegene Hansestadt bringt, gibt sich extravagant und höchst unbürgerlich, zeigt aber gleichzeitig soziales Engagement und Gemeinschaftssinn: ein Dichter hymnisch abgehobener Verse, der in verrauchten Kneipen vor Arbeitern liest, und eine gefeierte Dichtermuse, die sich um mittellose Künstlerinnen kümmert. Die beiden passen in kein gängiges Klischee und geben umso mehr Anlass zu Neugier und Klatsch.

Das Dehmelsche Haus entwickelt sich schon bald zu einem Zentrum kulturellen und geselligen Lebens, einem veritablen Anziehungspunkt für Künstler und Schriftsteller, die hier, oft von weither angereist, immer eine offene Tür finden. Die Hamburger Gesellschaft bleibt dennoch zurückhaltend. Dem Paar geht kein besonders seriöser Ruf voraus: Haben die beiden nicht ihre Ehepartner verlassen um der neuen Liaison willen? Gab es da im Hintergrund nicht einen Skandal um einen betrügerischen Bankrott? Gemunkel über eine Ehe zu dritt?

Und überhaupt: Wer ist diese apart gekleidete, attraktive Frau mit den sanften Augen und den ausgeprägten Gesichtszügen eigentlich?

Wer ist diese Ida Dehmel?

Eine Zugereiste aus dem leichtlebigen Rheinland natürlich. Vermögend offenbar. Eine Jüdin wahrscheinlich. Mit freidenkerischen Moralvorstellungen womöglich …

Ida Dehmel, verliebt und ihren Mann über alles bewundernd, lässt kein Gerede an sich herankommen. Sie hat nichts zu verbergen, sie steht zu ihrem Leben und zu ihrer Vergangenheit. Objekt des Anstoßes und auch des Neides zu sein, ist sie als Spross einer großbürgerlichen und wohlhabenden jüdischen Familie von Jugend an gewohnt.

Ihr Vater, Kommerzienrat Simon Coblenz, Weingutbesitzer und renommierter Weinhändler in Bingen, erzieht die fünf Kinder nach dem Tod der Mutter mit strenger Hand. Die achtjährige Ida erhält ihre erste Schulbildung bei Rabbinertöchtern in einem Pensionat, lernt Klavier spielen, Handarbeiten und all das Übliche, das höhere Töchter auf eine noch in weiter Ferne liegende Heirat vorbereiten soll. Im weitläufigen Garten ihres Elternhauses richtet sie sich in einem Pavillon ein kleines Zeichenatelier ein – ihr Refugium. Damit die Tochter Vernünftigeres lerne, schickt der Vater sie in ein Internat nach Belgien. Hier wird ihr zum ersten Mal ihr Anderssein bewusst: das Stigma Jüdin – Jahrzehnte vor Hitlers Brandmarkung.

Wieder zu Hause, vergisst sie ihre Demütigung auf ausgedehnten Reisen und vor allem durch die Begegnung mit einem Menschen, der in ihr geistige Bedürfnisse weckt und sie für Literatur empfänglich macht: Stefan George.

Ida Dehmel

Stefan Georges erste Jüngerin

Den ersten Kontakt mit dem zwei Jahre älteren, ebenfalls in Bingen lebenden George schildert Ida Dehmel in ihren Erinnerungen. Eines Tages spricht dessen jüngerer Bruder Fritz sie an: »Fräulein Ida, ich möchte Ihnen was anvertrauen. Mein Bruder Schtefan – ja, unser Schtefan dicht't! Und denken Sie, jetzt sind seine ersten Gedichte gedruckt worden, und wir können sie nicht verstehen, keiner von uns, und ich meine bestimmt, Sie würden sie verstehen.« Fritz überreicht ihr die Hymnen – und sie ist hingerissen: »Ich gab mich dem nie gehörten Klang ganz und gar hin; ich war Georgianerin geworden; die erste, die es gab.«

George führt die Entflammte auf langen Spaziergängen durch die einsamen Täler der Nahe in seine Gedichte ein und erschließt ihr die dichterische Welt der Moderne. Sie ist verzaubert – aber mehr von der Erhabenheit der Verse als von der Person des Dichters, der sie mit seinen Besuchen überfordert: »Sein erstes Beimirsein währte zwei Stunden, und das war das Maß für all seine künftigen Besuche – immer des Guten etwas zuviel. Denn George sprach sehr schnell mit sehr gleichmäßiger, etwas dünner Stimme – es überanstrengte mich, ihm so lange zuzuhören.«

Er liest ihr seine Übersetzungen von Mallarmé und Verlaine vor, erzählt ihr begeistert von seinen Begegnungen mit Wolfskehl und Hofmannsthal. Sie saugt alles begierig auf und sieht in ihm schon den kommenden großen Dichter – nicht aber den künftigen Lebenspartner: »Wir waren einander viel, jeder in seiner Art ein Einmaliges – aber wir hatten füreinander eine völlig verschiedene Bedeutung. George, vor dessen immer kalten Händen mir leise graute, behielt mit seiner pergamentenen Haut etwas Unlebendiges. Sosehr ich jedes Zusammensein mit ihm genoß – das Mönchische seines Wesens beeindruckte mich stark. *Er* hat mich anders empfunden ...« Allerdings. Aus seinen Briefen und Gedichten geht hervor, dass er seine Verehrerin wirklich geliebt hat – sie »war meine Welt« –, auch wenn sie nie einen »bürgerlichen« Heiratsantrag von ihm bekam. Im Gedichtband *Das Jahr der Seele* gibt er seinen Liebesgefühlen Ausdruck und seiner Trauer, »weil man mir nahm mein einzig heil«.

Der Vater muss wohl die Seelenfreundschaft der beiden mit Argwohn beobachten, sucht er doch für seine Tochter nach einem geachteten und wohlhabenden Ehemann, der ihr ein standesgemäßes Leben ermöglicht. Ein Dichter kommt nicht in Frage, ein Angehöriger des Militärs ebenso wenig: Unter den Heiratsanwärtern gibt es einen jungen Offizier, mit dem sich die Tochter sogar heimlich verlobt hat – mehr aus Trotz wahrscheinlich, denn die 22-Jährige schreibt ihrer älteren Schwester Alice: »Du brauchst mir nicht zu sagen, dass Papa nur mein Bestes im Auge hat … Er soll mich doch aus dem Haus schmeißen, es ist ja einer da, der mich draußen auffängt.« Mit diesem »einen« ist nicht etwa George gemeint, sondern der Offizier Heinz von Hahn.

Der Vater lässt nun all seine Verbindungen spielen, um rasch einen geeigneten Mann für die ihm entgleitende Tochter zu finden. Der Berliner Kaufmann Konsul Auerbach scheint ihm – er sieht alles unter geschäftlichen Gesichtspunkten – eine gute Partie zu sein. Und das Erstaunliche: Die Tochter willigt gehorsam in diese Heirat der Vernunft, nicht des Gefühls ein. Hofft sie damit der Machtsphäre des Vaters zu entkommen? Der Umklammerung durch George?

Frau Konsul Auerbach

Im Frühjahr 1895 findet die glanzvolle Hochzeit statt. Die junge Frau Konsul bezieht mit ihrem auf Renommee bedachten Mann eine vornehme Villa im Berliner Tiergartenviertel und macht sich schon bald einen Namen als großzügige, künstlerisch interessierte Gastgeberin. Nach außen ist alles wohlgeordnet und standesgemäß, der Vater kann zufrieden sein. Wie es in ihrem Inneren aussieht, gesteht sie nur Stefan George, mit dem sie nun einen intensiven Briefwechsel führt. Während sie ihm noch im Mai schreibt: »Mein Weg ist so glatt, so geebnet. Ich werde von der Welt darum sehr beneidet«, klingen ihre Worte im Juli verzweifelt und vorwurfsvoll: »*Sie* kannten mich doch, ich hatte Ihnen mich gezeigt, wie vielleicht, nein, gewiss, keinem Andern. Warum nahmen Sie mich nicht bei der Hand und sagten: Das kannst Du nicht tragen, der Schlamm wird über Dir zusammenbrechen ...?«

Die Gefühlsschwankungen lassen sich nicht allein durch ihre Schwangerschaft erklären, die sie – ahnungslos und nie aufgeklärt wie so manch andere höhere Tochter ihrer Zeit – als bedrohlich empfindet und verunsichert. Ihr wird auch klar, dass ihr Mann sie nur als Statussymbol und Repräsentationsobjekt betrachtet. Das kränkt sie. »Früher gehörte ich zu meinem Vater, jetzt zu meinem Mann«, schreibt sie an George. Sie versucht ihre Frustration durch kulturelle Aktivitäten zu überspielen. Im Dezember kommt der Sohn Heinz-Lux zur Welt, was sie allerdings nicht daran hindert, ihre gesellschaftlichen Kontakte weiter zu pflegen und auszubauen.

Sie führt die Berliner Salontradition fort – feudaler als Rahel Varnhagen in ihrer Dachstube, politisch weniger brisant als Bettine von Arnim – und schafft es mit sensiblem Geschick, diese seit der Romantik gepflegte großbürgerliche Salonkultur mit jungen, alternativen Kräften der antibürgerlichen Bohemeszene zu verbinden. In ihrem Haus bringt sie Künstler und Wissenschaftler zusammen, berühmte und noch unbekannte, einflussreiche Kritiker und spendable Literaturfreunde. Auch Stefan George gehört zu den Gästen – bis er eines Tages merkt, dass die

Gastgeberin und den stets anwesenden Dichter Richard Dehmel mehr als literarisches Interesse verbindet. Den Eifersüchtigen trennen Welten von Dehmel, dessen Werk er völlig ablehnt, und kein Vermittlungsversuch der Hausherrin kann George bewegen, in Dehmels Zeitschrift *Pan* Gedichte zu veröffentlichen.

Doch Ida Auerbach führt nicht nur ein großes Haus, sie unterstützt, weniger augenfällig, auch mittellose Künstler und Schriftsteller. Dieser aufwändige Lebenszuschnitt findet ein jähes Ende mit der Verhaftung Leopold Auerbachs wegen eines ihm angelasteten, betrügerischen Bankrotts. Seine Inhaftierung und der Verlust seines – und auch ihres – gesamten Vermögens nimmt Ida Auerbach zum Anlass, die Verbindung mit dem ohnehin ungeliebten Mann zu lösen und die Scheidung einzureichen.

Sie bezieht mit ihrem kleinen Sohn 1898 eine bescheidene Wohnung in Dehmels Nähe in Berlin-Pankow. Der Auszug aus der Villa in der Lennéstraße und aus der »feinen« Gesellschaft scheint sie nicht zu bedrücken. Ihr sei nun eine Tür zugesperrt worden, die Tür zum Luxus, schreibt sie, dafür erschließe sich ihr ein »gar viel wertvolleres Reich«. Sie fühlt sich, erstmals in ihrem Leben, frei – und geht doch wieder eine Bindung ein: eine Bindung, die ihr weiteres Leben prägen wird.

Richard Dehmel: der Eine

Den als Bonvivant bekannten Dichter Richard Dehmel hat sie schon 1895 in ihrem Salon kennen gelernt – bei dem Versuch, ihn für Georges Dichtung zu begeistern. Das Scheitern ihrer Bemühungen war vorauszusehen, dafür entflammten die beiden umso heftiger füreinander. Dass Ida schwanger war und Richards Frau das dritte Kind erwartete, tat der Leidenschaft keinen Abbruch. Wie

Romeo und Julia kommen sie Freunden vor, nur ohne die kindliche Unschuld des Shakespeare-Paares.

Der Versuch einer Ehe zu dritt gelingt nicht, kann nicht gelingen: Weder Ida Auerbach noch Dehmels Frau Paula, Tochter eines Rabbiners und spätere Kinderbuchautorin, verkraften eine solche Zumutung. Paula Dehmel, geborene Oppenheimer, hat schon leidvolle Erfahrungen hinter sich, ein Verhältnis Dehmels mit der Hausangestellten Käthe führte schließlich zu deren Freitod.

Dehmel trennt sich schweren Herzens und schlechten Gewissens von Frau und Kindern und unternimmt mit der Geliebten, die er Isi nennt, ausgedehnte Reisen, bis beide von ihren Ehepartnern rechtmäßig geschieden sind. In Italien erkrankt Isi an Typhus, sodass das Paar unverzüglich nach Deutschland zurückkehrt. Die lebensbedrohliche Krankheit wird in Heidelberg, dem Wohnsitz des Dichterfreundes Alfred Mombert, auskuriert.

1901 heiraten Ida und Richard Dehmel in London. Bei der Wahl des künftigen Wohnsitzes schwanken sie zwischen Weimar und Hamburg. Dehmel, der märkische Förstersohn, hat sich nach langjähriger Tätigkeit für eine Versicherungsgesellschaft als freier Schriftsteller etabliert und ist nicht an einen bestimmten Wohnort gebunden. Für Weimar spricht das dortige rege Kulturleben, für Hamburg die Verbundenheit Dehmels mit den »Werktätigen« und mit seinem Freund Detlev von Liliencron. Die Entscheidung fällt für Hamburg und die beiden beziehen eine Wohnung in Blankenese mit weitem Blick über die Elbe.

Ida Dehmel notiert später: »So wurden wir denn ... Blankeneser. Das ›Ziegenbock-Kletternest‹, wie Peter Hille es nannte, war damals noch ein Fischerdorf, das dem der Natur aufs innigste verwachsenen Dichter unbegrenzte Möglichkeiten schenkte ... Wie ein Rausch kam es oft über ihn, wenn er an dem Hügelrand der Elbe entlangschritt, sich immer mehr von den Menschen entfernend, dem Meere zu. Da geriet er ins Laufen, Tanzen, und mit schallender Stimme sang er selbstgeschaffene Melodien zu eigenen Gedichten.« Kein Wunder, dass sich Wanderer vor dem »Irren« und seinen wilden Gesängen fürchten.

Frau Isi scheinen die exaltierten Ausbrüche des genialischen Dichters nicht zu stören, sie liebt ihn mit einer Hingabe, die niemals Kritik aufkommen lässt. Sein Lob macht sie überglücklich: »Es kann ja von keinem Menschen, und aus der ganzen Welt, nichts zu mir kommen, was mich so ehrt und auszeichnet, als solche Worte von Dir ...« Und wenig später fährt sie im Tagebuch fort: »Ich liebe Dich ja mit solcher Unendlichkeit, mit solchem Glück!« Selbst der Tod könnte sie nicht schrecken, denn sie weiß: »Ich habe Alles gehabt: In Dir, durch Dich, mit Dir ...« Richard Dehmel hat diese alle Fesseln sprengende Liebe in seinem Roman *Zwei Menschen in höchster Tonart* besungen.

Dass nüchterne Hamburger in diese Gesänge nicht spontan einstimmen mögen, kann nicht verwundern. So holt sich Frau Isi, die von Berlin her ein lockeres Künstlerleben gewohnt ist, auswärtige Gäste ins Haus und knüpft erfolgreich Beziehungen zur Kunstgewerbeschule, an der renommierte Künstler unterrichten. Allmählich gelingt es ihr, zu Nachmittagsgesprächen und abendlichen Lesungen auch einheimische Interessierte anzulocken; doch die wenigsten Hamburger nehmen wahr, dass sie nicht nur skandalumwitterte Gastgeberin ist, sondern sich auch intensiv für Künstlerinnen einsetzt, denen der Zugang zu Kunsthochschulen und damit zu professioneller Anerkennung noch immer verwehrt ist.

Mit der Gründung des Frauenclubs Hamburg im Jahre 1906 will sie diese Professionalisierung vorantreiben und auch die Öffentlichkeit und die Presse auf die missliche Lage der Künstlerinnen aufmerksam machen. Die *Hamburger Woche* greift das Thema auf: »Unsere Hamburger Künstlerinnen haben es bei den ungünstigen künstlerischen Verhältnissen unserer Handelsstadt nicht leicht, sich durchzusetzen. Die verschiedenen Künstlerclubs nehmen keine weiblichen Mitglieder auf …«

Der sich bisher kaum um Politik kümmernden Initiatorin wird klar, dass zur Verbesserung der Rechte von Frauen politische Hebel angesetzt werden müssen. Sie tritt deshalb dem Norddeutschen Verband für Frauenstimmrecht bei und schreibt unter dem Pseudonym Coba Lenz Artikel für Frauenzeitschriften, unter anderem für das Blatt *Neue Frauenkleidung und Frauenkultur*. Im Frauenclub am Neuen Jungfernstieg wird jedoch nicht nur politisiert und gekämpft, sondern auch gefeiert. Frauen unter sich: ein Novum, das Neugier und Misstrauen weckt, während Männerclubs von jeher eine Selbstverständlichkeit sind. Richard Dehmel unterstützt die Bestrebungen seiner Frau; er selbst ist ebenfalls kulturell und sozial aktiv, und so fördern sie beide junge Talente und auftragslose Künstler.

Das Dehmel-Haus: Treffpunkt der Boheme

In dem 1912 bezogenen Haus an der Parkstraße kann Ida Dehmel ihre Vorstellung von einem Hort der Künste und der niveauvollen Geselligkeit in größerem Rahmen verwirklichen. Die vom Architekten Peter Behrens großzügig gestalteten Räume, ein von Henry van de Velde gemeinsam mit Richard Dehmel geschaffenes Jugendstilambiente, von Emil Orlik entworfene Tapeten, die fließenden Gewänder der Damen und die lukullische Aufmachung der Tafel – alles fügt sich zum Gesamtkunstwerk, das ästhetisch anspruchsvollen Gästen den passenden Rahmen bietet: so Harry Graf Kessler und Alfred Mombert (der Ida Dehmel als verschmähter Liebhaber doch in Verehrung zugetan bleibt), so dem Maler Max Liebermann und dem Musiker Hans Pfitzner, der Künstlerin Clara Rilke-Westhoff und dem Dichter Detlev von Liliencron. Auch Elisabeth Förster-Nietzsche, die zwielichtige Schwester Nietzsches, gehört zum Freundeskreis.

Ida Dehmel stets, wie schon in Berlin, im Mittelpunkt. Sie sieht sich selbst nicht als Künstlerin, sondern, nach ihrem Vorbild Rahel Varnhagen, als Mittlerin. Und so weiß sie sich glänzend zu inszenieren – zum Wohle ihrer Schützlinge, für die sie Beziehungen knüpft, Aufträge vermittelt, Gespräche mit Verlegern und Kunsthändlern führt, Basare, Kostümfeste und Ausstellungen organisiert. Arnold Schönberg lässt sich von Dehmels Kultbuch *Zwei Menschen* zu seiner Komposition *Verklärte Nacht* inspirieren, Ludwig Kirchner zu markanten Holzschnitten ... Die Dehmels haben es geschafft: Hamburg hat seine Bohemeszene.

Dann bricht der Erste Weltkrieg aus. Wie überall lassen sich auch hier Künstler und Schriftsteller von patriotischen Gefühlen mitreißen. Nicht nur Ida Dehmels Sohn aus erster Ehe, der von ihr vergötterte 17-jährige Heinz-Lux, meldet sich als Kriegsfreiwilliger, sondern auch ihr 51-jähriger Mann, der den Ausbruch des Krieges als »höchsten Mannesrausch« herbeigesehnt hat.

Heinz-Lux fällt 1917 an der Westfront, getroffen von einem englischen Scharfschützen. Ida Dehmel stürzt sich, um den Schmerz zu betäuben, in karitative Arbeit, organisiert Aktionen zur Versorgung der Soldaten und Hilfe für die Verwundeten. Im Tagebuch, das sie im Gedenken an ihren Sohn weiterführt, vermerkt sie: »Ich danke Gott jeden Tag dafür, dass ich deinen Tod ohne Bitternis ertragen habe.« Doch in einem Brief an ihre Schwester klingt Verzweiflung durch: »Ich liege da wie ein gefällter Baum ... Mein Leben hat keine Fortsetzung mehr. Es war ja das Wunderbare an meinem Jungen, dass Alles, was in mir guter Ansatz ist, bei ihm Blüte war.« Wie ähneln diese Aufzeichnungen den Tagebuchnotizen von Käthe Kollwitz, deren Lieblingssohn auch als junger Kriegsfreiwilliger an der Westfront gefallen ist! Richard Dehmel, der gesundheitlich angeschlagen aus dem Krieg zurückkehrt, findet wohl die richtigen Worte, wenn er seiner Frau Isi über den sinnlosen Tod des Sohnes hinwegzuhelfen versucht: »Er war vollendet, da brauchte er nicht länger auf dieser unvollkommenen Erde zu bleiben.«

Dehmel stirbt 1920 an den Folgen eines verschleppten Kriegsleidens: Wiederholte Venenentzündungen führten schließlich zu einer tödlichen Thrombose. Frau Isi bleiben nur seine patriotisch überschwänglichen Feldpostkarten, die zärtlich hymnischen Huldigungen in seinen Briefen – und die Urne mit seiner Asche: nicht auf einem Friedhof bestattet wie bei gewöhnlichen Sterblichen, sondern aufgebahrt im Bücherregal des Dehmelschen Salons. Ein Exzentriker noch im Tod.

Ida Dehmel wohnt nun allein in den auf seine Bedürfnisse zugeschnittenen Räumen. Lebt mit der Erinnerung und mit finanziellen Sorgen: Der Unterhalt des Dehmel-Hauses, das Freunde Richard Dehmel zum 50. Geburtstag geschenkt haben, übersteigt die Möglichkeiten der Witwe. Mit Hilfe des Hamburgischen Senats wird das Haus in eine Dehmel-Stiftung überführt, die den Weiterbestand der Kulturstätte und ihr Wohnrecht absichert.

Sie gründet, unterstützt von Alfred Mombert, eine Dehmel-Gesellschaft und ein Archiv, in dem der Nachlass des Dichters geordnet werden soll. Und sie gibt eine Auswahl seiner Briefe und Tagebücher heraus, die, wie seine lyrischen und dramatischen Werke, von zeitbedingter Emphase und heldischem Pathos geprägt sind – davon hat ihn auch die schreckliche Realität des Krieges nicht abgebracht. Die Witwe setzt alles daran, sein dichterisches Schaffen der Nachwelt zu erhalten.

Doch sie ist nicht nur die rückwärts gewandte Nachlassverwalterin und Gralshüterin: Mit selbstbewusster Eigenständigkeit führt sie nun die schon Tradition gewordenen Veranstaltungen im Dehmel-Haus fort. Berühmte Namen tauchen in den Veranstaltungsprogrammen auf: Hermann Graf Keyserling, Franz Werfel nebst Gattin Alma Mahler-Werfel und auch der Hamburger Schriftsteller Hans Henny Jahnn. Die energiegeladene Organisatorin von Lesungen und Konzerten widmet sich auch wieder verstärkt ihren frauenpolitischen Aktivitäten, die durch die Kriegsumstände in den Hintergrund getreten waren.

Gründung der GEDOK

Schon 1914 hatte Ida Dehmel den Bund Niederdeutscher Künstlerinnen gegründet, der sich aus Malerinnen, Bildhauerinnen und Kunstgewerblerinnen zusammensetzte und mit eigenen Ausstellungen an die Öffentlichkeit trat. Nach dem Ersten Weltkrieg löste sich der Verein auf. Doch als sich die Verhältnisse etwas konsolidieren, wird die Gründerin gebeten, diesen erfolgreichen Zusammenschluss von Künstlerinnen und Kunstgewerblerinnen wieder aufleben zu lassen.

Ida Dehmel hat eine noch weiter reichende Idee: Nicht nur die bildende Kunst und das Kunsthandwerk sollten in der neuen Vereinigung vertreten sein, auch Musik, Literatur und die darstellende Kunst – eine Gesamtschau weiblichen Kunstschaffens sozusagen. Und noch eine Neuerung schwebt ihr vor: Sie möchte auch »Kunstfreundinnen« aufnehmen – kunstinteressierte Frauen, die den Künstlerinnen in organisatorischen Fragen beistehen, denn Künstler sind erfahrungsgemäß schlechte Organisatoren. Ihre Argumente wirken überzeugend, man wagt das Experiment: So wird 1926 im Frauenclub am Neuen Jungfernstieg der Bund Hamburgischer Künstlerinnen und Kunstfreundinnen gegründet, die Keimzelle der heutigen GEDOK.

In den Räumen des Hamburger Hofs am Jungfernstieg entwickelt sich bald ein reges Vereinsleben. Ausstellungen – auch mit den Hamburger Malerinnen Anita Rée und Gretchen Wohlwill – werden gezeigt, Konzerte und Lesungen meist spartenübergreifend organisiert, Kostümfeste und Wohltätigkeitsbasare veranstaltet. All das unter der alleinigen Regie von Frauen. Männer sind allerdings als zahlende Gäste willkommen.

Das Hamburger Modell macht Furore, Ida Dehmel rührt geschickt die Werbetrommel und noch im selben Jahr schließen sich weitere deutsche und österreichische Künstlerinnenvereine der Hamburger Gründung an. 1927 findet in Hamburg die erste Vorstandssitzung der 15 angegliederten Vereine unter der Leitung der Bundesvorsitzenden Ida Dehmel statt. Ein gemeinsamer Name wird festgelegt: Gemeinschaft Deutscher und Österreichischer Künstlerinnenvereine aller Kunstgattungen. Als Abkürzung bürgert sich schon bald die Bezeichnung GEDOK ein. Die Satzung bestimmt als Aufgabe der Gemeinschaft »die Förderung und Vertretung der Künstlerinnen in allen Fragen des öffentlichen Kunstlebens«.

Ida Dehmels kühne Gedankenkonstruktion bewährt sich auch in der Praxis: In immer mehr Städten werden GEDOK-Gruppen gegründet, die Mitgliederzahl wächst auf 7000 an. Das Neue am Dehmelschen Konzept ist nicht nur die Schaffung einer Lobby für Künstlerinnen und die Einbeziehung und gegenseitige Durchdringung aller Kunstsparten, sondern auch die gleichberechtigte Mitgliedschaft kunstinteressierter, jedoch nicht selbst künstlerisch tätiger Frauen, die die Künstlerinnen materiell und praktisch unterstützen. Dieses von Ida Dehmel geknüpfte Netzwerk weiblicher Initiativen hat bis heute Bestand.

Sie selbst zählt sich nicht zu den Künstlerinnen oder Kunstgewerblerinnen, sondern – vielleicht um dieser Sparte mehr Gewicht zu verleihen – zu den Kunstfreundinnen, obgleich ihre kunstvoll gefertigten Perlenarbeiten auf Ausstellungen besondere Beachtung finden. Sie ist stets darauf bedacht, durch hohe Qualität der Ausstellungsobjekte die GEDOK nicht dem Verdikt »dilettantische Frauenkunst« auszusetzen. Auch in den anderen Sparten achtet sie auf Niveau: Namen wie Käthe Kollwitz, Clara Rilke-Westhoff, Mary Wigman, Elly Ney, Annette Kolb oder Ricarda Huch sprechen für sich.

Bitteres Ende

Doch der Schatten, der bald auf ganz Deutschland fällt, greift auch nach der GEDOK: 1932 wird sie in Reichs-GEDOK umbenannt und verliert ihre Autonomie und es sieht nicht danach aus, als ob je wieder eine freie, selbstbestimmte Künstlerinnengemeinschaft, wie Ida Dehmel sie geschaffen hatte, entstehen könnte. Die blühende Hamburger Gruppe dezimiert sich, und vor allem aus den Reihen der jüdischen Kunstfreundinnen gehen etliche mit einer bösen Vorahnung auf die kommenden Ereignisse ins Ausland. Damit entfallen Konzerte und Lesungen, die bisher überwiegend in Privathäusern jüdischer Mitglieder stattgefunden haben. Ausstellungsmöglichkeiten für jüdische Künstlerinnen werden eingeschränkt, »Entartetes« wird verfemt, »Asphaltliteratur« geächtet.

Dass an der Spitze der Reichs-GEDOK eine Jüdin das Sagen hat, ist für die Nationalsozialisten natürlich eine besondere Provokation. Ida Dehmel bietet dem Vorstand mehrfach ihren Rücktritt an, um den Verband nicht in Gefahr zu bringen, doch man unterschätzt die Bedrohung und bittet sie, im Amt zu bleiben. Die Münchner Vorsitzende Baronin von Fremery, die auch dem militanten Kampfbund für Deutsche Kultur angehört, bekundet allerdings ihr Missfallen darüber, dass in einzelnen Ortsgruppen der Vorsitz nicht in deutschen Händen liege. Ida Dehmel antwortet darauf: »Unsere Organisation ist aufgebaut auf dem Prinzip der absoluten politischen und konfessionellen Neutralität ... Ich habe gehofft, daß unsere bewußt unpolitische, ganz und gar auf Hilfsbereitschaft und Liebe zur Kunst aufgebaute Gemeinschaft als über allen Parteien stehend dauernd anerkannt werden würde.« Eine trügerische Hoffnung.

Zu Beginn einer GEDOK-Mitgliederversammlung im *Hamburger Hof* im April 1933 marschiert die SA auf. Mit Gummiknüppeln bewaffnete Uniformierte zwingen Ida Dehmel, ihr Amt als Vorsitzende der GEDOK niederzulegen. Zehn Minuten werden ihr für diese »Formalität« eingeräumt. Sie leistet keinen Widerstand. Mit ihr treten zwei weitere Vorstandsmitglieder zurück. Die übrigen Mitglieder reagieren nicht. Aus Furcht? Aus Anpassungswillen? Aus geheimer Sympathie für die antijüdische Maßnahme? Die Sitzungsprotokolle schweigen darüber.

Ida Dehmel zieht sich ganz aus der Verbandsarbeit zurück, die Hamburger Gruppe löst sich auf. Noch wäre Zeit zur Emigration, doch die 63-Jährige will sich nicht von der vertrauten Umgebung trennen – den Verlust des Dehmel-Hauses könnte sie, wie sie schreibt, nicht verkraften. Veranstaltungen in ihrem Haus finden nun nur noch im privaten Rahmen statt, auch Presseveröffentlichungen sind nicht mehr möglich. Ihr letzter Beitrag im *Berliner Tagblatt* gilt dem Tod des Jugendfreundes und lebenslangen Verehrers Stefan George. Für das Dehmel-Haus und die Stiftung wird ein nichtjüdischer Verwalter eingesetzt.

Um zunehmender Isolation und Diffamierung zu entgehen, bricht Ida Dehmel zu ausgedehnten Reisen auf. Von ihrer 1935 verstorbenen Schwester Alice hat sie ein beträchtliches Vermögen geerbt, das sie, bevor es konfisziert wird, in fremden Ländern auszugeben gedenkt. Über die erste Weltreise mit den Stationen Westindien, Brasilien,

Madagaskar, Ceylon, China und Japan führt sie, wie auch über die zweite Reise nach Mittelamerika, Tagebuch. Während sie sich auf der ersten noch »wie neugeboren« fühlt, beschleichen sie auf der folgenden schon Resignation und Todesahnungen: »Meine Gesundheit ist untergraben; um Gottes Willen kein langes Ende. Ich weiß, daß die Tropen bedeuten, daß das Licht nach beiden Enden brennt. Das ist meine Absicht. Und ich hoffe, meine Freunde gönnen mir, daß das Brandopfer in Schönheit geschieht ...«

Mit Ausbruch des Zweiten Weltkrieges sind Reisen ins Ausland nicht mehr möglich. Doch Ida Dehmels angegriffene Gesundheit und die nachlassende Sehkraft würden ohnehin keine strapaziösen Fahrten mehr zulassen. Sie widmet sich nun der endgültigen Überarbeitung ihres autobiografischen Romans *Daija*. Es wird einsam um sie, aber sie will Hamburg nicht verlassen. Einer Freundin schreibt sie im Dezember 1938: »Marion, ich würde nie auswandern ... Im Moment, in dem ich das Dehmelhaus verlassen muß, mache ich Schluß.«

Im Oktober 1940 wird ihr Freund Albert Mombert aus Heidelberg deportiert. Auch in Hamburg werden die Juden systematisch zu Sammelstellen beordert und in die Konzentrationslager abtransportiert. Zahlreiche Freunde verwenden sich für Ida Dehmel. So schreibt Baronin Toll an einen Goebbels-Vertrauten: »Es handelt sich kurz darum, für die in ... Hamburg lebende 70-jährige, fast erblindete Witwe des deutschen Dichters Richard Dehmel, eine Jüdin, von Dr. Goebbels die Erlaubnis zu erwirken, ihren Lebensabend im Dehmelhaus in Blankenese beschließen zu dürfen. Es droht ihr möglicherweise im Zuge der Entjudung die zwangsweise Entfernung aus Deutschland ...« Eine Kopie des Briefes geht an Ida Dehmel, die beschämt zur Kenntnis nimmt, dass ihr eine Sonderstellung eingeräumt werden soll, während ringsum jüdische Mitbürger aus ihren Häusern geholt werden.

Am 25. Oktober 1941 schreibt sie an Marie Stern in Blankenese: »Seit einer Stunde erst scheine ich gerettet zu sein. Als Einzelne. Mittwoch früh erhielten 2000 Hamburger Juden Evakuierungsbefehl ... Man weiß, daß alle dran kommen sollen.« Wann also wird man sie holen? Die Ungewissheit, die Angst, Angst auch vor einer unheilbaren Krankheit und davor, anderen zur Last zu fallen, rauben ihr die letzten Kräfte. Am 29. September 1942 setzt Ida Dehmel mit einer Überdosis Schlaftabletten ihrem Leben ein Ende – im Dehmel-Haus, das sie nie zu verlassen wünschte. Hier wird auch ihre Asche aufbewahrt. Im Tod ist sie wieder vereint mit Richard Dehmel.

Die Lyrikerin Dagmar Nick, Ida Dehmel durch ihre jüdische Herkunft und durch die GEDOK verbunden, erinnert daran, was der selbstbestimmt aus dem Leben Geschiedenen erspart geblieben ist:

Freitod 1942

Was hätte dir winken können
am Ende, wie viele
Lebensjahre zu früh:
Die Rampe, an der
man dich eingeteilt hätte
nach links,
die Barackenstraße entlang
bis zum Morgen der Endgültigkeit
im scharfen Gestank
aus den Schloten.
Die Überlebenden haben
diese Beize noch an der Haut.
Du hast den Schierling gewählt.
Beizeiten.
Es war der klügere Weg.

Mehr als Klimts Modell

Emilie Flöge

1874–1952

Szenenbild: Modenschau im Salon Flöge, um 1910

Ein lang gestreckter, eleganter Salon in frühem Jugendstil: weiße Schleiflackwände, schwarz umrandet, Fußboden und Laufsteg mit hellgrauem Filz ausgelegt, im Hintergrund – als raffinierter Kontrast zur kühlen Eleganz des Raumes – Vitrinen mit bunter Volkskunst aus östlichen Gegenden. Die röhrenförmigen Lampen, die Drehspiegel, alles fügt sich zum bewusst gestalteten Gesamtkunstwerk – auch die Damen der Wiener Hautevolee auf den unbequemen hochlehnigen Stühlen. Sie tragen, wie die vorbeidefilierenden Mannequins, lange, fließende Gewänder, inspiriert von Empire oder Antike.

Die Regiefäden dieser Inszenierung laufen bei einer jungen Frau mit beinahe kindlichen Gesichtszügen zusammen: Emilie Flöge. Ihr naiv wirkender Charme ist gepaart mit einem scharfen, alles erfassenden Blick und sicheren Bewegungen. In sanfter Lässigkeit stellt sie die aus Paris mitgebrachten Modelle vor und auch die Eigenkreationen, die sie nach Entwürfen ihres Gefährten Gustav Klimt angefertigt hat. Die Damen auf den künstlerisch gestalteten Marterstühlen heißen Rothschild oder Wiesenthal, Primaveri oder Guttmann. Sie gehören nicht dem Hochadel an, aber der zweiten Gesellschaftsschicht, dem Beamten- und Militäradel, dem Kreis der »Kohlenbarone«, der jüdischen Finanz- und Geschäftswelt und der in Wien mehr als anderswo hofierten Theaterszene.

Alle haben sie das – im wahrsten Sinne des Wortes – einschnürende Modediktat des späten 19. Jahrhunderts hinter sich gelassen: das eng gezurrte Fischbeinkorsett, das die Atmung erschwerte, die inneren Organe in einer Wespentaille zusammenpresste und den weiblichen Körper zum Männer aufreizenden »Kunstkörper« deformierte. Dazu die unhygienischen, schweren Kleiderschleppen, die Wagenradhüte und das viel zu enge Schuhwerk, das jeden Spaziergang zur Tortur machte. Dankbar nehmen diese ehemaligen Schönheitsopfer die bequemen Reformgewänder an, die Emilie Flöge für sie nach Pariser Anregungen gestaltet und vorführt.

Der Salon der Schwestern Flöge an der Ecke der Mariahilfer Straße gehört zu den vornehmen Modehäusern Wiens. Was diesen Salon von anderen unterscheidet, ist die Verbindung von gediegener Eleganz mit avantgardistischen, die übliche Modeklientel verunsichernden Entwürfen. Einmalig ist auch die über Kleidermode hinausgreifende Gesamtkonzeption des Unternehmens. Das mit erlesenen Möbeln ausgestattete Interieur wurde von Josef Hoffmann und Kolo Moser, den führenden Architekten der Wiener Werkstätte, entworfen. Im Salon Flöge werden Modenschauen zelebriert wie Kunstvernissagen. – Es sind ja auch Kunstwerke, die von den Mannequins in einer Mischung aus knabenhafter Saloppheit und distinguierter Noblesse vorgeführt werden.

Die apartesten Entwürfe stammen von Gustav Klimt – nicht für den Verkauf, sondern für Emilie Flöge persönlich bestimmt. Klimt hat sich mit seinen Frauenbildnissen und seiner Goldornamentik, aber auch als Präsident der gegen das Establishment revoltierenden Wiener Sezession einen Namen über Österreich hinaus gemacht – was den Kritiker Karl Kraus sarkastisch bemerken lässt, die Salons der Goldprotzen würden nun von Olbrich oder Hoffmann eingerichtet mit den neuesten Schöpfungen von Klimt …

Emilie Flöge

Kraus mag Recht haben – doch ein Glücksfall für die Wiener Haute Couture und für die angewandte Kunst ist das Duo Klimt/Flöge in seiner Verbindung von Solidität und Wagnis trotzdem. Klimt hat das Reformkleid zum Künstlerkleid entwickelt, die Flöge, hochgewachsen und grazil, trägt die taillenlosen Gewänder mit einer Selbstverständlichkeit, als ob es nie eine Kürasstaille und einen Cul de Paris gegeben hätte.

Das künstlerische Wien des Fin de Siècle ist der ideale Nährboden für eine nach ästhetischen Gesichtspunkten entworfene Reformmode. Weltschmerz und gleichzeitig Aufbruchstimmung haben zu Beginn des 20. Jahrhunderts allenthalben, nicht nur in Österreich, Reformbewegungen der verschiedensten Art aufkommen lassen: Schulreformen, Lebensreformen, Freigeist- und Freikörperkultur, Wandervogel, Arbeiterbewegung und Frauenbewegung, in deren Sog die Frauen gutbürgerlicher Kreise der Kleiderreform zum Durchbruch verhalfen. Einer Reform der Vernunft, gegen Modeauswüchse, wie sie Joseph Roth in seinem Roman *Radetzkymarsch* ironisch beschreibt: Die Damen der Wiener Gesellschaft »trugen sommerliche Kleider über steifen Miedern und rädergroße Hüte, auf denen ausgestopfte Vögel nisteten …«.

Längst schon hatten in den skandinavischen Ländern, in Deutschland und Frankreich, auch in Amerika Ärzte vor den verheerenden Folgen der Modeunvernunft gewarnt. Gesunde Kleidung wurde zu einem Thema der bürgerlichen Frauenbewegung. Die Frauen sollten sich nach eigenem Geschmack und Wohlbefinden kleiden, nicht als »Lustobjekte« von Männerfantasien, mit Gesäßpolstern und engen, aufreizenden Miedern. In Berlin zog ein »Verein zur Verbesserung der Frauenkleidung« gegen das Korsett zu Felde. Namhafte Künstler wie der Architekt van de Velde und der Maler Mohrbutter entwarfen eine an antiken Vorbildern orientierte und von den Ideen Paul Schultze-

Naumburgs ideologisch unterfütterte Reformmode: lose von den Schultern hängende, nirgends einschneidende, bodenlange Gewänder. In Paris entwickelte Paul Poiret aus der Empiremode ein nur leicht tailliertes Frauengewand, das ohne Korsett zu tragen war.

In Wien veröffentlichte die Zeitschrift *Wiener Mode* 1902 die ersten gemäßigten Reformkleider. Allerdings hatte hier die Frauenrechtlerin Rosa Mayreder, der Mode um ein Vierteljahrhundert voraus, schon 1877, mit 18, das Korsett aus ihrer Garderobe verbannt – was darauf hinweist, dass auch in Wien heranwachsenden Mädchen der besseren Stände Fischbeinmieder verpasst wurden, um den Wildwuchs des Körpers in männergefällige Formen zu pressen.

Dass auch Reformgewänder männergefällig sein können, zeigen die Frauenbildnisse Gustav Klimts, allen voran das aparte, häufig wiedergegebene Bildnis der Emilie Flöge im blauen Spiralmusterkleid, das allerdings Klimts Mutter gar nicht gefiel. Es »macht zu wenig her«. Mode ist für weite Kreise nach wie vor Repräsentation, nicht individuelle Ausdrucksmöglichkeit, wie sie Emilie Flöge sich wünscht.

Während die eher biedere deutsche Reformmode den Hauptakzent auf Gesundheit setzt und die französische es mit der Miederfreiheit doch nicht so genau nimmt, versucht Emilie Flöge einen Mittelweg zu gehen, deutsches Gesundheitsbewusstsein mit französischem Charme zu koppeln. Ihre Melange von bequem Tragbarem und doch Adrettem kommt bei der Klientel an und verkauft sich gut. Der Salon der Schwestern Flöge – obwohl nicht im vornehmen 1. Bezirk gelegen – ist *die* Adresse für moderne Mode. Treibende Kraft des Unternehmens ist Emilie, die jüngste der drei Flöge-Schwestern. Ihr zur Seite steht die um drei Jahre ältere Helene, die einen Bruder Gustav Klimts geheiratet hat, der früh verstarb und ihr eine Tochter hinterließ. Pauline, die älteste der Schwestern, ist wie Emilie unverheiratet.

Helene und Pauline haben den Betrieb im Griff, wenn Emilie auf Auslandsreisen ist, um Stoffe und Accessoires einzukaufen. In der Werkstatt arbeiten in den besten Zeiten achtzig Näherinnen und Zuschneiderinnen. Es gibt eine englische Abteilung für Mäntel und Kostüme und eine französische für Gesellschaftskleider und Abendroben. Zwei Mal im Jahr fährt Emilie zu den Modenschauen der großen Häuser nach Paris – ohne Skizzenblock. Ihr glänzendes visuelles Gedächtnis speichert alle interessanten Entwürfe und Details. Selbstbewusst behauptet sie ihren Platz unter den Modeschöpfern, noch bevor Coco Chanel und die junge Elsa Schiaparelli, ihre späteren Geschäftspartnerinnen, eigene Salons einrichten. Mode ist, selbst in Paris, eine Männerdomäne. Umso erstaunlicher, mit welcher Souveränität sich Madame Flöge in diesen Kreisen bewegt, obwohl ihr Französisch nicht das perfekteste ist.

Im Wiener Atelier werden die Pariser Modelle auf die Maße der molligeren Wienerinnen umgearbeitet – an Kleiderpuppen oder an Mannequins. Emilie macht es Spaß, die Kleider selbst abzustecken, sie ist handwerklich sehr geschickt. Anregend sind für sie die Ideen der 1903 gegründeten Wiener Werkstätte, die, ähnlich dem Deutschen Werkbund, die künstlerische Durchgestaltung des Alltags anstrebt. Möbel, Gebrauchsgegenstände, Textilien, Kleider – alles aufeinander abgestimmt. Die Architekten Hoffmann und Moser haben der Wiener Werkstätte eine eigene Textilabteilung, später auch eine Modeabteilung angegliedert, die diese Gedanken in die Praxis umsetzen.

Leben als Gesamtkunstwerk. Leben auf einer exquisiten Bühne, abgehoben vom unruhig in die Rezession hineinschlitternden Volk, das sich gegen eine Klassengesellschaft, gegen die *happy few* immer grimmiger auflehnt. Während Klimt seine Bilder mit Goldornamenten verziert, liefern streikende Arbeiter vor Fabriktoren das Gegenbild – und in Wien gibt es keine Käthe Kollwitz, die mit hartem Kohlestrich das Hinterhofelend, die Kehrseite der Zweimillionenstadt, festhält. Nur der Maler Egon Schiele und der frühe Kokoschka zeigen in schrillen Farben die Deformationen dieser Gesellschaft auf, an der Klimts symbolreiche Jugendstilästhetik abprallt.

Doch Klimt beherrscht die Wiener Szene, ihn umgibt eine fast weihevolle Aura. Als halb Franz von Assisi und halb Rasputin charakterisiert ihn der Biograf Kirk Varnedoe. Und Berta Zuckerkandl, die scharfzüngige Gesellschaftschronistin, sieht ihn in *Österreich intim* als heiligen Petrus mit schütterem Haar, als Galionsfigur der revolutionären Kunstbewegung Europas: »Klimt, der Anführer, der Wegweiser, das von allen anerkannte Genie. Ein Einmaliger, Einsamer, aufgetaucht aus dem Urgrund eines Stammes, eines Volkes. Primitiv und raffiniert, einfach und kompliziert, immer aber beseelt.«

Der zum heiligen Petrus Hochstilisierte gefällt sich in der Rolle des wilden und doch sensiblen Außenseiters. Als Schöpfer einer lasziven, von Goldornamenten umrahmten Judith und eines perlmuttschimmernden Beethovenfrieses rührt er an erotische Tabus, deckt Tiefenschichten und menschliche Sehnsüchte auf, wie dies, einige Bezirke weiter, Sigmund Freud mit seinen Vorstößen ins Unterbewusste tut.

Während Klimt im Blattgold seiner gemalten Prachtgewänder schwelgt, bevorzugt er für seine eigene Kleidung, dem männlichen Part der Kleiderreform entsprechend, einfache Leinenkittel: weg vom Vatermörderkragen und steifen Manschetten zu Kaftan und Bauernkittel als Symbol schlichten, antibürgerlichen Lebens, wie es von Künstlern und Aussteigern auf dem Monte Verità bei Ascona vorgelebt wird. Eine lustvolle Selbstinszenierung, ein Stück auf fremder Bühne.

Klimt stammt aus eher kleinbürgerlichen Verhältnissen. 1862 als Sohn eines Goldschmieds geboren, wohnt er zeitlebens in einer bescheidenen Wohnung im 7. Bezirk bei seiner Mutter und den beiden unverheirateten Schwestern, die ihn umsorgen. Nur Bett und Tisch und Kasten stehen in seiner Kammer, aber die Schuhe werden geputzt, die Hemden gebügelt, für eine Versorgungsheirat gibt es keine Notwendigkeit. Ob die Mutter, die Schwestern von seinem recht unsteten Leben außerhalb seiner Arbeit im Atelier an der Feldmühlgasse wissen? Ob Emilie Flöge, die ewige Freundin, davon weiß? Drei uneheliche Kinder sind ordnungsgemäß registriert, 14 melden nach seinem Tod berechtigte oder unberechtigte Versorgungsansprüche an. Ein frühes Liebesabenteuer in Venedig mit Alma Mahler-Werfel scheitert. »Meine sogenannte gute Erziehung hat mein erstes Liebeswunder vernichtet«, schreibt die auf Klimts leidenschaftliche Werbung nicht eingehende Alma später bedauernd, obwohl sie ihn zu durchschauen glaubt: »Er spielte gewohnheitsmäßig mit menschlichem Empfinden ... Er hatte niemand um sich als wertlose Frauenzimmer ...«

Emilie Flöge, die mit 18 dem zwölf Jahre älteren Klimt zum ersten Mal begegnet, gehört nicht zu diesen »Frauenzimmern«, hat nichts mit dem »Milieu« zu tun. Bei einem gemeinsamen Urlaub im Haus der Schwestern Flöge am Attersee ist Klimt ängstlich bemüht, Briefe einer Alimente einfordernden Kindsmutter vor Emilie zu verbergen. Er schätzt die gastliche Atmosphäre des Hauses, schätzt eine Verbindung ohne verpflichtende Bindung. Bindungsangst und gleichzeitig Bindungssehnsucht bescheinigt Alma Mahler-Werfel dem Unsteten, der nie eine Ehe eingehen wird, auch eine Ehe mit der ihm treu ergebenen Emilie wohl nie in Erwägung gezogen hat.

Was fasziniert ihn an Emilie? Was bewegt sie, dem immer wieder Ausschweifenden die Treue zu halten? Leider gibt es keine Aufzeichnungen von Emilie, Briefe wurden entweder nie geschrieben oder später vernichtet. Sie ist sein Modell und seine Muse, die ihn zu Bildallegorien und Gewandorgien inspiriert – verewigt im berühmten Gemälde *Der Kuß* oder in der Deckenmalerei des Burgtheaters. Aber sie ist ihm noch mehr: engste Gefährtin über zwanzig Jahre. Seine letzten Worte, als er im Januar 1918 nach einem Schlaganfall in seiner Wohnung zusammenbricht, gelten ihr: »Emilie soll kommen!« Er stirbt im Monat darauf, am 6. Februar 1918, und der Dichter Peter Altenberg bringt seinen Nachruf auf den Satz: »Gustav Klimt, Du warst ein Mensch!!!«

Auch die in fest verschnürten Bündeln erst lange nach Emilies Tod in ihrem Nachlass gefundenen vierhundert Briefe und Karten Klimts geben keine Anhaltspunkte über das tatsächliche Verhältnis der beiden. Es sind Zeugnisse alltäglicher Lebensbewältigung. Da ist von Arbeitsbedingungen und Unpässlichkeiten, vom Wetter oder von der Landschaft die Rede, aber nie von Liebe, nie von Leidenschaft, auch wenn Klimt oft mehrere Karten an einem Tag schreibt. Hat die zurückhaltende, vielleicht sogar prüde Emilie Belege der weniger unverbindlichen Art verschwinden lassen oder dokumentiert sich auch hier des Meisters Angst vor Festlegungen? Die beiden seien nie ein Liebespaar gewesen, behauptet eine Nachbarin, die über Jahre Einblick in den Flöge-Haushalt hatte.

Für eine Würdigung der Leistung beider ist das auch nicht entscheidend. Klimt ist als Impulsgeber einer neuen Kunstrichtung, eines neuen Lebensgefühls in die Kunstgeschichte eingegangen, seine Werke, wie immer man sie gewichtet, werden unser Jahrhundert überleben. Und Emilie Flöge? Lässt sie sich, wie viele Musen bedeutender Männer, nur über ihn definieren? Mitnichten. Als tüchtige und einfallsreiche Chefin eines mittleren Unternehmens, als geschickte Inszeniererin von zeitgemäßem Modestil hätte sie durchaus ohne Klimt existieren können – vielleicht mit etwas weniger ausgefallenen, aber dafür umsatzträchtigeren Kreationen. Als »Muse der Wiener Werkstätte«, als »Coco Chanel Wiens« wird sie in der österreichischen Modegeschichte nicht vergessen werden.

Ganz eigene Elemente hat sie in die Textilkunst eingebracht, angeregt durch ihre reichhaltige Sammlung von Volkstrachten und Gebrauchsgegenständen vor allem aus östlichen Ländern, die sie in Vitrinen in ihrem Salon ausgestellt hat. Diese Spurensuche in bäuerlicher Vergangenheit kommt der Sehnsucht nach einfachem, ursprünglichem Leben in den ersten Jahrzehnten des 20. Jahrhunderts sehr entgegen. Ihre Stilsicherheit bei der Zusammenstellung der volkskundlichen Sammelstücke überrascht um so mehr, als sie über keinerlei ethnologische oder historische Bildung verfügt. Emilie Flöge ist, auf allen Gebieten, Autodidaktin.

Wo hätte sie sich Wissen und Erfahrung für ihren Beruf herholen können in einer Gesellschaft, in der Frauen als Unternehmerinnen oder gestaltende Künstlerinnen gar nicht vorgesehen sind? In der der Psychoanalytiker C. G. Jung schreiben kann: »Die Frau ist weder politisch, noch geistig, noch ökonomisch ein sichtbarer Faktor von irgendwelcher Tragweite.« Oder noch drastischer der berühmt-berüchtigte Weininger, im Jahre 1903: »Das Weib ist nichts, es ist nur Materie. Der Wille des Mannes schafft erst die Frau.« An anderer Stelle seines Werks *Geschlecht und Charakter* schreibt er, Logik, Ethik und auch Ästhetik seien dem Manne vorbehalten und könnten nach Kant nur in Freiheit ausgeübt werden. »Das Weib aber besitzt keinen freien Willen, und so kann ihm auch nicht die Fähigkeit verliehen sein, Schönheit in den Raum zu projizieren.«

Weininger hat sich 1903 in Beethovens Todeszimmer erschossen, aber seine Gedanken wirken weiter, säen, auch in Künstlerkreisen, Zweifel an der Eigenkreativität der Frau: Ist die Flöge nicht ein Beispiel für »geborgte« künstlerische Gestaltungskraft? Haben ihre Entwürfe nach dem Tod Klimts nicht ihren Glanz und ihre Originalität verloren? Gewiss – aber dabei müssen auch die Begleitumstände berücksichtigt werden. Der Aufbruch an der Jahrhundertwende, der Reformbewegungen aller Art wie auf einer Woge hochspülte, war verebbt. Reformkleider waren keine Botschaft mehr, hingen, längst nicht mehr exklusiv, in den Warenhäusern und Provinzgeschäften. Zwar fertigte der Salon Flöge nach wie vor exquisite Modelle an, aber die spritzige Herausforderung aus Paris fehlte. Französische Stoffe, französische Schnitte waren mehr und mehr verpönt, die Politik holte die Mode ein. Vorbei die erst wenige Jahre zurückliegenden Auftritte Paul Poirets mit seinem »Modezirkus« in Wien. Das Defilee seiner Mannequins in der Kärntner Straße in ungewohnten Hosenröcken, die für ein Verkehrschaos sorgten …

Verspielte, verführerische Modelle verschwanden aus den Schaufenstern, solide deutsche Reformgewänder hingen nun an den Wiener Kleiderständern und die einheimische Schneiderinnung freute sich, die lästige französische Konkurrenz endlich los zu sein: »So wie unter furchtbaren Schlägen der deutschen und der österreichisch-ungarischen Millionenheere das französische und englische Prestige auf's jämmerlichste zusammengebrochen und der stolze Übermut dieser beiden Nationen auf Jahrzehnte hinaus gedemütigt ist, so ist auch der dominierende Einfluss der französischen und englischen Mode durch den Weltkrieg, so Gott will, definitiv vernichtet worden … aus dem Publikum selbst schallt der tausendstimmige Ruf: Los von Paris! Los von London!«

England und Frankreich sind zwar nach 1918, nach dem Zusammenbruch der Donaumonarchie, mitnichten auf Jahrzehnte gedemütigt, wie die österreichischen Schneider hofften, aber mit der ausländischen Haute Couture ist es trotzdem vorbei. Man hat andere Sorgen als die Mode im republikanischen Rumpfösterreich. Wer kann noch 400 Schilling für ein Modellkleid bezahlen – den Monatslohn eines höheren Beamten? Die Weltwirtschaftskrise, der Zusammenbruch von Banken und Unternehmen hinterlassen Spuren, auch der Februarputsch von 1934, die steigenden Arbeitslosenzahlen. Industriellengattinnen können sich keine teure Garderobe mehr leisten, jüdische Kundinnen haben ihr Vermögen verloren, gehen in die Emigration. Dass sich der Salon Flöge, allerdings mit stark geschrumpfter Belegschaft, bis 1938 halten kann, liegt in erster Linie am Improvisationsgeschick der Chefin. Aber das nützt ihr nach dem Einmarsch Hitlers auch nichts mehr. Anfang Juli 1938 wird das letzte Mannequin entlassen, »infolge zeitbedingter Stillegung des Betriebs«, wie es im Kündigungsschreiben lapidar heißt.

Dieses Mannequin, Elisabeth Schironi, erinnert sich viel später an die Jahre im Salon Flöge: Emilie Flöge, die sich mit dem Älterwerden immer mehr in sich selbst zurückzog, hatte dem jungen Mädchen die Verwaltung des stets verschlossenen »Klimt-Zimmers« anvertraut, das seit Klimts Tod unverändert geblieben war. Das »Allerheiligste« enthielt Glasschränke mit Klimt-Zeichnungen, chinesischen und japanischen Seidengewändern, seine Staffelei und eine Schneiderpuppe mit seinem Lieblingsgewand, einem rot eingefassten Leinenkittel. Während das Mädchen Staub wischte und lüftete, ließ Emilie Flöge versonnen einzelne Stücke durch ihre Hände gleiten – Gesten, die eine enge Verbundenheit über den Tod hinaus vermuten lassen. War sie sich der Bedeutung des Klimtschen Nachlasses bewusst?

1938 war dieser Nachlass nichts wert, ebenso wenig wie die ganze kostbare Einrichtung des Flöge-Salons aus der Wiener Werkstätte. Jugendstil passte nicht ins heroische Kunstkonzept der Nationalsozialisten. Möbel der Jahrhundertwende gab es ohnehin im Überfluss – die Nachlässe jüdischer Emigranten wurden im Dorotheum zu Schleuderpreisen versteigert. Nur einen kleinen Teil des Mobiliars konnten die Flöge-Schwestern in die neue, viel engere Wohnung in der Ungargasse mitnehmen.

Die Kriegsjahre verbrachten die Schwestern abgeschieden von der Welt und unter körperlichen Entbehrungen in ihrem Haus am Attersee. Noch in den letzten Kriegstagen wurde ihre verlassene Wohnung in der Ungargasse durch Brand zerstört und mit ihr wichtiges Material aus dem Klimt-Nachlass. Erhalten geblieben ist – neben Briefen, Schmuck der Wiener Werkstätte und Volkskunst – ein wertvolles Album mit Modefotografien: Emilie als Modell in wechselnden Kleiderentwürfen Klimts, die ihre aparte Erscheinung, Mischung aus charmanter Mannequinfigur und eigenwillig selbstbewusster Unternehmerin, noch einmal voll zur Geltung bringen. Sie sei angebetet worden wie eine Königin, erinnert sich ein ehemaliges Lehrmädchen.

Die Fotos lassen nicht ahnen, welch weiten und konsequent gegangenen Weg diese Frau zurückgelegt hat, die im langen Teekleid, lässig an eine Säule gelehnt, für den Fotografen Gesellschaftsdame mimt. Als Tochter eines Drechslermeisters hat sie zwar Französisch und Klavierspielen gelernt, auch einen Nähkurs besucht, aber keine höhere Schule und auch keine Berufsausbildung absolviert. Der Vater hat durch gute Beziehungen zur Handelskammer seinen Töchtern einen Gewerbeschein besorgt, ohne dass sie ihr Handwerk in einer Schneiderwerkstatt lernen und eine Meisterprüfung ablegen mussten. Eine Fachschule für Modeberufe gab es noch nicht, und wenn es sie gegeben hätte, auch für Mädchen, hätte Drechslermeister Flöge seine Tochter bestimmt zu »etwas Soliderem« gedrängt.

Die spät entdeckten Fotos sagen auch nichts aus über die persönliche Beziehung des Paares, das gemeinsam Französisch lernte, reiste, die Oper besuchte, an Modeentwürfen arbeitete, aber stets auf Distanz hielt. Sie zeigen Emilie, die

1952, mit 78, an einem Nierenversagen starb, ein halbes Jahrhundert früher, in der wohl glücklichsten Phase ihres Lebens, der Zeit mit Klimt. Eine Verbindung, die Biographen nicht auf einen Nenner bringen können: eine Frau, die – zeituntypisch – ihren Lebensunterhalt völlig selbstständig verdient, die ein Sportcabriolet fährt und die Geschwindigkeit und Unabhängigkeit liebt und die sich doch freiwillig und bereitwillig in Abhängigkeit begibt, für einen Mann lebt, der nicht daran denkt, sich ganz an sie zu binden, seine Freiheit aufzugeben.

Emilie Flöge hat mit Sicherheit weder Weininger noch Nietzsche gelesen, konnte nicht wissen, was die von Männern definierte »natürliche Bestimmung des Weibes« sei, kannte auch Rosa Mayreders Forderung an die fortschrittliche Frau nicht, das sinnliche Leben »in seiner ursprünglichen Kraft und Schönheit zu erkennen«. Sie hat nur wenig von Schnitzlers »süßem Mädel«, noch weniger von einer Femme fatale an sich. Sie ist Emilie Flöge. In immer wechselnden Gewändern und Inszenierungen: Emilie Flöge.

Ein Gohliser Turmzimmer für Rilke
Katharina Kippenberg
1876–1947

… im Gefühl des gastlich-schönen Thurmzimmers,
in dem der M. L. Brigge zum Abschluß kam;
dankbar gegen die Ersten, die ihn vernahmen,
und gegen die göthevolle Atmosphäre des Hauses …
RAINER MARIA RILKE

Das Turmzimmer im Kippenbergschen Haus in Leipzig Gohlis ist durch Rilke in die Literatur eingegangen. In diesem kleinen, lichten Raum im obersten Geschoss konnte sich der Unbehauste zu ungestörtem Schreiben zurückziehen. Hier hat er seine *Aufzeichnungen des Malte Laurids Brigge* vollendet und diktiert, der Hausherrin Katharina Kippenberg widmete er eine eigenhändige Abschrift. Im *Fragment von den Einsamen* mag ihm diese weiße Mansarde mit dem Blick auf den Park vor Augen gestanden haben: »Wenn man am Morgen an das immer offene Fenster tritt, so sieht man die Welt. Große Bäume sieht man, die immer noch wachsen, Vögel sieht man, und große Zweige schwanken von ihrem Abflug, und es ist, als wäre der Wind in einem Tier und in den Stämmen der Stille.« Die Stille hat der Dichter überall gesucht, auf Schloss Berg am Irchel, im düsteren Schloss Duino bei Triest, schließlich im Schlösschen Muzot im Wallis, seinem letzten Refugium. Immer fand er verständnisvolle Gönnerinnen, die ihm eine angenehme Arbeitsatmosphäre bereiteten und die er an seinem Schaffensprozess teilhaben ließ. Die wichtigste Rolle spielte dabei wohl die Fürstin Marie von Thurn und Taxis, doch auch mit Katharina Kippenberg verband ihn eine lebenslange Freundschaft. Sie konnte ihm zwar kein Schloss, aber ein Haus einzigartiger Prägung bieten.

Das gastliche Haus in der Richterstraße

Die weinlaubbewachsene Villa in der Richterstraße, die, wie der Architekt Otto Bartning sie beschreibt, »Van de Veldes Geist und Hand zeigt« und »mit so sorgfältig zusammengetragenen und aufeinander abgestimmten Gegenständen ausgestattet im wahren Sinne ein Museum war, aber in ständiger Wandlung sich befindend, herzhaft bewohnt und persönlich erfüllt eine lebendige Einheit darstellte«. Eine Einheit, in der sich Gegensätzliches harmonisch verband: »der immer lebendig planende und treibende Geist des Bauherrn Professor Anton Kippenberg; und der ebenso lebendig lenkende, ordnende, sichtende, allen Kalkstaub des ewigen Umbauens ertragende und alle Widerstände mit plötzlichem Humor besiegende Geist der Bauherrin Katharina Kippenberg«.

Die besondere Atmosphäre des Gohliser Hauses, die Rilke so wohltuend empfunden hat, ist von vielen Besuchern und Freunden des Verlegerpaares beschrieben worden. Das Gästebuch, das 1942 mit den Eintragungen Hans Carossas und Edwin Fischers endet, liest sich wie ein Who is Who des deutschen Geisteslebens, auf einer – willkürlich aufgeschlagenen – Doppelseite aus den zwanziger Jahren finden sich die Schriftzüge von Richard Strauß, Romain Rolland, Stefan Zweig, Rudolf Alexander Schröder, Hugo von Hofmannsthal, Harry Graf Kessler, Alexander Lernet-Holenia und Martin Buber.

Eine Einladung in die »Villa Chippi«, wie Freunde sie nannten, galt zugereisten Literaten, Künstlern und Musikern mehr als ein offizieller Empfang. So verwundert es

Katharina Kippenberg

nicht, dass Thomaskantor Karl Straube den Dirigenten Wilhelm Furtwängler, den er für Leipzig gewinnen wollte, gerne als Gast im Kippenbergschen Hause gesehen hätte: »Furtwängler, den Sie sicherlich schon gehört haben, muß hier einen Kreis von hochgebildeten ... Menschen kennen lernen; nicht im gesellschaftlichen Rummel, sondern im persönlichen, nahen Verkehr, mit dem Ziel eines geistigen Austausches. Können Sie Ihre helfende Hand reichen?« Die »helfende Hand« war meistens Katharina Kippenberg. Sie knüpfte geistige Fäden, stellte nützliche Beziehungen her, vor allem für junge, noch unbekannte Autoren.

Berühmt und begehrt waren die Einladungen zu den »Mai-Bock-Abenden«, die, traditionell umrahmt vom Thomanerchor und den Nachtigallen im Park, unter der lockeren Regie der Hausherrin geistige und kulinarische Genüsse verbanden und die bei Meißner Wein auch notorisch Einsilbigen die Zunge lösten. Als nur selten gewährtes Privileg galt der Einlass ins »Allerheiligste«, in die erlesene Bibliothek und die Räume mit der Goethesammlung, für die Anton Kippenberg lebenslang mit großer Leidenschaft und einem angeborenen Spürsinn seine Schätze zusammengetragen hat. Der Dichter Reinhold Schneider erinnert sich, wie Kippenberg ihm »in seinem schmalen, mit der Sammlung der Faust-Ausgaben angefüllten Arbeitszimmer die eisernen Kästen aufschloß« und ihn – ein besonderer Vertrauensbeweis – mit Goethes Handschriften allein ließ. Anton Kippenberg, seit 1906 »Herr« des um die Jahrhundertwende gegründeten Insel Verlages, dem er mit der Insel-Bücherei die unverwechselbare, bibliophile und doch volksnahe Prägung gegeben hat – 50 Pfennig kosteten die in Millionenhöhe erscheinenden »kleinen deutschen Wunderbücher« –, wusste seine Goethe-Begeisterung auch verlegerisch zu verwerten: »Den besten Lotsen aber hatten wir ja schon an Bord des Schiffes genommen: Goethe.«

Ist für Anton Kippenberg Goethe Leitfigur seines Denkens und Handelns, so ist dies für seine Frau und engste Mitarbeiterin Rainer Maria Rilke. Rilke hat, das geht aus dem Briefwechsel hervor, schon in der Anfangszeit des Insel Verlages Kontakt zu den Kippenbergs aufgenommen. Er möchte gern Autor der Insel werden, bietet Gedichte und Prosa an und legt als Beweis seiner Begehrtheit alte Verträge mit anderen Verlegern bei. 1908 kommt ein Pakt zustande, der Rilke umfassende finanzielle Sicherstellung bietet. Es ist ein Geschäft auf Gegenseitigkeit. Kippenberg, der nüchterne Bremer Kaufmann, hat ein Gespür für Themen und Strömungen, die in der Luft liegen. Die Insel, mehr auf Klassisches ausgerichtet, braucht, um auch die Jugend anzusprechen, zeitgenössische Autoren und Rilke, davon ist der Verleger überzeugt, ist mit seiner weihevoll sanften Sprache eine sichere Investition. So gewährt er dem Dichter denn ein vierteljährliches Gehalt von fünfhundert Mark, das Rilke in den folgenden Jahren, erstaunlich geschäftstüchtig, ständig in die Höhe zu treiben weiß.

Während der Briefwechsel mit dem Verlag sich um Auflagen und Abdruckrechte, um Überweisungen an die von Rilke getrennt lebende Frau Clara, um von Kippenberg großzügig bezahlte Zahnarzt- und Mietrechnungen dreht, entfaltet der Dichter in den Briefen an Katharina Kippenberg sein Inneres. Er findet in ihr, einer geborenen von Dülmen und Tochter eines Gutsherrn, eine verwandte Seele – wie er mit sicherem Instinkt stets finanzkräftigen Adel aufzuspüren versteht, ohne jemals in den Ruf eines Hochstaplers oder Scharlatans zu geraten. Er bietet seinen Mäzeninnen ein nicht mit Geld aufzuwiegendes Äquivalent: Verse mit Widmungen und persönliche Briefe, die die Zeit überdauern werden.

Katharina Kippenberg, ein Jahr jünger als Rilke, hält diesen nicht nur von Alltagsbanalitäten fern, wenn er in Leipzig weilt, sie bemüht sich auch um die Herausgabe seiner Gedichte und zeichnet sein Leben auf. Ausführlich schildert sie, wie der Dichter ihr von seinen Begegnungen mit der Fürstin Thurn und Taxis berichtet. Ließen sich aus deren Charakterisierung nicht Parallelen zu ihrem eigenen Leben ziehen? Sie schreibt über die Frau, die sie als geistige Rivalin empfinden könnte: »Sie muß einen starken Stil in ihrem Wesen gehabt haben, ihre Sicherheit im Geschmack und in der Beurteilung von Kunstdingen, ihre Sprachbegabung und großzügigen Lebensformen deuten darauf hin, daß sie aus einem Blut heraus handelte, das ihren Kindern durch Generationen Erworbenes als angeborene Mittel für ein kultiviertes Leben in die Wiege legte. Gerade dies liebte Rilke. Auch muß ihr etwas Mütterliches eigen gewesen sein, das ihn anzog …«

Die Rilke-Verehrerin schreibt auch über andere Frauen um Rilke – die enge Vertraute Lou Andreas-Salomé oder die bewunderte Eleonora Duse – in einer verständnisvollen Abgeklärtheit, die fast übermenschlich anmutet. Die Kippenbergs haben den rastlosen Dichter in Paris getroffen und die Biographin hält fest, was sie längst wusste: »Die meisten Aufenthalte waren wohl nur die größeren oder kleineren Gehäuse für seine innere Unruhe …« Er sehnt sich nach einem kleinen Haus auf dem Lande, »in einer stillen Wohnlichkeit, wo ein ebenso stiller Mensch ihm selbstlos dienen würde«.

Wahrscheinlich gehört die kleine Französin Marthe, die er in einem Armenviertel von Paris aufgegriffen hat – »frühreif und unschuldig zugleich« –, zu jenen selbstlos Dienenden. Ihr will er aus Leipzig ein Andenken mitbringen und er hat eine genaue Vorstellung davon, wie dieses Präsent beschaffen sein soll: »… ein kleines goldenes Kettchen, aber ein altes, wie es früher mit der Hand in der

Werkstatt gemacht wurde ...« Katharina Kippenberg, die sich von des Meisters extravaganten Einfällen nicht aus der Fassung bringen lässt, zieht mit ihm auf der Suche nach dem Kettchen durch die Leipziger Antiquitätenläden, »solche, in denen die Möbel, geputzt und geschniegelt und glänzend poliert, nach ihrer Rangordnung standen ... Rilke freilich zog diesen Läden die alten verstaubten vor, in denen die Möbel wie ein Gerümpel waren und die Spuren ihrer Schicksale trugen, zerschunden, abgestoßen, halb zerbrochen ...«

Die Autorin Kippenberg

Der von Katharina Kippenberg 1935, neun Jahre nach Rilkes Tod veröffentlichte Insel-Band über den Dichter hat ihr viel Lob und nur hie und da leise angedeutetes Befremden über die vorbehaltlose Bejahung seiner Persönlichkeit eingebracht, zum Beispiel von Harry Graf Kessler, der ihr zum Erscheinen des Buches schreibt: »Es stellt ein Menschenbild dar, wie es in der Literatur selten ist, gleichzeitig lebensnah und durch die Atmosphäre, die es umschwebt, heroisiert, so wie Rilke uns in seinen letzten Jahren in der Wirklichkeit erschien.« Von Rilkes Tochter, Ruth Sieber-Rilke, kommt aus Weimar eindeutiges Lob. Sie hat zum ersten Mal bei einem Buch über ihren Vater das Gefühl, »daß da von einem *Menschen* die Rede ist, nicht von einer abstrakten Dichterpersönlichkeit. Es ist alles so blutwarm gesehen und mit so viel Liebe geschrieben, wie es eben nur Ihre wahre Freundschaft und Verehrung für meinen Vater eingeben konnte ...«

Eigenwillig das Geständnis Ricarda Huchs, die Rilke distanziert gegenübersteht: »Ich gestehe es, und ich glaube, Sie wissen es schon, daß mir der Sinn für Rilke ganz und gar fehlt, daß ich die Art seiner Religiosität nicht verstehe, daß mir seine Gedichte als ganz unmelodiös, nicht eingehen, dass mir seine Duineser Elegien unverständlicher als böhmisch sind, und daß sich alles in mir sträubt, darüber nachzudenken. Umsomehr muss ich mich selbst darüber verwundern, daß ich Ihr Buch über Rilke mit so viel Genuß lese.«

Katharina Kippenberg hat sich in ihrer letzten Lebensspanne daran gewagt, Rilkes *Duineser Elegien* und seine *Sonette an Orpheus* zu deuten. Ein anspruchsvolles Unterfangen. Sie sei, schreibt Hans Carossa in einem Essay, im Gedankenaustausch mit Rilke, zu dessen Lebzeiten und stärker noch nach seinem Tode, gewachsen und dabei mehr und mehr sie selbst geworden: »Manchem andern wäre solch ein durch Jahre geübter geistiger Verkehr zur Gefahr geworden; ihr aber standen als hohe Schutzgeister Goethe und die Griechen zur Seite ... dazu der männlich nüchterne Sinn ihres Gatten, vor allem jedoch die angeborene Selbständigkeit ihrer eigenen Natur.«

Diese angeborene Selbstständigkeit war jedoch gekoppelt mit Zurückhaltung und Bescheidenheit. Nie hat sie sich in den Vordergrund gedrängt, kaum je von sich selbst gesprochen, auch nicht von ihrer Familie, ihren beiden Töchtern. Dass Verse eines unbekannten Ludwig Fehr von ihr stammten, wurde erst nach ihrem Tod bekannt. In der Anfangszeit ihres Schreibens hat sie sich auch die Pseudonyme K. Berg und Karl Moorburg zugelegt – wohl weniger aus Furcht vor Kritik, denn aus dem Bestreben, als »Verlegergattin« keinen Sonderstatus eingeräumt zu bekommen.

Auch wenn sie als selbstständige Verlegerin durchaus erfolgreich war und seit dem Ersten Weltkrieg Prokura in der Insel hatte, wurde der Verlag doch, ohne dass sie darunter gelitten hätte, stark von der Persönlichkeit ihres Mannes geprägt. Anton Kippenberg, den sie, als sie in Leipzig studierte, bezeichnenderweise in der Goethegesellschaft kennen gelernt hat, war ja nicht nur »Herr der Insel«, sondern bekleidete eine Reihe von Ehrenämtern, die ihm Ansehen und gesellschaftliche Macht verliehen haben. Der gelernte Buchhändler, der mit Ausnahmegenehmigung ohne Abitur 1901 in Leipzig promovieren konnte – summa cum laude – und von seiner Vaterstadt Bremen den Professorentitel verliehen bekam, war als Musikfreund für Gewandhaus und Thomaner, als passionierter Goethesammler für die Bibliophilen- und die Goethegesellschaft tätig.

Im Verlag überließ er die Kontakte mit den Autoren nur zu gerne seiner Frau, die mit ihrer jahrzehntelangen Erfahrung als Lektorin und Verlegerin im Umgang mit schwierigen und egozentrischen Dichternaturen nie die Geduld verlor und vor allem jungen Talenten, auch wenn sie keinen der begehrten Insel-Verträge bekamen, mit Ermunterung und behutsamer Kritik weiterhalf.

Der »andere« Johannes R. Becher

»Liebste gnädige Frau: so schreibe ich Ihnen tiefst nachts; ich sehne mich nach Ihnen: dem Streichen Ihrer unendlichen mütterlichen Hände, was tuts: ich muß es Ihnen gestehn. Ich habe Sie immer gleich von Anfang her sehr lieb gehabt: doch war ich zuerst verliebt in Sie: nun sind Sie ganz groß vor mir aufgewachsen, mit vielen spiralenförmigen Schemen um das Haupt: liebe liebste Mutter und Frau. Unantastbare ...«

Nein, diese Zeilen stammen nicht von Rilke. Diesen Brief hat im Dezember 1916 der 25-jährige Dichter Johannes R. Becher an die 15 Jahre ältere Verlegerin Kippenberg geschrieben. Jener Johannes R. Becher, der nach seinen Exiljahren in Moskau in der DDR eine führende Rolle spielte, erst als Präsident des Kulturbundes, als Mitbegründer der Literaturzeitschrift *Sinn und Form* und der Deutschen Akademie der Künste in Ostberlin, später als Kulturminister. Ein weiter Weg vom schwärmerischen Expressionisten zum Stalin-Verehrer und zur gefürchteten Zensurinstanz. Welten trennen ihn vom Kulturverständnis der Kippenbergs, wenn er von der sozialistischen Kultur als der »vollendeten Blüte der Menschheitskultur« spricht. Und trotzdem fühlt er sich als selbsternannter Goethe-Experte dem Goethe-Liebhaber Kippenberg verbunden. Vor allem jedoch dessen Frau, die ihm als Insel-Autor auf den Weg geholfen hat.

Kaum anzunehmen, dass seine frühen ekstatischen Briefe an Katharina Kippenberg, worin von seiner Morphiumsucht, seinem Entzugsversuch in einer psychiatrischen Klinik, seiner problematischen Verlobung mit Theodor Däublers Schwester und immer wieder von Geldnot die Rede ist, allein aus kühler Berechnung geschrieben wurden. Er wird sich tatsächlich, ähnlich anderen jungen Dichtern, nach mütterlichem Beistand gesehnt haben, wie ihn die »liebste gnädige Frau« in ihrer distanzierten und doch warmherzigen Art zu geben vermochte. Nach Kippenbergs Tod im September 1950 vermerkt Becher in seinem Tagebuch: »Ihm, dem Leiter des Insel Verlags, habe ich Außerordentliches zu verdanken ... Seine Frau wurde mir zur guten Fee in düstersten Jahren.«

Katharina Kippenberg hat ihm nach Kriegsende im Oktober 1945 geschrieben: »Es wäre schön, wenn wir Sie einmal wiedersähen, ob Sie mich wiedererkennen würden? (ich habe in den letzten Jahren dreißig Pfund abgenommen, diese Kriegsjahre zählen dreifach).« Sie bittet ihn, ihrer kranken Schwester in Berlin mit stärkenden Lebensmitteln zu helfen. Becher tut es, froh einen Teil seiner Dankesschuld abtragen zu können. Er bemüht sich auch um die in Schloss Mansfeld eingelagerten und beschlagnahmten Möbel der Kippenbergschen Töchter. An Katharina

Kippenberg, die seine Gedichte neu herausgeben soll, schreibt er im Mai 1946: »Ich vertraue jedenfalls mein früheres Werk ganz Ihnen an, ich habe die Gewißheit, es wird unter Ihrer Obhut gut werden ... Meine Rückkehr in den Insel-Verlag ist für mich gleichbedeutend mit meiner Heimkehr nach Deutschland.«

Ein Buchimperium in Schutt und Asche

Den Insel Verlag mit den Verlagsgebäuden in der Innenstadt und dem erinnerungsreichen Haus in der Richterstraße, wie es Becher im Exil vor Augen stand, gibt es nicht mehr. Im Dezember 1943, beim ersten großen Luftangriff auf Leipzig, der das Buchhändlerviertel mit den zahllosen Verlagshäusern, graphischen Betrieben, Druckereien und Antiquariaten besonders hart traf, ging die Insel und mit ihr weit über eine Million Inselbücher in Flammen auf.

Kippenberg, der nüchterne Verlagskaufmann, schildert in einem Brief seine Erschütterung: »Noch jetzt, wo ich dies schreibe, kommen mir die Tränen und ich bin doch nicht weich und sentimental. 40 Jahre habe ich dort, mit 5 Zimmern anfangend, mit meiner Frau im gleichen Zimmer, am selben Schreibtisch ... gearbeitet und gebaut, es war so schön und reich bei aller Schlichtheit, wie kein Verlag es hatte, unzählige bedeutende Menschen, Freunde, Geschäftsfreunde sind dort ein- und ausgegangen – nun liegt alles in Schutt und Trümmern ...« Und Katharina Kippenberg, die über 15 Jahre alle von ihr lektorierten Bücher in ein sorgfältig geführtes und im Tresor aufbewahrtes Verzeichnis eingetragen hat und dieses schwarz verkohlt wiederfindet, schreibt an den Freund Rudolf Alexander Schröder: »Ich komme mir wie gespenstisch, wie ausgelöscht vor, so als ob jeglicher Beweis meiner Arbeit vernichtet wäre.«

Inmitten der rauchenden Ruinen ist – ein makaber tröstliches Omen – das Portal mit dem in Sandstein gemeißelten Schiff, dem Wahrzeichen des Verlages, beinahe unversehrt stehen geblieben. Das wenige aus den Trümmern Gerettete wird in die Richterstraße gebracht, doch bei einem weiteren schweren Angriff auf Leipzig im Februar 1945 brennt auch die Kippenbergsche Villa in Gohlis vollständig aus. – Kein Wort der Klage von Katharina Kippenberg, die ihr in Jahrzehnten aufgebautes Lebenswerk in Minuten vernichtet sieht. Sie haben überlebt, das zählt, und nicht weniger wichtig für Anton Kippenberg: Seine wertvolle Sammlung, die er in ahnungsvoller Voraussicht in Kisten verpackt und auf sichere Leipziger Keller verteilt hat, ist erhalten geblieben. Sie wird im Juni 1945 mit Hilfe der Amerikaner nach Marburg gebracht. Kippenbergs Wunsch, sie möge eines Tages »der Gesamtheit dienen«, erfüllt sich 1954 mit der Gründung des Goethe-Museums der Anton-und-Katharina-Kippenberg-Stiftung in Düsseldorf.

Für die traditionsreichen Leipziger Verlage gibt es nach 1945 in der Stadt keine selbstständige Existenzmöglichkeit mehr. Bei den schweren Bombenangriffen auf das graphische Viertel, die den leistungsstarken NS-Druckereien gegolten haben, sind über 50 Millionen Bücher in Flammen aufgegangen und wertvolle Unterlagen und Druckmaschinen zerstört worden. Mutigen Verlegern, die nach Kriegsende in Eigeninitiative einen Neuanfang wagen, bieten sich im Westen bessere Startchancen als in Leipzig, wo unter sowjetischer Besatzungsmacht Betriebe enteignet und in »Volkseigentum« überführt werden. Die Abwanderung bedeutender Leipziger Verlage hat die DDR nicht daran gehindert, unter den alten Firmennamen – etwa von Insel, Brockhaus oder Breitkopf und Härtel – volkseigene Betriebe weiterzuführen.

Leipzig – ferngerückt und doch nah

Im September 1945 erhält Kippenberg von der amerikanischen Militärregierung in Wiesbaden eine Verlagslizenz. Die verstreuten Bestände der Sammlung hat er mühsam wieder zusammengeholt und zur amerikanischen Bergungsstelle für Kunstbesitz nach Marburg gebracht. »So kamen wir hierher in diese Stadt, die wir vorher nie gesehen hatten«, schreibt Katharina Kippenberg im Dezember 1945 an Otto Bartning und gesteht dem Freund, sie seien in Marburg »nicht grade gern und glücklich … es bleibt ein Exil und wir wünschen nichts mehr, als nach Leipzig zurückzukehren …«

Dieser Wunsch geht nicht in Erfüllung. Die politische Entwicklung macht eine dauernde Rückkehr unmöglich, und der Zustand der seit langem kränkelnden Verlegerin lässt selbst einen vorübergehenden Aufenthalt im kriegszerstörten Leipzig als zu großes Wagnis erscheinen. Doch die Stadt, die der Wahlleipzigerin auch in der Ferne vertraute Heimat geblieben ist, bindet sie in ganz anderer Weise an sich: Die philosophische Fakultät der Universität verleiht ihr die Ehrendoktorwürde und hebt damit ihre – oft im Verborgenen geleisteten – Verdienste um die Kultur und das literarische Leben in Leipzig hervor. »Eine hohe, mich völlig überraschende Auszeichnung, über die ich mich ganz riesig gefreut habe«, schreibt die Geehrte im Juni 1946 an Bartning. Dass ihr am selben Tag auch die Universität Marburg einen Ehrendoktorhut zuerkennt, scheint ihr des Guten zu viel …

Trotz ihres sich verschlechternden Gesundheitszustandes arbeitet sie mit großer Willensanstrengung all das auf, was ihr noch wesentlich erscheint: Sie bereitet eine neue Ausgabe der *Deutschen Gedichte* vor, vollendet ihr Buch über die *Duineser Elegien* und die *Sonette an Orpheus*, schreibt und diktiert selbst in ihren letzten Lebenstagen unter großen Schmerzen Briefe an Freunde und Weggefährten.

Am 7. Juni 1947 – drei Jahre vor ihrem Mann – ist sie in Frankfurt am Main gestorben und wenige Tage später in Marburg auf dem alten Ockershäuser Friedhof von einer bewegten Trauergemeinde zur letzten Ruhe geleitet worden.

Der Theologe Rudolf Bultmann geht in seiner Gedenkrede den Strömen nach, die das Leben Katharina Kippenbergs wesentlich bestimmt haben, und sieht im Mittelpunkt ihre Liebe zur Dichtung, die zugleich philosophische Leidenschaft war: »Es beruhte nicht auf ihrem literarisch-ästhetischen Urteil allein, daß es Goethe und Rilke waren, um die ihre Besinnung kreiste. Goethe, dessen Werk von konkreter Lebensproblematik erfüllt ist und dessen *Faust* sie durch ihr ganzes Leben begleitet hat, und Rilke, den wir wohl den philosophischsten Dichter der Gegenwart nennen dürfen.« Und Bultmann gibt der Trauergemeinde die Goetheverse mit auf den Weg, die das irdische Leben Katharina Kippenbergs so tröstlich und tragisch umfassen:

Alles geben Götter, die unendlichen,
Ihren Lieblingen ganz,
Alle Freuden, die unendlichen,
Alle Schmerzen, die unendlichen, ganz.

Vom besonderen Flair der Kronenhalle

Hulda Zumsteg

1890–1984

Es war einmal eine Schusterstochter, die wäre gern Lehrerin geworden, aber der Vater war zu arm, ihr den Wunsch zu erfüllen, und die Stiefmutter ließ sie von früh bis spät im Hause arbeiten, damit ihr die Flausen vergingen. Doch die Flausen vergingen ihr nicht und eines Tages machte sie sich mit fünf Groschen in der Tasche auf in die große Stadt. Sie verdingte sich als Magd, war fleißig und strebsam und träumte von einem Prinzen, der statt einer Krone eine weiße Kochmütze trug. Weil sie immer guter Dinge war und sich nicht vor der Arbeit fürchtete, holte ein Schankwirt sie in seine Dienste. Ihr freundliches Wesen und ihre Häuslichkeit gefielen ihm wohl, er hielt um ihre Hand an und übers Jahr fand die Hochzeit statt. Die Schusterstochter, die nun Frau Wirtin war, legte die Hände aber nicht in den Schoß. Sie arbeitete bis in die Nächte hinein und steckte Taler um Taler in ihren Sparstrumpf. Bald konnten die fleißigen Wirtsleute einen stattlichen Gasthof mit einer Krone im Wappen ihr eigen nennen. Die Gäste kamen von weit her, um in ihrer Schankstube zu speisen und die berühmten Meister, die die Wände zierten, zu sehen. Die Schusterstochter ging nun in seidenem Gewand, trug kostbares Geschmeide und ließ sich in einer vornehmen Karosse fahren. Aber noch immer kümmerte sie sich tagaus, tagein um das Wohl ihrer Gäste. Und als sie in hohem Alter starb, war die Trauer groß und jedermann sprach lobend von ihrem Fleiß und ihrer Großmut.

Ein Grimmsches Märchen? Nein, eine wahre Geschichte, die im im späten 19. Jahrhundert in Zürich ihren Anfang nahm. Die Geschichte der Hulda Zumsteg, Wirtin der legendären Kronenhalle.

An einem kalten Novembertag des Jahres 1890 wird die kleine Hulda in Winterthur geboren und kalt bleiben auch ihre ersten Kindheitsjahre. Die Stiefmutter nützt sie aus und der Vater, ein orthopädischer Schuhmacher namens Durst aus dem Württembergischen, hat wenig Zeit für sie. Nach der Sekundarschule, mit 14, nimmt sie eine Stelle bei einer Lehrersfamilie an, die auch einen Kinderhort betreut. Hier fühlt sie sich wohl. Es macht ihr Spaß, den Mädchen Stricken und Stopfen und Ordnung beizubringen – Lehrerin, das wäre der richtige Beruf für sie. Aber der Vater kann die Seminarkosten nicht aufbringen, und ein Stipendium der Stadt anzunehmen, dazu ist er zu stolz. Ohnehin wird Hulda jetzt im eigenen Haus gebraucht. Sie muss, mit 16, für die jüngere Schwester und den Stiefbruder sorgen, nachdem die Stiefmutter die Familie im Stich gelassen hat.

Mit 18 geht sie in einen Haushalt nach Zürich, wechselt aber bald ins Gastgewerbe über, wo sie sich ein besseres Fortkommen verspricht. In der *Rose* im Zürcher Niederdorf steht sie – es gibt noch keine Polizeistunde – oft bis morgens um vier hinter der Theke und um acht muss, nach weniger als vier Stunden Schlaf, schon wieder die Gaststube gefegt und geschrubbt werden. Aber die Arbeit schreckt sie nicht und mit der warmherzigen Wirtin versteht sie sich gut.

Nach deren Tod bewirbt sich Hulda in der nah gelegenen *Schöchlischmiede*, einer traditionsreichen, aber im Laufe eines Jahrhunderts heruntergekommenen Passantenherberge, die nun das Publikum mit Sensationen anlockt: ein Knabe mit sechs Fingern und sechs Zehen ist aufgetreten, eine schöne Holländerin mit Vollbart … Das kann Hulda nicht bieten und das Trinkgeld zum kargen Lohn, nur selten mehr als fünf Rappen, reicht nicht, auch noch die klei-

Hulda Zumsteg

ne Tochter, für die sie sorgen muss, mit durchzubringen. So ist sie froh, als der Pächter des angesehenen Gasthofs *Mühle* – der heutigen *Haifischbar* – sie in seine Dienste nimmt, nicht mehr als Mädchen für alles, sondern als Saaltochter. Es geht langsam aufwärts, auch wenn Arbeit und Kind ihre Kräfte beinahe übersteigen. Sie serviert den Handwerkern des Quartiers Gesottenes, Wädli oder Kutteln und freut sich, wenn abends die Musik aufspielt.

Ihr Patron, Gottlieb Zumsteg, ist Musikliebhaber und hat sich ein kleines Streichensemble samt einem Pianisten eigens aus Wien geholt. Es gefällt ihm, wie Hulda mit den Gästen umgeht und den Betrieb in Ordnung hält. Das Geschäft floriert, die Ansprüche steigen, der Asti auf der Getränkekarte wird gegen Champagner ausgetauscht, die Saaltochter steigt zur Buffetdame auf. Als der Patron ihr einen Heiratsantrag macht, willigt sie ohne Zögern ein. Gottlieb Zumsteg ist zwar kein Märchenprinz, aber gemeinsam wird es ihnen schon gelingen, sich nach oben zu arbeiten. Jeden Franken legen sie auf die hohe Kante, kein Ausspannen, keinen Luxus gönnen sie sich, im Kopf nur den einen Traum vom eigenen Gasthof.

Sie horchen sich um in Zürich, prüfen die Angebote in den Zeitungen. Weder eine Kaschemme soll es sein noch ein Grandhotel, ein gutbürgerliches Lokal schwebt ihnen vor, ihren Finanzen angemessen. Als zu Beginn der Zwanzigerjahre die *Kronenhalle* an der unteren Rämistraße, damals noch am Rande des Zentrums gelegen, zum Verkauf steht, greifen sie zu. Das im Biedermeier gebaute ehemalige Hotel *Couronne* ist zwar sehr verwahrlost, aber aus den Räumlichkeiten lässt sich etwas machen, das sehen die beiden sofort. Ein Haus mit Tradition, die nur neu belebt werden muss. Hier haben schon Conrad Ferdinand Meyer und der Maler Arnold Böcklin gebechert und hier hat der trinkfreudige Staatsschreiber Gottfried Keller sich sein Leibgericht – Kalbsschnitzel, Spinat und Ei mit Speck –

auftragen lassen, wenn er mit den Professoren der Hochschule und des Polytechnikums disputierte.

Später veränderte sich der Charakter der Gaststube, internationalere Luft wehte herein. In der Zeit des Ersten Weltkriegs kamen die Emigranten und die, die ihnen auf den Fersen waren. Die Schauspielerin Tilla Durieux erinnert sich: »Die Schweiz beherbergte, besonders in Bern und Zürich, ein Heer von Spionen. Sie saßen in den Hotels, verborgen in großen Fauteuils, sie hielten sich Zeitungen vor die Nase und belauschten, dahinter verborgen, jedes Gespräch. Sie saßen in Cafés, Restaurants, sie staken hinter jeder Ecke ... Die Schweizer hatten sich schauernd verkrochen und waren nur an stillen, versteckten Plätzen zu finden ...«

Die Kronenhalle gehörte nicht zu den Treffpunkten der Anarchisten und auch nicht der umtriebigen Pazifisten, hier wagten sich Schweizer noch hin. Lenin und Trotzki spielten lieber im benachbarten *Odeon* Schach und der Plan eines »versiegelten Zuges«, der die Weltrevolutionäre ungehindert nach Russland bringen sollte, wurde im Hinterzimmer des *Schwänli* am Predigerplatz ausgeheckt.

In der Kronenhalle verkehrten harmlosere Leute. Professor Sauerbruch zum Beispiel, mit dem man in der deutschen Armee nichts anzufangen wusste, nachdem er seinem Burschen eigenmächtig das Eiserne Kreuz verliehen und die Generalität durch seine phantasievoll angereicherte Uniform geschockt hatte. Er traf hier auf Zürcher Honoratioren, Fabrikanten und Gelehrte. Die Verbindung von Geist und Kommerz, andernorts oft misstrauisch beargwöhnt, war in der Geschäftsstadt Zürich nichts Anstößiges und Hulda Zumsteg, die junge Wirtin mit dem Gespür für das in der Luft Liegende, fügte dem noch eine weitere Komponente hinzu: die Kunst.

Doch erst einmal ist der ganze Einsatz des Wirtepaares nötig, um aus dem »Schutthaufen« wieder ein renommiertes Haus zu machen. Eine ganz persönliche Prägung soll es haben, eine Mischung aus Gemütlichkeit und Weltläufigkeit. Die ehemalige Saaltochter hat lange genug in »Beizen« gearbeitet, um das Bedürfnis der Gäste nach Behaglichkeit zu kennen; neu für sie ist der Versuch, dem Lokal eine kosmopolitische Note zu geben, mit internationalen Zeitungen und einer Speisekarte, die Gaumen zwischen Seldwyla und Paris befriedigt.

Trotz ständiger Geldknappheit – die Sanierung des Gebäudes verschlingt weit mehr als geplant – besteht Hulda Zumsteg in allem auf Qualität: in der Küche und im Weinkeller, bei der Einrichtung und beim Personal. Die holzgetäfelten Wände mit den alten Zunftwappen bleiben, auch die Messinglämpchen, die Kronleuchter und die grünen Lederbänke. Englisches Porzellan wird angeschafft für die mit Raffinesse zubereitete Hausmannskost. Der bayerische Chefkoch glänzt mit panierten Schweinshaxen, die württembergische Köchin mit Spätzle und Rotkraut, der elsässische Koch mit einer Truite meunière und der Patissier mit der Hausspezialität Mousse au chocolat. Die Speisekarte bleibt übersichtlich, von modischem Schnickschnack unberührt, und schmalbrüstige Poeten, die sich ein Menü nicht leisten können, sind auch bei einem Dreier Roten wohlgelitten.

Dass allerdings mittellose Maler ihre Zeche mit den Gemälden, die an den Wänden hängen, bezahlt hätten, ist eine Fama, die sich hartnäckig hält, aber nicht stimmt. So weltfremd sind Künstler nicht, dass sie für eine Portion Zürcher Geschnetzeltes ihre Werke einer Wirtin überlassen, mag diese auch noch so sympathisch sein. Nein, die Kandinskys und Braques, die Mirós und Chagalls und all die anderen Originale in den Speiseräumen und in der Bar, sie alle sind für gutes Geld erworben, allerdings zu einer Zeit, als die klassische Moderne für Sammler noch erschwinglich war. »Wir haben gespart und gespart, und wenn wir Geld hatten, kauften wir Bilder«, erinnert sich Hulda Zumsteg. Sohn Gustav, ein passionierter Kunstliebhaber, hat seine Mutter schon früh beraten. Mit 17 kannte er sich in den neuen Strömungen und unter den noch unbekannten Künstlern aus, die Kunst lag ihm näher als die Gastronomie, zum Leidwesen der Eltern war er nicht bereit, in deren Fußstapfen zu treten.

Mit den meisten Künstlern, deren Werke in der Kronenhalle hängen, hatte Hulda Zumsteg persönlichen Kontakt. Sie kehrten immer wieder bei ihr ein, ließen sich von ihr betreuen und bemuttern. Eine Kunstexpertin ist sie nie geworden, aber sie besaß etwas, was wichtiger ist: Sie war neugierig, wagnisfreudig und setzte mit selbstverständlicher Zuversicht auf die Zukunft, auch da, wo sie nicht genau wusste, wo diese Zukunft hinführen sollte. Mit ihrem nüchtern unsentimentalen Optimismus und ihrer Unbefangenheit nahm sie die Künstler für sich ein, viele haben ihr Blätter und Zeichnungen gewidmet; lustig und farbenfroh Miró und Tinguely, in heiterer Strenge Hans Hartung, mit roten Herzchen eingefasst Marc Chagall: der Maler, an der Staffelei stehend, wie er einen Blumenstrauß für die Neunzigjährige auf die Leinwand zaubert – Hommage à Madame Zumsteg.

Die Kronenhallenwirtin hat den Rat des damals jungen Kunstprofessors Jedlicka beherzigt: »Frau Zumsteg, vergessen Sie nie, dass Künstler zu diesem Lokal gehören.« Nein, sie hat es nie vergessen und sich auch nie von Neuem, Ungewohntem schrecken lassen, ob Bill oder Arp, Bazaine oder Rauschenberg. In der Küche, wo sie auf Bewährtes setzte, war sie konservativer. Sie hat mit Augusto, Alberto und Diego Giacometti in der Kronenhalle Geburtstag gefeiert mit Champagner, *Cuvé selectionné par Madame Zumsteg*. Sie hat sich zu Henry van de Velde an den Tisch gesetzt, wenn er in alter Treue aus Oberägeri nach Zürich herüberkam. Der Bauhausarchitekt hat sich im Speisesaal mit den Spitzengardinen und den Messinglämpchen erstaunlich wohl gefühlt, vielleicht, weil er das Kulinarische samt Ambiente und Wirtin als Gesamtkunstwerk sah.

Das Interieur der Kronenhalle – ein Bühnenbild zu einem bürgerlich-revolutionären Stück, besonders dann, wenn sich nach Premieren im nahen Schauspielhaus das Theatervolk zur Nachfeier hier einfand, Schauspieler, Regisseure, Techniker, ausgelassen und bunt gewandet, mit Soloauftritten und Chorszenen, Dürrenmatt oder Frisch mitten unter ihnen, ein Jahrzehnt davor Brecht oder Zuckmayer. Hulda Zumsteg hatte all die Stücke, die im Schauspielhaus ihre Uraufführung erlebten, nicht im Kopf, wohl aber die dazugehörigen Autoren und natürlich den Verleger Emil Oprecht, die »Seele« des Theaters, und seine Frau Emmie, ihre engsten und liebsten Nachbarn.

In den Dreißigerjahren und im Zweiten Weltkrieg haben viele Schauspieler im benachbarten Hotel Urban am Bellevue gewohnt und oft den Tag in der Kronenhalle beschlossen: Wolfgang Langhoff, Ernst Ginsberg, Kurt Horvitz – Hulda Zumsteg könnte noch viele Namen aufzählen. Der Dichter Alfred Polgar, der als »ewiger Emigrant« im Urban wohnte und dort auch später gestorben ist, kam ab und zu auf ein Glas Burgunder herüber. Die behäbige Urbanität des Raumes mag ihn zum Schreiben angeregt haben, wie später den Dramatiker Dürrenmatt, dem die Kronenhalle zu einem vertrauten und anregenden Ort geworden ist:

Ich bin an wenigen Orten daheim

Im Haus über dem See
Auf der anderen Seite des Monds

Auf der Bühne des Schauspielhauses
Umstellt von Kulissen

Und in der Kronenhalle
In Mutter Zumstegs Reich

Die Leberknödelsuppe dampft
Aldo kommt mit dem Wagen angerollt
Und ich denke über einen Auftritt der Giehse nach

Dass Dürrenmatt gerade ein Auftritt der Giehse einfällt, kommt nicht von ungefähr. Wenn Hulda Zumsteg zu später Stunde ihre Runde durchs Lokal macht, von Tisch zu Tisch geht, alle Gäste persönlich begrüßt – ein helvetisches Ritual, das bei ihr mehr ist als ein Ritual –, im Schwarzseidenen mit Perlencollier, leicht gebückt, auf den Krückstock gestützt, so glaubt man, Dürrenmatts *Besuch der alten Dame* in Güllen mitzuerleben – Claire Zachanassian, die es in den Staaten zu sagenhaftem Reichtum gebracht hat und die nun in ihr Dorf zurückkehrt, um sich an dem, der ihr Leben verpfuscht hat, zu rächen.

Aber Hulda Zumsteg ist nicht die Millionärin Zachanassian. Sie hat zwar, wie diese, eine schwere Jugend hinter sich und sie hat es ebenfalls zu beachtlichem Wohlstand gebracht, doch sie setzt ihr Vermögen nicht ein, um Macht auszuüben, Menschen zu ködern und zu korrumpieren, sie nutzt ihr Geld, um Bilder zu kaufen, Bilder, die sie nicht im Safe verschwinden lässt, sondern der Öffentlichkeit zugänglich macht. Wenn sie dem Zürcher Kunsthaus einen wertvollen frühen Chagall schenkt oder junge Künstler unterstützt, so knüpft sie daran keine Bedingungen wie Dürrenmatts kaltblütige alte Dame, die auch vor einem Mord nicht zurückschreckt.

Hulda Zumsteg, das Gegenbild der Zachanassian, ist über Zürich nie hinausgekommen, von einigen Ferienaufenthalten an der Côte d'Azur oder ein paar Besuchen bei ihrem Sohn in Paris abgesehen. Sie hatte auch nie das Bedürfnis nach der weiten Welt – die Welt kam zu ihr.

Die ersten, die, neben den Theaterleuten, kosmopolitische Buntheit in die Kronenhalle brachten, waren die Modeschöpfer. Ein Hauch Pariser Luft über den Wappen der bodenständigen Zünfte. Dior. Chanel. Der Sohn, der während Jahren ein Zweigunternehmen des Zürcher Seidenhauses Abraham in Paris leitete, hatte die Verbindungen geknüpft. Hulda Zumsteg erinnert sich nicht ohne Ironie an ihre Besuche in der Pariser Glitzerwelt. An ein traumhaftes Käsesoufflé im Hause Dior, das ihren Ehrgeiz anstachelte, dessen Nachahmung ihr aber nie gelang. Oder an Coco Chanel inmitten ihrer Sammlung goldener Löwen.

Die nüchterne Zürcherin hat sich von all der Extravaganz nie anstecken lassen, aber sie hat sie genossen wie ihren Schmuck, ihr Parfum, ihren Zobel und ihre Haute-Couture-Kleider, die sie auch im Alter noch mit kokettem Charme getragen hat. Hubert de Givenchy, Yves Saint-Laurent und Christobal Balenciaga haben sie eingekleidet und sich bei ihren Besuchen in Zürich gefreut, wie selbstverständlich Madame Zumsteg Pariser Eleganz mit praktischer Schlichtheit verband. Yves Saint-Laurent sieht sie in einem blumig kolorierten Geburtstagsbrief als Nachtfalter, der leichtflüglig durch die Kronenhalle flattert und doch alles im Blick hat: »Attentive, vous ne laissez rien passer. Mais tout cela, en douceur, en humeur, en coquetterie de jeune fille, l'air de rien.« Balenciaga hat, welche Exklusivität, eine Arbeitsschürze für sie entworfen, dafür durfte er mit eigener Bratpfanne anrücken und seine Spezialpaella in der Küche selbst zubereiten.

Die Eigenheiten ihrer Gäste nahm Hulda Zumsteg stets mit Gelassenheit, ob Gerhart Hauptmann mit großem Gefolge einfiel oder Busoni mit Bernhardiner. Uri Geller hat sich mit einer verbogenen Gabel im Gästebuch verewigt. Allein aus den Gästebüchern ließe sich ein Roman schreiben, aber die acht umfangreichen Bände liegen, der

Neugier der Besucher entzogen, in der Bibliothek unter Verschluss. Schade, besonders interessante Eintragungen, als Blickfang der Speisekarte beigefügt, könnten die Fantasie der Gäste auf amüsante Weise anregen. Das Rätselraten, an welchem Tisch wohl der Schah von Persien und Kaiserin Farah Diba oder Aga Khan gegessen haben, Curd Jürgens, Sophia Loren oder die Nobelpreisträger Einstein und Niels Bohr. Musikenthusiasten möchten wissen, wann Strawinsky hier gewesen ist, Richard Strauß, Furtwängler oder Nathan Milstein. Von der Neugier der Literaturliebhaber ganz zu schweigen. Wo pflegte Thomas Mann zu sitzen? Robert Musil? In welcher Ecke kam, nach dem Auszug aus dem Odeon, die berühmte Freitagsrunde der Zürcher Literaten zusammen? – Keine weltbewegenden Fragen, gewiss, aber die Vorstellung, dass schon Wedekind den Gänsebraten des Hauses schätzte, Joyce die Rognons flambées, erhöht den kulinarischen Genuss.

James Joyce war Stammgast in der Kronenhalle. Er hat in Zürich, in der Zeit des Ersten Weltkriegs, große Teile des *Ulysses* geschrieben. Bis 1928 erreichte das Jahrhundertwerk zehn Auflagen – schwer vorstellbar, dass Hulda Zumsteg jemals darin gelesen hätte. Sie wird auch nicht zu Thomas Mann oder Musil gegriffen haben, wenn sie nachts um eins – immer als letzte – todmüde ins Bett sank. Sie hatte nicht die Werke, sie hatte die Menschen vor Augen. Die Dichter, die sich bei einem Dreier Veltliner Notizen machten, die vor sich hin schwiegen oder das Gespräch mit ihr suchten. Mit einer Frau, die nie Gelegenheit hatte, sich höhere Schulbildung anzueignen, die sich mit Thornton Wilder nicht englisch, mit Cocteau nicht französisch unterhalten konnte, und die doch das Selbstbewusstsein hatte, den Großen der Zeit unbefangen gegenüberzutreten.

Sie besaß nicht nur ein ausgezeichnetes Namensgedächtnis, sondern auch eine scharfe Beobachtungsgabe, ihr konnte kein Gast etwas vormachen, sie durchschaute die

Rollenspieler – und Rollenspieler waren sie fast alle. Die Autodidaktin in Psychologie hätte viel erzählen können über ihre Gäste, aber sie ließ sich nichts entlocken. Nie, das gehörte zu ihren Spielregeln, Tratsch über andere, denn nichts macht so schnell die Runde wie das im Vertrauen Weitergesagte.

Ihre Menschenkenntnis gab ihr auch den sicheren Blick bei der Auswahl des Personals. Von zwanzig auf siebzig erhöhte sich die Zahl der Mitarbeiter im Laufe der Zeit, nur wenige davon mussten wieder entlassen werden, die meisten blieben dem Haus über Jahrzehnte treu. Die Gouvernante Emma stand weit über fünfzig Jahre in Hulda Zumstegs Diensten, obwohl diese eine anspruchsvolle und manchmal auch unbequeme Chefin war, die viel verlangte – aber nie mehr, als sie selbst leistete. Mit faulen Lehrlingen hatte sie keine Nachsicht, pädagogische Erkenntnisse hin oder her: Eine Ohrfeige zur rechten Zeit habe noch keinem geschadet, aus allen seien tüchtige Hotelfachleute geworden …

Ihre Devise: Nicht nur kritisieren, selber zupacken. Und eine andere: Immer präsent sein. Sie kannte kein Privatleben, keinen Feierabend, kein freies Wochenende. Die Kronenhalle war ihr Wohnzimmer, die Mitarbeiter gehörten zu ihrer Großfamilie. – Ob die Kinder nicht hie und da ein engeres Familienleben vermisst haben? Im Gegensatz zum Sohn Gustav ist die Tochter Hedy in die Gastronomie eingestiegen. Sie übernahm mit ihrem Mann, einem Koch aus der Kronenhalle, einen Gasthof im Schwarzwald. Doch auch der Sohn blieb dem elterlichen Betrieb verbunden, seit dem Tod des Vaters im Jahre 1957 kümmerte er sich um die kaufmännischen Belange der Kronenhalle, während die Führung des Hauses nun ganz in den Händen Hulda Zumstegs lag. Sie erledigte Büroarbeiten, besprach mit dem Küchenchef den Menüplan, überwachte den Einkauf, immer auf Qualität der Produkte bedacht: »Man kann nicht gute Bilder an die Wand hängen und schlechtes Essen servieren.«

Ihr Tagesablauf spielte sich über sechzig Jahre in einem festen Rhythmus ab, den sie erst im Laufe der Zeit etwas ihrem Alter anpasste. Der Morgen begann mit Gymnastik – eisern, auch wenn das Knie schmerzte oder eine Erkältung sie plagte. Richtig krank war sie kaum, die wenigen Klinikaufenthalte spielte sie möglichst herunter. Die eigenen Gebrechen nicht so wichtig nehmen. Keine Schwäche zeigen. Haltung bewahren – Grundsätze aus ihrer harten Jugend, die ihr halfen, sich einen Platz auf der milderen Seite des Lebens zu erkämpfen. Sie hat diese Grundsätze beibehalten, auch als sie sich bequemere und genussreichere Tage hätte erlauben können. Luxus konnte sie durchaus genießen, aber nur, wenn er nicht mit Zeitverschwendung gekoppelt war. Gefragt, was ihr geholfen habe, im Leben weiterzukommen, antwortete sie: arbeiten, arbeiten und nochmals arbeiten …

Tagaus, tagein, über Jahrzehnte. Nur nach dem Mittagessen gönnt sich die Unermüdliche eine Ruhepause. Das ist die Zeit, wo in der Kronenhalle für ein paar Stunden Ruhe einkehrt, wo die weißen Tischdecken durch gemütliche grüne ersetzt werden, die Stammgäste sich Zeitungen aus aller Welt in ihre Nische holen, Kunstliebhaber leise von Bild zu Bild gehen und staunend fragen: Sind das alles Originale? Diese stillen Stunden gehören zur Kronenhalle wie die fröhlich turbulenten. Der frühe Nachmittag im Speisesaal, »l'heure bleue«, hat für manche Besucher einen besonderen Reiz. »Ich könnte mir vorstellen«, schreibt Erika Billeter an Hulda Zumsteg, »daß ein Schriftsteller dann bei Ihnen seine besten Inspirationen findet. Ein Einsamer sich geborgen fühlt. Ein Gehetzter besinnlich wird. Ein Heimwehkranker sein Heimweh vergißt.«

Auch Dürrenmatt liebte diese »heure bleue« der Kronenhalle, die den Dramatiker zum Poeten werden ließ:

An den Nachmittagen zwischen drei und vier
  Am Tisch
Zwischen den Glasscheiben

Wie hinter Silberstaub schläft die Katze
  Auf der Bank in der Ecke
Kein Gast wagt sie zu stören

Vor blauen Tramwagen manchmal
  Bewegen sich die Vorhänge

Geisterhaft auf die gleiche Scheibe gespiegelt
  Erscheint aber auch
Mein Gesicht und die fernere Theke

Schiebt sich
  Der Hintergrund vor den Vordergrund

Die Katze schläft nicht mehr auf der Bank in der Ecke, aber sonst hat sich wenig verändert in der Kronenhalle – außer, dass Hulda Zumsteg fehlt, »the Queen of Kronenhalle«, wie der Tänzer Nurejew sie voller Hochachtung nannte. Erst nach ihrem Tod – sie stirbt im Juli 1984 mit fast 94 Jahren – wird den Stammgästen richtig bewusst, wie sehr die »Padrona« dieses Lokal geprägt hat und wie vielen sie mehr war als eine Wirtin. Zu ihrer Beerdigung strömen sie aus ganz Zürich und von weither zusammen, der Bellevueplatz schwarz von Menschen, ein Blumenmeer die Grabstätte, niemand entsinnt sich, so etwas auf dem Zentralfriedhof jemals erlebt zu haben. Das Märchen von der Schusterstochter findet sein würdiges Ende.

Was viele Menschen empfinden, hat Clown Dimitri vom Zirkus Knie in einem Brief zum 90. Geburtstag Hulda Zumstegs in schlichten Worten ausgedrückt: »Bei Ihnen in der Kronenhalle bin ich am liebsten, da ist es mir wohl, da spüre ich Kunst rund herum und Sie sind wie eine Mutter für mich.« »Mutter Zumsteg« nannten sie auch die Mitarbeiter.

Mehr als sechs Jahrzehnte war sie Wirtin der Kronenhalle. Noch vier Tage vor ihrem Tod saß sie an ihrem gewohnten Platz im Speisesaal, ein beschaulich zurückgezogenes Leben hätte sie sich nicht vorstellen können. Sie hat die Kronenhalle zu einer Institution gemacht – und ganz nebenbei einige Vorurteile entkräftet. Zum Beispiel, die Leitung eines gastronomischen Betriebs müsse in Männerhand liegen. Nicht nur Hulda Zumsteg, auch Susanna Orelli-Rinderknecht hat bewiesen, dass Frauen diese Aufgabe durchaus bewältigen und dabei über 90 Jahre alt werden können.

Die Stammgäste der Kronenhalle, die mit Bedacht und kulinarischer Kennerschaft die Speisekarte studieren, widerlegen auch das Vorurteil, die Zürcher nähmen sich vor lauter Arbeitseifer keine Zeit zum Essen, sie könnten nicht abschalten und genießen. Bei Hulda Zumsteg haben sie stets gespürt, dass Essen mehr ist als Nahrungsaufnahme, dass Esskultur nicht eine Sache von Snobs ist, sondern auf langer bürgerlicher Tradition beruht, die zu den Zünften des Mittelalters zurückreicht. In der Manessischen Liederhandschrift, die um 1300 in Zürich entstanden ist, werden Speis und Trank als höchste Stufe leiblicher Genüsse gerühmt. Und der französische Philosoph Michel de Montaigne schreibt 1578 über die Zürcher und ihre Essgewohnheiten: »Drei bis vier Stunden, wenn es auch nur ganz mittelmäßig zugeht, sitzen sie am Tisch; sie essen lange nicht so geschwind wie wir, dafür schmeckt ihnen aber auch das Essen desto besser.«

Wenn Zürich gelegentlich etwas hochtrabend »Limmat-Athen« genannt wird, so müsste der Kronenhalle in dieser Polis ein angemessener Platz zukommen. Damit sie den Zürchern erhalten bleibt, hat Gustav Zumsteg im Gedenken an seine Mutter eine Stiftung errichtet. Familienkontinuität wird auch durch Hulda Zumstegs Enkelin gewahrt, die sich für das Werk der Großmutter weiter mitverantwortlich fühlt.

Dass Hulda Zumsteg auch den Gästen in Erinnerung bleibt, dafür sorgt ein eindrucksvolles Gemälde von Varlin, das an zentraler Stelle des Speisesaals hängt: die Kronenhallenwirtin, auf ihren Stock gestützt, ihr Reich überblickend. Die eine Hand an der Schläfe, eine Augenbraue hochgezogen. Ihr entgeht nichts. Sie hat die Kellner im Blick, aber auch die Gäste, an deren Tisch sie gleich treten wird, in straffer Haltung, liebenswürdig lächelnd, mit der vertrauten Frage: Isch's rächt gsi?

Zwischen Bücherstapeln der Zürichsee
Ruth Liepman
1909–2001

Erinnerung an einen Besuch im »Bücherhaus«

Maienburgweg – ein schmales Sträßchen oben am Zürichberg, auf dem Stadtplan kaum zu finden. Aber der Taxifahrer weiß Bescheid, er fährt ab und zu in diese vornehme Gegend, holt Leute mit kleinen Aktenköfferchen vom Flughafen Kloten ab. In den Köfferchen sind keine Banknoten, sondern Buchmanuskripte, das kann er nicht wissen, er wundert sich nur, dass »die Firma« kein gut sichtbares Messingschild am Tor anbringt, das würde seinen Kollegen die Arbeit erleichtern.

Ein behäbiges, breit an der Berglehne hingelagertes Privathaus in traditioneller Zürcher Bauart, eingerahmt von alten Bäumen. Gleich im Entrée der Geruch von Büchern. Oder ist es Einbildung? Bücher riechen heutzutage nicht mehr, aber die überall lagernden Stapel rufen nostalgische Erinnerungen an alte Verlagskontore wach, an überquellende Antiquariate, wie das von Theo Pinkus unten im Niederdorf. Moderne Verlage sitzen in Glaskästen mit Klimaanlage, Sprechanlage. All das gibt es hier nicht, nur Bücher, Bücher bis unter die Decke, Bücher auf Tischen und Stühlen, die freigeräumt werden müssen für Besucher. Zwischen voll gepackten Fensterbänken blinkt der Zürichsee auf. Flirrendes Blau mit weißen Segeln durchsetzt, dahinter lang gestreckt der Albis, die höheren Berge lassen sich im Nachmittagsdunst nur erahnen. Eine Urlaubskulisse.

Für Ruth Liepman und ihre Mitarbeiterinnen ist es Alltags- und Arbeitskulisse. Hier werden Manuskripte gelesen, Verlagskonditionen ausgehandelt, Verträge abgeschlossen, Übersetzungsrechte vergeben. Hartes, nüchternes Geschäft, auch wenn der lockere Umgangston, die offenen Räume mit dem Plüschsofa und das gemütliche holländische Teestövchen eher an eine Wohngemeinschaft der 68er erinnern. Ruth Liepman hätte gut in die 68er-Zeit gepasst, sie ist Rebellin von Natur aus. Eine zierliche Frau mit der Gestik einer Südländerin, energischen Gesichtszügen und sprühend wachen Augen, die alles sofort im Blick haben.

Augen, die schon auf dem Kinderbild aus der Zeit nach dem Ersten Weltkrieg auffallen. Ein Bild, bei dem nichts zusammenpasst und das doch fröhlich stimmig wirkt: Ruth Lilienstein, Tochter eines jüdischen Arztes und Kriegsfreiwilligen aus der Eifel, Schülerin der Loewenberg-Mädchenschule in Hamburg, als Junge in bayerischer Seppltracht mit Federhut und Janker, die Hände in die Taschen der Lederhose gestemmt, selbstbewusst, mit Spaß am Leben und an der Verkleidung, die vielleicht gar keine Verkleidung ist. Ein »deutsches« Kind – Wunsch vieler jüdischer Eltern im Kaiserreich und Tragik der Geschichte: deutsche Juden, die im Ersten Weltkrieg für Kaiser, Gott und Vaterland freiwillig ins Feld zogen im Glauben an die deutsche Nation, aus der sie später grausam ausgeschlossen wurden.

Das lustige Kinderbild lässt von dieser Zukunft, der das »Jüdisch« wie ein Stempel aufgedrückt wird, noch nichts ahnen. Im Gegenteil – die hübsche, eigenwillige Tochter der Liliensteins wird in Breisach, der Garnisonsstadt des Vaters, in der Nonnenschule der Ursulinen gehätschelt und verwöhnt. Sie nimmt wie alle Kinder am katholischen Religionsunterricht teil, zu Hause allerdings versucht der Vater, ihr »die Welt ohne den lieben Gott zu erklären«.

Ruth Liepman

Auch wenn die Eltern ihre Religion nicht mehr praktizieren wie noch die Großeltern, bleiben sie sich doch der Verwurzelung im Judentum bewusst. Trotzdem sehen sie es nicht gern, dass ihr einziges Kind – zwei Brüder werden erst viel später geboren – sich in Hamburg dem jüdischen Jugendbund Blau-Weiß anschließt, aber sie tolerieren es, wie sie auch den Entschluss der Tochter, die Hamburger Lichtwarkschule statt eines traditionellen Mädchengymnasiums zu besuchen, tolerieren – tolerieren müssen. Ruth weiß von klein an genau, was sie will. Eigenschaften, die ihr im heutigen Beruf sehr hilfreich sind, Eigenwilligkeit, Durchsetzungsvermögen, Beharrlichkeit treten schon früh zutage.

Der Anspruch der Lichtwarkschule, die als Reformmodell in die Pädagogik eingegangen ist und die »hungrig machen will, aber nicht satt«, wird zum Lebensmotto Ruth Liepmans, die, bis heute nicht »satt«, ständig auf der Suche nach neuen literarischen Funden ist. Die Lichtwarkschule hat ihre angeborene Neugier noch verstärkt, wie auch ihr gesellschaftliches und politisches Engagement, ihren Sinn für Zusammenhänge und ihre kosmopolitische Weltsicht. Hier wurden Weichen gestellt, Solidarität und Hilfsbereitschaft praktiziert, Freunde fürs Leben gewonnen. Prägend für das weitere Leben auch die Lektüre: Marx, Freud und die Bibel. Noch heute hält Ruth Liepman diese drei Säulen für die wichtigsten unserer Kultur, eine Dreiheit, auf der sich eine humane Lebenskonzeption aufbauen ließe. Sie spricht im Konjunktiv, sie weiß, dass sie eine radikale Veränderung dieser Gesellschaft nicht mehr erleben wird.

Damals mit 19, zu Beginn ihres Jurastudiums, stand Karl Marx obenan: »Ich war einfach ganz fest der Meinung, daß die Kommunisten die einzigen waren, die die Welt verändern und für Gerechtigkeit eintreten würden«, schreibt sie in ihren Erinnerungen. Es gibt Schlüsselwörter in der Biographie Ruth Liepmans, »verändern« und »Gerechtigkeit«

gehören dazu. Den Gerechtigkeitssinn hat ihr Vater geschärft, der in seiner Praxis nie einen Unterschied machte zwischen Privat- und Kassenpatienten. »Verändern« wollte die ungeduldig Vorwärtsdrängende ständig alles Mögliche, in jungen Jahren die Welt, später dann, bescheidener und weiser, nur noch kleine Segmente dieser Welt. Aber immer mit vollem Einsatz.

Nach dem Abitur und eingehender Marx-Lektüre genügt es ihr nicht, in die Hochschulzelle der Kommunistischen Partei einzutreten, sie will Ernst machen mit der Klassensolidarität, geht zum Entsetzen der Familie als Arbeiterin in eine Harburger Textilfabrik: »Ich wollte so leben wie die Arbeiter, um genauer zu wissen, wovon ich in meiner Parteizelle und bei Schulungen rede, wenn es um die Arbeiterklasse geht.« Sie ist stolz darauf, ihren Lebensunterhalt selbst zu verdienen, dazuzugehören – aber von den Arbeitern, besonders den Arbeiterinnen, deren Witze und Zoten sie abstoßen, hat sich »die kleine Johanna der Schlachthöfe«, wie Freunde sie nennen, ein anderes, edleres Bild gemacht. Trotzdem gibt sie nicht auf, unterrichtet nebenher an der Marxistischen Arbeiterschule: »Es war mir sehr ernst damit, denn ich war hundertprozentig davon überzeugt, dass man die Menschen im marxistischen Sinne verändern könnte.«

Dogmatischen Theorien hängt sie längst nicht mehr nach, aber den Glauben an die Veränderbarkeit des Menschen hat sie bis heute bewahrt, er ist eine der Triebfedern ihres Schaffens. Eine menschlichere Welt, nicht im Jenseits, sondern auf diesem Planeten. Hinweise auf den Zusammenbruch des real existierenden Sozialismus in der DDR, auf den Bankrott der kommunistischen Staaten bringen sie nicht in Verlegenheit. Natürlich verfolgt sie die Weltpolitik, sie ist keine Illusionistin – eher eine Utopistin, die alles in langfristigen Zeiträumen sieht. Das Christentum hat es in zweitausend Jahren nicht geschafft, die Welt in Ordnung zu bringen, sagt sie, warum dem Kommunismus – dem *wirklichen* Kommunismus, nicht seinen korrupten Handlangern – nicht auch eine zeitlich angemessene Chance geben?

Der alte Jugendtraum. Die Sehnsucht nach einem Dasein, wo jeder im Marxschen Sinne nach seinen Bedürfnissen und ohne Ausbeutung des Menschen durch den Menschen lebt? Für sie selbst kann dies kein Problem sein, sie lebt nach ihren Bedürfnissen, sie ist Geschäftsfrau und könnte sich keine interessantere Tätigkeit als die einer Literaturagentin vorstellen – ein Beruf, der nicht nahtlos ins sozialistische Menschenbild passt. Aber sie kann mit Widersprüchen leben.

Jugendrichterin wollte sie einmal werden, das hätte ihrem frühen Sozialengagement entsprochen. Doch die Nationalsozialisten haben sie nach ihrem Jurastudium in Hamburg und Berlin und ihrem ersten Staatsexamen für das Referendariat und damit für eine juristische Karriere in Deutschland gesperrt. Der als Jüdin und Kommunistin doppelt Belasteten gelingt es aber 1934 noch zu promovieren, der Doktortitel wird ihr später im Ausland sehr hilfreich sein. Im Gegensatz zu den meisten ihrer Hamburger Freunde glaubt sie nicht daran, dass die Nationalsozialisten bald wieder von der Bildfläche verschwinden werden.

An ihrem 25. Geburtstag setzt sie sich nach Holland ab – mit zehn Mark elterlicher Monatsbeihilfe und einer großen Korbflasche unauslöschbarer Tinte, mit der sie ein Geschäft zu machen hofft. Aber die heute so selbstbewusst Auftretende ist zu schüchtern, um ihre Ware Banken aufzuschwatzen, erst mit zunehmender Routine im Berufsleben verliert sie ihre Hemmungen. Sie erinnert sich, wie sie am Anfang ihrer Laufbahn im Hamburg der Fünfzigerjahre ein Hörspielmanuskript ihres »Schützlings« Richard Wright beim NDR anbieten sollte und der amerikanische Autor sie, pädagogisch geschickt, allein in die Höhle des

Löwen gehen ließ. Sie hatte Erfolg – entweder war das Stück gut oder ihre Überzeugungskraft. Langsam wuchs die Juristin, die mit Büchern früher nie etwas zu tun hatte, in ihren Beruf hinein. Die Agentur Liepman, die sie bis zum Tod ihres Mannes im Jahre 1966 mit diesem gemeinsam führte, gehört heute zu den bedeutendsten des deutschsprachigen Raumes.

Angefangen hat alles eher zufällig. Der nach Kriegsende aus dem amerikanischen Exil nach Hamburg zurückgekehrte Schriftsteller und Journalist Heinz Liepman sollte sich für seinen amerikanischen Verleger nach wichtigen deutschen Autoren umsehen, umgekehrt waren deutsche Verleger an seinen Beziehungen zu englischen und amerikanischen Verlagen interessiert. Was lag näher, als dieses gegenseitige Interesse zum Geschäft auszubauen? Systematisch suchte Ruth Liepman – ihr Mann wollte sich mehr dem Bücherschreiben widmen – nach deutschen Verlegern für angelsächsische Autoren. Und sie hatte Glück – man könnte auch sagen, das nötige Gespür, die richtigen Bücher an die richtigen Verlage zu vermitteln. Gleich die ersten Abschlüsse wurden große Erfolge: Norman Mailers Antikriegsroman *Die Nackten und die Toten*, Salingers *Fänger im Roggen*. Später war Eric Malpass' Roman mit dem zugkräftigen Titel *Morgens um sieben ist die Welt noch in Ordnung*, den sie dem Verleger Ledig-Rowohlt ins Urlaubsgepäck gelegt hatte, besonders erfolgreich.

In Amerika arbeitet jeder Autor, der etwas auf sich hält, mit einer Agentur zusammen, im Nachkriegsdeutschland waren literarische Agenturen noch unbekannt, sind es weitgehend bis heute. Der Gedanke, ein Manuskript an eine Agentur statt gleich an Verlage zu schicken, ist dem deutschen Autor fremd, er fürchtet sich vor »Vermarktung«, obwohl ihm dieser Umweg, davon ist Ruth Liepman überzeugt, eine Menge Vorteile bringt, die die zehn oder fünfzehn Prozent Anteil am Autorenhonorar aufwiegen. Der Agent kennt sich aus in der Verlagslandschaft und tätigt für den oft geschäftlich unerfahrenen Autor nicht nur die Vertragsabschlüsse, sondern handelt auch die heute immer wichtiger werdenden Nebenrechte aus.

In einer Rede vor der Deutschen Akademie für Sprache und Dichtung in Darmstadt hat Ruth Liepman den Agenten als den verlängerten Arm des Autors beschrieben: »Autoren sind im allgemeinen empfindsame, verletzliche und oft auch ein wenig eitle Naturen. Nichts ist für den Autor wichtiger, als sein Manuskript gedruckt zu sehen ...« Damit er dabei nicht übervorteilt werde, noch sich selbst überschätze, seien Agenturen verlässliche Mittler. Allerdings muss sich die Sache für beide Seiten lohnen. Romane und Sachbücher von überregionalem Interesse sind vor allem gefragt.

Schon die erste literarische Agentur, die 1875 von A. P. Watts in London gegründet wurde, sorgte für internationale Kontakte. Auf dem Kontinent entstanden wichtige Agenturen in Mailand, Berlin und Hamburg; Zürich spielte erst nach dem Zweiten Weltkrieg eine Rolle, hat sich aber seit den Sechzigerjahren zum führenden deutschsprachigen Standort entwickelt. Vier bedeutende Agenturen haben hier ihren Sitz, die Grenzen sind abgesteckt, man lebt friedlich nebeneinander und wildert nicht in fremden Gehegen – im Gegensatz zu Amerika, wo Autoren oft mit höheren Honoraren gegenseitig abgeworben werden.

Die Agentur Liepman, die älteste in Zürich, verlegte ihren Sitz 1961 hierher. Warum gerade Zürich? Heinz Liepman arbeitete als Kulturkorrespondent für mehrere Schweizer Zeitungen, aber es gab für den jahrelang Morphiumabhängigen und auch für seine Frau, die ihn immer wieder gestützt und aufgerichtet hat, noch einen wichtigeren Grund: »Heini wollte irgendwo ganz neu anfangen, an einem Platz, wo man ihn nicht kannte, wo er sich neu bewähren konnte.« Viel Zeit blieb dem Herzkranken nicht mehr. Fünf Jahre noch bis zu seinem Tod, Jahre, in denen er Tag und Nacht hektisch geschrieben hat, während seine Frau die Agentur weiter ausbaute, zuerst unten im Niederdorf, im Haus »Zum Paradiesvogel«, dann, von 1970 an, oben am Zürichberg, dem heutigen Domizil.

Tüchtige Mitarbeiterinnen stehen ihr zur Seite, sie stellt ihre »Liepfrauen«, die gleich nebenan sitzen, wie ihren Familienclan vor: Eva Koralnik, die sich auf hebräische und vor allem französische Literatur spezialisiert hat und so wichtige Autoren wie André Glucksmann oder Louis Aragon betreut. Und Ruth Weibel, die für deutschsprachige und angelsächsische Literatur zuständig ist, auch für Jugendbücher, und die sich unter anderem um die erfolgreiche Kanadierin Margaret Atwood kümmert. Ruth Liepman selbst liegt – von ihrer Biographie her verständlich – vor allem die holländische Literatur am Herzen. Dass sie den Nachlass Anne Franks betreut, ist fast schon selbstverständlich.

Das Trio beherrscht zusammengenommen beinahe ein Dutzend Sprachen, eine gute Voraussetzung für eine internationale Agentur: »Jedes wirklich wichtige Buch, wo immer es geschrieben wird, sollte die Möglichkeit haben, auch in anderen Sprachen zu erscheinen, weil sich damit Völker näher kommen.« Nicht nur Internationalität, auch Toleranz gehört zu den Kriterien der Liepmanschen Agentur. So unterschiedliche Denker wie Konrad Farner und Helmuth Plessner finden sich hier unter einem Dach, oder der Nachlass von Erich Fromm und der von Norbert Elias.

Unter den Autorennamen, die von Liepman betreut werden, gibt es nicht besonders viele Frauen, Waltraut Anna Mitgutschs Erfolgsroman *Die Züchtigung* müsste genannt werden, oder die engagierten Romane der Marilyn French. Frauen sind für Ruth Liepman kein Spezialthema, da hält sie es mit Rosa Luxemburg: Die Gesellschaft als Ganzes muss verändert werden, und das geht nur gemeinsam mit den Männern. Sie selbst hat bei Verhandlungen nie

Schwierigkeiten gehabt als Frau, sie ist als Partnerin immer akzeptiert worden. Wer sich als schwach definiert, wird auch so behandelt. Sie gehört eher, wie Grete Weil sich nach harten Exiljahren in Holland bezeichnete, zu den »zähen Ludern«.

Mit weit über achtzig denkt sie noch lange nicht daran, ihre Agenturarbeit aufzugeben und sich ein bequemeres Leben zu machen. Sie erlebt Alter nicht nur als Verknöcherung und Einschränkung, sondern auch als Erfahrungszuwachs, als Einbindung in größere Zeitdimensionen. Dankbar pflegt sie ihre weltweiten Freundschaften und die Erinnerung an die Freunde, mit denen sie und ihr Mann im Tessiner Feriendomizil Agarone immer wieder zusammengekommen sind: die Anderschs, die Weisenborns, die Neumanns oder Erich Maria Remarque, den sie als reizenden Snob bezeichnet.

Zu Zürich fallen ihr nicht so viele Namen ein, Zufall? Ruth Liepman fühlt sich nicht als Zürcherin, aber sie lebt und arbeitet gern hier oben hoch über dem See, in der Stadt mit dem weltläufigen und soliden Gesicht, in der sich internationale Geschäfte reibungslos abwickeln lassen. Sie ist in Zürich mehr mit dem Verstand als mit dem Herzen zu Hause, mit Gottfried Benn könnte sie fragen:

> Meinen Sie Zürich zum Beispiel
> sei eine tiefere Stadt,
> wo man Wunder und Weihen
> immer als Inhalt hat?

Nein, Wunder und Weihen erwartet sie nicht in dieser Stadt, sie hält sich an Konkreteres, an die Offenheit der Verlagslandschaft, an die für Schweizer Verhältnisse große Toleranz, mit der auch politische Exilverlage und -zeitschriften hier geduldet wurden, an Menschen, die sich ganz in den Dienst dieser Aufgaben stellten: Emil und Emmie Oprecht mit dem Europaverlag, dessen Keimzelle an der

Rämistraße mehr war als eine Buchhandlung, damals, zur Zeit des Dritten Reichs, eine Anlaufstelle für verfolgte Autoren, ein Hort für verbotene Bücher. Oder Theo Pinkus' sagenhaftes Antiquariat an der Froschaugasse, dem er eine Studienbibliothek zur Geschichte der Arbeiterbewegung angegliedert hat – auch hier ein politisch überzeugtes Ehepaar, das im Sinne Ruth Liepmans versucht hat, ein Stückchen Utopie in Wirklichkeit umzusetzen.

Weltliteratur auf engem Raum, oft genug durch die grausamen Turbulenzen des Jahrhunderts herangeweht. James-Joyce-Dokumente in einer Stiftung zusammengetragen, Thomas Manns ziselierte Handschrift in Bodmers Gemächern, die von ihm gegründeten Blätter *Maß und Wert*, die Interniertenzeitschrift *Über die Grenzen*, in der der Germanist Hans Mayer im Arbeitslager einen Weg in die Zukunft entwarf, der »von einer individualistischen zu einer solidarischen, gemeinschaftlichen Gesellschaftsordnung führen muß« und der »Menschenliebe und Weltbürgerlichkeit untrennbar verbindet«.

Worte, die heute pathetisch klingen, damals aber junge Menschen zu begeistern vermochten, ihnen die Kraft und Furchtlosigkeit gaben, im Widerstand zu arbeiten, sei es in der Schweiz, sei es in Holland oder in Frankreich. Leicht war es nirgendwo.

Ruth Liepman, damals noch Lilienstein, geht im April 1934, an ihrem 25. Geburtstag, von Hamburg aus nach Holland. Sie kennt das Land nicht, kann nicht holländisch, schämt sich, die Empfehlungsschreiben, die sie in der Tasche hat, vorzuzeigen. Sie möchte nicht als Bittstellerin huldvoll aufgenommen werden. Doch die Holländer demütigen und verletzen sie nicht, das vergisst sie ihnen nie, sondern helfen ihr auf selbstverständliche und selbstlose Weise weiter.

Sie arbeitet für sieben Gulden fünfzig die Woche in einer Handweberei, bekommt mittags bei einem Sammler japanischer Kunst warmes Essen, macht sich als Sekretärin in einer Anwaltskanzlei nützlich. In Deutschland wird die als Jüdin und Kommunistin doppelt gebrandmarkte Ruth Lilienstein inzwischen von der Staatsanwaltschaft Hamburg steckbrieflich gesucht. »Wegen Vorbereitung zum Hochverrat« soll sie verhaftet und ins nächste Gefängnis gebracht werden. Trotzdem setzt sie ihre gefährlichen Kurierfahrten nach Deutschland fort, im Koffer mit doppeltem Boden Flugblätter der KP: »Angst hatte ich bei diesen Auftragsfahrten kaum. Ich war vorsichtig, aber gleichzeitig habe ich daran gezweifelt, daß ich die Zeit überleben würde. Ich dachte, es kommt so, wie es kommt.«

Nüchterner Pragmatismus gekoppelt mit idealistischer Pflichtauffassung – eine gute Mischung für politische Untergrundarbeit. Aber die Erlebnisse, die sie an der Integrität der Partei zweifeln lassen, mehren sich. Sie ist keine einfache Befehlsempfängerin, keine gehorsame Parteimarionette, sie will selber mitdenken, selber mitentscheiden, wann und was sie redet. Das bringt ihr den schmerzlich empfundenen Ausschluss aus der Kommunistischen Partei ein. Sie ist heimatlos, eine heimatlose Jüdin ohne Familie, die Eltern und die beiden Brüder sind nach Amerika emigriert.

Im Mai 1940, noch vor dem Einmarsch deutscher Truppen in Holland, heiratet sie einen Schweizer Architekten, den sie auf einem Kongress in Amsterdam kennen gelernt hat. Die in Deutschland steckbrieflich Gesuchte wohnt mit ihm ganz legal als Ehefrau Ruth Stock über ein Jahr in Zürich – eine Schutzheirat, wie sie in dieser Zeit häufig geschlossen wurde, um Staatenlosen zu einem Pass zu verhelfen. Ruth Stock ist nun Bürgerin von Mastrils in Graubünden und weiß die Großzügigkeit und Selbstlosigkeit ihres Mannes, mit dem sie freundschaftlich zusammenlebt, dankbar zu schätzen. Erst nach dem Krieg wird die Ehe wieder aufgelöst.

Innerlich gebunden fühlt sie sich noch immer an ihre erste große Liebe, den Studienfreund Werner Bockelmann, der von einem konservativen Gutshof in Niedersachsen stammte und später Oberbürgermeister von Frankfurt wurde: »Unsere Liebe hatte für mich etwas Totales«, schreibt sie. Die beiden treffen sich unter schwierigen Bedingungen in Holland und in der Schweiz. Sie erwartet ein Kind von ihm und bricht die Schwangerschaft, von der er nichts weiß, in ihrer Verzweiflung ab: »Ich dachte, ich könnte das Kind nicht allein durchbringen, unter diesen schwierigen Umständen, mit dem Steckbrief im Nacken. Später hat es mir dann unendlich leid getan.« – Dass der Hamburger Freund sie um einer ungefährlicheren und problemloseren Beziehung willen im Stich lässt, verkraftet sie nur schwer: »Für mich war das die tiefste Enttäuschung meines Lebens. Er hat sich in Hamburg arrangiert, während ich in Holland festsaß …«

Doch mit der Emigration verbinden sich auch positive Erlebnisse. Ihre schweizerische Staatsbürgerschaft bringt ihr eine Anstellung in der Anwaltskanzlei des Schweizer Honorarkonsuls in Amsterdam ein – und damit die Möglichkeit, vielen zur Deportation bestimmten Juden zu helfen. Die Schweiz vertrat damals als Schutzmacht die Interessen der Engländer und Amerikaner in Holland. Die Deutschen, die Devisen brauchten, waren bereit, Juden gegen hohes Kopfgeld in Fremdwährung ausreisen zu lassen. Der Schweizer Konsul und seine Sekretärin Ruth Stock versuchten, mit »Sperrlisten« und der Ankündigung von Auslandsgeldern Verhaftungen hinauszuzögern und den Juden die Möglichkeit zu geben, noch unterzutauchen. In vielen Fällen gelang es, manchmal schlug es fehl, die Verantwortung für diese Aktionen lastete schwer auf dem Gewissen der Beteiligten.

Der Konsul stellte Ruth Stock, geb. Lilienstein, einen Pass ohne den belastenden Mädchennamen aus – »den einzigen richtigen falschen Paß, den die Schweiz je ausgestellt hat«. Nach dem Tod des Konsuls zeigte sein Nachfolger aus Bern die Sekretärin wegen des gefälschten Passes bei der holländischen Fremdenpolizei und bei der Gestapo an: »Der Mann hatte tatsächlich Angst, daß die neutrale Schweiz durch meinen Paß in den Krieg gezogen werden könnte! Auch solche Leute gab es«, vermerkt Ruth Liepman lakonisch. Die Sekretärin namens Stock wird von der Fremdenpolizei abgeholt, aber der holländische Beamte lässt sie wieder frei mit der Warnung, die Deutschen würden sie bestimmt nicht in Ruhe lassen.

Ruth Stock arbeitet zu der Zeit nicht nur legal auf dem Schweizer Konsulat, sondern auch heimlich im Widerstand, ständig in Lebensgefahr bei waghalsigen Aktionen wie dem Aufbau eines mobilen Schwarzsenders. Wichtige Informationen über die deutsche Besetzung der holländischen Küste tippt sie auf zahllose Zigarettenpapierchen, sie werden nach England und auch in die Sowjetunion geschmuggelt. Geheimer Landesverrat – darauf steht Todesstrafe.

Im April 1943 taucht sie im letzten Augenblick ab, ständig unterwegs, nie lange in einem Versteck, um die Gastgeber nicht zu gefährden. Manchmal geht es um Minuten: Während sie durch die Hintertür flieht, dringt die Gestapo durch den Vordereingang ins Haus und durchsucht jeden Winkel. Ein anderes Mal wird die Gehetzte von einer beherzten Pfarrfrau in einem tiefen holländischen Wandschrank versteckt und entgeht so dem Suchkommando.

Im Städtchen Beverwijk findet sie bei einem Hochofenarbeiter und dessen schwangerer Frau Unterschlupf, frommen Calvinisten, für die Hilfsbereitschaft selbstverständliche Christenpflicht ist, auch wenn sie damit ihr eigenes Leben in Gefahr bringen. Ruth Stock wird den Nachbarn als Kindermädchen vorgestellt, sie wäscht Windeln, schrubbt Fliesen und hält den Gehweg vor dem Haus sauber. Wissen die Leute in der Straße, wer sie wirklich ist? Dass sie als Illegale im Widerstand arbeitet? Dass sie englische Radiosendungen abhört und ins Holländische übersetzt? Dass sie Papiere fälscht, um Untergetauchten weiterzuhelfen?

Ja, die Nachbarn wissen es. Im Mai 1945, bei der Befreiung durch kanadische Truppen, kommen sie mit dem wenigen, was sie an Essbarem haben, um mit dem »Kindermädchen« zu feiern. »Dich haben wir durchgebracht«, sagen sie stolz. Dieser Augenblick ist für die Gerettete der bewegendste ihres Lebens. Seither weiß sie, dass sie hier zu Hause ist, dass sie nie wie die nach Zürich emigrierte Dichterin Margarete Susman, in deren Pass wie ein Kainsmal »heimatlos« eingestempelt ist, schreiben müsste:

> Wir wandern, wir wandern,
> Nicht Ziel noch Ende gilt.
> Wo Gleichnis nicht gilt, noch Bild,
> Wir unter den Völkern der Welt
> Die ewig Andern.

Ruth Stock gehört nicht zu den ewig Andern. Sie hat »ihre« Familie in Beverwijk, all ihre holländischen Freunde, die sie unter Lebensgefahr aufgenommen haben. Zehn Tage nach Kriegsende macht sie sich mit dem Fahrrad auf nach Amsterdam, um zu sehen, wer von ihren untergetauchten Exilfreunden noch übrig geblieben ist. Mit etlichen kann sie freudiges Wiedersehen feiern, andere sind verschleppt, verschollen, ermordet.

Sie arbeitet nun bei den Engländern als begehrte Dolmetscherin für Holländisch, Englisch und Deutsch. Im Untergrund hat sie die Sprache ihrer Beschützer perfekt gelernt, immer begierig, ihre Möglichkeiten der Verständigung auszuweiten.

Wie Recht hat Rilke, wenn er, lange vor dem Exodus der Juden aus Deutschland, von Muzot aus an die Lyrikerin

Ilse Blumenthal-Weiß schreibt: »Der eigentliche transportable Geist ist durch das Schicksal der Juden in die Welt gekommen.« Der transportable Geist, der Länder und Kontinente verbindet, sich an keine Grenzen hält und für viele der einzige kostbare Besitz ist. Die großen jüdischen Lyrikerinnen haben es immer wieder formuliert: Rose Ausländer, Hilde Domin, Nelly Sachs, die sich mit Paul Celan in Zürich getroffen hat, oder Else Lasker-Schüler, die ruhelos durch Zürichs Uferpromenaden streift, immer im Aufbruch, sich zurücksehnend nach dem gerade Verlassenen: »Die Möven vom Zürcher See schreiben mir so sehnsüchtige Briefe ...«

Auch Mascha Kaléko gehört zu diesen Heimatlosen. Mit ihr war Ruth Liepman befreundet. Ihre Verse liebte sie, auch wenn sie der unter Wahnvorstellungen Leidenden nicht mehr helfen konnte. Das Ohnmachtsgefühl, für jemanden nichts mehr tun zu können, ist eine bedrückende und wiederkehrende Erfahrung ihres langen Lebens. Wie sie dankbar an die Menschen zurückdenkt, die ihr geholfen haben, möchte sie auch anderen helfen: »Ich war immer, von Kind an, ein Mensch mit Freunden. Einsamkeit und Alleinsein waren in meinem Leben ganz seltene Erfahrungen. Wo ich konnte, half ich selbst, und immer, wenn es nötig war, wurde mir geholfen. Wahrscheinlich habe ich deswegen nie meine Lebenslust verloren und bin immer wieder mit neuem Mut an neue Herausforderungen herangegangen.«

Ihren Lebenserinnerungen hat sie den für sie bezeichnenden Titel gegeben: *Vielleicht ist Glück nicht nur Zufall.*

Das Buch mit dem zerfurchten, doch heitergelösten Altersporträt auf dem Umschlag erschien 1993, kurz danach wurde dieses Gespräch geführt.

Ruth Liepman ist am 29. Mai 2001 im Alter von 92 Jahren verstorben.

Hindemiths eigenwillige Schülerin
Felicitas Kukuck
1914–2001

Der Einfall ist eine Kraftkonstellation, eine Energiequelle, die weder gedanklich noch gefühlsmäßig faßbar ist, ein Moment, da wie in einer Rechnung alles restlos aufgeht.
Paul Hindemith

Felicitas Kukuck ist ein tragischer Glücksfall. Tragisch, weil ihre künstlerische Entfaltung und ihre berufliche Karriere zu Beginn geprägt waren von Einschränkungen und Verboten. Ein Glücksfall, weil sie das Dritte Reich als Halbjüdin mit Wagemut und Gespür für jedes noch so kleine Schlupfloch überlebt hat. Ein Glücksfall auch, weil sie wichtige Stationen ihres Lebens aufgezeichnet hat und so Nachkommenden Einblick zu geben vermag – nicht in die Hölle eines Konzentrationslagers, sondern »nur« in den hürdenreichen Alltag einer Frau, einer Künstlerin, in deren Adern zu wenig arisches Blut floss.

Felicitas Kukucks Rückschau ist nicht von Hass oder Resignation erfüllt, es ist eher ein Rechenschaftsbericht, den sie sich selbst gibt. Die beklemmenden Erfahrungen jener Zeit hat sie in ihrer Musik verarbeitet, etwa in der Vertonung von Gedichten der Exil-Lyrikerin Nelly Sachs oder von Celans Gedicht *Todesfuge*. Auschwitz und Hiroshima sind für sie Metaphern des Grauens, Metaphern für das, was Menschen Menschen antun können. In der sakralen Oper *Ecce homo* hat sie sich mit diesen Gedanken auseinander gesetzt – die eine Seite ihres Schaffens.

Die andere, gelöste, unbeschwerte, lässt nichts von dieser elegischen Grundstimmung ahnen. Sie ist vielmehr getragen von Zuversicht und Schaffenslust, auch von Experimentierfreude und vom Ausloten neuer Möglichkeiten. Aus diesem Impuls heraus sind Kinderlieder und Märchenvertonungen, Kammermusik und Volksliedsätze, Bühnen- und Filmmusik, Kantaten und Bearbeitungen biblischer Texte entstanden – eine Fülle verschiedenster Kompositionen, ein fingerdickes Werkverzeichnis.

Abschied von einer Komponistin und Chorleiterin

Im Rahmen der 700-Jahr-Feier von Blankenese sollte die seit über fünfzig Jahren am Elbhang wohnende Komponistin mit einem Werkkonzert geehrt werden. Aus der geplanten Aufführung wurde eine Gedenkfeier: Felicitas Kukuck ist kurz zuvor, am 4. Juni 2001, im Alter von fast 87 Jahren gestorben. Über 300 Menschen fanden sich in der Blankeneser Kirche am Markt zu diesem Konzert »in memoriam« ein. Der Kammerchor Blankenese und Angehörige des Hamburger Konservatoriums hatten für diesen Abend aus dem geistlichen und weltlichen Werk der Verstorbenen einige Kompositionen ausgewählt – unter anderem als Uraufführung den Liedzyklus *Ich bin in Sehnsucht eingehüllt*, die Vertonung von bewegenden Gedichten einer 18-jährigen rumänischen Jüdin, die in einem SS-Arbeitslager den Tod fand. Immer wieder treiben Felicitas Kukuck solche Schicksale um und immer wieder hofft sie – auch in der Kantate *Gott ist die Liebe* –, dass die Menschen aus dem Vergangenen lernen mögen.

Mit dem seit fast vier Jahrzehnten bestehenden Blankeneser Kammerchor hat Felicitas Kukuck nicht nur einen Kreis von Singbegeisterten um sich geschart, der viele ihrer Chorwerke uraufgeführt hat, es ist auch ein Kreis von Ver-

Felicitas Kukuck

bündeten, der ihre Friedensarbeit unterstützt. Die Tochter der Komponistin, Margret Johannsen, hat den Text zu ihrem Requiem *Und es ward: Hiroshima. Eine Collage über Anfang und Ende der Schöpfung* geschrieben. Das Werk wurde 1995 im Rahmen einer Weltfriedenswoche in der Hamburger Turmruine St. Nikolai erstmals gespielt. Auch zu den beiden Kirchenopern *Der Mann Mose* und *Ecce homo* schrieb die Tochter das Libretto. Für Mitschnitte und Technik waren die männlichen Familienmitglieder zuständig. Im Chor mitgesungen haben alle, von Anfang an ihr Mann und die vier Kinder, später kamen die Enkelkinder mit ihren Familien dazu, und auch die Urenkel sollen in den Chor hineinwachsen.

Über ihren Drei-Generationen-Chor sagt die Gründerin in einem Interview: »Wir proben jede Woche bei mir zu Hause. Bei Nebel hört man dann manchmal die Dampfer tuten. Ich wohne nämlich in Blankenese, im Treppenviertel, und wenn die Sonne scheint, geh ich auf die Landungsbrücke und guck mir die Schiffe auf der Elbe an.« Am Ufer der Elbe ließ sie sich zu einem Lied, einer Liebeserklärung an ihre Stadt, inspirieren: *Hamburg im Gegenwind.* Und mit dem Gegenwind kamen die Erinnerungen. Erinnerungen an die unbeschwerte Kindheit, das allmähliche, nicht mehr so unbeschwerte Erwachsenwerden, an die Emigration der Eltern, den Aufbruch nach Berlin …

Cohnheim heißt man nicht

Felicitas' Vater, der Physiologe Prof. Dr. Otto Cohnheim, wird 1913, ein Jahr vor ihrer Geburt, nach Hamburg berufen, um die Medizinische Fakultät innerhalb der neu gegründeten Universität mit aufzubauen. Der hoch geachtete jüdische Wissenschaftler richtet sein Institut im Eppendorfer Universitätskrankenhaus ein und hält hier auch seine Vorlesungen. Er ist mit einer Nichtjüdin, Tochter eines freisinnigen Reichstagsabgeordneten aus Bremen, verheiratet, die nach der Hochzeit ihre sich anbahnende Karriere als Sängerin aufgegeben hat und nicht mehr öffentlich auftritt – zur damaligen Zeit ein durchaus üblicher Schritt. Den Mann in seiner Arbeit zu unterstützen, ein gastliches Haus zu führen, sich den Kindern zu widmen und die eigenen künstlerischen Ambitionen auf das häusliche Umfeld zu beschränken, wird, im Gegensatz zur späteren Töchtergeneration, in bürgerlichen Kreisen nicht als Einschränkung der Lebensentfaltung empfunden.

Auch eine jüdische Abstammung gilt – noch – nicht als Makel oder Berufshindernis. Trotzdem, vielleicht auch in Vorahnung des Kommenden, drängt die Mutter Otto Cohnheims ihren Sohn, den jüdischen Familiennamen abzulegen. Professor Cohnheim, der gleich zu Beginn des Ersten Weltkriegs als Wehrmachtsarzt eingezogen wurde, hat eigentlich andere Sorgen, aber er kommt ihrem Wunsch nach und beantragt die Namensänderung. So wird aus der zweijährigen Tochter Felicitas Cohnheim eine Felicitas Kestner. Erste Kindheitserinnerungen sind nicht vom Krieg geprägt, sondern von der fröhlich musikalischen Atmosphäre des Elternhauses, von der Mutter, die am Klavier sitzt und Entbehrungen im wahrsten Sinne des Wortes überspielt.

Als Sechsjährige wird Felicitas zusammen mit ihrer älteren Schwester Elisabeth mit einem Hilfstransport für unterernährte Kriegskinder nach Holland verschickt. Die eindrücklichste Erinnerung an diesen Aufenthalt ist bezeichnenderweise nicht das Essen wie im Schlaraffenland, sondern ein Drehorgelmann, der sonnabends auf der Straße zum Tanz aufspielt. Tanzen, Singen, Theaterspielen – das ist die Welt der kleinen Felicitas und die Mutter lässt diesen kreativen Ausbrüchen freien Lauf, sie hält nichts davon, Kinder zu früh in ein Leistungskorsett zu zwängen.

Mit sieben hat das freie Streunerleben ein Ende, Felicitas wird eingeschult und marschiert mit ihrer Schwester jeden Tag eine Dreiviertelstunde von Eppendorf zum Henckel-Lyceum in der Nähe des Dammtorbahnhofs. Die Schule macht Spaß, weil die Lehrerin so spannende Geschichten vom Paradies, von der Sintflut und von Joseph und seinen Brüdern erzählt: »Es waren die schönsten Märchen, die ich kenne und wiedererkannte in Thomas Manns Josephs-Roman ... diese Geschichten durchziehen mein Leben. Ich habe später, in den siebziger Jahren, mehrere Singspiele für Kinder zu biblischen Stoffen komponiert und auch getextet. Wahrscheinlich stammt meine Freude an den biblischen Geschichten aus dieser frühen Schulzeit.«

Bei den Mitschülerinnen ist sie – wohl weil sie »anders« ist und außerdem »Liebkind« der Lehrerin – nicht beliebt: »Sie lebten in einer ganz anderen Welt als ich. Ihre Väter waren reiche Kaufleute und sie wohnten in schönen Villen mit großen Gärten, während wir im 4. Stockwerk eines Etagenhauses wohnten, ohne Garten.« Das väterliche Renommee als Universitätsprofessor zählt zwar bei der Lehrerin, aber die Klassenkameradinnen auf diesem privaten Lyceum, das offenbar von Kindern begüterter Eltern besucht wird, haben andere Maßstäbe. Sie müssen Blumen für die Lehrerin nicht, wie Felicitas, heimlich in einem Park pflücken und dann behaupten, sie stammten aus dem eigenen Garten ...

Musikunterricht erhält Felicitas erst mit zehn. Doch zu dieser Zeit hat sie gemeinsam mit ihrem Bruder Fritz längst eigene musikalische Entdeckungsreisen am Klavier gemacht: »Wir spielten vierhändig nach Bilderbüchern ... Wir vertonten alles: Regen und Sonnenschein, das Trippeln von Zwergen, aber besonders gern lauten Donner.« Die Klavierlehrerin unterbindet die Improvisationen nicht, versucht sie aber in geordnete Bahnen zu lenken, spielt der ungestümen Schülerin Chopin vor und macht ihr deutlich, dass temperamentvolles Spiel auch nach Noten und festgeschriebenen Sätzen möglich ist.

Zu aufsässig für eine Mädchenschule

Felicitas ist ein eigenwilliges Kind mit Fragen, die Erwachsene, Lehrer vor allem, in Verlegenheit bringen. Nur der von ihr bewunderte Vater weiß auf alles eine Antwort – auch auf die Frage, wo denn die Seele im Körper sitze. Im Gehirn, sagt er ohne Zögern, und so sitzt die Seele für Felicitas fortan im Gehirn. Die Antworten der Lehrer, meist unwillig oder zerstreut gegeben, befriedigen ihren Wissensdurst weniger. Sie wird eines Tages wegen Aufsässigkeit von dieser Mädchenschule verwiesen. Ihr Glück.

Die Eltern nehmen den Ausschluss gelassen. Die renitente Tochter darf zur Lichtwarkschule, der einzigen Hamburger Schule mit Koedukation, überwechseln. Die von der Reformpädagogik geprägte Schule, die auch ihr Bruder besucht, ist nach Alfred Lichtwark, dem führenden Vertreter der Kunsterzieherbewegung, benannt und legt auf musische Bildung, den Zusammenklang von Kunst, Literatur und Musik besonderen Wert. Felicitas ist vom Unterricht der politisch meist links orientierten Lehrer sehr angetan: »Endlich fühlte ich mich unter ›meinesgleichen‹ und wurde von den Mitschülern akzeptiert. Vor allem der Musikunterricht war großartig ...« Sie wird gleich in den Oberstufenchor aufgenommen und darf bei der Aufführung von Brechts *Jasager* mitmachen. Die Vertonung durch Kurt Weill fasziniert sie, ebenso die Musik Paul Hindemiths in der Schulaufführung seines Stückes *Wir bauen eine kleine Stadt*. Hier werden Weichen für das spätere Studium gestellt. Zum großen Goethefest 1932 komponiert Felicitas schon eine Revue mit eigenen Songs, kess durchsetzt von Goethe-Zitaten aus dem *Faust*.

In dieser Zeit tritt sie – »politisch ungebildet und naiv«, wie sie später sagt – der kommunistischen Jugend bei: »Ich textete und komponierte damals Lieder mit vielen gängigen Schlagworten und Phrasen, die wir – die Gruppe – sonntagmorgens in einem Lastwagen stehend heruntergrölten, während wir durch Eimsbüttel fuhren.« Vor den Eltern hält sie ihre politischen Aktivitäten geheim, aber eines Tages, als sie mit ihren Songs in einem Kino auftritt, sitzt die Mutter in der ersten Reihe – nicht um sie zu tadeln, sondern um sie zu beschützen und herauszuholen, falls es zu den berüchtigten Saalschlachten zwischen Nazis und Kommunisten kommen sollte. Das politische Klima ist, nicht nur in Hamburg, explosiv in jenen Tagen kurz vor Hitlers Machtergreifung.

Felicitas versteckt, da die »kommunistischen Nester« nach und nach alle ausgehoben werden, auf dem vermeintlich sicheren Dachboden ihres Elternhauses heimlich Parteischriften. Von der jüdischen Herkunft ihres Vaters ahnt sie nichts – das einzige Tabuthema in der liberalen Familie. Erst als eines Tages ihr Haus von »den Braunen« durchsucht wird, muss der Vater sich den Kindern offenbaren. Die heiße Ware auf dem Dachboden wird nicht entdeckt, die Tochter schafft sie anderntags noch mit zitternden Knien weg. Obwohl bei der Durchsuchung des Elternhauses nichts Verdächtiges gefunden wird, verliert der Vater seine Professur und muss seinen Platz im Institut räumen. Damit hätte der im Ersten Weltkrieg mit dem Eisernen Kreuz Erster Klasse Ausgezeichnete nie gerechnet. Die Namensänderung – in den Akten des Einwohnermeldeamtes säuberlich registriert – hat sich als Tarnkappe nicht bewährt.

Auch in der »verjudeten« Lichtwarkschule werden 1933 die profiliertesten Lehrer verhaftet oder verjagt, die Schule wird »gleichgeschaltet«, der liberale Schulleiter durch einen parteitreuen ersetzt. Für Felicitas bedeutet das wieder Schulwechsel. Sie kommt nun in der berühmten »Schule am Meer« in Juist unter. In diesem Landschulheim des Reformpädagogen Martin Luserke ist alles auf musische Erziehung ausgerichtet. Ihr Musiklehrer Eduart Zuckmayer, ein Bruder des Dichters Carl Zuckmayer, fördert sie sehr. Die musikalisch und mathematisch begabte Schülerin fühlt sich wohl in dieser Atmosphäre; doch die Schule wird 1934 geschlossen, da fast alle zahlungskräftigen jüdischen Schüler mit ihren Eltern emigrieren.

Felicitas muss sich in der Oberprima noch einmal an eine neue Schule gewöhnen, diesmal ist es die Odenwaldschule. Hier wird sie nicht richtig heimisch: Der Schulleiter Paul Geheeb hat sich mit einigen Mitarbeitern in die Schweiz abgesetzt, und zurückgeblieben ist ein trauriges Häuflein von Lehrern, »das nicht das nötige Rückgrat hatte, um dem neuen, braunen, stupiden Geist zu begegnen. Ich war froh, als ich mein Abitur in der Tasche hatte ...«

Die Herausforderung Hindemith

Das Abitur – Schlüssel zum Studium. Nicht für Felicitas Kestner. Ihr Plan, an der Hochschule für Musikerziehung in Berlin zu studieren, scheitert am geforderten Nachweis arischer Abstammung bis zurück ins Jahr 1800. So versucht sie, an der Berliner Musikhochschule einen Studienplatz zu ergattern. Sie besteht die Aufnahmeprüfung für das Hauptfach Klavier und legt 1936 mit Erfolg die Privatmusiklehrerprüfung ab. Doch das schöne Diplom nützt ihr nichts, denn es ist gekoppelt mit einem generellen Unterrichtsverbot – arische Schüler sollen nicht unerwünschten jüdischen Einflüssen ausgesetzt werden. Felicitas Kestner macht aus der Not eine Tugend und studiert weiter. Nun Querflöte, ein Instrument, das sie liebt und das sie schon während ihrer Schulzeit gespielt hat. Ihr Harmonielehrer, dem sie einige ihrer Kompositionen gezeigt hat, empfiehlt sie an den Kollegen Hindemith weiter – wieder werden Weichen fürs Leben gestellt, wieder erweist sich ein Verbot als Chance.

In die Kompositionsklasse von Paul Hindemith aufgenommen zu werden bedeutet eine hohe Auszeichnung. Er hat die zeitgenössische Musikentwicklung in Deutschland maßgeblich beeinflusst, seine Opern sprengen den konventionellen bürgerlichen Rahmen. Mit exzentrischen Stücken wie *Mörder, Hoffnung der Frauen* nach Texten von Oskar Kokoschka wird er für die einen zum Bürgerschreck, für die anderen zum mutigen Verfechter einer Avantgarde, für die die Nationalsozialisten nur den Stempel »entartet« übrig haben.

Paul Hindemith ist kein Jude und unterliegt nicht den Einschränkungen und Verboten, denen jüdische Künstler ausgesetzt sind. Die NSDAP macht ihm das Leben trotzdem schwer, beschimpft ihn als »Kulturbolschewist« und streicht seine Werke aus den Aufführungsplänen. Der Dirigent Wilhelm Furtwängler, der seine Symphonie *Mathis der Maler* uraufgeführt hat, macht in einem Artikel zum »Fall Hindemith« auf die Diskriminierung des Komponisten aufmerksam, doch Propagandaminister Goebbels ist nicht gewillt, sich für den unliebsamen »Geräuschemacher« einzusetzen.

In der Hochschule geht vorerst alles noch seinen gewohnten Gang. Hindemith ist ein kritischer, aber ungemein anregender und fröhlicher Lehrmeister. Drei Mal wöchentlich jeweils vier Stunden arbeitet er mit seinen sechs Kompositionsschülern, verteilt knifflige Aufgaben, die eine intensive Beschäftigung mit dem Stoff verlangen, korrigiert Entwürfe mit subtilem Einfühlungsvermögen und ermutigt zu Experimenten: »Melodien wurden gemeinsam analysiert und auf ihre melodische, harmonische formal-rhythmische Gestalt abgehorcht und beurteilt. Diese Untersuchungen waren das Interessanteste und Anregendste, was ich in meinem Studium erlebt habe.« Felicitas Kestner ist und bleibt die einzige Frau in Hindemiths Kompositionsklasse – nicht weil er Frauen für weniger begabt hält, sondern weil deren Interesse mehr in der Instrumentalausbildung zu liegen scheint.

Auch die Studentin Kestner widmet sich neben den Kompositionsaufgaben intensiv dem Instrumentalbereich. Sie bereitet sich auf die künstlerische Reifeprüfung im Hauptfach Klavier vor, wirkt als Flötistin im Hochschulorchester mit und singt in Kurt Thomas' A-cappella-Chor und im Hochschulchor. In diesen Hochschulchor werden auch begabte Nichtmusiker aufgenommen, so ihr Freund und späterer Mann Dieter Kukuck, der an der Technischen Hochschule Elektrotechnik studiert und eine sehr schöne Tenorstimme besitzt. Er hat wie sie in Hamburg die Lichtwarkschule besucht. Die beiden sind seither eng befreundet und finden es ganz selbstverständlich, dass sie in Berlin zusammen wohnen – was damals selbst in der Großstadt für junge Leute aus bürgerlichem Milieu als unschicklich gilt. Die beiden kümmern sich nicht um das Gerede, hausen höchst bescheiden in ihrer kleinen Wohnung, essen mittags für 35 Pfennig Eintopf beim Roten Kreuz, leisten sich die Straßenbahn für 10 Pfennig und besuchen abends die kostenlosen Konzerte der Hochschule. Für die Miete und sonstige Festkosten kommt Felicitas' Vater auf, dem erstaunlicherweise sein Beamtengehalt weiter überwiesen wird, obwohl er Lehrverbot hat und die Universität nicht mehr betreten darf.

In Berlin und in der Hochschule hat Felicitas Kestner niemandem außer ihrem Freund Dieter von ihrem jüdischen Vater und dem Arisierungsversuch durch die Namensänderung erzählt. Aber sie lebt in ständiger Sorge, dass ihre Herkunft aufgedeckt werden könnte. In ihrer näheren Umgebung geschehen schreckliche Dinge, die jüdischen Freunde sind emigriert, untergetaucht oder zum Transport in ein Lager abgeholt worden. Eine jüdische Bekannte schenkt ihr eines Tages einen Stapel »überflüssiger« Bettwäsche. Als sie sich am nächsten Tag mit einer Sonderzuteilung Bohnenkaffee bedanken will, klingelt sie vergebens an der Wohnungstür. Das Ehepaar hat sich, wie sie von Nachbarn erfährt, in der Küche mit Gas vergiftet. Trotz dieser schockierenden Erlebnisse denkt sie nicht an Emigration. Sie will sich nicht von ihrem Freund trennen und kann sich nicht vorstellen, anderswo als in Deutschland zu leben, dem Land mit der »ewigen Musik« eines Johann Sebastian Bach.

Bei ihrer Abschlussprüfung an der Hochschule spielt sie Bachs Präludium und Fuge in c-moll und die zweite Klaviersonate von Paul Hindemith – ein kühnes Bekenntnis zu ihrem Lehrmeister, der trotz einer Unterschriftenaktion seiner Schüler die Lehrtätigkeit an der Musikhochschule aufgekündigt hat, nachdem die Aufführung all seiner Werke in Deutschland verboten wurde. 1938 ist er nach Amerika emigriert, ihm kann nichts mehr passieren und seine Schülerin höchstens durch die Prüfung fallen, wenn sie sich dem Rat ihres Klavierlehrers widersetzt und die Prüfungskommission mit dem verfemten Hindemith schockt. Sie fällt – wider alle Erwartung – nicht durch. Für sie der Beweis, dass mit etwas Zivilcourage manchmal auch unmögliche Dinge möglich sind.

Ein neuer Name als Schutzschild

Anfang 1939 wird ein Gesetz erlassen, das Juden und jüdischen Mischlingen, die ihren Namen geändert haben, vorschreibt, wieder den alten Namen zu führen. Dieter

Kukuck weiß, dass dies auch seine Freundin betrifft. Nur ein »echter« arischer Name kann sie schützen. Er bestellt ohne ihr Wissen in aller Eile das Aufgebot und findet auch einen verständnisvollen Standesbeamten, der auf Ahnenpass und Namensänderungsurkunde verzichtet und sich mit einer nachträglich auf den Namen Kestner ausgestellten Urkunde zufrieden gibt. Die Eltern, denen es 1939 noch gelingt, sich nach England abzusetzen, erfahren erst hinterher von der Blitzheirat.

Felicitas heißt nun Kukuck und bringt im August 1940 einen kleinen Kukuck zur Welt, den Sohn Jan. Ihr Mann wurde bei Kriegsbeginn nicht gleich eingezogen, da er neben seinem Studium als Elektrotechniker für Siemens arbeitete. Erst nach seiner Diplomprüfung 1941 erhält er den Gestellungsbefehl zur Marine. Felicitas Kukuck erlebt, was viele Frauen erleben, deren Männer im Krieg sind: Bombenangriffe, ausgebrannte Wohnungen, Nächte im Luftschutzkeller mit verstörten Kindern. Sie singt gegen die Angst an, singt ihren Sohn und auch die anderen Kinder auf den harten Pritschen in den Schlaf.

Eines Tages klingelt eine Frau an der Wohnungstür und bittet um Asyl – eine Jüdin, frühere Lehrerin an der Talmud-Thora-Schule in Hamburg, die der Gestapo entkommen ist. Was tun? Juden Unterschlupf zu gewähren ist mehr als lebensgefährlich, aber Felicitas Kukuck bringt es nicht über sich, die Frau wieder wegzuschicken. Alles ist Risiko: Essen besorgen ohne Lebensmittelkarten, bei Fliegeralarm in der Wohnung im vierten Stock bleiben, ein neues Versteck in einer ausgebrannten Ruine suchen, als die Wohnungsvermieterin überraschend ihren Besuch ankündigt …

Die Jüdin hat den Krieg unversehrt überlebt und mit ihr viele andere, die von mutigen Berlinern auf Dachböden und in Kohlenkellern versteckt wurden – für Felicitas Kukuck die Bestätigung, dass es auch in einem noch so perfekten System da und dort Schlupflöcher gibt, die Rettung bedeuten, wenn man sich nicht von Angst lähmen lässt.

Die letzten Tage vor Kriegsende im stockdunklen Luftschutzkeller, die völlig ausgebrannte Wohnung, der Gang durch die Ruinenstadt, den kleinen Jan an der einen, den Koffer mit den geretteten Habseligkeiten in der anderen Hand, gewalttätige und hilfsbereite Russen, der Unterschlupf bei Freunden in Heiligensee, die Hungersnot, die Suche nach dem verschollenen Mann – all dies bedrückende Erinnerungen mit einigen Lichtblicken dazwischen, zu denen die »Aktion Storch« gehört, die ihren unterernährten Jan zur Erholung mit einem Kindertransport aufs Land nach Oldenburg bringt. Im November 1945 gelingt es auch ihr, mit einem Güterzug aus Berlin herauszukommen.

Die Güterwagen mit zusammengepferchten Frauen und Kindern sind eine Woche Richtung Norden unterwegs. Bei einem nächtlichen Zwischenhalt bekommt Felicitas Kukuck mit, dass der Zug zwar über Hamburg fährt, aber dort nicht halten darf – die Flüchtlinge sollen in der Umgebung untergebracht werden. Mit einigen anderen Hamburgern wagt sie nachts am Bahnhof Dammtor den Sprung aus dem langsam fahrenden Zug: Sie will ihren Mann, von dem sie auf Umwegen ein Lebenszeichen aus Hamburg erhalten hat, möglichst rasch wiedersehen. Morgens um fünf, nach der nächtlichen Ausgangssperre, fährt sie mit der ersten Straßenbahn nach Uhlenhorst, wo sie den lange Vermissten zu treffen hofft. »Der Schaffner rief in das Wageninnere hinein: ›Is hier noch Schemand?‹ Wie das mein Herz ergriff! Hier war ich zu Hause! Hier sprach man eine vertraute Variante des Plattdeutschen, das Missingsch …«

Ein folgenreiches Wiedersehen

Das Wiedersehen mit ihrem Mann, den man wegen seiner nichtarischen Ehe vom Offizier zum einfachen Matrosen degradiert und dann aus der Marine ausgestoßen hat, verläuft stürmisch: »Seit dieser Nacht hatte unser Leben nicht nur Gegenwart, sondern auch Zukunft. Die neun Monate bis zum Beginn dieser Zukunft sind mir endlos lange vorgekommen, und sie waren überschattet von existentieller Not und schrecklichem Hunger.« Mit Care-Paketen eines ehemaligen Lichtwarkschülers aus Amerika und mit Gelegenheitsarbeiten, die mit Lebensmitteln bezahlt werden, schlagen sie sich bis zur – überraschenden – Geburt von Zwillingen durch. Die Hebamme, die zur behelfsmäßigen Unterkunft am Wiesendamm gerufen wird, kann es gar nicht fassen, dass eine geschwächte und ausgehungerte Frau zwei so kräftige Mädchen zur Welt bringt ... Die Mutter sieht die Abfütterung des hungrigen Pärchens musikalisch: »Es erklang jedes Mal ein 2-stimmiger Kanon in Engführung. Während Margret schluckte, krähte Ischi, und wenn Ischi dran war, krähte Margret.«

Nachbarn und alte Freunde schleppen Essbares an und stricken aus aufgeribbelter Wolle Babyjäckchen. Die Mutter schickt über das Rote Kreuz Windeln aus England. Die größte Hilfe aber ist für Felicitas Kukuck nicht von materieller Art: das Angebot, für den in Wolfenbüttel neu gegründeten Musikverlag Möseler Liedkompositionen zu schreiben. Der Überbringer dieser guten Nachricht heißt Gottfried Wolters, Lektor bei Möseler und Begründer des in der Tradition der Jugendbewegung stehenden Norddeutschen Singkreises. Sie, die mit Mann und drei Kleinkindern in einem Zimmer haust, sagt freudig zu. Sie ist zwar mit Arbeit voll ausgelastet, aber geistig ausgetrocknet; das Komponieren ist in den wirren Kriegsjahren auf der Strecke geblieben. Nun entstehen auf einem völlig verstimmten Klavier, umrahmt von Kindergeschrei, die ersten Liedsätze, die später im monatlich erscheinenden Liederblatt *Das singende Jahr* veröffentlicht werden. Das Honorar ist gering, aber ihr Mann hat inzwischen eine Anstellung bei der Landesbildstelle gefunden, sie können sich – das vierte Kind ist unterwegs – endlich nach einer eigenen Wohnung umsehen.

Wieder ein Glücksfall: Dieter Kukuck macht eine Erdgeschosswohnung in seinem früheren Elternhaus am Elbhang in Blankenese ausfindig. Der Vormieter hat Hühner in den Wohnräumen gehalten – das Parkett muss vom Hühnerdreck mühsam freigekratzt werden, es gibt kein Badezimmer und keinen funktionierenden Wasserhahn, dafür aber einen herrlich verwilderten Garten mit Obstbäumen, den die Kinder gleich als ihr Paradies in Beschlag nehmen. Felicitas Kukuck hat zwar keinen Flügel zum Üben, aber immerhin ein brauchbares Klavier, das ihr Mann gegen sein Fahrrad und einen Anzug des Vaters eingetauscht hat.

Der Tauschhandel blüht noch in jenen Tagen der Währungsreform, die 40 Mark »Kopfgeld«, die für jedes Familienmitglied ausbezahlt werden, reichen nicht weit, aber die Familie lebt genügsam. Die Kinder toben mit ihren Spielgefährten durch das autofreie Treppenviertel, lassen Schiffchen auf der Elbe schwimmen und wissen, dass sie Mutti beim Komponieren nicht stören dürfen. Felicitas Kukuck schreibt Chorsätze und Kinderlieder für den Möseler Verlag, die Gottfried Wolters beim jährlichen Treffen der europäischen Chöre zur Aufführung bringt. Dazwischen versorgt sie den jüngsten Sohn Thomas, der im November 1948 geboren ist.

Ihr kompositorisches Werk wächst von Jahr zu Jahr: Geistliche und weltliche Vokalmusik, Oratorien, Kantaten und Motetten entstehen. Fast alle ihrer Werke kommen zur Aufführung – eine Benachteiligung als Frau, wie dies viele Komponistinnen beklagen, hat sie nie erlebt, ihre Hürde war in der NS-Zeit der fehlende Ahnenpass. Außer dem Internationalen Arbeitskreis Frau und Musik tritt sie keiner Organisation bei, sie pflegt Umgang mit anderen Musikschaffenden, das gesellschaftliche Leben Hamburgs interessiert sie nicht. So nehmen Presse und Öffentlichkeit von ihr weniger Notiz, als es ihrem Werk gebührt.

Die Kinder wachsen heran und gehen nach und nach eigene Wege. Auch die Wege von Felicitas und Dieter Kukuck laufen nach über zwei Jahrzehnten auseinander: Die beiden sind sich fremd geworden. Felicitas Kukuck bleibt in ihrem »Paradies« am Elbhang wohnen und tritt Anfang der Siebzigerjahre eine Stelle an der Lola-Rogge-Schule an. Bis 1981 unterrichtet sie Musiklehre, Improvisation und Musikgeschichte. Diese Aufgabe liegt ihr, sie hat von ihrem Lehrmeister Hindemith den pädagogischen Impetus mitbekommen. An Hindemith, der nach seiner Rückkehr aus Amerika an der Universität Zürich Komposition und Musikpädagogik lehrte, imponiert ihr auch die ethische Grundhaltung und sein Verantwortungsgefühl für die Schöpfung. Diese Sensibilisierung für Menschenwürde und Umweltschutz hat sie motiviert, sich immer wieder für den Frieden und die Friedensbewegung zu engagieren – nicht durch Belagerung von Raketenbasen, sondern durch ihr Werk. Noch 1996 entstehen unter dem Titel *Kein Soldat mehr sein* zehn Lieder gegen den Krieg.

Bis in die letzten Lebenswochen hinein sitzt die 87-Jährige am Schreibtisch oder am Klavier. Ihr Komponieren bezeichnet sie als »freitonal«. Im Rückblick auf ihr Werk sagt sie: »Meine Musik ist nicht ›modern‹. Sie gehört nicht zur Avantgarde, aber das entspricht auch nicht meiner Intention. Mir geht es darum, einen Text nach meinen Maßstäben und nach meinem Verständnis in Musik umzusetzen.«

Die Freie und Hansestadt Hamburg hat die Komponistin mit der Biermann-Ratjen-Medaille und der Johannes-Brahms-Medaille geehrt. Die Tochter Margret Johannsen, die den Nachlass der im Jahre 2001 Verstorbenen betreut, sagt über ihre Mutter: »Sie war bescheiden und selbstbewusst zugleich und buhlte nie um die Aufmerksamkeit der Avantgarde. Politik war ihr als eine Sache der Moral und Humanität stets ein wichtiges Anliegen.« – Eine verblendete Politik hat die frühen Etappen ihrer künstlerischen Entfaltung behindert. Doch Felicitas Kukuck ist daran nicht zerbrochen, sie hat ihr Leben gegen Widerstände gelebt, mit schöpferischer Tatkraft und Mut.

Die Musik war ihr Lebenselixier, ihr Himmelsschlüssel. »Du aber bist allein vom Himmel zu uns abgestiegen; / So musst du auch recht himmlisch sein …« Sicher kannte Felicitas Kukuck diesen Bachschen Kantatenvers über die Musik.

Bei der Trauerfeier sang ihr Kammerchor jene Verse von Eichendorff, die sie zeitlebens begleitet haben und die sie nun – in ihrer Vertonung – auch auf ihrem letzten Gang begleiten sollten:

Schläft ein Lied in allen Dingen,
die da träumen fort und fort,
und die Welt hebt an zu singen,
triffst du nur das Zauberwort.

Drei Generationen in der Manege
Frieda Sembach-Krone
1915–1995

»Zirkus« ist eine Zaubervokabel. Sie weckt Sehnsüchte, Jugendträume von Manegenglanz und Mutproben auf dem Hochseil oder im Raubtierkäfig. Einmal als Zirkusprinzessin auf einem Schimmel durch die Arena reiten, davon träumte Franziska zu Reventlow – und nicht nur sie. Der Zirkus, im Zeitalter von Kino und Fernsehen oft totgesagt, hat seine Anziehungskraft behalten. Noch immer gibt es Jugendliche, die das Abenteuer lockt, mit dem fahrenden Volk, mit Schaustellern und Zirkustruppen durchs Land zu ziehen. Noch immer finden sich genug Prominente, die als »Stars in der Manege« an einem Zirkusabend ihren Kindheitswunsch wahr machen und als Kunstreiter, Feuerschlucker, Jongleur oder Clown den Applaus im Rampenlicht genießen.

Die Zirkusleute sehen ihr Leben weniger romantikverklärt. Ihr Alltag ist hart, das tägliche Training unerbittlich, der Nervenkitzel der Zuschauer ist für sie Nervenverschleiß. Jugend und Hochleistungsform sind schnell dahin, das Nomadendasein bedingt Verzicht und ständige Unruhe, der Erfolg ist mit mühseliger Probenarbeit erkauft, niemand wusste das besser als die Chefin des Circus Krone, die lange das Stammhaus in München verwaltet hat. Sie hätte sich ein bequemeres Leben leisten können, sich zufrieden zur Ruhe setzen, aber das lag ihr fern. »Mein Platz in der Welt ist der Zirkus – ich wünsche mir dort zu bleiben, so lange es geht«, sagt sie in einem Interview. Und sie beteuert, dass sie sich einen anderen Beruf als den ihren nie vorstellen könnte, trotz aller Mühsal und aller Unwägbarkeiten, von denen der hochgestimmte Zirkusbesucher nichts merkt.

Das Programmheft zeigt die Höhepunkte, reiht die Sensationen auf in Hochglanzbildern. Die Rückseite bleibt unbelichtet, das Publikum wünscht es so. Es möchte unterhalten werden, sich freuen, für einen Abend die eigenen Sorgen vergessen.

Die Rückseiten muss man sich bei den Künstlern und Schriftstellern zusammenholen, den sensiblen Liebhabern der Zirkuswelt. Sie scheinen in den Manegenbildern Toulouse-Lautrecs auf, in den Artistenporträts Picassos und in Carl Zuckmayers Seiltänzerstück *Katharina Knie*. Kafka hält in seiner Skizze *Auf der Galerie* die beiden Seiten des Zirkuslebens in eindrücklicher Weise fest. Für die Besucher sichtbar, die »schöne Kunstreiterin«, die »hereinfliegt, zwischen den Vorhängen, welche die stolzen Livrierten vor ihr öffnen«, die, vom Direktor auf den Apfelschimmel gehoben, ihre waghalsigen Nummern reitet, den Salto mortale glücklich vollführt, schließlich »hoch auf den Fußspitzen, vom Staub umweht, mit ausgebreiteten Armen, zurückgelehntem Köpfchen ihr Glück mit dem ganzen Zirkus teilen will«. Dahinter die zweite Realität, dem Zuschauer verborgen, im Kopf des von Kafka beschriebenen mitleidenden Galeriebesuchers um so heftiger gegenwärtig, eine »hinfällige, lungensüchtige Kunstreiterin«, die ihre Manegenrunden auf schwankendem Pferd dreht vor einem unermüdlichen Publikum, »begleitet vom vergehenden und neu anschwellenden Beifallsklatschen der Hände, die eigentlich Dampfhämmer sind«.

Zirkus ist Schaugeschäft, abhängig von der Gunst der Menge, deren Beifall auch gnadenlos sein kann, angetrieben von »Händen, die eigentlich Dampfhämmer sind«. Leistung, hochgejubelt bis zur Erschöpfung. Frieda Sembach-Krone kennt dieses Gefühl des Verausgabens, den

Frieda Sembach-Krone

Ansporn des Publikums, der die Artisten Abend für Abend an die Grenzen der eigenen Kräfte treibt – und oft genug darüber hinaus. Sie stand jahrzehntelang selbst in der Manege mit ihren Pferde- und Elefantendressuren. Beschwingt und leicht wirkte ihr Auftreten, mit Präzision folgte Nummer auf Nummer, Anstrengung wurde weggelächelt, von der vibrierenden Konzentration merkten die Zuschauer nichts. Hinterher ein entspanntes Sich-Fallenlassen, aber am nächsten Tag wieder neue Anspannung, Ungewissheit, ob alles klappen wird. Ein Verschleißberuf, der kein Durchhängen erlaubt, keine tariflich festgelegten Arbeitszeiten garantiert – und doch: Wer Zirkusblut in den Adern hat, kann davon nicht lassen, wer zum fahrenden Volk gehört, bleibt dabei.

Die Sembach-Krones gehören nun in der vierten Generation dazu, und sie sind stolz darauf. Der Circus Krone schreibt sich denn auch traditionsbewusst mit C, nicht wie im Duden vorgeschrieben mit Z. Angefangen hat alles in den siebziger Jahren des 19. Jahrhunderts mit der »Menagerie Continental« des Großvaters Carl Krone. Zwei Braunbären und zwei Wölfe gehören zum Bestand, später kommen Affen, eine Hyäne, ein Lama und – auf Ratenzahlung – ein Löwe dazu. Carl Krone zieht mit seinen Wagen und seiner Familie von Jahrmarkt zu Jahrmarkt und bietet Sensationen an: eine Wolfsnummer, bei der der vierjährige Sohn »lebende Barriere« spielt, und eine Bärendressur des älteren Sohnes Fritz, die tragisch endet. Einer der Bären fällt den Jungen im engen Käfigwagen an und tötet ihn. Schaustellerschicksal. Unfälle auf Jahrmärkten waren früher nicht selten, man konnte sich keine Sicherung leisten, die Tiere lebten viel zu eng aufeinander. Auch die Menschen. Frieda Sembach-Krone weiß, wie privilegiert sie heute in ihrem Salonwagen wohnt, wenn sie sich mit ihrer Großmutter Friederike vergleicht, die aus der Schaustellerfamilie der Philadelphias stammte und auf engstem Raum fünf Kinder und die ganzen Tiere zu versorgen hatte.

Aber die Großeltern haben sich herausgearbeitet aus der Misere. Sie konnten sich später sogar einen Elefanten leisten und vier junge Löwen, die Carl junior anvertraut wurden, dem »jüngsten Dompteur der Welt«. Die Löwendressur ließ sich gut an. Dass Monsieur Charles, wie sich Carl junior nun nannte, einem der Löwen beibrachte, auf einem Pferd zu reiten, war die Jahrmarktssensation der Jahrhundertwende. Das Geschäft blühte. Riesenschlangen, Krokodile und Eisbären wurden dazugekauft, Zelt und Drehorgel angeschafft, Monsieur Charles Dressurkünste sprachen sich herum.

Der Erfolg macht ihm Mut, er beginnt, von einem eigenen Zirkus zu träumen. Als er zwei Jahre nach dem Tod des Vaters, 1902, die Schaustellertochter Ida Ahlers heiratet, kommt er seinem Traum ein gutes Stück näher. Ida, erfahren im Schaugewerbe, übernimmt die Löwendressur. Die ständig wachsende Menagerie soll auf dem Oktoberfest gezeigt werden, so steuern die beiden München an. Es ist nach der Mittagspausen-Hochzeit in Koblenz und dem Tingeln durch Provinzstädte der erste längere Aufenthalt, die Flitterwochen werden hier nachgeholt, eigentlich sind es nur Flitterstunden, denn tagsüber wird hart gearbeitet. Das Unternehmen heißt nun »Dompteur Charles weltberühmte Menagerie«, und aus Ida ist »Miss Charles« geworden, angekündigt als »junge schlanke Blondine, inmitten der hemmungslosen Wildheit von 24 Berberlöwen«. Die Münchner sind ein begeistertes Publikum, Carl und Ida fühlen sich hier wohl.

Nach der Abendvorstellung sitzen sie beim Annast im Hofgarten und träumen gemeinsam ihren Zirkustraum: im Sommer mit einem großen Zelt unterwegs und im Winter ein festes Quartier in München, der Stadt, die ihnen gefällt wie keine zweite.

An diesen Abenden fängt eigentlich die Geschichte des Circus Krone in München an. Offiziell allerdings gibt es ein anderes Gründungsdatum. Es ist der 28. Mai 1905, der Tag, an dem der »Circus Charles« in einem neuen großen Viermastzelt mit angegliedertem Zoo in Bremen gastiert. Das eigene Zelt, das ist in den Augen des unternehmungsfreudigen Paares der entscheidende Markstein. Von nun an häufen sich die Erfolge, eine Tournee durch Dänemark, Ausweitung der Menagerie und des Artistenstammes, Gastspiele in ganz Deutschland und wieder eine Sensation: die ersten echten Indianer in Europa, aus Amerika herübergeholt und dem wildwestbegeisterten Publikum vorgeführt.

Zirkus ist international, sollte nach Monsieur Charles keine Grenzen, keine Rassen, keine Vorurteile kennen. Doch Zirkus ist nicht in einem Freiraum angesiedelt, lässt sich nicht gegen die politische Wirklichkeit abschotten, das bekommt Monsieur Charles auf der Frankreichtournee 1913 deutlich zu spüren. Europa treibt auf den Krieg zu, deutsche Artisten sind in Frankreich nicht mehr willkommen, Monsieur Charles nennt sich nun wieder Carl Krone und feiert in Wien Triumphe. Den Ausbruch des Weltkriegs erlebt der Circus Krone in Österreich. Die Lebensbedingungen für seine Leute und für die Tiere verschlechtern sich schlagartig. Wertvolle Pferde müssen im Schlachthof abgeliefert werden, Futterbeschaffung wird immer schwieriger, und mitten in diese Situation hinein wird am 15. April 1915 die Tochter Frieda geboren, »Friedchen«, wie die überglücklichen Eltern sie nennen. Nicht in einem Wohnwagen, sondern in der Wiener Universitätsklinik, die Mutter Ida ist bei der Geburt schon 36 Jahre alt, Friedchen wird das einzige Kind bleiben. Die Eintragung im Klinikregister muss Erstaunen erregt haben: Wann liegt schon auf einer Säuglingsstation das Kind einer Löwendompteuse und eines Zirkusdirektors?

Direktor Krone hat wenig Zeit, sich um seine Tochter zu kümmern, er muss den Rücktransport der traurigen Reste seiner Menagerie nach Deutschland organisieren. Es gelingt ihm unter großen Mühen, einen Sonderzug zu mieten. In Deutschland zieht die dezimierte Truppe von Ort zu Ort, auflösen will sie Carl Krone nicht, er fühlt sich für seine Leute verantwortlich und er denkt in Familienkontinuität. Ist er es nicht seinem Vater und seinem Schwiegervater, Schaustellern, die sich kein sesshaftes Bürgerleben vorstellen konnten, schuldig, den Familienbetrieb auch unter Schwierigkeiten fortzuführen? Muss er nicht versuchen, die Zirkustradition an die nächste Generation weiterzugeben? Zwar hat er keinen Sohn, aber doch eine Tochter, die kräftig und energisch zu werden verspricht. Dass diese Tochter den Circus Krone später in der dritten Generation weiterführen wird, kann er noch nicht ahnen.

Erst einmal geht es ums Überleben in diesen Kriegsnotzeiten. Futterbeschaffung für Tiere wird schwierig, wenn Menschen hungern. Der berüchtigte Steckrübenwinter hinterlässt seine Spuren, so mancher Zirkus hat sein Zelt endgültig abgebaut. Der Circus Krone erlebt das Ende des Weltkriegs in Magdeburg. Die Wirren der Nachkriegszeit und die erschwerten, für Mensch und Tier fast unzumutbaren Reisebedingungen veranlassen das Ehepaar Krone, sich nach einem festen Standquartier umzusehen. Die beiden sind sich einig: München soll Stammsitz für ihren Zirkus werden. Auf dem Marsfeld, nicht sehr weit vom Hauptbahnhof entfernt, kann ein großes Gelände günstig erworben werden – Carl Krone bezahlt bar – und in kürzester Zeit wird ein Holzbau errichtet, der 4 000 Zuschauern Platz bietet. Schon am 10. Mai 1919 kann der Bau mit einer glanzvollen Premiere eröffnet werden, 27 Programmnummern halten die Zuschauer in Atem, die letzte, ein Trapezakt an der »Todesschaukel« draußen im Freien, ist ein besonderer Nervenkitzel.

Frieda Sembach-Krone ist vier Jahre alt damals. Mit dieser Eröffnungsvorstellung setzt ihre bewusste Erinnerung ein. Weniger an die Todesschaukel als an Puppchen, die Araberstute, die sich zur Musik des damals populären Schlagers *Puppchen, du bist mein Augenstern* in der Manege bewegt. Frieda liebt Puppchen, aber ein nervöses Vollblutpferd ist nichts für eine Vierjährige, der Vater schenkt ihr ein zahmes Pony, das sie selbst füttern und pflegen darf.

Eine andere Erinnerung aus dieser frühen Zeit: Auf einem Spaziergang findet Friedchen in einem Versteck drei niedliche rosige Tierchen, packt sie in ihre Schürze und läuft erwartungsvoll nach Hause, um den Schatz der Mutter zu zeigen. Diese ist entsetzt: Friedchen hat eine Brut junger Ratten in der Schürze. – Das Kind lernt, dass es »erwünschte« und »unerwünschte« Tiere gibt, auch in einem Zirkus. Und es lernt, dass sich hilflos aussehende Junge zu gefährlichen Raubtieren entwickeln können.

Friedchen ist acht, als der Vater ihr drei verwaiste Tigerbabies anvertraut. Tag und Nacht muss das Kind die Jungen im Zweistundenrhythmus mit der Milchflasche füttern und wächst so, früh und unmerklich, in die Verantwortung für die kleinen Raubkatzen hinein. Da gibt es kein »heute habe ich keine Lust« und kein »ich möchte lieber ein anderes Spielzeug«, aber auch kein Herzen und Knutschen, sondern zeitig eingeübte Wachsamkeit und Distanz.

Friedchen beobachtet sehr bewusst ihre Mutter, wenn diese mit den Löwen arbeitet. Der Vater steht dann, die Raubtiere im Blick, an der Tür, jeden Augenblick zum Einspringen bereit, wenn einer der Löwen die Mutter in der vergitterten Manege angreifen sollte. Ein alter Berberlöwe versucht's – die Dompteuse entkommt nur knapp seinen mächtigen Pranken. Die Krones sind sich an diesem Abend einig: Die Löwendressur erfordert ungeteilten Einsatz, wer sich den Tieren nicht ganz widmen kann, gewinnt deren Vertrauen nicht voll und lebt gefährlich. Ida wird die

Arbeit im Käfig einem jungen Dompteur überlassen. Zirkusleute, auch das bekommt die Tochter früh mit, sind zwar wagemutig und unerschrocken, aber sie sind keine Hasardeure, sie fordern die Gefahr nicht mutwillig heraus. Trotzdem kann etwas schief gehen. Abends nach der Vorstellung, wenn die Anspannung sich löst, erzählen die Artisten und Dompteure von ihren Abenteuern, immer sind sie nur um Haaresbreite dem Tod entronnen, Frieda hört atemlos zu. Dass keiner die Arbeit im Zirkus freiwillig an den Nagel hängt bei all den Risiken, wundert sie gar nicht, sie selbst könnte sich ja auch kein anderes Leben vorstellen.

Sie ist stolz darauf, zu diesem Zirkus zu gehören, der überall mit Spannung erwartet wird. Sie ist dabei, wenn die Tiere am Güterbahnhof ausgeladen und durch die Stadt zum Zeltplatz geführt werden, wenn Neugierige den Straßenrand säumen und den exotischen Zug bestaunen, wenn das Acht-Masten-Zelt mit den drei Manegen aufgebaut wird. 10 000 Zuschauer fasst es, Krone ist damit zum führenden Zirkus in Europa geworden. Die Auslandstourneen bleiben Frieda besonders eindrücklich im Gedächtnis, vor allem Italien, vor allem Rom. Da gab es jene geheimnisvolle Mitternachtsvorstellung, von der die Zirkusleute immer noch erzählen: Ein schwarz maskierter Unbekannter kauft sich eine ganze Zirkusaufführung, sitzt nachts um zwölf allein in dem riesigen Zuschauerzelt, lässt das Programm an sich vorüberziehen, applaudiert begeistert und verschwindet. Niemand hat je erfahren, wer der anonyme Zirkusbegeisterte war.

So gern Frieda auf Tournee geht, so gern kehrt sie im November ins Winterquartier zurück, nach München, in die Stadt, die ihr unter allen die vertrauteste ist. Weihnachten, das ist Tradition, wird in München gefeiert. Und natürlich auch Hochzeit. Bevor es soweit ist, legt Carl Krone seinem künftigen Schwiegersohn – wie im Märchen

– eine harte Probezeit auf. Ein Jahr lang darf er seine Auserwählte nicht sehen, nichts von ihr hören, damit beide ihre Gefühle prüfen können. Der Vater hatte schon seit geraumer Zeit beobachtet, wie häufig seine Tochter im leeren Zelt saß, wenn der junge Dompteur Carl Sembach, früher Raubtierlehrer in Russland, mit den Tigern übte. Er hat nichts gegen den jungen Mann, aber er duldet kein Techtelmechtel. Frieda ist seine einzige Tochter, es kann ihm nicht gleichgültig sein, in wen sie sich verliebt, die Zukunft seines Circus hängt davon ab.

Der ausgesperrte Dompteur ist nicht weniger hartnäckig als der alte Direktor. Genau nach einem Jahr steht er wieder vor Carl Krone. Nun darf geheiratet werden. Aber nicht schnell in der Mittagspause, wie bei Carl und Ida Krone, sondern, wie es sich für einen renommierten Zirkus gehört, mit einer Fahrt in der sechsspännigen Brautkutsche zur Matthäuskirche. Die Münchner stehen am Weg Spalier, wenn sie schon kein Königshaus mehr haben, so doch »ihren« Zirkus. Carl Sembach fügt sich gut in den Betrieb ein, allerdings muss er die Tigerdressur auf Wunsch des Schwiegervaters mit Buchführungsarbeit im Kontor vertauschen, was ihm nicht leicht gefallen sein wird.

Ein knappes Jahr später kann schon wieder gefeiert werden. Frieda Sembach-Krone hat im Münchner Krankenhaus am Rotkreuzplatz eine Tochter zur Welt gebracht, Christel, die heutige Chefin. Seit diesem 27. November 1936 existiert die Krone-Dynastie in der vierten Generation und Carl Krone denkt weniger denn je daran aufzugeben, auch wenn die Konkurrenz hart ist. Elf große Zirkusunternehmen versuchen sich in Deutschland gegenseitig auszustechen, darunter so bekannte Namen wie Sarrasani, Busch, Althoff, Hagenbeck. Auch von der politischen Entwicklung bleibt der Zirkus nicht verschont.

Zirkusleute sind im Allgemeinen an der Politik nicht interessiert, an einer nationalistischen schon gar nicht. Die bunt zusammengewürfelte Mannschaft möchte zusammenbleiben und zusammen arbeiten, ohne Rücksicht darauf, welche Länder gerade miteinander verfeindet sind und womöglich einen Krieg anzetteln. Als Hitler am 1. September 1939 Polen überfällt und damit das verhängnisvolle Datum für den Beginn des Zweiten Weltkriegs setzt, ist es mit der Internationalität der Zirkustradition vorbei. Gastspiele im Ausland entfallen, Artisten und Arbeiter werden in ihren Heimatländern zum Kriegsdienst eingezogen, stehen sich vielleicht später an der Front als Feinde gegenüber. Der Kriegsalltag greift hart in das sensible Gefüge eines Zirkusbetriebs ein, auch wenn glanzvolle Galavorstellungen, wie die zum 70. Geburtstag Carl Krones am 21. Oktober 1940 in Breslau, die Einschränkungen für kurze Stunden vergessen machen. Das Reisen mit der Menagerie ist beschwerlich und auch gefährlich geworden. Tagelang stehen die Wagen auf Güterbahnhöfen, weil die Gleise für Truppen- und Waffentransporte freigehalten werden müssen. Bald setzen die ersten Bombenangriffe ein – ein Alptraum für die Krones. Was geschieht, wenn durch einen Granat- oder Bombentreffer die Raubtiere freikommen, in ihrer Panik Menschen anfallen?

Frieda Sembach-Krone antwortet auf die Frage, ob es in ihrem Leben Augenblicke der Angst gegeben habe: »In der Manege habe ich eigentlich nie Angst gehabt … Angst allerdings gab es im Krieg. Bei Bombenangriffen hatte ich wirklich Todesangst.« Der Familienrat beschließt, das Wagnis von Reisen nicht mehr einzugehen und nur noch im Münchner Stammhaus, dem traditionellen Winterquartier, Vorstellungen zu geben. Gefährlich ist es auch hier. Im Winter 1942/43 wird fast jede Aufführung durch Fliegeralarm unterbrochen.

Im Sommer 1943 beschließt Carl Krone, doch noch einmal eine Reise nach Salzburg zu wagen. Seine Tochter Frieda und deren Mann Carl Sembach reisen voraus, um die

Vorbereitungen zu überwachen, eine Fahrt, die die beiden nicht so schnell vergessen werden. Beim Aufziehen des Zeltes toben schwere Stürme im Salzkammergut und der Wind verfängt sich in den eingerissenen Zeltbahnen. Am Güterbahnhof sind zwei junge Elefanten ausgebrochen. Frieda Sembach-Krone wundert sich, wie ungewohnt stoisch ihr Vater bei seiner Ankunft die Schreckensmeldungen aufnimmt. Abends bei der Premierenvorstellung steht er wie gewohnt am Zirkuseingang, klatscht anerkennend bei ihrer Elefantendressur – er hatte ihr ein Jahr zuvor seine Elefanten überlassen –, trinkt noch ein Glas Wein mit auf den Erfolg, legt sich in seinem Wagen zu Bett und wacht nicht mehr auf. Das angegriffene Herz hat die Anstrengung nicht verkraftet. Er wird, wie es der Zirkustradition entspricht, in der Manege aufgebahrt, damit die Salzburger von ihm Abschied nehmen können, und später nach München überführt. Auf dem Waldfriedhof geben ihm Tausende das letzte Geleit. Er war zur Symbolfigur geworden für den Traum vom freien, unbeschwerten Zirkusleben, dessen harte Spielregeln und Zwänge er selbst sehr genau kannte. Über seinem Grab im Krone-Familienmausoleum hält sein Lieblingselefant Assam, in Stein gehauen, die Totenwache.

Das Leben geht weiter. Der Zirkus spielt Abend für Abend trotz der vielen Luftangriffe. Einzelne Bilder hat Frieda Sembach-Krone immer wieder vor Augen: Wie sie in Köln inmitten ihrer Elefantenherde in der Manege steht und plötzlich der Strom ausfällt. Die Panik, die in der Dunkelheit entsteht. Nur ihre Dickhäuter bleiben ruhig und warten geduldig, bis das Licht wieder angeht.

Ein anderes Bild: Güterbahnhof Regensburg. Die drei Krone-Sonderzüge stehen auf den Verladegleisen abfahrbereit. Fliegeralarm kommt dazwischen, und plötzlich sind die Bomberverbände da, sie haben es auf die Messerschmitt-Flugzeugwerke abgesehen, die nur wenige hundert Meter vom Güterbahnhof entfernt liegen, ein prasselndes und pfeifendes Inferno, Einschläge rund um die Waggons, die, fast ein Wunder, unversehrt bleiben. Noch eine letzte Tournee nach Leipzig, dann ist es aus mit der geregelten Spielzeit. Die 26 Elefanten werden in Bad Reichenhall in einem alten Salzbergwerk unter Tage in Sicherheit gebracht. Der ganze Zirkus wird nach und nach evakuiert.

Die Großfamilie Krone samt der wenigen noch verbliebenen Mitarbeiter zieht sich auf das Familiengut in Weßling zurück, 15 Kilometer von München entfernt, aber die Aufführungen im Stammhaus am Marsfeld gehen weiter, und Frieda Sembach-Krone wundert sich, dass die Leute unter den immer schärferen Kriegseinschränkungen überhaupt noch den Mut haben, einen Zirkus zu besuchen. Die Idylle von Weßling mit den Kamelen, Watussirindern und Zebus auf den Pferdekoppeln trügt, die Zirkusrealität spielt sich im nahen München ab, wo die Krone-Feuerwehr fast jede Nacht im Einsatz ist. Gegen den Großangriff am 21. Dezember 1944 allerdings ist sie machtlos. In Minuten wird das in Jahrzehnten Aufgebaute zerstört. Bei einem weiteren Angriff kommen die letzten nicht evakuierten Tiere um.

Frieda Sembach-Krone kümmert sich um die traurigen Reste. Es gibt nicht viel zu retten vom Marsfeld-Gelände, dem stolzen Werk ihres Vaters. Zirkus und Wohnhaus sind ausgebrannt, der Wohnwagenpark ist fast völlig zerstört. Ein Wiederaufbau scheint ausgeschlossen, sie wird sich damit abfinden müssen. Aber irgendwo in ihr sitzt die verzweifelte Hoffnung, dass es einen Neuanfang geben muss. Ihr Vater, davon ist sie überzeugt, hätte sich von dem Chaos nicht entmutigen lassen: Er hätte die Ärmel hochgekrempelt und mit seinen wenigen Leuten angefangen, den Schutt beiseite zu räumen. Noch ist der Zirkus ja nicht völlig ausgelöscht, noch gibt es die Tiere draußen in Weßling, die kostbare Elefantenherde im Stollen von Bad Reichenhall.

Im Gutshaus von Weßling organisiert Frieda Sembach-Krone das Überleben. Sie fährt mit einem Pferdewagen täglich in die umliegenden Orte, um das Futter für die ausgehungerten Tiere zusammenzubetteln. Die Bauern sind freigiebig, da bettelt ja nicht irgendwer, sondern die Tochter vom alten Carl Krone. Frauen führen jetzt das Regiment in Weßling: Ida, die Mutter, die dreißigjährige Frieda und auch schon Tochter Christel mit ihren neun Jahren. Sie versorgen gemeinsam die Tiere, die Männer sind noch im Feld oder zum Volkssturm eingezogen.

Das Kriegsende ändert am Alltag in Weßling nicht viel, nur dass jetzt nachts das Brummen der Bombergeschwader über dem Gutshof nicht mehr zu hören ist. Dass eines Tages die Amerikaner da sind, nimmt man bei den Krones kaum zur Kenntnis, es gibt drängendere Probleme: Der Brunnen ist versiegt und Trinkwasser für Menschen und Tiere muss mit Pferdewagen kilometerweit herangefahren werden. Als eines Tages ein amerikanischer Jeep vorfährt und ein Offizier mit »Mrs. Krona« verhandeln will wegen einer Galavorstellung zum Geburtstag General Pattons in Garmisch, winkt Mrs. Krona ab. Wie sollten die Tiere ohne Wagenpark transportiert, die versprengten Artisten zusammengeholt, die Kostüme beschafft werden?

Doch die Amerikaner und die Zirkusleute beherrschen die Kunst des Improvisierens. Am 11. November 1946, dem 60. Geburtstag von Panzergeneral Patton, findet im Eis-Stadion von Garmisch-Partenkirchen die erste auswärtige Nachkriegsvorstellung des neu erstandenen Circus Krone statt. Carl Sembach reitet auf den entwöhnten Pferden mit Bravour Hohe Schule, seine Frau glänzt mit der berühmten Elefantenherde. Tieflader der US-Armee haben sie aus der Bad Reichenhaller Saline geholt und Frieda Sembach-Krone erlebt staunend das sprichwörtliche Elefantengedächtnis. Sie selbst hat in dem Jahr ohne Training die Reihenfolge der Dressurnummern vergessen.

Die Dickhäuter aber beherrschen ihre Rollen noch souverän. Sie schieben mit ihren Rüsseln die Postamente genau dorthin, wo sie gebraucht werden für den nächsten Auftritt.

Die Betreuerin nimmt es als gutes Omen: Die Arbeit geht weiter. Die Amerikaner zahlen in kostbaren Naturalien, Zigaretten, Schokolade, Heu und Stroh und einer Wagenladung alter Brötchen als Tierfutter. Der Grundstock ist wieder gelegt.

Auf dem Münchner Trümmergrundstück wurden gleich nach Kriegsende Gräben ausgehoben für die neuen Fundamente. Handwerker, die schon für Carl Krone gearbeitet hatten, lieferten Baumaterial ohne Bezugsschein und Barzahlung. Weihnachten 1945 stand auf dem Marsplatz der neue provisorische Holzbau. Zur Premiere fanden sich die glanz- und glitterentwöhnten Münchner in alter Treue ein. Das Tief schien überwunden, da tauchten unerwartet neue Schwierigkeiten auf. Carl Krone und sein Schwiegersohn Sembach waren, obwohl ihnen Politik fern lag, noch vor dem Krieg der NSDAP beigetreten, das belastet die Entnazifizierung durch die Besatzungsmächte. Hitler hatte zu Beginn der Dreißigerjahre den Circus Krone zu großen Auftritten genutzt, das stimmte, aber Carl Krone hatte in jener Zeit den Bau auf dem Marsplatz in den Sommermonaten an jeden vermietet, der zahlte. Auch Auftritte von Ernst Thälmann, dem Führer der KPD, und selbst von Papst Pius XII., der damals noch Nuntius in Deutschland war, konnten nachgewiesen werden. Trotzdem wird, bis zum Abschluss des Verfahrens, den Krones die Leitung des Betriebes untersagt. Zwar laufen die Vorstellungen unter dem Namen Krone weiter, doch ein kommissarisch eingesetzter Direktor übernimmt die Führung. Die Familie Krone darf den Zirkus nicht mehr betreten und haust in der Nähe des Marsplatzes zusammengedrängt in zwei Wohnwagen. Arbeitslos.

Frieda Sembach-Krone hält diesen demütigenden Zustand nicht lange aus. Sie verdingt sich – auch das wird sie Überwindung gekostet haben – mit den drei einzigen ihr verbliebenen Schulpferden bei der Konkurrenz, beim Zirkus Althoff. Ein ganzes Jahr lang tritt sie Abend für Abend mit ihrer Pferdedressur auf, im Programm angekündigt in einer Gastrolle als »Frieda Krone, die Tochter des Circuskönigs«. Eine psychologisch schwierige Situation, auch für die übrigen Artisten: sie, die mit dem Selbstbewusstsein der Krones groß geworden ist, nun als angestellte Dressurreiterin in der fremden Manege.

1948 wird die Entnazifizierung abgeschlossen, der verstorbene Carl Krone als Mitläufer eingestuft, die Tochter, die nie Parteimitglied war, erhält die Lizenz zur Führung des Zirkusunternehmens.

Aber der Neubeginn lässt sich zäh an. Die Münchner legen nach der Währungsreform ihre 40 DM Kopfgeld für dringendere Sachen an als für Zirkuskarten. Die Vorstellungen bleiben fast leer, die festen Kosten jedoch laufen weiter. Frieda Sembach-Krone, der Pragmatikerin, kommt der rettende Gedanke: Warum nicht wieder an die Ursprünge des Circus Krone anknüpfen und mit einer Tiermenagerie am Münchner Oktoberfest auftreten? – Die Schau auf der Wiesn mit dem immer noch beachtlichen Tierbestand wird ein voller Kassenerfolg, ein weiterer schließt sich an, wieder ein Einfall der Chefin: »Bayern spielt auf«, ein gigantisches Manegenspiel, diesmal im Stammhaus am Marsplatz. Vor einem dankbaren Publikum rollt ein Folkloreprogramm mit 300 Mitwirkenden ab, Zirkuslaien zumeist; Blaskapellen, Jodler, Volkschöre und Tanzgruppen mit Schuhplattlern wetteifern miteinander, das Haus ist monatelang ausverkauft, die Kasse stimmt.

Nun kann wieder »richtiger« Zirkus gemacht werden. Nach mehr als fünf Jahren Zwangspause rüstet Krone die Zeltstadt auf für die erste Nachkriegstournee. In den Fünfzigerjahren gastiert der Circus auch wieder im Ausland. In Italien feiert die Seniorchefin Ida Krone im November 1956 noch voller Unternehmungsgeist ihren 80. Geburtstag, fünf Monate später wird sie auf dem Münchner Waldfriedhof an der Seite Carl Krones und unter der Obhut des steinernen Wärters Assam beigesetzt. Frieda Sembach-Krone kann sich nun nicht mehr auf die Erfahrung der Pioniergeneration stützen, aber der Zirkus spielt erfolgreich weiter.

Weihnachten 1962 wird das neue, massive Zirkusgebäude, das den provisorischen Nachkriegsbau ersetzt, mit einer feierlichen Galapremiere eingeweiht. Ministerpräsident Goppel übergibt Frieda Sembach-Krone einen bayerischen Löwen »als Zeichen der Verbundenheit des Landes Bayern mit seinem Zirkus«. Fünf Jahre später tauft Oberbürgermeister Hans-Jochen Vogel die am Zirkusbau vorbeiführende Straße unter Assistenz einer Elefantendame in »Circus-Krone-Straße« um. München ist stolz auf »seinen« Zirkus und die Chefin ist es auch: 500 Vorstellungen jährlich, 400 Mitarbeiter, die riesige Menagerie, immer noch darf sich Krone »größter Zirkus Europas« nennen.

Das Jahr 1967 bleibt Frieda Sembach-Krone in Erinnerung, Katastrophen prägen sich stärker ein als Erfolge. Auf einer Tournee in Mannheim brennt an einem Apriltag plötzlich der Elefantenstall. Die Elefanten trampeln alles nieder und rennen in panischer Angst aus dem Zelt. Sieben Tiere erleiden schwerste Brandverletzungen, Menschen kommen – wieder fast ein Wunder – nicht zu Schaden. Zwei Elfjährige hatten, aus Wut, weil sie keine Eintrittskarten mehr bekamen, das Zelt angezündet.

Im Jahr darauf – eine angenehme Erinnerung – wird im Circus Krone die große Fernsehserie *Salto mortale* gedreht, ein ungeheurer Publikumserfolg. Der Bildschirm wird nicht, wie man vermuten könnte, zum Konkurrenten der Manege, sondern der Zirkus erhält neuen Auftrieb und Zustrom.

Frieda Sembach-Krone kann zufrieden sein, wenn sie auf ihr Leben zurückblickt. Die Lücke, die der Tod ihres Mannes im Jahre 1984 hinterließ, wird von ihrer Tochter Christel ausgefüllt, die den ganzen Tourneebetrieb leitet. Sie selbst betreut weiter das Münchner Stammhaus und sieht optimistisch in die Zukunft, überzeugt, dass sich Krone auch in den nächsten Jahrzehnten als Familienbetrieb halten wird.

Am 15. April 1990 feierte sie ihren 75. Geburtstag mit einem großen »Familienfest« für die 400 Mitarbeiter, denen sie als Ratschlag ihre eigene Lebensmaxime mit auf den Weg gab: »Hart arbeiten, zusammenhalten und auf das Glück vertrauen«.

»Ihrem Circus« blieb sie, wie sie es sich immer gewünscht hatte, bis an ihr Lebensende verbunden. Sie starb am 2. November 1995, mit 80 Jahren, in einer Klinik am Starnberger See. Bestattet wurde sie auf dem Münchner Waldfriedhof – im Familienmausoleum des Hauses Krone neben ihrem Mann und ihren Eltern. Noch immer hält Assam, der in Stein gehauene Lieblingselefant ihres Vaters, treu die Totenwache.

Odyssee Rom – Ravensbrück – Brüssel – Frankfurt

Anja Lundholm

*1918

Vor der Wirklichkeit kann man seine Augen verschließen, aber nicht vor der Erinnerung.
STANISLAW JERZY LEC

Kann jemand, der durch die Hölle von Ravensbrück und andere Höllen gegangen ist, je wieder ein normales Leben führen? Eine Frage, die sich zwangsläufig stellt, wenn man Anja Lundholms Schicksal kennt, ihre autobiographischen Bücher gelesen hat.

Eine Frage, die man im Hinterkopf behält, wenn man der betagten Zeitzeugin gegenübersitzt in der kleinen, ganz auf ihre Bedürfnisse zugeschnittenen Frankfurter Wohnung. Was sie braucht, hat sie in Griffnähe: Bücher, Schreibmaschine, Kassettenrekorder, Telefon, Teegedeck. Nichts an dieser Frau lässt – im ersten Augenblick – auf all die Beschädigungen schließen, mit denen sie fertig werden muss. Sie war Schauspielerin, sie weiß mit sich umzugehen, kann ihr Leben wie eine Rolle im Drehbuch von außen, aus der Distanz betrachten. Nur so ist es ihr möglich, über ihre schier unfassbare Biographie in sachlich zurückhaltendem, beinahe beiläufigem Ton zu reden. Im Nachwort ihres schonungslosesten Buches *Das Höllentor* schreibt die Frankfurter Schriftstellerin Eva Demski, Anja Lundholm berichte ohne moralische Zuweisungen und Verurteilungen über »jene Monstrosität des Alltags, die ganz folgerichtig und mit tödlicher

Logik in die Monstrosität des tausendjährigen Reiches mündet«.

Wie viel Willenskraft mag es die seit Jahrzehnten – als Folge medizinischer ›Experimente‹ im KZ – an multipler Sklerose Leidende kosten, sich Tag für Tag und oft nur für sich selber adrett zurechtzumachen. Das dezente Make-up, die jugendliche Frisur und Kleidung, die lebhafte Gestik – alles bewusst gesetzte Signale gegen Resignation und Altersapathie. Auch der Verzicht auf den Rollstuhl gehört dazu. Sie möchte äußerlich die Spuren tilgen, die im Inneren nie vernarben.

Selbstbeherrschung, Disziplin, Haltung, Ausdauer – diese preußischen Tugenden hat Anja Lundholm in der Perversion durch einen prügelnden, autoritären Vater erlebt. Aber es sind diese in der Kindheit eintrainierten Verhaltensweisen, die ihr später auch das Überleben in unmenschlicher Umgebung ermöglicht haben. Andere überlebensdienliche Charakterzüge hat sie wohl von ihrer jüdischen Mutter geerbt: Weltaufgeschlossenheit, Hinwendung zum Nächsten, Wachheit und Neugier. Diese Neugier hat sie sich erhalten, das Interesse an den Gesprächspartnern, am Tagesgeschehen, an der Welt und ihren Absurditäten. Sie ist eine Fragende – und gibt doch selbst so viele Fragen auf. Woher nimmt sie die Kraft, ohne Rollstuhl und ohne Verbitterung ihr Leben zu meistern?

Nach und nach löst sich im Gespräch die Rolle von der Gestalt und gibt ungeschützt Innenleben frei. Nicht Verdrängen, sondern Bewusstmachen und Aufarbeiten all dessen, was in den Tiefen der Erinnerung ruht und doch nicht zur Ruhe kommt, das hat sich Anja Lundholm als Aufgabe gestellt. Ihre Gedanken gehen über den Tag hinaus in die Zukunft und schrecken auch vor dem Ende, dem Tod, nicht zurück. Seit sie im Lager als ›klinisch Tote‹ die Erfahrung gemacht hat, dass der Übergang in ein Danach sanft

Anja Lundholm

und hell ist, gibt ihr diese Vorstellung Kraft und Hoffnung. Sie sieht das Leben als Kreislauf, ohne Anfang und Ende, in ständiger Verwandlung – Goethes ›stirb und werde‹. In diesen ewigen Kreislauf eingebunden zu sein empfindet sie als beruhigend und tröstlich.

Ihr Leben läuft nach der zwingenden Chronologie einer griechischen Tragödie ab: eine Odyssee durch Länder und Zeiten, nur das Ende ist nicht unausweichliches Schicksal, dieses Ende glaubt sie in der Hand zu haben und sie lebt ihm furchtlos entgegen.

Schatten der Kindheit

Die traumatische Erinnerung an den Vater überschattet ihre Kindheit. Der blonde athletische Hüne, Sohn eines schlesischen Zollbeamten und Verbindungsstudent, ist durch seine Heirat mit einer wohlhabenden Frankfurter Jüdin in großbürgerliche Kreise aufgestiegen, der Schwiegervater finanziert ihm das Pharmaziestudium und schenkt dem jungen Paar eine eigene Apotheke. Noch ist jüdisches Geld nicht anrüchig, aber das wird sich – für den stolzen Besitzer der Engelapotheke nicht vorhersehbar – ändern.

Die 1918 geborene Tochter Helga, die sich später Anja nennt, bekommt im Lyceum erstmals die Verachtung ihrer rein arischen Mitschülerinnen zu spüren, obwohl sie betont deutsch erzogen wurde und von ihren jüdischen Wurzeln erst jetzt erfährt. Sie reagiert mit Trotz und Schulverweigerung. Der Vater, dem Zucht und Ordnung über alles gehen, schlägt zu. Er fühlt sich doppelt gestraft mit einer jüdischen Frau, die seiner weiteren Karriere hinderlich sein kann, und einer renitenten Tochter, die ihm Schande macht. Er hat nichts dagegen, dass Helga, unterstützt von ihrer Mutter, von zu Hause weg strebt. Es treibt sie in die pulsierende Hauptstadt Berlin, wo Erfolg – noch – nicht vom Ariernachweis abhängt.

Eintauchen in die Berliner Boheme

Helga ist wie ihre Mutter künstlerisch und musikalisch begabt und besteht 1936 die Aufnahmeprüfung an der staatlichen Hochschule für Musik und darstellende Kunst ohne Schwierigkeiten. Neben dem Studium – Klavier, Gesang, darstellende Kunst – genießt sie die Großstadtboheme, spielt abends im kleinen Jazzorchester von Helmut Zacharias und wirkt beim ›Kabarett der Komiker‹ mit. Sie lebt in einer Künstler-WG in Charlottenburg und hat sich einer studentischen Widerstandsgruppe angeschlossen, die, politisch naiv, aber voller Enthusiasmus, für Freiheit und Gerechtigkeit kämpfen will.

Die Pogrome der Reichskristallnacht zerstören ihre letzten künstlerischen und politischen Illusionen. Im selben Jahr, 1938, nimmt sich ihre Mutter in Krefeld mit einer Überdosis Veronal das Leben. Aus dem Abschiedsbrief an die Tochter geht hervor, dass sie es getan hat, um ihrem Mann Schwierigkeiten zu ersparen. Ihre Schwester wird sich später ebenfalls mit Veronal umbringen.

Der Vater taucht, wenig beeindruckt vom Tod seiner Frau, den er leicht hätte verhindern können, bei der Tochter in Berlin auf und nötigt ihr mit einer raffinierten Begründung den Verzicht auf das mütterliche Erbteil ab: Als Halbjüdin würde ihr Vermögen ohnehin konfisziert, da sei das Geld bei ihm sicherer aufgehoben und er würde es ihr in Form von Schenkungen später wieder zukommen lassen … Sie unterschreibt, obwohl sie kaum weiß, wie sie ihren Lebensunterhalt verdienen soll.

Das Studium an der Musikhochschule ist sinnlos geworden, da sie als Halbjüdin keine Abschlussprüfungen ablegen darf, was einem Berufsverbot gleichkommt. Bei der UFA in Babelsberg erhält die begabte junge Schauspielerin kleinere Filmrollen. Aber im Abspann der Filme mit Hans Albers oder Willy Fritsch erscheint ihr Name nicht, offiziell dürfen »Mischlinge ersten Grades« in den Filmateliers nicht beschäftigt werden. Helga hat ihren vom Vater ausgewählten Vornamen abgelegt und heißt nun Anja. Sie wird in der Buchhaltung als namenlose Statistin geführt und bekommt ihre Gage täglich bar ausbezahlt. An eine Karriere ist unter diesen Voraussetzungen trotz aller Begabung nicht zu denken.

Sie will weg aus Deutschland, aber ohne gefälschte Papiere, das ist ihr klar, wird sie es nicht schaffen. Nach dem Einmarsch Hitlers in Polen sind die Grenzen abgeschottet für Leute wie sie. 1941 gelingt ihr, mit Wissen des Regisseurs Helmut Käutner, ein waghalsiger Coup. Käutners Film *Auf Wiedersehen, Franziska* ist für die Biennale in Venedig nominiert und der Regisseur reist mit den Hauptdarstellern zur Premiere. Anja Erdtmann – spätere Lundholm – tritt in dem Film nur in einer Nebenrolle auf, behauptet mit ihrem frisch gefälschten Pass an der Grenze aber kess, zu Käutners Team zu gehören und in Venedig unabkömmlich zu sein. Die Zollbeamten am Brenner lassen sie nach langem kniffligen Verhör weiterfahren.

Gerettet. Die Freude bleibt jedoch gedämpft, sie kann all die Mitreisenden nicht vergessen, die vor ihren Augen aus dem Zug heraus verhaftet wurden, deren Pässe vielleicht schlechter gefälscht waren als der ihre.

Im römischen Untergrund

Ihr Ziel ist nicht Venedig, sondern Rom. Hier arbeiten ihre alten Berliner Freunde im Untergrund gegen die Nationalsozialisten – nicht mehr idealistisch naiv wie in Berlin, sondern professionell und mit hohem Risiko. Sie steigt ohne Bedenken in das gefährliche Geschäft ein, bekommt wie alle Beteiligten einen Decknamen und kaum Informationen über Aktivitäten und Hintermänner der Gruppe. Es enttäuscht sie, dass man sie nur zum Passfälschen und nicht für wichtigere Missionen einsetzt. Die Gruppe Pierre Lambert, erfährt sie später, hat Kontakt zu deutschen Widerstandskämpfern um Harro Schulze-Boysen und arbeitet auch mit der katholischen Kirche zusammen. Juden werden, vor allem von mutigen Pallotinermönchen, in Klöstern versteckt und mit falschen Papieren und Geld für eine Ausreise nach Südamerika versorgt. Der Vatikan bietet vielen Flüchtlingen Unterschlupf und Anja Lundholm ist noch heute überzeugt, dass dies mit Wissen von Papst Pius XII. geschah.

Sie selbst hat – wie sie sagt leichtsinnigerweise – das Angebot eines Verstecks im Vatikan ausgeschlagen, obwohl sie sich damals in einer schwierigen Lage befand: Geschwängert von einem holländischen Widerstandskämpfer, der plötzlich abtaucht und sich später als SS-Spitzel entpuppt, steht sie ohne Geld und Arbeit da, mit den gelegentlichen kleinen Chargen in der römischen Cinecittà kann sie sich nicht über Wasser halten.

In ihrer Not schreibt sie an den gefürchteten Vater, bittet ihn um Geld aus dem Erbe der Mutter. Hatte er nicht versprochen, ihr das an ihn überschriebene Erbteil durch Schenkungen wieder zukommen zu lassen? Er denkt nicht daran. Verrät statt dessen ihre römische Adresse der Gestapo. Hätte sie mit dieser Hinterhältigkeit nicht rechnen müssen? Sie wird verhört, steht unter Beobachtung, macht Schulden.

Sie hat inzwischen ihre Tochter Diana geboren und ist entschlossen, sich durchzukämpfen. Aber die Verhältnisse sind schwieriger geworden seit Mussolinis Sturz im Juni 1943. Die Deutschen sind nun in Rom eingerückt, nicht mehr als Freunde, sondern als Besatzer. SS und Gestapo beherrschen die Stadt. Die Widerstandsnester und konspirativen Treffpunkte werden systematisch ausgehoben, die ›Verräter‹ vor Gericht gestellt. Eines Tages steht die Gestapo vor Anjas Tür. Sie wird verhaftet, abgeführt. Ihren fünf Monate alten Säugling muss sie allein in der versiegelten Wohnung zurücklassen. Wer kümmert sich um ihr Kind? Achselzucken. Ihre Ohnmachtsgefühle, ihre Verzweiflung – Augenblicke, die sich ihrem Gedächtnis einbrennen.

In der Gestapo-Zentrale stundenlange Verhöre, Folterungen in den berüchtigten Kellern der Via Tasso, zehn Tage Dunkelhaft, die ihr jede Orientierung nehmen. Schließlich der Richterspruch: Verurteilung zum Tode wegen konspirativer Umtriebe. – Todesurteile sind an der Tagesordnung in dieser Zeit, sie musste damit rechnen. Aber was wird aus ihrem Kind? Sie sieht es nicht wieder. Man überführt sie ins Polizeigefängnis von Innsbruck. Von hier aus geht die Odyssee weiter, nordwärts, in Viehwagen mit anderen Todeskandidatinnen zusammengepfercht wie Schlachtvieh. Was sind diese entkräfteten Häftlinge anderes als Schlachtvieh?

Durch das Höllentor von Ravensbrück

Schließlich Ankunft in Ravensbrück, dem Frauenkonzentrationslager in der idyllischen Landschaft zwischen Havel und Uecker, dessen Ausdehnung und Vernichtungspotenzial damals sorgfältig verschleiert wurde. Offiziell ein Arbeitslager für straffällig gewordene Frauen, neben verurteilten Mörderinnen, Prostituierten, politischen Widerständlerinnen und Kommunistinnen auch viele aktive Christinnen. Mehr als 130000 Frauen sind zwischen 1939 und 1945 in dieses Lager verfrachtet worden, ein knappes Drittel nur hat die mörderischen Strapazen überlebt.

»Arbeit macht frei« steht wie zum Hohn in großen Lettern über dem Eingangstor. »Höllentor« nennt es Anja Lundholm. Die Frauen werden nach Arbeitsfähigkeit selektiert. Wer zur winterlichen Schwerstarbeit im Freien zu schwach ist, wird ausgemustert, vergast. Die anderen marschieren in strammer Fünferkolonne allmorgendlich zum gefürchteten Sandberg.

Anja Lundholm beschreibt diesen Arbeitseinsatz in ihrem Buch *Das Höllentor*: »Das ist keine Arbeit, das ist Folter, eine bis ins kleinste Detail präzise ausgetüftelte körperliche und seelische Tortur ohne ein anderes Ziel als das, bei der Dezimierung des Lagerbestandes Nachhilfe zu leisten.« Nur die Kräftigsten halten durch und jede hofft, genügend Kraft zu haben. Die Arbeit ist sinnlos, von sadistischen Hirnen ausgedacht: Zu zweit schaufeln die Frauen Sand in eine schwere Holzkiste und schleppen die gefüllte Kiste dann zu einem Lagerplatz, unzählige Male am Tag, bei Regen und brütender Hitze, angetrieben von einem brüllenden Aufseher, der seine Peitsche über die Rücken der Erschöpften sausen lässt, wenn sie das Tempo nicht halten können. Sklavenarbeit im 20. Jahrhundert, im zivilisierten Abendland.

Abends der Rückmarsch durch das friedliche Städtchen Fürstenberg mit den dösenden Katzen und den leuchtenden Geranien in den Fensterbänken. Die feindlich blickenden Kinder hat man gewarnt vor den Schwerverbrecherinnen, die da in zerlumptem Schuhwerk vorbeiziehen, und Anja Lundholm schreibt später: »Nicht zu fassen, dieser Friede, nur wenige hundert Meter von unserem Lager entfernt. Ob sie sich in ihre Häuser zurückziehen an den Nachmittagen, wenn der Wind den stinkenden Rauch vom Krematorium in ihre Straßen und Gassen bläst? Beim Geräusch unserer schlurfenden Schritte blicken die Männer auf und dann gleich wieder weg. Ein Lied – zwei drei! brüllt die Aufseherin.«

Nachts die schmalen, verlausten Pritschen, die keinen erholsamen Schlaf zulassen: »Während des Schlafes, zu fünft eng aneinandergedrängt, müssen vor allem die außen darauf achten, bewegungslos auf dem Rücken liegenzubleiben, wollen sie nicht riskieren, abzustürzen. Bester Schutz dagegen: einen Arm um das nachbarliche Bein schlingen. Das gibt Halt. Oftmals allerdings erkaltet solch ein Bein über Nacht ...« Die natürliche Selektion durch Hunger, Infektionen, Ungeziefer.

Manche werden von der Fronarbeit am Sandberg entbunden, nicht etwa die Kranken und Schwachen, sondern Junge, noch Gesunde. Sie landen in Bordellen der Waffen-SS, in den Rüstungsbetrieben von Siemens oder – am schlimmsten – zu medizinischen Experimenten in Labors. Unzählige Sterilisationen werden täglich ohne Betäubung der Opfer vorgenommen, vor allem an Zigeunerinnen, auch an ganz jungen Mädchen, alles sorgfältig dokumentiert mit Kopie an die Reichsärztekammer.

Die nach Wochen aus den Bordellen ins Lager Zurückgeschickten tragen in ihren Papieren eingestempelt den Vermerk »Abgenützt« oder »Verbraucht« und kommen auf die Vernichtungsliste. Manche entziehen sich diesem Ende durch einen Griff an den Hochspannungsdraht des Lagerzauns.

Einsatz bei Siemens

Anja Lundholm hat Glück, eine Aufseherin verhilft ihr im Dezember 1944 zu einer Tauglichkeitsprüfung für das Siemens-Außenlager. Ihre Augen und ihre Fingerfertigkeit werden getestet: Sie ist brauchbar für feinmechanische Präzisionsarbeit.

Die Pritschengenossinnen beneiden sie. Ein Posten im Flugzeugapparatebau bei Siemens gilt als Lebensversicherung. Aber die Mithäftlinge in der Siemenshalle klären sie rasch auf: »Die SS dürfte wohl kaum die Absicht haben, ihre geheimen Rüstungshallen in die Hände der Russen fallen zu lassen … Wir, die wir hier arbeiten, sind Geheimnisträger, die dem Feind Auskünfte über die Konstruktion der neuesten Wunderwaffe des Führers geben könnten.« Das bedeutet Vernichtung der Fabrik und der Arbeiter vor dem Einmarsch der Russen. Dass die Russen über kurz oder lang kommen werden, scheinen alle zu wissen.

Auch in den Siemenshallen ist die Arbeit hart. Zwölf Stunden eine Schicht, abwechselnd im Tag- und Nachtbetrieb. Karges Essen, kleiner Waschraum für 500 Häftlinge, ständige sinnlose Appelle mit Kasernenhofdrill. In der Halle sind auch Kinder mit dem Davidsstern an den Werkbänken beschäftigt und Zivilarbeiterinnen aus der Umgebung, denen man »unter Strafe jeglichen Kontakt mit uns, den Feinden des Vaterlandes, untersagt hat«.

Anja Lundholm bekommt von einer Mitgefangenen einen aus der Verwaltung herausgeschmuggelten Zettel in die Hände, der ihr zeigt, was sie wert ist – eine Rentabilitätsberechnung der Ausleihhäftlinge Siemens und Halske: Der Erlös aus dem Verleihlohn beträgt abzüglich Ernährung und Bekleidungsamortisation 5,30 Reichsmark täglich. Bei einer durchschnittlichen Lebensdauer von neun Monaten macht das RM 1431,00. Dazu kommt der »Erlös aus rationeller Verwertung der Leiche: durchschnittl. Gewinn an Haar, Zahngold, Kleidung, Wertsachen und Geld abzüglich Verbrennungskosten von RM 2,00 = RM 200,00. Gesamtgewinn nach 9 Monaten RM 1631,00 zuzügl. des Erlöses aus Knochen- und Ascheverwertung.« – Kann es verwundern, wenn damalige Zwangsarbeiter von den Industriebetrieben heute eine angemessene Entschädigung fordern?

Durch die Luftangriffe der Alliierten und die Stromausfälle ist die Arbeit in den Siemens-Werkhallen unmöglich geworden, Anja Lundholm wird ins Hauptlager zurückversetzt. Hier herrscht nervöse Hektik. Die Kapazität der Verbrennungsanlagen reicht nicht mehr aus für die anfallenden Leichen, der Vorrat an Zyklon B geht zu Ende, hastig werden Transportkolonnen für ein Vernichtungslager in der Uckermark zusammengestellt. Vorzeigebaracken werden hergerichtet für den Fall, dass Vertreter des Internationalen Roten Kreuzes auftauchen.

Anja Lundholm sammelt mit einigen anderen Frauen vom Räumkommando mit einem Handkarren die Toten auf, die im Gelände herumliegen. Die Leichen werden in eilig ausgehobenen Gruben verscharrt. Berge von Leichen, viele der Opfer durch Genickschuss hingerichtet. Der Obersturmbannführer hat die totale Evakuierung des Lagers angeordnet, aber dazu ist es schon zu spät, fremde Flugzeuge dröhnen täglich mehrmals im Tiefflug über die Baracken. Die Angst der Aufseherinnen schlägt in Hysterie um, sie spüren die aufglimmende Hoffnung und den passiven Widerstand der noch übrig gebliebenen Häftlinge und geben sinnlose, sich widersprechende Anweisungen. Akten werden verbrannt, alle Spuren des Grauens sollen getilgt, alle Zeugen beseitigt werden.

Das Räumkommando hat den Befehl, Kleider und Habseligkeiten der Ermordeten in großen Jutesäcken zu verstauen und diese zu den am Ausgang stehenden Lastern zu schleppen. Die Lagerleiter in den Villen vor dem Tor pakken ihre Autos voll mit erbeuteten Wertsachen und setzen sich Richtung Westen ab. Aber noch im totalen Chaos wird eine Häftlingskolonne zum Erschießen abgeführt. Dann herrscht gespenstische Stille auf dem Gelände. Wasser und Strom sind abgestellt, das Lagertor ist geöffnet, doch vom

Rest der Häftlinge sind die meisten zu schwach zum Aufbruch, man wird auch sie noch erschießen, der eingedrillte bedingungslose Gehorsam der Lagerkommandos funktioniert bis zum Schluss, die Leichenkarren stehen bereit.

Auch Anja Lundholm lag als Opfer medizinischer Versuche schon einmal auf einem dieser Leichenkarren. Ihre Pritschengenossinnen holten die klinisch Tote ins Leben zurück. Diese Solidarität in der höchsten Gefahr wird sie nie vergessen, wie sie auch gegenteilige Erlebnisse von Bespitzelung und Verrat im Gedächtnis behalten wird.

In den letzten Apriltagen des Jahres 1945 wälzt sich auf der am Lager vorbeiführenden Landstraße ein endloser Flüchtlingsstrom westwärts, Menschen, die ihre Häuser und Dörfer in panischer Angst vor den näher rückenden Russen verlassen haben. Anja Lundholm reiht sich mit anderen Häftlingen unauffällig in den Pulk ein, landet irgendwann bei der britischen Besatzungsarmee. Sie hat kein bestimmtes Ziel, sie weiß nur eines: In Deutschland will sie auf keinen Fall bleiben.

Brüssel – Stockholm – London

Sie schlägt sich nach Brüssel durch, kennt niemanden in der Stadt, irrt durch die Straßen. Noch geprägt von den Schrecknissen des Lagers, kann sie sich in dieser Welt und diesem Leben ohne Strammstehen und Todesangst nicht zurechtfinden. Eine Wiener Prostituierte erbarmt sich der ausgemergelten Frau und nimmt sie bei sich auf.

»In der KZ-Haft«, erinnert sich Anja Lundholm, »hatte ich so manches Mal davon geträumt, wie es wohl sei, nach dem Krieg, vom Nazispuk und dem Kainsmal des Mischlingstums befreit, das Leben wieder aufzunehmen, endlich ein normaler Mensch unter normalen Menschen zu sein.« Es gelingt nicht, sie wird nie wieder ein ›normaler‹ Mensch sein können. Das Lager hat sie verändert, nicht nur ihr Äußeres, auch ihr Wesen, ihre Persönlichkeit. Ihre Gesundheit ist ruiniert, ihr Selbstvertrauen ebenfalls. Nur langsam findet sie wieder zu sich selbst zurück, zu ihrem Lebenswillen, ihrer Vitalität.

Abends sitzt sie in einer Bar am Piano und unterhält die Gäste. Schon in ihrer Studentenzeit hatte sie sich ja als Jazzpianistin den Lebensunterhalt verdient. Ein schwedischer Stahlkaufmann verliebt sich in sie, holt sie nach Stockholm. Mit der Heirat erhält die Staatenlose den kostbaren schwedischen Pass und den Familiennamen Lundholm. Sie zieht mit ihrem Mann nach England, hat nun einen kleinen Sohn, es könnte alles in ordentlichen Bahnen laufen, aber die Sorge um die Tochter Diana, die sie bei ihrer Verhaftung in Rom allein in der Wohnung zurücklassen musste, treibt sie um. Was ist aus dem Kind geworden?

Reporter des *Daily Express* spüren die nun Siebenjährige in Rom auf. Ein verwahrlostes Straßenkind. Die Hausbesorgerin hatte den Säugling damals mitgenommen und adoptiert in der Annahme, die Mutter sei tot. Durch Gerichtsbeschluss wird das Kind der richtigen Mutter zugesprochen und blüht nach dem Wechsel aus den römischen Slums in ein englisches Internat sichtlich auf.

Nur mit der Ehe klappt es nicht. Nach den Unterdrückungserfahrungen im Elternhaus und im Lager kann Anja Lundholm keine Einengung ihrer Freiheit mehr ertragen. Sie lässt sich scheiden, zieht 1953 mit den beiden Kindern nach Deutschland zurück, in das Land, das sie nie wieder betreten wollte. Aber wo gäbe es sonst einen Platz für sie?

Bedrückendes Frankfurt

In Frankfurt am Main hofft sie auf Verwandte ihrer Mutter zu stoßen, doch die Goldschmidts und Rothschilds leben längst in der Schweiz oder sonstwo. Sie kommt in einer kleinen Dachwohnung im Frankfurter Hof unter, arbeitet als Übersetzerin und als Empfangsdame bei einer Schlafwagengesellschaft und muss die Kinder zeitweise fremder Obhut überlassen. Ihr geschiedener Mann will den dreijährigen Sohn nach Schweden zurückholen und verbündet sich mit ihrem Vater, der sie schon einmal um ihr Erbteil betrogen hat und der ihr, als sie ihm vorwarf, am Tod der Mutter schuld zu sein, kühl erwiderte: Beweis es.

Im biederen Frankfurt der Fünfzigerjahre fällt es nicht schwer, einer allein erziehenden, attraktiven Mutter, die kein gesichertes Einkommen vorweisen kann, wegen ›unmoralischen Verhaltens‹ das Sorgerecht für die Kinder zu entziehen. Ihr Exmann verschwindet mit dem kleinen Sohn nach Schweden, die Tochter kommt in die Obhut des Großvaters. Alle Beziehungen zur Mutter werden gekappt. Erst als Diana erwachsen ist, nimmt sie den Kontakt zu ihrer Mutter wieder auf. Es entwickelt sich ein freundschaftliches Verhältnis, das durch den frühen Krebstod der Tochter ein jähes Ende findet.

Auch das Leben des Sohnes endet auf tragische Weise: durch Rauschgift. In Schweden hat er sich noch während der Schulzeit einer Hippiegruppe angeschlossen, deren Spur sich in Pakistan verlor. Alle Nachforschungen blieben erfolglos, nur sein Tod ist dokumentiert.

Nichts, was Anja Lundholm erspart bleibt: Selbstmord der Mutter und Tante, Verrat durch den Vater, KZ-Greuel, Verlust beider Kinder, erst durch Intrigen, dann durch einen tragischen Tod. Dazu als Spätfolge der 17-monatigen Lagerhaft die multiple Sklerose und ein schweres Augenleiden.

1961 stirbt der Vater, ihr lebenslanger Widersacher. Seine hinterlassenen Papiere bestätigen ihr Misstrauen und ihren Verdacht: In einem amtlichen Fragebogen hat er angegeben, nur förderndes Mitglied der SS gewesen zu sein, »um

Frau und Tochter zu schützen«. Er wurde daraufhin offiziell als Verfolgter des Naziregimes anerkannt und entschädigt. Eine bittere Farce. Aber der Alptraum ist weg, die Tochter kann sich mit diesem toten Vater auseinander setzen, was sie zu seinen Lebzeiten nicht vermocht hat.

Schreibend Vergangenheit bewältigen

Anja Lundholm beginnt zu schreiben. Hektisch, wie unter Zwang, bringt sie zu Papier, was sich so lange in ihr angestaut hatte: »Es brach aus mir raus eines Nachts, ich schrieb und schrieb, bis ich allmählich ruhiger wurde und mich besser fühlte.« Dann packt sie die Aufzeichnungen – spätere Grundlage für den Roman *Morgengrauen* – in eine Schublade. Befreit.

Irgendwann erzählt sie einer befreundeten Buchhändlerin von den Notizen und übergibt ihr den Stapel. Das müsste veröffentlicht werden, sagt die Freundin und macht sich auf Verlagssuche. Anja Lundholm schreibt weiter. Eine Spanne ihres Lebens allerdings bleibt ausgespart: die Zeit im Konzentrationslager Ravensbrück. Zu traumatisch sind die Bilder, die da aus der Tiefe heraufdrängen.

Nach und nach begreift sie, »wie das geht: Bücher schreiben«. Sie ordnet ihre Erinnerungen und fasst sie zu Zeitabschnitten zusammen. So entstehen im Laufe der Jahre mehr als ein Dutzend Romane, die meisten mit autobiographischem Hintergrund: In *Geordnete Verhältnisse* beschreibt sie ihre bedrückende Kindheit, in *Ein ehrenhafter Bürger* den tyrannischen Vater. *Via Tasso* und *Jene Tage in Rom* handeln vom römischen Widerstand, der Bericht *Im Netz* von der Innsbrucker Gefängnishaft, *Die äußerste Grenze* von ihrem Weg zurück ins Leben. Fast alle ihre Bücher sind bei Rowohlt erschienen, die Resonanz hielt sich in Deutschland in Grenzen, Übersetzungen ins Englische und Schwedische wurden stärker beachtet. 1974 kam sie, von den Skandinaviern vorgeschlagen, sogar in die engere Wahl für den Literatur-Nobelpreis.

Mehr als vier Jahrzehnte Abstand brauchte sie, um ihr ›eigentliches‹ Buch niederzuschreiben, *Das Höllentor*, den Bericht einer Überlebenden von Ravensbrück. Nahezu alle Bücher Anja Lundholms, schreibt Eva Demski, hätten zu diesem Höllentor geführt, ständen »wie Schilde vor diesem einen, dem schwersten Weg, der mit den Wörtern noch einmal gegangen werden musste, weil nichts vergessen war und nichts vergessen werden konnte«. Ein Bericht aus der Hölle, ohne Pathos, ohne Mitleid heischende Opferhaltung. Das Monströse wird in einzelnen Bildern verdichtet mit sezierender, beinahe unerträglicher Genauigkeit festgehalten. Ein Buch, das künftigen Generationen deutlich machen könnte, was Holocaust heißt.

Die Ehrungen zu Anja Lundholms 80. Geburtstag – zu späte Ehrungen – würdigen nicht nur ihr literarisches Schaffen, sondern auch ihre Haltung während der nationalsozialistischen Zeit. Hans Eichel, 1998 hessischer Ministerpräsident, hebt bei der Überreichung der Wilhelm-Leuschner-Medaille des Landes Hessen ihren »unschätzbaren Beitrag zu unser aller Lernprozess in Demokratie, in Humanität« hervor. Die Frankfurter Oberbürgermeisterin Petra Roth sagt bei der Verleihung der Goethe-Plakette an die 80-jährige Schriftstellerin, ihr gelinge etwas eigentlich nicht Mögliches. Sie stelle »das Nichtdarstellbare in einer Weise dar, dass es in unserer Fantasie fortwirkt, dass es uns nicht loslässt«. Blockaden gegen die Verdrängung und gegen das Vergessen-Wollen brächen in sich zusammen.

Freya Klier hat für das Hessische Fernsehen einen Dokumentarfilm gedreht, der Anja Lundholms Widerstandstätigkeit in Rom in den Mittelpunkt rückt. Die Regisseurin fragt in einer Laudatio ironisch provokativ, warum die Verfolgte nach dem Krieg nicht in den Ostteil Deutschlands gegangen sei. Dort wären ihr, der überzeugten Antifaschistin, Orden und Ehren sicher gewesen. Aber statt ein paar Stalin-Oden zu schreiben, habe sich die Widerborstige mit ihren Schilderungen von Greueltaten auch der sowjetischen Armee endgültig um einen Platz auf dem Antifa-Sockel gebracht.

Eine Unbequeme. Eine Querdenkerin, auch heute noch. In der Walser-Bubis-Debatte stimmt sie Walser zu: »Jedem Nachgeborenen muss selbst überlassen sein, ob und wie er sich erinnert.« Und Daniel Goldhagens Thesen von der Feigheit der Deutschen will sie so allgemein nicht stehen lassen: »Auf der Allee von Ravensbrück habe ich fast an jedem dritten Baum einen Soldaten hängen sehen mit einem Schild auf der Brust: ›Befehlsverweigerung‹.«

Anja Lundholm verfolgt das politische Geschehen mit wachem Interesse und äußert ihre Ansichten ohne Rücksicht auf gebotene political correctness. Aber wird ihre leise Stimme gehört? Sie hofft es, hofft auf die Jugend.

In ihrer Dankrede bei der Entgegennahme des Hans-Sahl-Preises 1997 in Berlin gab sie, nach Gesprächen mit Jugendlichen, dieser Hoffnung Ausdruck: »Die junge Generation, vom hartnäckigen Schweigen ihrer Väter und Mütter irritiert, wollte wissen, nicht nur wissen, was in jüngster Vergangenheit geschehen war, sondern wie und warum. Sie verlangte Aufklärung. Und sie wandte sich damit an uns, die wenigen letzten Zeitzeugen, die darüber reden konnten, weil wir, die einstigen Opfer, in uns die Verpflichtung fühlen, das, was wir erfahren hatten, weiterzugeben, zu berichten, zu warnen, damit Ähnliches nie wieder geschehen möge.«

Und Anja Lundholm fordert die Zuhörer mit den Worten des jüdischen Emigranten Sahl heraus: »Wir sind die Letzten. Fragt uns aus. Wir sind zuständig.«

Eine hessische Mutter Courage
Liesel Christ
1919–1996

Der Krieg, er dauert hundert Jahre
Der g'meine Mann hat kein Gewinn.
BERT BRECHT: MUTTER COURAGE

Viele berühmte Schauspielerinnen haben den Marketenderkarren der *Mutter Courage* über die Bühne gezogen seit jener legendären Uraufführung mit Therese Giehse 1941 im Zürcher Schauspielhaus. Brechts Frau Helene Weigel hat die Rolle der Courage im Deutschen Theater in Ostberlin überzeugend verkörpert. Aber wer hätte diese hart geprüfte Mutter auf den Schlachtfeldern des Dreißigjährigen Krieges volksnäher und anrührender darstellen können als Liesel Christ, die hessische Mutter Courage?

Die Courage – eine Rolle, von der die Frankfurter Theaterchefin seit langem geträumt hat. Im Juni 1981, zum zehnjährigen Bestehen des Volkstheaters, wird der Traum Wirklichkeit: Sie steht als robuste, vom Krieg schwer gebeutelte Marketenderin auf den Brettern. Alles hat sie verloren, ihre Habe, ihre drei Kinder, aber das Leben geht weiter, sie zieht ihren Planwagen zum nächsten Kampfplatz. – Ein Lehrstück gegen den Krieg. »Aber den Unbelehrbaren zeige / Mit kleiner Hoffnung / Dein gutes Gesicht«, fordert Brecht.

Wolfgang Kaus, der Hausregisseur des Frankfurter Volkstheaters, zollte nicht nur der Schauspielerin, sondern auch der Prinzipalin seine Achtung, als er nach der Jubiläumsaufführung sagte: »Sie ist unsere Mutter Courage, die zehn Jahre lang den Karren gezogen hat.« Nur wenige Frauen gibt es in der deutschen Theatergeschichte, die in großen Rollen auf der Bühne standen und gleichzeitig Theaterleiterinnen waren. Helene Weigel gehört zu ihnen und natürlich die von Liesel Christ bewunderte Neuberin, die als Erste im 18. Jahrhundert mit einer eigenen Theatertruppe durchs Land zog.

Vieles verbindet die beiden Theaterfrauen aus Frankfurt und Leipzig: das Komödiantische, Schalkhafte, aber auch der Mut zum Wagnis, die Zähigkeit und die Überzeugungskraft, mit der sie andere motivieren, manchmal auch charmant überreden konnten. Wie hätten sie es sonst geschafft, eine Truppe höchst eigenwilliger Darsteller und Selbstdarsteller über Jahre zusammenzuhalten?

Pfiffige Frauenrollen

Liesel Christ liebte die Rolle der zupackenden, lebenstüchtigen Frau mit Witz und gesundem Menschenverstand – im Leben und auf der Bühne. Oft hat sie ihre Stücke danach ausgesucht: spritzige Komödien und Schwänke – *Tante Jutta aus Kalkutta* oder *Rendezvous im Palmengarten* mit Heinz Schenk – aber auch literarisch erprobte Texte wie Kleists *Zerbrochnen Krug*, Zuckmayers *Katharina Knie* oder Hauptmanns *Biberpelz*. Sie hat Gudula Rothschild, die warmherzige Mutter der *Fünf Frankfurter*, gespielt und im *Urfaust* die durchtriebene Kupplerin Marthe Schwerdtlein.

Ein Urfaust auf hessisch, klassische Stücke mit heimatlichem Zungenschlag, das schwebte Liesel Christ seit langem vor. Sie war überzeugt, dass die Frankfurter ihr das Wagnis lohnen würden, auch wenn Kritiker vor einer Verfälschung des literarischen Erbes warnten. Sie konterte: »Ei, Kinner, leest'n doch emal rischtisch, den Urfaust, wie-'n Goethe geschriwwe hat.«.

Liesel Christ

Kurz nach ihrem 60. Geburtstag, im Juni 1979, ging Liesel Christs Urfaust-Traum in Erfüllung – allerdings nicht wie geplant im stimmungsvollen Hof des Dominikanerklosters. Heftige Regenfluten ließen die Freilichtaufführung buchstäblich ins Wasser fallen. Doch auch der Cantatesaal des Volkstheaters am Großen Hirschgraben, dem Goethehaus benachbart, bot ein würdiges Ambiente. Und die Prinzipalin glänzte als gerissen geile Marthe Schwerdtlein, auf hessisch, wie ihr »de Schnawwel gewachse is«. Mit ihrem hessischen Urfaust holten sich die Frankfurter sogar bei einem Gastspiel in Tel Aviv Lorbeeren.

Das 20-jährige Bestehen des Volkstheaters wurde wieder mit dem *Urfaust* gefeiert, in neuer Besetzung, aber die Glanzrolle der Kupplerin Marthe spielte in alter Frische Liesel Christ. Dass man sich mit dem hessisch eingefärbten Stück 1991, kurz nach der Wende, in die Goethe-Hochburg Weimar wagte, zeugt vom Selbstbewusstsein der Frankfurter. Der Erfolg gab ihnen Recht.

1994, anlässlich der 1200-Jahrfeier der Stadt Frankfurt, kam die Freilichtaufführung des Urfaust, die sich Liesel Christ immer gewünscht hatte, zustande: vor dem Frankfurter Dom im Historischen Garten. Die Neuinszenierung zwei Jahre später erlebte sie nicht mehr, wenige Stunden nach der letzten Vorstellung ist sie gestorben. Im Goethejahr 1999 hat das Volkstheater, das nun »Volkstheater Frankfurt Liesel Christ« heißt, den Urfaust wieder ins Programm genommen und hat ihn zum 30-jährigen Bestehen 2001 wiederholt – im Gedenken an die Gründerin.

Die Fernsehfamilie Hesselbach

Die Frankfurter wussten schon immer, was sie an ihrer »klaa Christ«, später an ihrer »Liesel Courage« hatten, die übrige Nation lernte die beherzte Frankfurterin in der

Fernsehserie *Familie Hesselbach* kennen, die in den Sechzigerjahren über die Bildschirme lief – in hessischer Dialektfärbung. Aus Bayern war man mundartliche Stadl-Geschichten gewohnt, von der Waterkant plattdeutsches Geschnack – aber aus Hessen?

Die Befürchtungen waren unbegründet. Wolf Schmidts Alltagsschilderungen aus dem Leben einer hessischen Familie wurden zu einer der erfolgreichsten Fernsehserien in Deutschland und über Deutschland hinaus, wo immer das hessische Programm zu empfangen war – sogar in einigen Gegenden der DDR mit Hilfe der verbotenen ›Ochsenkopfantennen‹. Die Menschen im anderen Teil Deutschlands, vom westlichen Werbefernsehen mit den Segnungen unerreichbaren Wohlstands überschüttet, nahmen die Hesselbach-Geschichten mit Staunen und Sympathie zur Kenntnis: Menschen wie du und ich, eine ganz normale Familie mit all den kleinen Freuden, Sorgen und Konflikten, wie man sie selbst auch kannte.

Ganz oben in der Gunst der Zuschauer, ob in Frankfurt am Main oder in Frankfurt/Oder stand Liesel Christ als Mama Hesselbach, die gemütliche, aber resolute Frau mit dem Herz auf dem rechten Fleck, die man gerne zur Nachbarin hätte. Und das hessische ›Babbeln‹, das anfänglich nicht wenige Zuschauer in anderen Regionen störte, wurde bis zur 51. und letzten Folge zum vertrauten Idiom. Es passierte der Fernsehmutter oft, dass sie auf der Straße als Mama Hesselbach erkannt und angesprochen wurde. Eine Botschafterin Hessens nannte man sie nicht zu Unrecht. Für viele Menschen ihrer Stadt war sie noch mehr.

Abschied von einer Wohltäterin

Als Mitte August 1996 die Nachricht von Liesel Christs Tod bekannt wurde, herrschte Bestürzung und Betroffenheit auch bei jenen, die um die zunehmende Verschlechterung ihres Gesundheitszustandes wussten. Nach einem unglücklichen Sturz in ihrem Haus war die 77-Jährige am 19. Juli mit einer Hirnblutung in die Klinik eingeliefert worden. Vier Wochen später, in der Nacht vom 14. auf den 15. August, starb sie an den Folgen dieser Verletzung.

Die Nachrufe in den Lokalblättern und überregionalen Zeitungen, in Funk und Fernsehen zeigten neben der Würdigung ihrer beruflichen Karriere all die Facetten ihres Wirkens auf, die in der Öffentlichkeit kaum bekannt waren. Ihr soziales Engagement beschränkte sich nicht auf Geldspenden für Hilfsorganisationen, sie beteiligte sich mit großem persönlichem Einsatz und oft auch mit pfiffigen Ideen an karitativen Aktionen, wobei sie ihre Popularität medienwirksam einzusetzen wusste. Ob sie sich mit Schokolade aufwiegen ließ oder ein Gorillababy taufte, wenn dabei etwas heraussprang für einen guten Zweck, war sie zufrieden. Sie stand mit der Sammelbüchse auf der Straße, um den Bürgern der angeblichen ›Geldstadt ohne Herz‹ eben jenes Geld für das Müttergenesungswerk aus der Tasche zu locken. Sie drehte das Glücksrad bei Tombolas oder ermunterte vergrämte Anrufer beim ›Freehlichen Frankfort-Telefon‹. Für ihre Trauerfeier auf dem Frankfurter Hauptfriedhof wünschte sie sich keine Kränze und Blumen, sondern Spenden für krebskranke Kinder und für Gehörlose.

Wenn sie nicht Schauspielerin geworden wäre, sagte sie in einem Interview, hätte sie bestimmt einen sozialen Beruf gewählt. Und nach den Motiven für dieses Denken an andere gefragt, antwortete sie, es habe mit Glauben und Nächstenliebe zu tun, vor allem aber sei es »ein Dankeschön an meine großartige Mutter, die für zwölf Kinder zu sorgen hatte«.

Kein Schauspielerkind

Die am 16. April 1919 in Frankfurt geborene Liesel Christ stammt nicht, wie das in ihrem Beruf beinahe die Regel ist, aus einer alten Schauspielerfamilie, sondern aus einem biederen Handwerkerhaus. Ihr Vater war Werkmeister. Als die kleine Liesel, ein aufgewecktes, schlagfertiges Kind, mit vier Jahren für die Bühne ›entdeckt‹ wird, deutet noch nichts auf ihre spätere Karriere hin. Sie soll das liebenswürdige Töchterchen der *Madame Butterfly* spielen. Doch als sie hinter den Maskeraden die ihr vertrauten Gesichter nicht wiedererkennt, fängt sie auf offener Bühne jämmerlich an zu weinen. Vielleicht doch kein so schlechter Einstieg: Sie wird dem mitfühlenden Publikum in Erinnerung bleiben.

Wenig später spielt sie schon die Hauptrolle in *Peterchens Mondfahrt* und nach und nach kennt man die »klaa Krott« auf allen Frankfurter Bühnen. Sie lernt so nebenher tanzen und singen und wird nach der Schulentlassung als jüngste Elevin in die Hochschule für Musik und Theater aufgenommen.

Mit 17 erhält sie ihr erstes Engagement in Koblenz. Heilbronn, Görlitz, Breslau sind weitere Stationen ihrer jugendlichen Laufbahn. Ihre hochfliegenden Pläne werden – wie bei vielen ihrer Generation – durch den Krieg erst einmal zunichte gemacht. Aber beim Theater will sie, trotz aller widrigen Umstände, bleiben.

»Kopp hoch unn dorsch«

Mai 1945. Der Krieg geht zu Ende, überall herrscht Chaos. An einen geregelten Theaterbetrieb ist längst nicht mehr zu denken, weder in Breslau noch in Görlitz. Flüchtlingstrecks bewegen sich auf den Landstraßen westwärts. Auch

Liesel Christ macht sich mit ihrer kleinen Tochter Gisela auf den Weg Richtung Westen, zurück in ihre Heimatstadt Frankfurt am Main. Bei einer der letzten Schießereien fliegt der Wagen mit all ihren Habseligkeiten bei Torgau an der Elbe in die Luft.

Nun geht es zu Fuß weiter, das Kind an der Hand. Sie ist im fünften Monat schwanger. Nur mühsam kommt sie vorwärts, viele Straßen und Brücken sind gesprengt, auch an der Mulde. »Kopp hoch unn dorsch«, nach dieser Devise hat sie stets gehandelt. Sie wird durch den kalten Fluss schwimmen. Ein menschenfreundlicher Landser bringt ihr das Töchterchen auf die andere Seite. Weiter. Immer Richtung Main.

Mitte Juni kommt sie in Frankfurt an, ohne Papiere, ohne alles. Bei ihrer Mutter, die im Praunheimschen Hause wohnt, findet sie erst einmal Unterschlupf. Man wurschtelt sich durch, improvisiert das tägliche Leben. Es gibt Gott sei Dank einen Garten und einen Acker. Und es gibt hilfsbereite Menschen.

Im Oktober wird das zweite Kind geboren, die Tochter Bärbel. Und an Silvester 1945 steht die ›Kopp hoch‹-Frau wieder auf der Bühne, im kalten, zugigen Börsensaal, mit Texten von Kästner und Tucholsky.

Eine Freundin hat das Abendkleid und Silberschuhe besorgt. Das Publikum bringt Stühle mit und ziemlich untaugliches Holz zum Heizen. Der Saal ist ausverkauft, man rückt eng zusammen, das wärmt. Die improvisierten Abende in der Börse mit der kreativen Solidarität der Ausgebombten werden die Frankfurter nicht so schnell vergessen.

Dass Liesel Christ sich mit ihrer Mutter den einzigen Mantel teilen muss, ist nicht weiter schlimm, Hauptsache, sie kann spielen. Gasttourneen für die amerikanischen Soldaten sind besonders beliebt, sie bringen nicht nur Gagen, sondern auch Essbares und Zigaretten, die auf dem Schwarzmarkt getauscht werden können. Von Verwandten, die nach Amerika ausgewandert sind, kommen die ersten Carepakete. Es geht weiter.

Liesel Christ ist bei der Gründung des ›Frankfurter Operetten- und Lustspieltheaters‹ in der Aula der Freiherr-von-Stein-Schule dabei. Sie ist dabei, als 1953 die Landesbühne Rhein-Main im Volksbildungsheim aus der Taufe gehoben wird. Sie spielt im alten Theater am Rossmarkt, zieht mit ihren Kollegen über die Dörfer, als jugendliche Heldin, als Naive, als Sentimentale – und arbeitet dazwischen in der Konfektionsabteilung eines Warenhauses als Verkäuferin: »Kopp hoch unn dorsch!«

Ein Engagement am Landestheater in Mainz, Gastspiele in Bielefeld, Aufnahmen im Hessischen Rundfunk, alles schön und gut, aber im Kopf hat sie etwas anderes: den Plan für ein eigenes Theater, ein Volkstheater. Geld hat sie keines, mit Subventionen ist es schlecht bestellt, ein festes Haus ist nicht vorhanden, sie muss zwei Kinder ernähren – lauter Gründe, die Finger von dem Projekt zu lassen. Für Liesel Christ eine umso größere Herausforderung.

Die fixe Idee vom eigenen Theater

Wohlmeinende haben sie gewarnt: Ein Theater lässt sich nicht einfach aus dem Hut zaubern, das geht nicht ohne Geld, Beziehungen, einen Förderkreis … Sie zaubert. Erklärt: »Mir wer'n schö klein aafange, in de Berjerhäuser spiele, waa alle annern Theater im Sommer geschlosse hawwe … Un du werst seh'n, die Leut komme zu uns.« Die Leut kommen tatsächlich – und werden der kleinen original Frankfurter Bühne treu bleiben, auch nach ihrer Mauser zu einem ›richtigen‹ Theater.

Anfang 1970 ermuntert die zukünftige Theaterchefin ihre Sympathisanten: »Helft nor all schee mit, mer brauche doch so e Theater, des schafft widder e bißje Frankforter

Lokalkolorit.« Wer könnte sich ihrem handfesten Frankfurter Charme und ihrer Logik entziehen?

Im Januar 1971 finden sich sieben Enthusiasten zusammen und gründen den ›Verein Frankfurter Volkstheater‹. Damit ist die Rechtsträgerschaft gesichert, eine Basis für Spenden künftiger Sponsoren geschaffen. Stadtverordnete setzen sich für das Projekt ein, das lässt auf – wenn auch bescheidene – öffentliche Zuschüsse hoffen. Auch Volkskultur ist Kultur – niemand könnte für diese demokratische These glaubwürdiger eintreten als Liesel Christ.

In der Stadt hängen die Plakate, die Presse ist eingestimmt: Am 18. Juni 1971 stellt sich das neu gegründete Volkstheater dem Publikum vor. Zur ersten Veranstaltung im Großen Saal des Volksbildungsheims wird ein Stück ausgegraben, das eineinhalb Jahrhunderte zuvor die Frankfurter Mundart bühnenfähig gemacht hat: *Der alte Bürgerkapitän*. Bald wagt man sich an ›höhere‹ Literatur, Zuckmayers *Fröhlicher Weinberg* wird zum Erfolgsstück. Man spielt tatsächlich, wie die Prinzipalin es vorausgedacht hat, in Bürgerhäusern, ab und zu im Kolpinghaus. Eine Aufführung im Haus Dornbusch findet – einmalig in der Geschichte des Volkstheaters – vor sieben Besuchern statt.

Im Jahr darauf steht bereits ein fester Saal im Haus der Jugend in Sachsenhausen zur Verfügung. Es geht aufwärts. Heidi Kabel aus Hamburg und Willi Millowitsch aus Köln ermuntern die Kollegin. Die ist noch nicht wunschlos glücklich, träumt von einem Saal in der Innenstadt, vom Cantatesaal am Großen Hirschgraben Nummer 21.

1975 hat sie mit der ihr eigenen Hartnäckigkeit auch dieses Ziel erreicht. Mit Kotzebues Stück *Die deutschen Kleinstädter* und mit dem Hausregisseur Wolfgang Kaus beginnt der fast unaufhaltsame Aufstieg des Volkstheaters im Stammhaus am Hirschgraben. Und immer steht Liesel Christ in markanten Frauenrollen auf der Bühne.

Zum 25-jährigen Bestehen des Theaters 1996 fällt die Bilanz nicht schlecht aus: über 130 Inszenierungen, über zweieinhalb Millionen Besucher, der Saal Abend für Abend fast bis auf den letzten Platz besetzt. Eine feste Frankfurter Institution mit der wohl populärsten Frankfurterin an der Spitze.

Eine Frau wie du und ich

Eine von uns, sagen die Frankfurter. Gesprächig, gesellig, ohne Starallüren. Wohnt in einem ganz normalen Haus, führt ein ganz normales Leben. Besorgt ihren Haushalt selbst, kauft ein, kocht, wäscht das Geschirr von Hand ab, strickt und näht, liest zwei Tageszeitungen und verfolgt die Spiele von Eintracht Frankfurt am Fernseher. Den Tag beginnt sie mit ein paar Schwimmrunden im Pool des Nachbarn. Sonntags geht sie zur Kirche, aus der Parteipolitik hält sie sich nach Möglichkeit heraus mit dem lapidaren Bekenntnis: »Meine Partei heißt Frankfurt.«

Zehn Minuten braucht sie für den Fußweg zum Theater. Die Proben beginnen morgens um zehn, eine humane Zeit. Wenn sie nachmittags nach Hause kommt, schläft sie ein Stündchen, dann bereitet sie sich auf die Abendvorstellung vor. An den spielfreien Tagen nimmt sie sich viel Zeit für die Erledigung der Post – und für ihr liebstes Hobby, das sich eigentlich zum zweiten Beruf ausgewachsen hat: die Redaktionsarbeit für die *Frankfurter Senioren Zeitschrift*.

Dass Frankfurt schon 1974 mit einer eigenen Zeitschrift für die älteren Mitbürger aufwarten kann, geht vor allem auf ihre Initiative zurück. In einer eigenen Kolumne stellt sie mit viel Gespür für Alltagskomik kleine Geschichten und Anekdoten in hessischer Mundart vor, die »dem Leben abgelauscht« sind, etwa Kurt Bambachs Gedichtchen von der ungebeten auftauchenden »Tante Frieda«:

Ganz unverhofft, mir warn geschockt,
da stand se da – schee buntberockt!
Gebabbelt hat se unentwegt,
erzählt, wer all sie uffgeregt;
kaan Kaffee wollt'se heut – nur Tee,
de Kuche maant se, wär ganz schee,
in Urlaub könnt se net mehr starte,
sie secht, sie bleibt bei uns im Garte!

Wenn Liesel Christ die Gedichtchen und Geschichtchen in einem Altenheim selbst vorliest, kommt Stimmung auf, die Menschen finden sich in ihren Worten wieder, wie in den Rollen, die sie auf der Bühne oder im Fernsehen spielt. Der Bildschirm macht ihr nicht so viel Spaß wie das Theater, weil der unmittelbare Kontakt zum Publikum fehlt. Trotzdem: Wer Liesel Christ als energische Pfarrhaushälterin in Günter Stracks Serie *Mit Leib und Seele* gesehen hat, wird sie nicht so schnell vergessen.

Ein volles Leben. Als Gegenwart geschildert, was schon Vergangenheit ist, nur in der Erinnerung weiter lebendig bleibt. Das Volkstheater aber wird weiter bestehen, geführt von den beiden Christ-Töchtern Gisela Dahlem-Christ und Bärbel Christ-Heß, Geschäftsführerin die eine, Kostüm- und Bühnenbildnerin die andere. Die Mutter konnte sich in ihren letzten Lebensmonaten beruhigt von der Bühne in den Zuschauerraum zurückziehen. Sie hat erreicht, was sie sich in jugendlichem Eigensinn einst vorgenommen hatte.

»Die letzte große Hessin ist von uns gegangen«, sagte der Bühnenkollege Heinz Schenk bei der Gedenkfeier für Liesel Christ im Volkstheater. Der Bundespräsident, das Land Hessen und die Stadt Frankfurt haben Liesel Christ mit hohen Ehrungen ausgezeichnet. Für die Frankfurter Bevölkerung ist sie, was Liesl Karlstadt für München, Claire Waldoff für Berlin ist: eine von uns.

Auf den Spuren Bettines
Ingeborg Drewitz
1923–1986

... und ich lernte mich wiedererkennen in
Bettine von Arnims doppelter, dreifacher Identität.

... meine drei Leben in eines fügen ... ob mir mein
Leben die Zeit und Kraft noch gönnt, weiß ich nicht
INGEBORG DREWITZ, ICH ÜBER MICH

Sie hatte die Zeit und Kraft nicht mehr, alles in eins zu fügen. Am 26. November 1986 mittags um zwölf die Nachricht im Rundfunk: Ingeborg Drewitz heute Morgen in Berlin gestorben. Ihre leise, eindringliche Stimme fehlt nun im Kräftespiel der literarischen und kulturpolitischen Instanzen. Sie entschied nicht nach Richtlinien und Richtungen, sondern immer für den Menschen. Ähnlich hatte 150 Jahre früher eine andere Berlinerin gehandelt: Bettine von Arnim. Die Spurensuche nach dieser Frau wurde für Ingeborg Drewitz gleichzeitig eine Suche nach der eigenen Identität.

Das Wiedererkennen in Bettine ist beglückend und beängstigend zugleich. Sie wird Zeuge eines Lebens, das sich – mutig und tapfer geführt – in Mitleiden und auch in Geschäftigkeit verausgabt. Sie sieht die Parallelen. Nicht so sehr zur jungen Bettine, der koboldhaft quirligen Kindfrau, von der Wilhelm von Humboldt sagt: »So viel Geist und so viel Narretei ist unerhört«; das Schwärmerisch-Überschwängliche dem Bruder Clemens (Brentano) gegenüber, die kultische Vergötterung Goethes, diese Züge liegen Ingeborg Drewitz fern. Gemeinsam ist beiden die

Empfindsamkeit, der unersättliche Wissensdurst, die lebhafte Neugier und Aneignung alles Neuen, ohne es immer verarbeiten zu können.

Das zweite Leben der Bettine ist nachvollziehbarer, wenn auch nicht der Grad der Selbstzurücknahme: die kargen, pflichtenreichen Jahre an der Seite des alltagsfremden Achim von Arnim auf Gut Wiepersdorf und in Berlin. Sieben Kinder, das knappe Haushaltsgeld durch Butterverkauf aufgebessert, klagloses Aufgehen in der Familie, zwei Jahrzehnte lang bis zu Achims Tod. – Auch Ingeborg Drewitz kennt die kleinen zermürbenden Tagesgeschäfte des Haushalts und die großen Familiensorgen, und nebenher läuft bei ihr noch der Beruf – das Schreiben, »gegen alle Vernunft und ökonomischen Bedingungen an«. Ein Jahr nach der Promotion, 1946, heiratet sie in die harte Berliner Nachkriegs-Notgemeinschaft hinein. Die Familiendaten verbinden sich mit politischen Krisen: »Blockade Berlins kurz nach der Geburt des ersten, Korea-Krieg nach der Geburt des zweiten und Chruschtschow-Ultimatum für Berlin nach der Geburt des letzten Kindes.«

Sie schreibt Stücke für eine Theatertruppe in den Stunden, wo die Kinder schlafen. Mit dem Drama *Alle Tore waren bewacht* greift sie als eine der ersten das heikle Thema Konzentrationslager auf. Sie legt Wunden bloß, fragt, fühlt sich schuldig. Auch später nimmt sie die Verarbeitung der Vergangenheit immer wieder in ihr Werk hinein, wie im Essay über den 1943 in Plötzensee hingerichteten Widerstandskämpfer Adam Kuckhoff.

Dieses Sich-verantwortlich-Fühlen für andere weit über den Rahmen der Familie hinaus prägt sich immer stärker aus, und das ist der Punkt, wo sich die Spuren der Bettine von Arnim mit denen der Ingeborg Drewitz treffen und gemeinsam weiterlaufen, im Schreiben, im Leben. Bettine fühlt sich nach dem Tod ihres Mannes – sie ist 46 – von der Last der Verantwortung nicht erdrückt, sondern herausge-

Ingeborg Drewitz

fordert: die Kinder noch unversorgt, das Werk des verstorbenen Dichters soll herausgebracht werden, eigene Schreibpläne reifen. Ihre soziale Aktivität ist beeindruckend, ob bei der Choleraepidemie 1831 oder bei Hausbesuchen in den Armenvierteln Berlins, im »Vogtland«; ob im Einsatz für Strafgefangene oder politisch Verfemte wie die Brüder Grimm, deren Berufung nach Berlin sie bewirkte. Sie schreibt Briefe und Petitionen und Bücher. Eines widmet sie, listig die Zensur umgehend, Friedrich Wilhelm IV.: »Dies Buch gehört dem König« – eine flammende soziale Anklage. Ihre Berliner Wohnung Unter den Linden 21 wird Treffpunkt konspirativer Geister und unversehens gerät die Sozialutopistin immer tiefer in die reale Politik. Man wirft ihr vor, mit ihrer Untersuchung über das schlesische Weberelend den Aufruhr geschürt zu haben, man hält sie für eine »Communistin«.

Die Parallelen liegen auf der Hand. Auch Ingeborg Drewitz – sie ist ebenfalls 46, als sie über die Bettine schreibt – setzt sich Unverständnis und Misstrauen aus mit ihren Kontakten zu Strafgefangenen (*Mit Sätzen Mauern eindrücken, Schatten im Kalk*) und den Gesprächen mit Hausbesetzern und »Ausgeflippten« in Kreuzberg. Auch ihre Bücher sind, literarisch verdichtet, soziale Anklagen und die formale Gestaltung hat sich dem Inhalt unterzuordnen. – *Wer verteidigt Katrin Lambert?*, das unangepasste Leben einer Sozialfürsorgerin, das im Grunewaldsee endet: Einbruch auf der dünnen Eisdecke. Oder der letzte Roman, *Eingeschlossen*, den sie ihr Leben lang schreiben wollte und den sie wenige Monate vor ihrem Tod vorgelegt hat, das große Thema der Verbindung zweier Prinzipien und Figuren, Prometheus und Jesus: »Der Antrieb und die Neugier des Menschen, in den Weltraum hinaus und in das Innere der Erde und des Atoms hineinzudrängen. Und der Antrieb zum Gewaltverzicht, zur Nächstenliebe, zur Verantwortung für den andern, also letztendlich die Eingrenzung dieser großen Freiheit, die aus dem Prometheus-Antrieb hin zum Übermut führt.« P. und J. gehen am Ende ihren Weg gemeinsam weiter. »Sie versöhnen sich, und das umreißt so eine Art Hoffnung, die ich in der Tat immer noch habe«, sagt die Autorin in einem Interview.

Ohne diese Hoffnung hätte sie nicht immer wieder so spontan auf Menschen zugehen können, sie für eine Sache gewinnen und in feste Bezüge einbinden. Sie tat dies als Vorsitzende des Schutzverbandes deutscher Schriftsteller in Berlin, als Mitbegründerin und langjährige stellvertretende Bundesvorsitzende des Verbandes Deutscher Schriftsteller, als Vizepräsidentin des Pen-Clubs. Sie führte keinen literarischen Salon wie Bettine von Arnim, trotzdem liefen bei ihr wichtige Fäden zusammen, wenn es darum ging, alternden und in Not geratenen Schriftstellern zu helfen, Berufsorganisationen von künstlerisch tätigen Frauen, wie die GEDOK, zu stützen, der Neuen Gesellschaft für Literatur in Berlin Starthilfe zu geben. Nie spielte sie dabei die eigene Person in den Vordergrund, nie machte sie große Worte und Gesten. Sie arbeitete flink und effektiv, war freundlich und doch bestimmt; so organisierte sie auch Kongresse, Ausstellungen und literarische Veranstaltungen. Ihre Stärke war nicht die Rede vom Podium herab, sondern das Gespräch im kleineren Kreis, die Diskussion mit Andersdenkenden, deren Meinung sie respektierte. Sie stand für eine Sache überzeugend, doch ohne jeden missionarischen Eifer ein. Und was vor allem beeindruckte: Sie nahm sich Zeit für ihre Gesprächspartner, auch wenn dringende Terminarbeiten warteten.

Die Preise, die ihr verliehen wurden, verraten schon in den Namen, dass es dabei nicht ausschließlich um literarische Auszeichnungen, sondern auch um die Würdigung einer menschlichen Haltung geht: Wolfgang Borchert, Jochen Klepper, Ernst Reuter, Georg Mackensen, Ida Dehmel, Carl von Ossietzky, Gerrit Engelke. Ihr Einsatz für die Belange der Schriftsteller und für eine kulturpolitische Entspannung zwischen Ost und West wurde 1973 mit dem Bundesverdienstkreuz gewürdigt.

»Entspannung« – wie viel war ihr an diesem Wort gelegen. Sie war mit jeder Faser Berlinerin, sie hatte in dieser Stadt den Krieg erlebt, die Nachkriegs- und Aufbaujahre, die bescheidene Hoffnung auf »Normalisierung« und dann die Mauer quer durch den Stadtkern und die menschlichen Beziehungen. Fast alle ihrer Bücher lassen sich auf dem Stadtplan lokalisieren, fast alle sind festgemacht an objektiven Daten. Es geht um Schicksale hinter Aktendeckeln und Hochhausfassaden, um Kleinbürger und Außenseiter, um bürokratisch verwaltetes Elend. »Du zweifelst längst nicht mehr, daß du mit der Stadt zu tun hast und die Stadt mit dir«, heißt es in den autobiographischen Notizen aus einem Familienalbum *Hinterm Fenster die Stadt* (1985). Und im Roman *Oktoberlicht* (1969): »Hoffnungsverlust, Glaubensverlust, Ich-Verlust ... daran war vielleicht auch diese ... verdammte Stadt, die zerbrochen wurde, schuld.«

Aber sie liebt diese zerbrochene Stadt. Das Rot der Kiefern an Sommerabenden im Grunewald und im Tegeler Forst, die Spreeufer und die wilde Kamille auf den Müllplätzen, die flinke Eleganz der Menschen und den trockenen Witz der Omnibusschaffner. In dem Bändchen *Die Samtvorhänge* (1978) trägt sie die Mosaiksteinchen zusammen, die sich zu ihrem Berlinbild fügen. Und sie holt bei ihrem Gang durch die Stadt die Menschen zum Zwiegespräch aus der Vergangenheit heran:

»Hier hat Moses Mendelssohn gewohnt, hier Lessing, E. T. A. Hoffmann, Chamisso, Kleist, die Rahel, die Humboldts, die Arnims, hier hat der junge Marx bei Hegel gehört, hier haben Kautsky und die Zetkin zusammengesessen, dort im Café Größenwahn schrieb die Lasker-Schüler ihre Märchengrüße, und am Pariser Platz in Liebermanns Atelier war das trockenste Berlinisch zu hören. Nicht weit vom Alex schrieb Döblin nachts, wenn er die Praxis geschlossen hatte, und auf dem kleinen dreieckigen Platz im Bezirk Prenzlauer Berg haben die Kollwitzschen Söhne gespielt, und dort oben war das kahle Arbeitszimmer von Brecht, und hier im Flur ist George Grosz kurz nach der Rückkehr aus der Emigration zusammengebrochen ...«

Keine Mauer trennt die Begegnungen. Um so schmerzlicher trifft sie die Realität – rückblickend festgehalten im Roman *Gestern war Heute* (1979): »Und immer noch Fluchtversuche durch die Kanäle, die Hafenbecken, den Stacheldraht, über die schnell errichtete Mauer. Die Kanalisation unter der Stadt wird zugemauert, die Telefonverbindungen gekappt.« Und der bohrende Vorwurf der Tochter Renate, der Aussteigerin: »Ihr seid in die Freiheit hineingeschlüpft wie in ein gut sitzendes Paar Schuhe, mit dem man bequem Schritt halten kann.«

Berlin als ständiger Unruheherd in *Eis auf der Elbe* (1982): »In den Frühnachrichten wird gemeldet, daß die Krawalle am Kurfürstendamm und in Kreuzberg, die gestern Nachmittag begannen (Polizei gegen Instandbesetzer, Instandbesetzer gegen Polizei), sich während der Nacht zugespitzt haben. (Die Angst, dass Almuth und Matthias dabei sind!)« – Zeitzeugnisse.

In *Schrittweise Erkundung der Welt* (1982) schließlich das schmerzliche Fazit: »Deutschland, das Deutsche Reich gibt es nicht mehr, nicht einmal mehr im Straßenatlas. Und es gibt keinen Grund, darüber zu trauern, denn die Lust am Stechschritt (Unter den Linden) und die Lust am Recht-Haben (wo überall?) sind ja geblieben. Berlin, das einmal Reichshauptstadt hieß und heute (zur Hälfte) Hauptstadt heißt, ist das absurde Relikt der deutschen Geschichte, den Bewohnern noch immer nicht ganz geheuer, während die Staatsoberhäupter, Architekten und Museumsdirektoren wetteifern, aus der einen Stadt zwei Städte zu machen, und die Dekorationen der Schaufenster am Kurfürstendamm und Unter den Linden, in Steglitz und am Alex einander auszustechen suchen.«

Wunde Berlin. Varnhagen von Ense notierte fast eineinhalb Jahrhunderte zuvor über Bettine von Arnim: »Ein glücklicherer Ort als Berlin konnte für Bettine nicht gefunden werden.« – Ein glücklicher Ort auch für Ingeborg Drewitz? Alt-Moabit, wo sie als Tochter eines Ingenieurs und einer Pianistin 1923 geboren wurde, Oberschöneweide und Friedenau, wo sie zur Schule ging, oder der Quermatenweg, ihr Wohnsitz bis zuletzt? – Im Fragebogen eines Wochenmagazins gibt sie auf die Frage, wo sie leben möchte, an: Zuweilen in West-Berlin, zuweilen in New York überm Hudson. – Das erstaunt weniger als ihre Antwort auf die Frage: Was möchten Sie sein? – Eine Wolke über dem Ozean, schreibt sie, und sie wünscht sich die Gabe, so schwerelos wie manchmal im Traum die Szenen zu wechseln. Und den Tod möchte sie »leise müde geworden« erwarten. – Ihr Wunsch nach Leichtigkeit, Schweben und leisem Müdewerden ging nicht in Erfüllung. Sie hatte einen wochenlangen schweren Tod.

Vielleicht werden auf ihrem Grab blaue Glockenblumen wachsen wie auf dem Grab Bettinas in Wiepersdorf.

Mitten im Ozean meines Zimmers
Friederike Mayröcker
*1924

Soirée im Palais Auersperg

Die Pracht feudaler Vergangenheit von Kronleuchtern in mildes Licht getaucht. Vorn auf dem Podium des Kuppelsaales als Kontrast ein modernes Designerpult, grelle Leselampe. »Die schöne Kunst des Lesens« soll hier zelebriert werden. Publikum strömt herein, sucht gute Sichtplätze, wagt sich nicht in die erste Reihe. Gedämpfte Gespräche, fast nur Frauenstimmen, junge und alte. Plötzlich Stille, zaghafter Applaus. Vertraute Blicke auf die schwarze Frauengestalt, die leicht vornübergebeugt mit zwei schwarzen Taschen und einer roten Plastiktüte zum Podium strebt, Taschen und Tüte auf das Pult stellt, umständlich Manuskripte herauskramt, sich setzt, Lampe, Mikrofon, Selterglas zurechtrückt, die Blätter bündelt und auf der viel zu kleinen Pultfläche auslegt. Alles in Zeitlupe. Das Publikum nimmt geduldig Anteil an dieser Inszenierung, die keine Inszenierung ist, sondern eine Live-Veranstaltung der traditionellen Wiener »Literatur im März«. Die Poetin Friederike Mayröcker liest aus neueren Werken.

Es könnte genauso gut eine Bühneninszenierung sein. Eine Schauspielerin in der Rolle der Mayröcker, mit tonloser und doch prägnanter Stimme Texte lesend, abgehoben vom Alltag und von der alltäglichen Sprache. Wortbilder, Klangsätze, die sich einprägen, ohne dass sich der Sinn sofort erschlösse: »eine purgatorische Zeilenlandschaft«, »ein Scherenschleiferhimmel und Schneegewitter«, »zum

Essen einen Teller mit Weihrauchgerichten«. – »Sprache als Anarchie«, sagt die Schauspielerin, die doch Friederike Mayröcker ist, und die Gedichtzeilen liest, als stammten sie aus einem unbekannten Textbuch. Staunen ob der eigenen Sprache. Verzauberung durch das Wort. Gespannte Stille im Saal. Den Sätzen hinterherhorchen. Den Wortrhythmus nachklingen lassen, andächtig, mit gesenktem Kopf.

Eine Gemeinde. Eine ritualisierte Handlung. Warum stellt sich diese Christa-Wolf-Assoziation ein, die der Schriftstellerin auf dem Podium wahrscheinlich nicht behagen würde? Nein, Friederike Mayröcker hat keine Botschaft zu vermitteln, keine Kommentierung des Weltgeschehens. Nur Sprache, nichts als Sprache, abgeklopft auf Haltbarkeit, auf tragende Elemente, Fundstücke für Neukonstruktionen. Die Zuhörer scheinen mit den Regeln dieses Sprechspiels vertraut zu sein, mit den unvermittelten Übergängen von realen Beschreibungen zu surrealen Kopfgeburten. »Also suche ich überall nach verlorenen Wortträumen«, hören sie und sehen, wie die Lyrikerin die Texte, die sie lesen will, mit Wäscheklammern zusammengesteckt hat. Sie knicke beim Lesen Eselsohren in die Seiten, sagt sie, deshalb könne sie nie Bücher ausleihen. Eigenheiten, die das Publikum – bei Arno Schmidt war's ähnlich – als charakteristische Marotten auslegt und schätzt.

Friederike Mayröcker liest aus dem 1994 zu ihrem 70. Geburtstag erschienenen Band *Lection*, in dem sich Erlebnisse und Empfindungen, Erinnerungen und Gespräche, Träume und Phantasien zu einem poetischen Kosmos zusammenfügen. Leitmotiv ist dabei der mühselige und gleichzeitig lustvolle Vorgang des Schreibens, das »wühlmausartige« Vordringen in noch unerschlossene Schichten der Sprache. Bilder von präziser Anschaulichkeit, Anleihen bei der bildenden Kunst, bei Max Ernst, Dalí, Magrit-

Friederike Mayröcker

te, aber auch bei Caspar David Friedrich. Reihungen, die sich wie ein Pfauenrad entfalten und die Sinne betören. »Solches ist ihre Absicht, uns abhängig zu machen von sich, süchtig nach ihren Bestandsaufnahmen«, schreibt Jürg Laederach in der Zeitschrift *du*. Aber diese Wortverführungen geschehen nicht vorsätzlich, sie stellen sich ein bei dem, der sich auf sie einstellt.

Zum Abschluss ein Frühlingsgedicht für die in Wien lebende Malerin Angelika Kaufmann: »Im Wind knarren die Flügel des Frühlings ...« Lang anhaltender Beifall. Geduldiges Signieren aufgeschlagener Bücher. Zusammenkramen von Manuskripten und Taschen. Überwerfen des schwarzen Mantels. Unauffälliges Verschwinden durch die schwere Tür des Hauptportals Richtung U-Bahn.

Sie muss diese unauffällige, in sich zurückgenommene Art schon als Kind gehabt haben. »Ein scheues, ein ängstliches Kind. Eines, das ohne Freundschaften aufgewachsen ist. Es träumt vor sich hin und fühlt sich paradiesisch im Innenhof des Hauses«, so charakterisiert sich Friederike Mayröcker rückblickend. Spielfreunde sind die Blumen im Garten, ein Salamander, Schmetterlinge, die Birnbäume vor dem Haus, eine Schaukel im Schuppen. Allein und selbstvergessen sitzt das Kind mit einer kleinen Mundharmonika auf den Stufen zum Ziehbrunnen, abgeschirmt von den andern Kindern draußen auf der Straße. Die am 20. Dezember 1924 geborene Friederike, »ein Christvögelein beinahe Weihnachtsstern«, ist ein Einzelkind, ein Kind, das nach einer frühen Gehirnhautentzündung anfällig geblieben ist, um dessen Gesundheit die Eltern ständig bangen müssen. Sie schicken es nicht in den Kindergarten, nicht in die öffentliche Volksschule, sondern in eine Privatschule zu den Englischen Fräulein in der Nikolsdorfergasse.

Diese Schule hinterlässt wenig prägende Erinnerungen. Dafür ist im Werk der Mayröcker immer wieder vom

Landhaus in Deinzendorf die Rede, dem geliebten Sommerdomizil über viele Jahre. Hier hat der Vater Pfeifen aus Uferweiden geschnitzt, hier hat sich das Kind einen großen Hund als Begleiter herbeigedacht: »dürres Weidengezweig, das ich nachzog«. Friederike Mayröcker sieht die Abgeschlossenheit dieser Kindheitsjahre als »eine Art Dunkelkammer, in der alles schon voraus entwickelt wurde«, und die Familie als Netz, in dem sie sich gefangen und gleichzeitig geborgen fühlt. In dieser ruhigen, abgeschirmten Umgebung gibt es keine spektakulären Ereignisse, außer, dass das Deinzendorfer Haus eines Tages verkauft werden muss wie der Laden der Großmutter in Wien, in dem es nach Honig und Gewürzen roch. Ein herber Verlust, die vertrauten Nischen und Gerüche, »dieser Fliederbaum und alles übrige, was mich damals in meinen ersten dörflichen Frühlingen und Sommern umgeben hatte und mich für mein weiteres Leben glücklich konditioniert haben mochte, vielleicht gerade, indem ich davon Abschied nehmen mußte ...«. Das Landhaus in Deinzendorf hätte Friederike Mayröcker später gerne zurückgekauft, aber es war zu teuer; so kann sie sich dieses Kindheitsparadies nur schreibend erhalten.

Einzelgängerin bleibt Friederike auch als Heranwachsende. Wie eine Tarnkappe empfindet sie das von Kindheit an tief ins Gesicht fallende Haar mit den langen Stirnfransen. Ein Visier. – Durch die Welt zu gehen, ohne gesehen zu werden, eine Form der *Unsichtbarkeit* anzunehmen, wünscht sie sich in Gisela von Wysockis Studie über das menschliche Gesicht. Nur sie selber möchte diejenige sein, die alles erkennt, erkundet, erforscht. Mit fünfzehn wird ihr schlagartig die Fähigkeit bewusst, sich schreibend auszudrücken: »Ich, ahnungslos aus einer hermetischen Kindheit, ohne besondere Vorzeichen oder Vorzüge, entdecke eines Tages, wie unvorstellbar, wie ungeheuerlich, wie unglaublich: ich schreibe meine eigene Poesie.« In diesem Jahr 1939 entstehen, am Rande des politischen Weltgeschehens, ihre ersten drei Gedichte. »Die Soldaten sangen das Lied vom Wagen/ der wieder rollt./ Ich notierte auf einem grünseidenen Kanapee/ mein erstes Gedicht«, erinnert sie sich im Gedicht *Hammerklaviere*.

Ernst Jandl, der spätere Lebensgefährte, über die Schreibanfänge der Schülerin, die ein Album mit Schauspielerfotos zum Notizheft umfunktioniert hat: »Im November 41 ist die letzte Stelle beschrieben. Von hier an läuft die Produktion ohne Unterbrechung weiter, von den Stilübungen der Fünfzehnjährigen zu den Gedichten, an denen sich zeigt, daß eine eigene Art zu schreiben gefunden ist, fünf Jahre später.« 1946 also, ein Jahr nach Kriegsende in dieser zerschlissenen Stadt, die von den Siegermächten in vier Zonen aufgeteilt wurde. Die Mayröckersche Wohnung ist ausgebombt, Mutter und Tochter finden bei Bekannten Unterschlupf. Angst vor den russischen Besatzungssoldaten prägt Frauenalltag in Wien. – »Im Walde von Katyn/ dort wo die Vöglein sangen ...« lässt die junge Lyrikerin ein Gedicht beginnen.

Vom Krieg und von der schweren Nachkriegszeit ist bei Friederike Mayröcker wenig die Rede. Sie habe die Kriegsjahre 1942–45 »wie hinter einem Schirm, der alle Wirklichkeit abdeckte« verbracht, schreibt sie, »vertieft in meine englischen Lehrbücher, in melancholische Tagträume, in die Lektüre ...«. Sie schwebt in einem »subjektiven Luftraum«, ohne Kontakte zur Außenwelt, Romain Rolland wird ihr erstes großes Leseerlebnis. – Die Wirklichkeit ist weniger poetisch: ab 1942 drei Jahre als Luftwaffenhelferin im ›Luftgaukommando‹ in der Elisabethstraße, daneben Vorbereitung auf die Staatsprüfung in Englisch. Nach dem Krieg arbeitet sie ohne große Begeisterung als Englischlehrerin an einer Wiener Hauptschule. Dreiundzwanzig Jahre lang fast täglich Heftstapel nach Hause schleppen, Zeit fressende, sich wiederholende Korrekturarbeiten, mieser Lehrerlohn. Ein hartes Brot.

Daneben das Schreiben. Ein Schreibzwang geradezu, ohne Gewissheit, jemals etwas gedruckt zu sehen. Aber das Glück, zur richtigen Zeit auf Otto Basil, den Herausgeber der avantgardistischen Nachkriegszeitschrift *Plan* zu stoßen, der – neben Paul Celan und Erich Fried – der 22-Jährigen eine Chance zur Publikation gibt. Einige Jahre später veröffentlicht der einflussreiche Kritiker Hans Weigel Mayröcker-Texte in der *Weltpresse* und Andreas Okopenko entdeckt sie für die Zeitschrift *Neue Wege*. Okopenko bringt sie auch in Kontakt mit der Wiener Gruppe um Artmann und Rühm. In diesen experimentellen Gefilden lernt sie 1954 auf einer Jugendkulturwoche in Innsbruck den Autor Ernst Jandl kennen, Englischlehrer auch er, aber – weniger nervenaufreibend – an einem Gymnasium. Beide sind sie mehr vom Wort, von der Sprache besessen als vom pädagogischen Drang, Halbwüchsigen englische Grammatik beizubringen, doch beide brauchen sie einen Brotberuf, um sich nebenher um so intensiver der brotlosen Poesie widmen zu können.

1956 erscheint Friederike Mayröckers erstes Prosabändchen *Larifari, ein konfuses Buch*, in einem kleinen Wiener Verlag: kein Aufhorchen der Presse, kein Widerhall in der Öffentlichkeit. Enttäuschend für die Autorin, aber sie steht nicht allein. Auch Jandl hat mit seinen Texten noch nicht Fuß gefasst. Man ordnet die beiden Einzelgänger unbesehen der experimentellen Wiener Gruppe zu, die mit Happenings nach Dada-Art die Bürger verschreckt und Verlage kopfscheu macht. Jandl versucht deshalb in den Sommerferien 1963, die eigenen und die Mayröckerschen Manuskripte in der Tasche, sein Glück in der Bundesrepublik. In Stuttgart kann er Max Bense, den Herausgeber der Buchreihe *rot* für ihre Texte gewinnen, in Berlin Walter Höllerer mit dem neu gegründeten Literarischen Colloquium. Der Durchbruch gelingt, wenn auch zögerlich. Von Friederike Mayröcker kommt 1965 der Gedichtband *metaphorisch* heraus, ein Jahr später *Tod durch Musen* mit einem Nachwort Eugen Gomringers, der das Neuartige der Mayröckerschen Montage- und Assoziationstechnik hervorhebt und sie damit wieder auf das experimentelle Feld eingrenzt.

Einer breiteren Öffentlichkeit bekannt wird das schreibende Paar Mayröcker/Jandl durch das Hörspiel *Fünf Mann Menschen*, das den beiden 1968 den begehrten »Hörspielpreis der Kriegsblinden« einbringt. Weitere gut bezahlte Arbeiten für den Rundfunk machen ein bescheidenes Leben ohne den belastenden Brotberuf möglich. Friederike Mayröcker quittiert 1969 den Schuldienst und kann sich nun ungeteilt größeren Prosawerken und weiteren Hörspielen widmen. Sie ist, auch wenn ihre Texte auf Leser gelegentlich den Eindruck des spontan »Hingeworfenen« machen, eine harte und beharrliche Arbeiterin am Material Sprache. »Man muß lange korrigieren, feilen, Korrekturen von Korrekturen machen, aber vor allem muß man sehr geduldig sein: so ein Stück Text arbeitet ja nach der Fertigstellung weiter bis zum Augenblick seiner endgültigen Reifung, ein paar Tage, ein paar Wochen, ein paar Monate lang, ganz für sich allein«, schreibt sie in den *Magischen Blättern.*

Morgens um fünf, spätestens um sechs setzt sie sich an ihre »Hermes Baby« und bringt ihre »Bewusztseinsmaschine« in Gang, indem sie Erinnerungspunkte aus der Vergangenheit heraufholt, sie in neue, verfremdende Zusammenhänge und Umgebungen stellt und ihnen so ein Eigenleben gibt. Bei ihrer alten Schreibmaschine, die sie sich 1946 aus ihrem ersten Lehrergehalt gekauft hat, fehlte das ß und musste durch sz ersetzt werden. Diese Angewohnheit, ihr Erkennungszeichen, hat sie auch später beibehalten.

Die Zusammenarbeit mit Ernst Jandl beschränkt sich auf vier Hörspiele. Lyrik und Prosatexte entstehen getrennt, doch Jandl liest die fertigen Arbeiten seiner Gefährtin als Erster. Er bringt Kritik sehr behutsam an. Ein subtiler Umgang mit dem Wort, ein subtiler Umgang auch mit den Gefühlen und Eigenheiten des andern. Das Paar wohnt getrennt, ein paar Straßen auseinander. Ein Fußweg von gut zwanzig Minuten, eine kurze Taxistrecke als tägliche Schranke zwischen die Begegnungen gelegt. »Alone together« – Sartre und Simone de Beauvoir haben ein solches Lebensmuster praktiziert. Auch Mayröcker/Jandl können sich kein Arbeiten in der Enge einer gemeinsamen Wohnung vorstellen. Ihre Sprachbesessenheit ist von einer Radikalität, die Familienalltag, Kinderbetreuung ausschließt. Beide haben sie schon eine Ehe und die Erfahrung ihrer Eheuntauglichkeit hinter sich. Friederike Mayröcker war drei Jahre mit einem Lehrer verheiratet. Nach der Scheidung hat sie ihren Mädchennamen wieder zurückgekauft und damit ihre Unabhängigkeit.

Ein Zusammenleben mit Jandl gibt es nur unterwegs. Im Urlaub oder auf Lesereisen: Amerika, Frankreich, Italien. Zwei Jahre haben sie gemeinsam in Berlin verbracht. Interessante Jahre mit neuen Erfahrungen, neuen Menschen. Aber das Schreiben längerer Texte gelingt ihnen nur zu Hause in Wien, in der Isoliertheit ihrer Wohngehege. Da entstehen aus der Distanz und dem nicht abgeschliffenen Gefühl der Nähe auch Liebesgedichte von großer Eindringlichkeit. Bei Jandl heißt es im Gedichtband *lechts und rinks*:

ich liege bei dir, deine arme
halten mich, deine arme
halten mehr als ich bin.
deine arme halten, was ich bin
wenn ich bei dir liege und
deine arme mich halten.

Und bei Friederike Mayröcker in *Tod durch Musen*:

> Manchmal bei irgendwelchen zufälligen Bewegungen
> streift meine Hand deine Hand deinen Handrücken
> oder mein Körper der in Kleidern steckt lehnt fast
> ohne es zu wissen
> einen Augenblick gegen deinen Körper in Kleidern
> diese kleinsten beinahe pflanzlichen Bewegungen
> sein abgewinkelter Blick und dein Auge absichtlich ins
> Leere wandernd
> deine im Ansatz noch unterbrochene Frage wohin
> fährst du im Sommer
> was liest du gerade
> gehen mir mitten durchs Herz
> und durch die Kehle hindurch wie ein süszes Messer
> und ich trockne aus wie ein Brunnen in einem heiszen
> Sommer

Eine enge Beziehung, die aus der Distanz lebt. Keiner habe die Einsamkeit des andern angetastet, sagt Friederike Mayröcker. – Voraussetzung sicherlich für die über vier Jahrzehnte bis zu Jandls Tod im Januar 2000 währende Verbindung zweier so hochsensibler Partner, Widerlegung des Jandlschen Satzes: »Wir sind bis heute eng verbunden, aber wir leben nicht zusammen, denn ich verstand es nicht, etwas an Glück dauerhaft zu machen.« – Er hat es sehr wohl verstanden.

»Alchimistin des Worts« oder »Paradiesvogel der Avantgarde« nennen Literaturkritiker die Mayröcker. Sie selber sagt von sich, sie lebe ganz bewusst in einem Poesie-Reservat, übe sich in der »Askese der Maßlosigkeit« und versuche immer wieder »in den Sog jenes Rhythmus zu kommen, der einem wunderbarerweise das Schreiben zum Leben macht und das Leben zum Schreiben«.

In das Leben ist auch der Traum einbezogen, die Übergänge sind fließend: Tagträume, Nachtträume, Traumschwere, Traumleichtigkeit, Impressionen aus dem Grenzbereich. »Ich legte meinen Körper hin und ging weg« – ein bezeichnendes Bild aus dieser schwebenden Welt. Oder im Gedicht *Der Aufruf*:

plötzlich aufgerufen bei meinem Namen
steh ich nicht länger im windstillen Panorama
mit den bunten schimmernden Bildern
sondern drehe mich wie ein schrecklich glühendes
Rad einen steilen Abhang hinunter

aller Tabus und Träume von gestern entledigt
auf ein fremdes bewegtes Ziel gesetzt

In ihren Studien über die Bedeutung des Traumes in der Mayröckerschen Prosa zeigt Daniela Riess-Beger, den Einsichten Freuds folgend, wie hier Prozesse des Unbewussten im Schreiben transparent gemacht werden. Und Gisela Lindemann fragt in einem Mayröcker-Aufsatz, was Leser eigentlich daran hindere, sich auf das Niemandsland des Unbewussten und des Traumes einzulassen, das dieses Werk durchzieht. Sie vermutet, es habe etwas zu tun mit der Angst vor einer »unabsehbaren Unordnung«, mit der Angst auch, »unabsehbar auf sich selbst zurückgeworfen zu sein beim Lesen von Texten, die Mitarbeit verlangen, sprich Beisichselberbleiben, sprich schmerzliche Vereinzelung, sprich notgedrungenes Selbstbewußtsein«.

Die Mayröckerschen Texte sind von Leitmotiven und Klangfarben durchsetzt, von Wortreihungen und Lautwiederholungen, die an Rosenkranzperlen oder Litaneien in den Maiandachten katholischer Kirchen erinnern. In vielen Bildern ist die katholische Kindheit präsent: Fronleichnam, die Himmelfahrtstage in Deinzendorf, Taufe, Kommunion und Firmung, Weihwasser, der rätselhafte »Ohrenbeichtvater«, die kleine heilige Theresa in der Mauernische des Pfarrhofs. Mit dieser Nothelferin gegen Gehemmtheit der Zunge fühlt sich die heranwachsende

Friederike besonders verbunden: »Das Ausnutzen von Nischen und Buchten liegt meinem Wesen, ist mir eigentlich angeboren: so rücke ich bei Personenansammlungen, auch geselligen, meist beiseite nämlich mich aussparen wollend in eine Ecke des Raums«, schreibt sie rückblickend und verallgemeinernd. Symbole, Rituale als Erinnerungsmetaphern. Vielleicht auch das kleine Kreuz, das sie an einem Goldkettchen um den Hals trägt? Sie nenne den Heiligen Geist als Quelle ihrer Inspiration, sagt Ernst Jandl und fügt an: »Es gibt für sie, in ihrer Kunst etwas, das von außen kommt, und zwar von oben, während ich nicht sicher bin, wo oben ist.«

Die kirchlichen Riten, die das Jahr gliedern und Böses bannen, sind an Kindheit und Jugend festgemacht, für das Alter, das bedrohlich näher rückende, gibt es keine Halt gebenden Fixpunkte mehr, nur anatomische Veränderungen, die der Spiegel schonungslos bloßlegt. »In vorgerücktem Alter spürt man immer schon seinen Totenkopf, dann, wenn man die Hände zum Gesicht führt«, lässt Gisela von Wysocki in ihren Betrachtungen über das menschliche Gesicht die nun über 70-jährige Dichterin sagen, die bedauert, dass Frauen weniger würdevoll altern als Männer, vermutet, dies könnte an den Frauen selbst liegen: »Weil sogar in der altgewordenen Frau die Suche nach dem Effekt noch immer weiterarbeitet. Und genau das zerstört die Schönheit eines alten Gesichts.« Die Gesichter von Nelly Sachs, Gertrude Stein, das seien wunderbare Möglichkeiten zu altern.

»Das Bleibende sehen im Vergänglichen« möchte Friederike Mayröcker bei Menschen und Dingen. Im *Versuch einer Selbstbeschreibung* wünscht sie sich für die ihr noch verbleibende Lebenszeit, »sie mit schreiben, lesen, schauen und schweigen verbringen zu können: der Omnipotenz des Ekels, der Leere, der Verzweiflung, der Angst zu entgehen«. Angst vor Schlaganfällen, Spielarten des Todes,

»die Sprache des Jenseits ist schwer zu erlernen«, notiert sie in den *Magischen Blättern.*

Das Bleibende im Vergänglichen: Was wird von Friederike Mayröcker bleiben? Sie hat kein Bäumchen gepflanzt, kein Haus gebaut, kein Kind zur Welt gebracht. Aber Bücher, Bücher. Weit über 70 Publikationen insgesamt. Sie ist, wie früher Ingeborg Bachmann, eine Schlüsselfigur für jüngere Lyriker. Die 1962 geborene Ulrike Draesner adaptiert in ihrem ersten Gedichtband *gedächtnisschleifen* beispielsweise die lyrischen Stimmen ihres Vorbilds, den typischen »Mayröcker-Sound«. Und die Berliner Autorin Elke Erb, von Friederike Mayröcker für den hoch dotierten Erich-Fried-Preis ausgewählt, lebt seit Jahren im »Zauberzirkel« Mayröckerscher Verse, viele ihrer Gedichte folgen den Spuren der Wiener Lyrikerin oder tragen ein Mayröcker-Motto. – Wie mag sich Friederike Mayröcker so »bedichtet« fühlen? Sie, die am liebsten unsichtbar durch die Welt gehen möchte?

An Öffentlichkeit hat sie sich gewöhnen müssen im Laufe der Zeit, an Lesungen, an Interviews, an Preisverleihungen. Mehr als ein Dutzend Literaturpreise. 2001 der renommierte Büchner-Preis. – Bei der Verleihung des Hölderlin-Preises an Friederike Mayröcker ging Beatrice von Matt in der Laudatio dem Element des Feuers nach, das im Werk der Preisträgerin wie in dem Hölderlins eine zentrale Rolle spielt. »Aus meinen Köpfen sprießt das Feuerwerk der Träume«, heißt es bei Mayröcker, von einem Feuer, »angezündet in der Seele der Dichter«, ist bei Hölderlin die Rede. Ohne dieses Feuer gäbe es nichts, schließt die Laudatio, aber erst die Kunst, es zu hüten und zu überwachen, habe »das ganze großartige Werk dieser Dichterin mit seinen Entwicklungen und Steigerungen über viele Jahrzehnte hin möglich gemacht«.

Eigentlich müsste eine mit den Elementen der Natur so verbundene Dichterin in einer weiten, lichten Landschaft leben, menschenfern, himmelnah. Doch Friederike Mayröcker wohnt mitten in Wien, im vierten Stock eines Mietshauses, Blick auf den Supermarkt gegenüber, Häuserzeilen und einen Streifen Himmel. Zentagasse, 5. Bezirk, keine vornehme Gegend. Seit 1951 wohnt sie hier, also fast ein halbes Jahrhundert, sie liebt Veränderung nicht und hängt an ihrer »Schreibhöhle«. Das Gedicht *Horizont* aus der frühen Zentagassen-Zeit beginnt sehr realistisch:

> Ich hänge an meinem Elendsquartier
> hier eine Treppe vor dem Dachboden
> inmitten von Hurrikanen aus Staub und
> miszgünstigem Gekläff
> der Geruch von gekochtem Kohl steigt
> wie eine beklemmende Riesenpflanze
> vom Erdgeschosz bis zum Dachboden …

Die Mayröckersche Wohnung ist oft beschrieben worden: als Faszinosum, als Kuriosum, als stilisiertes Chaos. Von »absichtsvoller Verlotterung« spricht die Biographin Gerda Marko. Und die Wohnungsinhaberin liefert prächtige Vokabeln zur Untermalung der Lotterlegende, die surreale Elemente und realen Notstand vermischen: »Wespen schaukeln im Zimmer haben ihre Nester gebaut in meinen/ Papieren« oder: »Reißzwecken und Wäscheklammern halten mein Leben mein Schreiben zusammen« oder: »ein treibender Schreibtisch mitten im Ozean meines Zimmers …«

Der treibende Schreibtisch im Ozean des Zimmers – ein Bild, das sich im Kopf festsetzt, überprüft werden möchte. In der Zentagassenrealität gibt es nichts Treibendes, Flutendes, da hat das Chaos eine solide Statik. Zwei Dutzend Klingelknöpfe unten an der Haustür, zwei Dutzend Namensschilder oder mehr: Mayröcker 4. Stock, 40. Tür. Das Treppenhaus, Jahrgang 1906, hat einen undefinierbaren Geruch und ein schwarz verschnörkeltes Eisengeländer.

Die Steinstufen nehmen kein Ende. Oben, schwarzer Schatten vor weißer Wand, Friederike Mayröcker, geduldig wartend. Die rechte Hand eingebunden, Fingerverletzung. Jede Handreichung ist mühselig: einen Haken für den Mantel freiräumen, dann einen Stuhl, ein Eckchen für das Selterglas. Das Chaos des Zimmers übertrifft alle Vorstellungen. Jetzt nur nicht die übliche Besucherfrage stellen: Finden Sie hier jemals etwas wieder? – Natürlich findet sie nichts wieder, jedenfalls nicht, was sie sucht, die Zahnarztrechnung, den Deckel der Teekanne oder das Farbband für die Hermes Baby. Dafür macht sie in Kisten und Kästen neue Funde, die ihre »Bewusztseinsmaschine« ankurbeln, kühne Konstrukte aus dem Papier wachsen lassen.

Irgendwo unter den bedrohlich schiefen Bücherstapeln, den Manuskriptbündeln und papiergefüllten Waschkörben muss ein Flügel verborgen sein, Gedichte und Interviews berichten davon, vielleicht ist es auch nur eine Legende wie der kleine heilige Antonius neben dem Transistorradio, der sich bedeckt hält. Friederike Mayröcker liebt es, mit Musik zu arbeiten, Brahms, Schubert, Bach vor allem, Glenn Goulds *Goldberg-Variationen*. Briefe, mit Wäscheklammern an die Lampenkette geheftet, sehen wie tibetische Gebetsfähnchen aus. Lasker-Schüler-Landschaft. Die Heimatlose würde sich hier wohl fühlen.

Noch eine andere Assoziation stellt sich ein: die Gräberschluchten des Jüdischen Friedhofs in Prag. Im zugewucherten Zimmer lagert Sediment auf Sediment. Arbeit aus Jahrzehnten. Leben. Es soll nicht aus dem Raum, aus der Erinnerung verschwinden, wie die Juden ja ihre Toten auch nicht nach zwanzig Jahren exhumieren, sondern später Verstorbene in Erdschichten darüber betten, Vergangenheit und Gegenwart eins werden lassen, beschwert von den Kieselsteinen des Gedenkens auf den Grabplatten.

Worüber reden in dieser bildgesättigten Atmosphäre? Über die Biographielosigkeit als Lebenshaltung. Über die augenblickliche Lektüre: Breton, Michaux, die modernen Franzosen, ein russischer Lyriker mit nie gehörtem Namen, immer wieder Jean Paul. Und Arno Schmidt? Nein, nicht mehr. »Ich lese alles an, aber nur weniges zu Ende«, sagt sie. Es ist ein leises Gespräch, Notizblock und Aufnahmegerät bleiben in der Tasche. Friederike Mayröckers Tag beginnt immer noch morgens um fünf, wenn der Himmel sich aufhellt und die Gegenstände Konturen annehmen, Gedichtzeilen sich formen, Traumwörter aus dem Halbbewussten festgehalten werden. Gegenwärtig entstehen nur Gedichte. »Eine Gedichtphase«, sagt sie. Im Grunde lesen sich alle ihre Texte wie Poesie. Ihre Arbeitsintensität hat sich nicht verändert im Laufe der Zeit, doch legt sie häufiger Pausen ein als früher.

Arbeiten und leben kann sie nur in Wien. Nur in dieser Stadt fühlt sie sich zu Hause: »ich ruhe in ihr, ich vertraue ihr und ich vertraue darauf, daß sie mich hält wie sie mich schon immer gehalten hat, also will ich auch ruhen da, später wenn ich nicht mehr leben kann, darf«, schreibt sie in *wienumschlungen*. Und ihr Wien-Bekenntnis endet mit einer Schattengeschichte:

»an einem Wintertag geht mir mein Schatten lange voran, und ich frage meinen Schatten wohin er geht ... ich gehe in Wien in Angst, sagt der Schatten, ich lasse die Sonne in meinem Rücken, ich habe Angst aber ich laufe in Wien davon, ich laufe immer davon aber ich bleibe in Wien, hier allein kann ich sein, auch mit der Angst. Die Angst wird dann meine Gedankenschrift, je mehr Angst, desto mehr Gedankenschrift, manchmal hebe ich ab, der Himmel ist hier am schönsten.«

Faszination Film
Regina Ziegler
*1944

Ein Mädchen träumt. Denkt sich Geschichten aus. Geschichten, die nicht aus Wörtern, sondern aus Bildern bestehen. Bilder aus Tausendundeiner Nacht, aus der Bibel, aus fernen, fremden Welten, im eigenen Kopf ausgemalt, in Szene gesetzt. Doch die Umsetzung in die Alltagsrealität scheitert: Die aus alten Brettern gezimmerte Arche Noah säuft jämmerlich ab.

Die Träume bleiben. Ihnen kann weder ein Einstieg ins nüchterne Jurastudium noch ein Job als kleinstes Rädchen in einem mächtigen Medien-Uhrwerk etwas anhaben. Eines Tages werden die Träume sich realisieren, davon ist Regina Ziegler überzeugt.

Woher nimmt sie dieses Selbstvertrauen, diese Gewissheit, alles zu erreichen, was sie sich jemals erträumt hat?

»Von meiner Mutter«, sagt sie, ohne auch nur einen Augenblick zu zögern. Die Mutter war ihr immer Vorbild an Selbstbehauptung und Lebensmut. Diese Frau, die – hochschwanger – 1944 bei einem Bombenangriff auf Berlin vier Tage lang verschüttet war, durchhielt und trotz aller Befürchtungen eine gesunde Tochter zur Welt brachte. Eine Tochter, die lachen konnte, nicht von Ängsten besetzt war und früh schon Durchsetzungswillen bewies. Das war für die Mutter ein kleines Wunder und für die Tochter eine gute Basis für ihr späteres Leben voller Wagnisse.

Regina Ziegler ist heute die erfolgreichste Filmproduzentin Deutschlands. Sie hat sich mit über zweihundert Film- und Fernsehproduktionen auch im Ausland Anerkennung verschafft und sie mischt mit, wenn es um nationale und internationale Filmbelange geht. Das ist nicht selbstverständlich – für eine Frau schon gar nicht – in einer Branche, in der es um gewagten Einsatz und harten Konkurrenzkampf geht.

Film ist nicht nur Traum, Film ist auch Geschäft. Das wusste die junge Filmenthusiastin, die mit 29 Jahren beschloss, ohne finanziellen Rückhalt eine eigene Produktionsfirma zu gründen. Ein kühnes Unterfangen, auch wenn sie als Produktionsassistentin beim Sender Freies Berlin einschlägige Erfahrung gesammelt hatte und sich das nötige ›Know-how‹ zutraute. Von ihrem Mann, dem Jugendfreund Hartmut Ziegler, der ihren Optimismus nicht teilte und dem ihr Entfaltungsdrang unheimlich war, hatte sie sich kurz entschlossen getrennt. Die Scheidung verschlang ihr letztes Geld, doch die 30 Mark für einen Gewerbeschein kratzte sie noch zusammen.

Mit dem Jungregisseur Wolf Gremm, ihrem späteren Lebenspartner, stürzte sie sich in das Abenteuer der Firmengründung. Die erste Filmproduktion »Ich dachte, ich wäre tot« unter Gremms Regie brachte ihr noch mehr Schulden, aber auf Anhieb auch den Bundesfilmpreis ein. Weitere Auszeichnungen, auch internationale, folgten: in Cannes und Venedig, später in Moskau, Montreux, St. Petersburg und Monte Carlo. Sie festigten ihr Renommee bei den Medien und den kritischen Kollegen – und sie erleichterten der als ›Minusmillionärin‹ angetretenen Chefin der ›Regina Ziegler Produktion‹ den allmählichen Abbau des gewaltigen Schuldenberges.

Was immer sie sich vornimmt, sie traut sich zu, es auch zu meistern. Ihr Selbstbewusstsein könnte einschüchtern, wenn es nicht gepaart wäre mit Charme und Humor. Sie freut sich über Anerkennung und misstraut zur Schau gestellter Bescheidenheit. »Man kokettiert damit, daß man dieses Lob nicht braucht. Ich gestehe Ihnen: ich kann es

Regina Ziegler

gut gebrauchen«, sagt sie in ihrer Dankrede bei der Verleihung des Verdienstordens des Landes Berlin im Oktober 2001. Ihre Freude am Erfolg ist noch nicht von Routine geglättet, obgleich sie sich schon etliche Auszeichnungen über den Schreibtisch hängen könnte: das Bundesverdienstkreuz I. Klasse, aus Los Angeles den American Cinema Foundation Award für ihr filmisches Engagement als »one of the world's key film producers« oder den renommierten Adolf-Grimme-Preis für ihre Verdienste um den Fernsehfilm.

Womit rechtfertigt sich diese Preisfülle für eine Filmproduzentin, die keineswegs vom Ehrenpodest aus auf ein abgeschlossenes Lebenswerk zurückblicken kann, sondern noch mitten im Schaffen steht? Dass sie von Kind an mit dem Kopf durch die Wand wollte, auch wenn sie sich dabei Beulen holte, diese Selbstcharakterisierung lässt sich sicherlich auf ihren beruflichen Einsatz übertragen. Kompromisslosigkeit, Dynamik, ja, Besessenheit prägten von je her ihren Arbeitsstil.

Als knapp Dreißigjährige hat sie sich in eine Männerdomäne vorgewagt, hat Spötteleien und mitleidiges Lächeln der Profis weggesteckt und Vorurteile durch überzeugende Leistung zu entkräften versucht. Sie ist keine Feministin, hat nichts gegen Zusammenarbeit mit Männern, aber sie legt Wert auf eine Partnerschaft ohne Machtgefälle.

Diesen partnerschaftlichen Umgang möchte sie auch in der eigenen Firma praktizieren. Zu ihrem Berliner Mitarbeiterstab gehören 17 Frauen und 8 Männer. Die weibliche Übermacht ist kein Zufall. Frauen ordnen sich ihrer Meinung nach besser in ein Team ein, sind motivierter, flexibler und sachbezogener als Männer – vielleicht auch leichter zu führen? Demokratische Spielregeln ändern nichts an der Tatsache, dass die Entscheidungsgewalt letztlich bei der Chefin liegt. Sie gibt grünes Licht für ein Projekt, sie hält bei einem Fiasko den Kopf hin, das wissen auch die oft als schwierig und egozentrisch geltenden Schauspieler und Regisseure, mit denen sie zusammenarbeitet. Ob Peter Stein oder Luc Bondy, Hans Jürgen Syberberg oder Claus Peymann, Götz George oder Udo Lindenberg, alle schätzen die professionellen Arbeitsbedingungen in beiderseitigem Interesse, während unbekanntere Künstler eher versucht sind, sich durch besondere Forderungen oder Mätzchen zu profilieren.

Mehr und mehr rücken weibliche Regisseure ins Blickfeld, auch bei der Ziegler Film GmbH, Helma Sanders-Brahms etwa oder Margarethe von Trotta. Gerne würde Regina Ziegler einen Film mit Doris Dörrie drehen und Berührungsängste hätte sie weder bei der streitbaren Feministin Alice Schwarzer noch bei Leni Riefenstahl, deren Filme dem Dritten Reich makabren Glanz verliehen haben. Mit einem Film über »Lust und Liebe«, über Beate Uhse und ihr Sex-Imperium rührt Regina Ziegler herausfordernd an ein noch immer bestehendes, bundesdeutsches Tabu.

Die Produzentin lässt sich nicht auf ein bestimmtes Genre festlegen. ›Ziegler Film‹ steht für Dokumentationen wie für Spielfilme, für Literaturverfilmungen wie für Krimis, für Erotic Tales wie für Biographien. Die Spannbreite der Produktionen entspricht den vielfältigen, nicht auf einen Nenner zu bringenden Interessen Regina Zieglers, die im Gespräch doch auf einige für sie besonders wichtige Schwerpunkte ihrer Arbeit eingeht.

Wichtig ist ihr, und dies nicht nur für die jüngere Generation, die Aufarbeitung deutscher Geschichte, auch der DDR-Geschichte. Im Film »Heldentod«, zum 40. Jahrestag des Mauerbaus gedreht, geht es um ›den Fall Egon Schultz‹, die Erschießung eines Grenzsoldaten durch die eigenen Kameraden. In der Dokumentation »November Days« zeigt Marcel Ophüls deutsch-deutsches Leben nach der Wende.

Ängstliche politische Ausgewogenheit ist Regina Zieglers Sache nicht. Bei den Filmporträts über markante Persönlichkeiten der Zeitgeschichte steht Willy Brandt neben Axel Cäsar Springer. Psychologisch und politisch aufschlussreich wäre ein Vergleich der östlichen und der westlichen Darstellung des ›Zeitungszars‹ Springer: Der fünfteiligen Defa-Serie von 1968 steht nun die 2001 gedrehte zweiteilige Ziegler-Produktion »Der Verleger« mit Heiner Lauterbach in der Hauptrolle gegenüber.

Deutsche Filme über Deutschland hinaus bekannt zu machen ist ein weiteres Anliegen der Berliner Produzentin und sie lässt sich dabei auch auf finanziell gewagte internationale Koproduktionen ein. Da die deutsche Sprache schlecht zu synchronisieren ist, werden etliche Filme auf Englisch gedreht, nur so ist weltweite Verbreitung möglich.

Mit polnischen Filmschaffenden hat sich im Laufe der Zeit eine besonders fruchtbare Zusammenarbeit ergeben, vor allem mit Krystof Zanussi und Andrzej Wajda. Wajdas Film »Korczak« ist ein unter die Haut gehendes Lebensbild eines polnischen Arztes, der seine jungen jüdischen Schützlinge freiwillig in die Gaskammern von Treblinka begleitet hat.

Mit zäher Ausdauer treibt die Produzentin ein weiteres hochkarätiges Projekt internationaler Koproduktion voran: Die Verfilmung von Andrzej Szczypiorskis Roman *Die schöne Frau Seidenman*, eine beklemmend realitätsnahe und doch poetische Geschichte um Liebe und Identitätssuche im Warschauer Ghetto.

So sehr sich Regina Ziegler von der Tragik und Dramatik dieser Lebensläufe anrühren lässt, so hält sie doch auch einen entspannenden Gegenpol für wichtig. Das Wort ›Unterhaltungsfilm‹, von deutschen Filmkritikern eher abschätzig gebraucht, hat für sie keinen pejorativen Beigeschmack. Sie findet auch die nur im Deutschen übliche

Unterscheidung zwischen U-Musik und E-Musik fragwürdig. In welches Kästchen etwa sollte der Film *Suche impotenten Mann fürs Leben* eingeordnet werden? Wohin gehört die Verfilmung von Charlotte Links Roman *Der Verehrer*?

Die Filmproduzentin mit dem rationalen Kopf hat ein ausgesprochenes Faible für Schnulzen, auch wenn sie das Wort überhaupt nicht mag. Ihre Mutter schrieb als Lokalreporterin einer Provinzzeitung regelmäßig Filmkritiken, so kam die Tochter schon früh an Freikarten fürs Kino und konnte sich ihre Lieblingsfilme gleich mehrfach ansehen: *Vom Winde verweht* oder, weniger rührend als schauerlich, *Nachts wenn der Teufel kam* mit Mario Adorf. Die Bilder verfolgten sie, setzten sich in ihrem Kopf fest, entwickelten sich zu eigenen Geschichten. Wer hätte damals gedacht, dass solche Hirngespinste zu einer Berufskarriere führen könnten? Zu einem gediegenen Firmensitz in Charlottenburg mit Blick auf den Lietzensee?

Berlin ist das richtige Pflaster für Regina Ziegler. Eine andere Stadt könnte sie sich als Wohnort und Arbeitsplatz nicht vorstellen, auch wenn sie in Köln eine Zweigfirma aufgebaut hat. Nur in Berlin gibt es dieses Weltstadtflair, diese Arbeitsdynamik – und diese Filmtradition. Hier wurde Kinogeschichte geschrieben: mit Max Skladanowsky, dem Erfinder des ›Bioscops‹, der seine ersten ›bewegten Bilder‹ 1895 im legendären Wintergarten am Bahnhof Friedrichstraße vorführte. Im Jahr darauf gründete Oskar Messter das erste Filmatelier und nach und nach entstand in der südlichen Friedrichstadt ein faszinierendes Filmviertel. Es war die Zeit der großen Stummfilmstars Henny Porten, Fritzi Massary, am berühmtesten wohl Asta Nielsen. Marlene Dietrich wuchs in diesem Milieu auf. Auch Theaterleute wie Max Reinhardt oder Adele Sandrock ließen sich von dem neuen Medium verführen. Prunkvolle Kinopaläste wurden gebaut, Babelsberg entwickelte sich zu einem europäischen Zentrum der Filmindustrie. Zu Zeiten des Dritten Reiches und der Ufa wurden hier neben harmlosen Unterhaltungsfilmen künstlerisch perfekte Propagandafilme gedreht. Die DDR handhabte mit ihrer Defa-Produktion die Beeinflussungsmechanismen subtiler, aber nicht weniger wirkungsvoll.

Auch wenn die in der Nachwendezeit gedrehten Filme kaum noch von politischen Ideologien bestimmt sind, so darf doch ihre Verführungsmacht nicht unterschätzt werden. Vor allem das Fernsehen als ›Lebensbegleiter‹ beeinflusst Konsumverhalten und Modetrends, gesellschaftliche Umgangsformen und selbst die Diskussion um Werte und Normen. Regina Ziegler ist sich aus eigener Erfahrung der prägenden Wirkung von Bildern bewusst, möchte diese Prägung aber nicht in erster Linie negativ sehen. Sie setzt auf den mündigen Menschen, der selbst entscheidet, wovon er sich beeinflussen lassen will. Aber wie mündig ist der Mensch? Wo liegt die Grenze des Zumutbaren bei Gewaltdarstellungen oder bei Pornografie? Haben Regisseure immer die eigene Schere im Kopf oder bedarf es einer Bundesprüfstelle? Rechtfertigt der Kunstanspruch jede Ablehnung von Zensur?

Regina Ziegler ist ein pragmatischer Mensch, sie hält nichts von zu viel festgeschriebenen Regeln, sie lässt die Dinge an sich herankommen und entscheidet von Fall zu Fall, subjektiv, aber nicht willkürlich. Ihr Job lässt ihr kaum Zeit, sich mit Theorien und Medienanalysen auseinanderzusetzen, sie holt ihre Erfahrung aus der Praxis, weiß, dass nicht mehr Kirche oder Militär die Erzieher der Nation sind, sondern die Medien, wie der Soziologe Niklas Luhmann es treffend beschreibt: »Was wir über unsere Gesellschaft, ja über die Welt, in der wir leben, wissen, wissen wir durch die Massenmedien.« Ihr angeborener Optimismus bewahrt sie davor, für die Zukunft dieser Mediengesellschaft allzu schwarz zu sehen, auch wenn die digitale Revolution zweifellos Abschied von vertrauten Lebensgewohnheiten und jederzeit überschaubaren Entscheidungen bedeutet.

Ihre Zuversicht speist sich nicht nur aus dem Vertrauen in die eigenen Fähigkeiten, sondern ebenso aus dem familiären Umfeld. Die Ziegler Film GmbH ist im Kern ein Familienbetrieb und Regina Ziegler ist stolz darauf, bis heute selbstständig und unabhängig von internationalen Großkonzernen arbeiten zu können. Ehemann Wolf Gremm hat bei zahlreichen Produktionen Regie geführt und ist ein fachkundiger, ideenreicher Gesprächspartner. Tochter Tanja ist vor einigen Jahren mit in die Geschäftsführung eingestiegen. Sie hat im Gegensatz zu ihrer Mutter, die sich als Selfmadefrau in die Filmbranche einarbeiten musste, ein volles Studium an der Filmhochschule absolviert und mit Auszeichnung abgeschlossen.

Obgleich Frauen heute als Regisseurinnen und Produktionsleiterinnen keine exotischen Wesen mehr sind und Tanja Ziegler keine Pionierarbeit mehr leisten muss, glaubt die Mutter doch, dass die Tochter es keineswegs leichter hat, als sie selbst es damals hatte. Sich neben einer willensstarken und stilprägenden ›Übermutter‹ durchzusetzen und ein eigenes Profil zu entwickeln, erfordert Kraft und gleichzeitig Flexibilität. Dass das von Mutter und Tochter anfänglich mit Skepsis betrachtete Experiment der Zusammenarbeit zu klappen scheint, hängt wohl mit einer geschickten Trennung der Kompetenzbereiche zusammen. Tochter Tanja ist für bestimmte Produktionsbereiche, z. B. die Erotic Tales, in eigener Verantwortung zuständig und sie kümmert sich um die Nachwuchsförderung.

Regina Ziegler befürwortet diese Förderung junger Talente, obwohl sie selbst den Berufseinstieg und Aufstieg allein und aus eigener Kraft geschafft hat. Sie ist in der entbehrungsreichen Nachkriegszeit groß geworden, hat in einer Glasfabrik gejobbt, um sich Bücher kaufen zu können, hat Disco-Besuche durch Nachhilfestunden finanziert. Die Eltern waren gegen Ende des Krieges aus dem zerstörten Berlin zu den Großeltern ins Weserbergland gezogen, so wuchs das neugierige, unternehmungslustige Mädchen in eine behütete Kleinstadtatmosphäre hinein. Immerhin gab es in Obernkirchen einen Turnverein, in dem sich Regina erste Lorbeeren für sportliche Leistungen holen konnte. Aber Schwimmen, Leichtathletik und Skilaufen füllten sie nicht aus, auch nicht die Schule, das humanistische Gymnasium in Bückeburg, das sie ohne große Anstrengung durchlaufen hat. Das Latinum und Graecum machte sie, um Jura studieren zu können. Jugendrichterin wollte sie werden, das hatte sie sich in den Kopf gesetzt, seit sie sich als Leiterin kirchlicher Jugendgruppen mit den Problemen Jugendlicher konfrontiert sah.

So brach sie mit 19 zum Jurastudium nach Berlin auf. Dass aus der Juristerei nichts wurde, dass sie sich zum Entsetzen der Eltern erst einmal ins aufregende Großstadtleben stürzte und sich vollsog mit Theater und Kino und Bohemeluft, hat sie ganz allein zu verantworten. Niemand hat ihr einen roten Teppich ausgerollt, als sie nach Berlin kam, auch nicht, als sie mit 29 ihre Firma gründete. Dafür sind heute die Flure ihrer weiträumigen Büroetage mit roten Teppichen ausgelegt. Wer bei ihr vorspricht, ihr an dem gewaltigen Holztisch gegenübersitzt, könnte durchaus das Gefühl haben, zur Audienz empfangen zu werden. Einer heiteren Audienz. Weiß ist die vorherrschende Farbe im Raum, Kontrast zu Schwarz und Rot, den Lieblingsfarben Regina Zieglers, wobei Farbpsychologen ihrer dynamisch expressiven Persönlichkeit wohl eher das Rot als das dezente Schwarz zuordnen würden: das rote Tuch des Toreros. Sie selber vergleicht sich weniger mit einem Stierkämpfer als ganz prosaisch mit einem Trüffelschwein. Den richtigen Riecher für die richtigen Menschen und den richtigen Stoff zu haben, das schreibt sie sich zu.

Doch sie legt Wert darauf, nicht nur als arbeitsbesessene Frau mit einem 16-Stunden-Tag gesehen zu werden, denn ihre Arbeit ist gleichzeitig ihr Hobby. Zu einer richtigen Berlinerin – und als solche fühlt sie sich – gehört es auch, das Herz auf dem rechten Fleck zu haben. Regina Zieglers Herz schlägt für UNICEF, das Kinderhilfswerk der Vereinten Nationen. Über Jahre, immer im November stieg in Berlin, von ihr initiiert, eine große Comedy-Show für Erwachsene und Kinder unter dem Motto »Lachen tut gut«. Eine Benefizveranstaltung, die nicht nur Spaß machte, sondern auch beachtliche Spendengelder für UNICEF einbrachte. Millionenbeträge kamen dabei zusammen – für Regina Ziegler der Beweis, dass Menschen auch heute noch zu großzügiger Hilfe für Notleidende bereit sind, wenn sie mit Herz und Humor angesprochen werden.

Die Autorin Barbara Noack hat die Eigenschaften einer typischen Berlinerin einmal so beschrieben: »Sie wird selten vergessen, ihre romantischen Gefühle zuerst durch den Filter der Selbstironie tröpfeln zu lassen, ehe sie an die Oberfläche dürfen. Und ihre angeborene Skepsis verbietet, die Tragfähigkeit von rosaroten Wölkchen und von Schmetterlingsflügeln der Fantasie auszuprobieren. Sie bleibt immer mit beiden Füßen auf der Erde.«

Regina Ziegler hat die Tragfähigkeit von Schmetterlingsflügeln der Fantasie ausprobiert – und ist trotzdem mit beiden Füßen auf der Erde geblieben.

Eine Stradivari im Handgepäck
Irene Schulte-Hillen
*1948

Musik muß wie das Leben selbst
sein: ein leidenschaftlicher
Ausdruck von Freiheit.
ANDRÉS SEGOVIA

Eigentlich wollte Irene Schulte-Hillen Sängerin werden. Als Erda in Wagners *Rheingold* hätte sie am liebsten auf der Bühne gestanden. Dieser Traum ging nicht in Erfüllung: Zwillinge kamen dazwischen. Fordernde Kinderstimmen im Duett statt Koloratur. Nach der Geburt des vierten Kindes gab sie ihr Gesangsstudium endgültig auf. Doch Musik bestimmt ihr Leben nach wie vor, auch wenn sie Opernaufführungen und Konzerte nun nur vom Parkett aus erleben kann.

Seit über zehn Jahren widmet sie sich ganz der Deutschen Stiftung Musikleben, einer Stiftung zur Förderung hochbegabter Nachwuchstalente – eine ehrenamtliche Aufgabe, die jedoch vollen Arbeitseinsatz fordert. Das ungewöhnliche »hauptberufliche und ehrenamtliche« Engagement der Vorsitzenden würdigte Bundespräsident Rau bei der Jubiläumsfeier zum 40. Geburtstag der Stiftung im Oktober 2002, wobei er betonte, dass Stiftungen »ein vitales und unverzichtbares Element unserer Gesellschaft« seien. Bei dem festlichen Ereignis im Berliner Schloss Bellevue musizierten Stipendiaten und Preisträger der Stiftung.

Musikalische Frühprägung

Anders als in der Literatur oder der bildenden Kunst, wo Spätberufene keine Seltenheit sind, müssen musikalische Talente möglichst früh erkannt und gefördert werden, da es dabei ja auch um Vermittlung technischer Fertigkeiten geht. Solche Begabungen zu entdecken, jungen Musikern Möglichkeiten der Entfaltung zu bieten, ist ein besonderes Anliegen Irene Schulte-Hillens. Sie selbst ist mit Musik groß geworden – jedoch nicht in einer Musikerfamilie, sondern in einem gutbürgerlichen Aachener Kaufmannshaus, in dem als Ausgleich zum nüchternen Geschäftsalltag oft und gern musiziert wurde. Wenn die Mutter sich abends ans Klavier setzte, vertraute Melodien spielte und dazu sang, war das für die kleine Irene und die drei jüngeren Geschwister ein beruhigendes Einschlafritual.

In der Schule setzt sich dieses ganz selbstverständliche Vertrautwerden mit Musik fort. In den unteren Klassen wird viel gesungen und die Lust am gemeinschaftlichen Musizieren geweckt. Auch später, in der Viktoriaschule, einem evangelischen Gymnasium im katholischen Aachen, spielt die musische Bildung eine große Rolle. Noch heute erinnert sich Irene Schulte-Hillen dankbar an ihre Musiklehrerin, die mit ihrem Enthusiasmus die Schülerinnen für Chor und Schulorchester zu begeistern vermochte.

Händels *Messias*, vom Schulorchester aufgeführt, wird für die 14-jährige Irene zum Schlüsselerlebnis. Zum ersten Mal spürt sie, welche Macht Musik, welche Zauberkraft die menschliche Stimme haben kann. Ihrem Wunsch, die eigene Stimme weiter auszubilden und Gesangsstunden zu nehmen, geben die Eltern nach, sie darf das Konservatorium besuchen. Eine Berufskarriere als Sängerin kommt allerdings für den praktisch denkenden Vater nicht in Frage, er besteht auf einer handfesteren Ausbildung und rät der mathematisch begabten Tochter zu einem Studium der

Wirtschaftswissenschaften. Die Tochter zieht dieses Studium, das ihr heute bei der Arbeit für die Stiftung zugute kommt, zügig durch. Doch die Musik ist damit nicht abgeschrieben, das Gesangsstudium nur vertagt – das steht für die junge Wirtschaftswissenschaftlerin fest.

Sie hat noch als Schülerin bei einer Schultheateraufführung ihren »Mann fürs Leben« kennen gelernt und gleich nach dem Studienabschluss, mit 22, geheiratet. Ihre zukünftigen Kinder – auch das steht für sie fest – sollen auf jeden Fall früh mit Musik vertraut gemacht werden, denn sie weiß aus eigener Erfahrung, wie prägend eine gute Musikerziehung für das ganze Leben sein kann. Alle ihre Kinder erhalten denn auch von klein auf Instrumentalunterricht, nicht als obligate wöchentliche Klavierstunde, sondern als Möglichkeit, sich mit den verschiedensten Instrumenten vertraut zu machen. Eine lockere, spielerische Hinwendung zur Musik, mit mehr oder weniger Lerneifer und Erfolg praktiziert – anders als bei den von der Stiftung geförderten Hochbegabten, die höchst motiviert mehrere Stunden täglich üben und sich kein Leben vorstellen können, in dem die Musik nicht im Mittelpunkt steht.

Im Hause Schulte-Hillen strebt keines der Kinder eine berufliche Laufbahn als Musiker an, aber alle bleiben der Musik eng verbunden. Die älteste Tochter Johanna spielt Klavier und Saxophon und tanzt mit Leidenschaft. Die Volljuristin macht sich durch ein zusätzliches Musikstudium in Los Angeles für den Einstieg in einen Musikverlag fit. Sohn Friedrich, zur Zeit in Virginia, will nach seinem Geschichtsstudium ebenfalls die juristische Laufbahn einschlagen. Mit seiner Rockband, dem Schlagzeug und der geliebten E-Gitarre hat er sich in Studententagen im schallisolierten Keller des elterlichen Hauses einquartiert, wo die Band auch heute noch in den Ferien zusammenkommt. Seine Zwillingsschwester Sophie, die als Redakteurin einer

Frauenzeitschrift in New York lebt, spielt Flöte und Klarinette, und der Jüngste, Max, der vor kurzem Abitur gemacht hat und seinen Zivildienst bei der Hamburger Bahnhofsmission ableistet, jobbt in der Freizeit beim Bundesjugendorchester.

Alle vier Kinder Irene Schulte-Hillens wurden ihren Neigungen entsprechend musikalisch gefördert – doch was ist aus den eigenen Plänen für ein Gesangsstudium geworden?

Ein hartnäckiger Wunschtraum

Zufall, glückliche Fügung oder eigene Hartnäckigkeit – was immer es war: Irene Schulte-Hillen kommt doch noch zu ihrem Gesangsstudium. Sie erinnert sich: »Anfang der siebziger Jahre, noch zur Franco-Zeit, lebten wir in Barcelona. Da gab es für mich als Frau und Wirtschaftswissenschaftlerin in dieser reinen Männergesellschaft keinerlei Arbeitsmöglichkeit. Als ich eines Tages an der Oper vorbeikam, sah ich das Schild *Conservatorio del Liceu*, stieg kurz entschlossen die Treppen hoch, stellte mich vor, musste einige Partien vorsingen und – wurde angenommen. Ein wunderbares Gefühl.«

Sie studiert ein paar Semester klassischen Gesang, dann geht die herrliche Spanienzeit abrupt zu Ende: Ihr Mann übernimmt die Leitung eines Druckbetriebs in Itzehoe. Das bedeutet Umzug in den kalten Norden. In Deutschland haben die 68er-Studentenrevolte und der Frauenaufbruch die Gesellschaft zwar für Fragen der Selbstbestimmung und Gleichstellung sensibilisiert, aber über Jahrhunderte gewachsene Strukturen lassen sich nur in ganz kleinen Schritten verändern. Nach wie vor wird von der Frau Anpassungsfähigkeit an die beruflichen Planungen des Ehemannes und Flexibilität in der eigenen

Lebensgestaltung erwartet. Das führt zu Knicken in der Berufskarriere – oder zum Auseinanderbrechen einer Partnerschaft. Die so genannte Spagatehe oder Wochenendehe ist in den siebziger Jahren noch kein häufiger praktiziertes Lebensmodell, die Anpassung des Ehemannes an die berufliche Entfaltung der Frau auch nicht. So gleicht denn Irene Schulte-Hillen ihr Leben den neuen Gegebenheiten an – ohne jedoch ihr Berufsziel aus den Augen zu verlieren.

In Itzehoe wird 1973 das erste Kind, Tochter Johanna, geboren. Zwei Jahre darauf schreibt sich die Mutter, hartnäckig und zielstrebig, an der Hamburger Musikhochschule zur Fortsetzung des Studiums ein. Sie ist nun 27. Eigentlich werden Studenten nur bis 25 angenommen, aber starre Regeln haben Irene Schulte-Hillen schon immer zur Rebellion herausgefordert. Der Regel entspricht es auch nicht, dass sie die zweijährige Johanna zum Einzelunterricht mitbringt. Doch die Lehrer gewöhnen sich daran, dass die Kleine, während die Mutter Arien übt, still und zufrieden unter dem Flügel sitzt und mit ihrem Puzzle spielt. Auch sie empfindet Musik offenbar als beruhigende Hintergrundkulisse, das kennt die Mutter aus ihrer eigenen Kindheit.

Aus dem Abschluss als Konzert- und Opernsängerin wird wieder nichts: Ein munteres Zwillingspärchen fordert die Mutter rund um die Uhr. Doch der Alltag der nun fünfköpfigen Familie pendelt sich allmählich wieder ein, ein junges Mädchen aus der Landfrauenschule hilft im Haushalt. 1978 macht Irene Schulte-Hillen noch einmal den Versuch, ihr Studium abzuschließen. Einige Monate geht das gut, dann erkrankt einer der Zwillinge ernsthaft, und sie muss endgültig von der Musikhochschule und ihrem Traum, eines Tages als Erda auf der Bühne zu stehen, Abschied nehmen.

Dafür steht wieder, bedingt durch die Geschäfte ihres Mannes, ein Ortswechsel an: Es geht mit der ganzen Familie samt Hausmädchen für zwei Jahre in die USA. In

Minnesota wird nun, statt in der Hochschule, in der Kirche und in gastfreundlichen Privathäusern gesungen und musiziert. Eine herrlich unbeschwerte Zeit. Menschen von einer Herzlichkeit und Spontaneität, wie es Irene Schulte-Hillen von den Hamburgern nicht gewohnt ist. Der Abschied von diesem familiären Kleinstadtkreis fällt ihr schwer, das Wiedereingewöhnen in Deutschland noch schwerer. Beschwingt vom amerikanischen Musikerleben, möchte sie sich einen – gemessen an ihren hochfliegenden Träumen recht bescheidenen – Wunsch erfüllen: einmal im Bayreuther Festspielchor mitsingen. Das würde jedoch eine mindestens zweimonatige Präsenzpflicht auf dem Grünen Hügel bedeuten. Eine so lange Abwesenheit kann und will sie ihrer Familie nicht zumuten, zumal inzwischen noch ein viertes Kind hinzugekommen ist.

Bis zur Einschulung dieses Nachzüglers ist sie nun Familienfrau, kümmert sich um die Erziehung und musikalische Ausbildung der Kinder und nimmt am Hamburger Musikleben nur als interessierte Zuhörerin teil. Ihre Auftritte als Sängerin beschränken sich auf den privaten Rahmen. In ihrem Haus in Blankenese organisiert sie ab und zu kleine Konzerte, unter anderem das alljährliche musikalische »Frühstück im Advent«, dessen ungezwungen lockere Atmosphäre auswärtige Gäste erstaunt, die in der traditionsreichen Hansestadt eher distanzierte Gediegenheit erwartet hätten. Sie habe sich diesen steifen Sitten nie ganz angepasst, sagt die Gastgeberin – sie sei darin eben doch »ein rheinisches Mädchen« geblieben.

Berufung in ein Fulltime-Ehrenamt

Eine Berufung im doppelten Sinne: Dass Irene Schulte-Hillen 1987 ins Kuratorium der Deutschen Stiftung Musikleben berufen wird, ist das eine, dass sie damit ihre

Lebensaufgabe – etwas pathetisch ausgedrückt ihre Berufung – findet, ist das andere. Sie selbst würde nicht von Berufung sprechen, sie liebt als »gelernte, nicht geborene« Hamburgerin nüchternes Understatement.

1992 übernimmt sie den Vorsitz der Stiftung, die 30 Jahre zuvor von Musikverleger Hans Sikorski, Bankier Wolfgang Essen und einigen Hamburger Musikfreunden aus Sorge um den fehlenden Orchesternachwuchs gegründet wurde und deren Hauptaufgabe darin bestand, Spenden für den Aufbau der wichtigsten Projekte des Deutschen Musikrats – das Bundesjugendorchester und »Jugend musiziert« – einzuholen. Die neue Vorsitzende gibt der »Geldsammelstelle« schon bald eine eigenständige Prägung. Sie hat nicht nur zündende Ideen, sie hat auch die nötige Energie und Beharrlichkeit, utopisch erscheinende Projekte in die Tat umzusetzen. Und sie hat den Ehrgeiz, zu beweisen, dass sie nicht nur »die Gattin an der Seite eines erfolgreichen Mannes« ist.

Gleich im ersten Jahr gelingt ihr ein großer Coup. Als ihr zu Ohren kommt, dass die Bundesregierung einen Fonds zur Verwaltung der »herrenlosen« Instrumentensammlung aus früherem Reichsbesitz gründen will, schlägt sie dem damaligen Innenminister Seiters Zusammenarbeit und – statt musealer Aufbewahrung – eine sinnvolle Nutzung dieser Instrumente vor: Sie sollen an begabte Nachwuchsmusiker, die sich kein eigenes hochwertiges Instrument leisten können, verliehen werden. Zu jeder Leihgabe des Bundes will sie eine weitere aus privatem Besitz beschaffen, sodass sich der Bestand verdoppelt. Ein kühnes Versprechen, aber die Rechnung geht auf. Der von Irene Schulte-Hillen initiierte Deutsche Musikinstrumentenfonds, der bald durch Bestände aus der ehemaligen DDR erweitert wird, verwaltet heute über 100 wertvollste Streichinstrumente; nur ein Drittel davon sind »Staatsgeigen«, alle übrigen sind Leihgaben oder Schenkungen von Gönnern.

Die Idee der Initiatorin ist einfach und einleuchtend: Wer spendet oder ein Instrument zur Verfügung stellt, soll für seine Großzügigkeit auch belohnt werden. So organisiert die Deutsche Stiftung Musikleben jedes Jahr einige Dutzend Konzerte, zu denen sie die Gönner einlädt. Diese können sich bei den Begegnungen mit den jungen Musikern persönlich davon überzeugen, dass ihre kostbaren Instrumente in guten Händen sind und pfleglich behandelt werden.

Die handverlesenen Nachwuchsmusiker kommen aus ganz Deutschland, etliche gehören dem Bundesjugendorchester an und alle haben schon Preise bei »Jugend musiziert« oder anderen hochkarätigen Wettbewerben gewonnen. Sie werden von einer fachkundigen Jury ausgewählt, die auch die Instrumente zuteilt: Zu wem passt eine Geige von Ceruti? Wer kann einer Viola von Testore die vollsten Töne entlocken, wer einem Cello von Grancino? Die meisten Instrumente stammen aus Italien, aus dem 18. Jahrhundert, der Blütezeit des Geigenbaus. Welches hoffnungsvolle Talent möchte nicht einmal, und sei es nur für eine begrenzte Zeitspanne, auf einer echten Stradivari spielen? Wem eines der wertvollen Instrumente anvertraut wird, entscheidet sich alljährlich bei einem zwanzigminütigen Vorspiel im Hamburger Museum für Kunst und Gewerbe. Kandidaten und Kandidatinnen halten sich etwa die Waage, auffallend die vielen fremdländischen Namen: Pogostkin, Madziar, Ishizaka, Andrinanov, So-Young Kim … Auch wenn die meisten der jungen Musiker in der Bundesrepublik geboren sind, bringen sie doch belebende Elemente vielfältiger internationaler Familientraditionen mit.

Natürlich bleibt bei der knappen Zahl der jährlich zu vergebenden Instrumente ein harter Konkurrenzkampf nicht aus. Irene Schulte-Hillen sieht dies realistisch als Einübung in die spätere Berufspraxis, die allzu zart Besaiteten kaum Chancen für Spitzenpositionen lässt. Besser sich frühzeitig auf einen guten Platz im Orchester einstellen, meint sie, als auf eine Starkarriere bauen, die nur den Allerwenigsten gelingt. Anne-Sophie Mutter, die als Achtjährige von der Stiftung gefördert wurde, hat es geschafft – aber solche weltweiten Erfolge sind selten und mit eiserner Disziplin erkauft. Musik ist nicht nur eine Himmelsmacht, sie ist auch ein sehr irdisches, beinhartes Gewerbe.

Doch wenn die jungen Musiker in ihr Spiel versunken auf dem Konzertpodium stehen, sind alle Strapazen und Schindereien des Alltags vergessen. Auch die Mentorin genießt diese Stunden, die ihr bestätigen, dass die mühselige Arbeit hinter den Kulissen nicht umsonst war. Sie begleitet die berufliche Entfaltung ihrer Schützlinge, vermittelt Patenschaften, knüpft Verbindungen zu Orchestern und Konzertagenturen, auch zu Mäzenen und Stiftungen, darunter Krupp, VW, Allianz, Körber oder die Kulturstiftung der Deutschen Bank. Bertelsmann finanziert die Geschäftsstelle, die *Zeit*-Stiftung ermöglicht hochbegabten Stipendiaten einen Studienaufenthalt im Ausland. Immer findet Irene Schulte-Hillen Möglichkeiten individueller Förderung, wenn die zum Teil noch sehr jungen Musiker finanzielle, fachliche oder einfach menschliche Unterstützung brauchen. Oft dient die Stiftung als Sprungbrett für Karrieren: Anne-Sophie Mutter wurde später vom großen Basler Mäzen Paul Sacher weiter gefördert, die Klarinettistin Sabine Meyer von Herbert von Karajan.

»Könner brauchen Gönner« – ein einprägsamer und zugkräftiger Werbeslogan der Stiftung, die mit Orchestertourneen und Musikfesten im In- und Ausland auf sich aufmerksam macht, mit Konzerten in historischen Sälen, Kirchen und Schlössern oder Open-Air-Veranstaltungen. Allen Teilnehmern wird die Amerika-Tournee des Bundesjugendorchesters mit Kurt Masur im Jahre 1998 unvergessen bleiben, ein »Thank You America« zur Erinnerung an die Luftbrücke der Alliierten, die vor 50 Jahren der eingeschlossenen Berliner Bevölkerung überleben half. Diese Tournee war auch für Irene Schulte-Hillen ein besonderes Erlebnis, nicht zuletzt durch den freundschaftlichen Kontakt zu Kurt Masur, dem Wahlamerikaner auf Zeit, der wie sie die lockere Atmosphäre und die hohe Professionalität des amerikanischen Kulturbetriebs schätzt.

Die Auftritte in New York, Washington und Boston wurden zu gesellschaftlichen Events, was nicht allen deutschen Musikgremien behagte. Die *neue musikzeitung* sieht in ihrer Maiausgabe 1998 unter dem Titel »Cash für Kult« die Freiheit der Kunst durch »marketingorientierte Sponsoren mit Hang zum raschen Erfolg« gefährdet. Das ist sicherlich ein Thema. Doch ohne Sponsoren geht es in der heutigen Zeit der leeren öffentlichen Kassen nicht und es hängt allemal vom Veranstalter ab, wie weit er sich als Werbeträger vereinnahmen lässt. Gesponserte Kultur heißt noch lange nicht Spaßkultur.

Die Reise des Bundesjugendorchesters zwei Jahre später nach Polen ist eine Reise in die Vergangenheit. Die Proben mit dem Dirigenten Gerd Albrecht finden im geschichtsträchtigen Gut Kreisau statt. Ein Konzert im Innenhof des Warschauer Königsschlosses ist Höhepunkt der Tournee, die, wie alle anderen Auslandsveranstaltungen der Stiftung, zur Völkerverständigung beitragen soll.

Im Herbst 2001 findet ein Benefizkonzert im Berliner Haus der Kulturen der Welt zugunsten der Terroropfer vom 11. September in New York statt – wieder eine eindrucksvolle Großveranstaltung des rund 100 Mitglieder zählenden Bundesjugendorchesters. Und immer laufen die Fäden im Büro von Irene Schulte-Hillen zusammen. Mit nur vier Mitarbeiterinnen bewältigt sie die ganze Arbeit – doch am liebsten würde sie alles selbst erledigen, so sehr ist sie inzwischen mit dieser Stiftung, ihrem »fünften Kind« verwachsen. Alle von ihr eingeworbenen Gelder fließen – darauf ist sie stolz – bis auf den letzten Cent in die Stipendiatenförderung. Ihr Mann steht voll hinter ihrem zeitaufwändigen Engagement, auch wenn der beruflich Ausgelastete sie nicht auf allen Tourneen begleiten kann.

Den Kreis der Förderer und Mäzene wünscht sich die einfallsreiche und umtriebige Kulturmanagerin noch größer. Warum nicht Zustiftungen einrichten für besondere Projekte, die dann den Namen des Stifters tragen und ihm »ein Stückchen Unsterblichkeit« sichern? »Tue Gutes und rede darüber« ist keine hanseatische, aber eine Erfolg versprechende Devise: Es gibt in Hamburg bereits den Hans-Sikorski-Gedächtnispreis und den Eduard-Söring-Preis, neu dazugekommen ist das Carl-Heinz-Illies-Förderstipendium für besonders begabte junge Pianisten. Solch ein öffentlich-privates Sponsorentum sollte Schule machen und die Förderung kultureller Aufgaben nicht durch den Fiskus eingeschränkt werden, betonte Schirmherr Johannes Rau beim Stiftungsjubiläum in Berlin. Den persönlichen Kontakt zu den Stiftern, auch den potenziellen, zu pflegen, hält Irene Schulte-Hillen für besonders wichtig – auch wenn dies ab und zu mit unerwarteten Hindernissen verbunden ist.

Mit einer Stradivari auf dem Bahndamm

Ende Februar 2002 kommt ein überraschender Anruf aus Frankreich: Ein Mäzen stellt dem Deutschen Instrumentenfonds drei wertvolle alte Geigen zur Verfügung, darunter eine Stradivari. Irene Schulte-Hillen ist nach der ersten Verblüffung hellwach: Die Instrumente, die ein Geigenbauer in Amsterdam verwahrt, müssen so schnell wie möglich nach Hamburg geholt werden, bevor der Anrufer es sich vielleicht doch anders überlegt. Der jährliche Wettbewerb für die Instrumentenvergabe steht unmittelbar bevor, und weitere Geigen werden dringend benötigt. Eine Stradivari wäre da natürlich ein besonderer Anreiz für alle Teilnehmenden … Die kostbare Fracht will sie keiner Spedition anvertrauen, außerdem möchte sie den Geigenbauer gern persönlich kennen lernen – also auf nach Amsterdam!

Sie hat leere Geigenkästen mitgebracht. Die empfindlichen Instrumente werden sorgsam verpackt, sie sollen Hamburg unbeschädigt erreichen. Doch der Transport wird zum Abenteuer. Über Norddeutschland toben Unwetter, alle Flüge nach Hamburg sind gestrichen. Dass die Eisenbahn ihr Ziel zwar etwas langsamer, aber sicher erreicht, erweist sich als trügerische Hoffnung. Irgendwann, mitten auf einsamer Strecke, hält der Zug: Sturmschäden, Weiterfahrt unmöglich. Alle Reisenden müssen aussteigen und mitsamt ihrem Gepäck auf dem spitzen Gleisschotter den Marsch zum nächsten Bahnhof antreten. Eineinhalb Kilometer bei eisigem Wind und Graupelschauern. Irene Schulte-Hillen hat den Doppelkasten mit zwei Geigen in einer großen Tasche über die Schulter gehängt, den Kasten mit der Stradivari behält sie in der Hand. Sie will sich nicht helfen lassen, niemand soll wissen, dass sie da ein Millionengepäck mit sich herumschleppt. Eisregen peitscht ihr ins Gesicht, der Weg erscheint ihr endlos lang … Werden die Geigen diesen Härtetest unbeschadet überstehen?

Nach viermaligem Umsteigen kommt sie – noch rechtzeitig zum Wettbewerb – in Hamburg an. Die Instrumente haben trotz der Sturm-Odyssee keinen Schaden genommen und können vergeben werden. Von der Stradivari träumen nicht wenige der 64 jungen Musiker, die sich hier ein Instrument »ergeigen« wollen. Das bernsteinfarbene Prunkstück im unscheinbaren schwarzen Kasten wird der 18-jährigen Alina Pogostkin aus Heidelberg zugesprochen. Die in St. Petersburg geborene Preisträgerin hat die Jury durch die hinreißende Wiedergabe einer Prokofjew-Sonate überzeugt. Mit der virtuosen *Paganiniana* von Nathan Milstein wird sie wenig später, arrangiert von der Stiftung, in der Berliner Akademie der Wissenschaften und bei der Verleihung des Karlspreises in Aachen auftreten.

Mit fünf hat sie ihr erstes Konzert gegeben, vier Stunden übt sie täglich mit ihrem Vater. Musik ist für sie »so wichtig wie atmen und schlafen« und mit ihrer Geige verbringt sie mehr Zeit als mit ihrem Freund. Immer wieder stellt Irene Schulte-Hillen fest, wie eng das Verhältnis ihrer Schützlinge zu den ihnen anvertrauten Instrumenten ist. »Geigen sind wie Menschen«, sagt Alina Pogostkin, »jede hat ihren eigenen Charakter, eigene Macken. Man kann eine Geige ein ganzes Leben lang erforschen – und wird immer wieder neue Seiten entdecken.« Eine Antwort auf den Einwand, warum denn mit alten Instrumenten geradezu ein Kult getrieben werde, man könne doch gute neue Geigen viel preiswerter bekommen …

Irene Schulte-Hillen lässt sich von Kritik nicht beirren. Sie sammelt weiter. Für ihr ehrenamtliches Engagement als »treibende Kraft der Deutschen Stiftung Musikleben« wurde sie mit dem Montblanc arts patronage award 2002 ausgezeichnet, einem internationalen Preis, der an Förderer von Kunst und Kultur verliehen wird. Das Preisgeld von 15 000 Euro hat sie in den Ankauf eines Kontrabasses investiert – eine Bereicherung für den Deutschen Musikinstrumentenfonds, der nach wie vor ihr liebstes Projekt ist.

»Wenn man viel Glück im Leben gehabt hat, finde ich es wichtig, auch etwas an die Gemeinschaft zurückzugeben«, sagt sie. Und vergisst dabei ihren nie erfüllten Wunschtraum, einmal auf der Opernbühne zu stehen in der Rolle der Erda, deren »große Kraft und Gelassenheit« sie so sehr bewundert.

Mit Power, Pep und Psychologie
Doris Dörrie
*1955

Es stimmt, ich will provozieren, aber nicht, weil ich mich als Frau unterdrückt fühle, sondern weil ich im Film meinen anarchistischen Tendenzen freien Lauf lassen kann.
LINA WERTMÜLLER

Doris Dörrie gehört zu den erfolgreichsten Filmschaffenden in Deutschland. Dass sie sich als Frau durchgesetzt hat, bedarf längst keiner Begründung mehr, da gibt es, international gesehen, eine bemerkenswerte Tradition:

Schon um 1900 ermunterte die französische Filmpionierin Alice Guy-Blanché ihre Geschlechtsgenossinnen: »Filmen Sie, meine Damen! Es gibt nichts bei der Regie eines Filmes, das eine Frau nicht ebenso leicht tun könnte wie ein Mann …« Frauen sollten nicht nur als Star vor der Kamera posieren, sondern alle Chancen des neuen Metiers nutzen, als Regisseurin, als Kamerafrau, als Drehbuchschreiberin. Sie selbst drehte über 70 Stummfilme. Kleine, von Frauen geführte Ateliers schossen vor allem in Kalifornien wie Pilze aus dem Boden, doch mit dem Ende der Stummfilmzeit, dem größeren technischen Aufwand der Tonfilme und der Kommerzialisierung des Filmbetriebs waren die mehr wagemutigen als kapitalkräftigen Filmerinnen schnell weg vom Fenster – vom Sonderfall Leni Riefenstahl im Dritten Reich einmal abgesehen.

Erst mit dem Aufkommen des Fernsehens ändert sich die Lage wieder, begünstigt durch die Erstarkung der

Frauenbewegung in Amerika und Europa. Gleichberechtigung auf künstlerischem und kulturellem Gebiet wird eingefordert, Forderungen, die sich im so genannten Autorenfilm niederschlagen und eine neue, feministisch geprägte Kinowelle auslösen. Bisher vernachlässigte frauenrelevante Themen, auch Tabuthemen, werden aufgegriffen, auf internationalen Frauenfilmfestivals vorgestellt und diskutiert.

In Deutschland organisiert die Berliner Filmerin Helke Sander 1973 ein erstes Frauenfilmseminar, ein Jahr später gründet sie die Zeitschrift *Frauen und Film*. Der Film *Die allseitig reduzierte Persönlichkeit* bringt ihr Anerkennung über die feministische Szene hinaus ein – damit ist der Ausbruch aus der Frauenfilmnische in Deutschland gelungen, eine Nische, in die sich die in Amerika filmende temperamentvolle Italoschweizerin Lina Wertmüller nie abschieben ließ.

Im letzten Viertel des vergangenen Jahrhunderts machen deutsche Regisseurinnen, allesamt professionell ausgebildet und hoch motiviert, mit ihren Filmen auch im Ausland von sich reden. Als Erste die 1942 geborene Margarete von Trotta mit zeitkritischen, Vergangenheit aufarbeitenden Themen, wie dem Film über die Ensslin-Schwestern *Die bleierne Zeit*, der 1981 mit dem Goldenen Löwen von Venedig ausgezeichnet wurde. Die 13 Jahre jüngere Doris Dörrie bringt neue, Frauen nicht zugetraute Elemente in die Filmdrehbücher ein: Witz, Ironie, Leichtigkeit. Und der 1964 geborenen Caroline Link gelingt es, mit menschlich anrührenden Geschichten ohne falsche Sentimentalität Zuschauer und Jurys gleichermaßen zu beeindrucken. Für *Nirgendwo in Afrika* erhält sie 2003 den begehrten Auslands-Oscar. – Kein Zweifel, die deutschen Filmfrauen haben den internationalen Durchbruch geschafft, auch wenn unter den Preisträgern der Berlinale 2005 die Männer unter sich sind.

Wer kennt Doris Dörrie nicht?

Eine Umfrage – nicht repräsentativ – unter Frauen, 18 die jüngsten, 78 die älteste: » Sagt Ihnen der Name Doris Dörrie etwas?« Die Antworten fallen, wie zu erwarten bei einer Altersspannbreite von 60 Jahren, sehr verschieden aus. Deutlich zu erkennen die Generationsunterschiede: Fast allen Jungen ist »die Dörrie« ein Begriff, aber nur wenige haben sich in letzter Zeit einen ihrer Filme angesehen, noch weniger eines ihrer Bücher gelesen. Am häufigsten wird der 2002 angelaufene Film *Nackt* genannt, mit unterschiedlicher Resonanz. Die einen finden die aberwitzige Beziehungsstory amüsant, für andere ist sie eher geschmacklos und absurd. Es ist nicht ihre Lebenswelt, die da vorgeführt wird. Noch weniger die der über 60-Jährigen, von denen allerdings die meisten nur selten ins Kino gehen und sich dann eher nostalgische Filme oder Literaturverfilmungen ansehen. Eine 75-Jährige, die von ihrer Tochter in einen Dörrie-Film mitgenommen wurde, sagt: Na ja, da hatten wir früher doch andere Probleme ...«

Ganz anders das Echo bei den 40- bis Mitte 50-Jährigen. Bei ihnen treffen die Filme offenbar einen Lebensnerv. Es sind *ihre* Themen und Probleme, um die es bei Dörrie geht, sie ziehen Parallelen zu ihrem eigenen Leben, erkennen sich in einzelnen Figuren wieder. Doris Dörrie, ihre Altersgenossin, ist eine genaue Beobachterin und eine Meisterin in der Darstellung menschlicher Beziehungsgeflechte. Ihre oft witzige, gelegentlich sachlich unterkühlte, häufiger noch schnoddrige Sprache trifft den Ton ihrer Generation und Gesellschaftsschicht.

Woher holt Doris Dörrie diese anschaulichen, mit leichter Hand entworfenen Bilder? Nicht aus Geschichtsbüchern und nicht aus Romanvorlagen – es sei denn, sie schreibt die Romane selber. Ihren Geschichten merkt man die Neugier, die Lust am Entwerfen von Lebensmustern und möglichen Konstellationen an oder – wie Botho Strauß es ausdrückt – »das Interesse für Menschen im Glanz ihrer Alltäglichkeit«. Es sind Menschen, die hinter allen Verstellungen und Maskeraden nach einer Identität suchen, *ihrer* Identität. Max Frisch lässt sie in seinen Geschichten in immer neue Rollen schlüpfen, Möglichkeiten ausprobieren – ein reizvolles Spiel auch für Doris Dörrie.

Das Spiel ließe sich auf ihr eigenes Leben übertragen: Was wäre, wenn sie, die Tochter aus gutbürgerlichem Arzthaus, aufgewachsen mit drei Schwestern in einer intakten Familie, nicht zum Film gefunden hätte? Wäre die Fernwehgetriebene Ethnologin oder Verhaltensforscherin geworden? Hätte sie Psychologie studiert? Als Kind wollte sie mit Winnetou durch die Prärie reiten. Später, als Schülerin, ist Schauspielerin der Traumberuf. Gleich nach dem Abitur am humanistischen Gymnasium in Hannover zieht es sie nach Amerika, dem Land der zwar nicht mehr unbegrenzten, aber doch der begrenzten, realisierbaren Möglichkeiten. Sie absolviert ein Schauspiel- und Filmstudium an der University of Stockton in Kalifornien und wechselt dann nach New York an die School of Social Research. Die Brötchen verdient sie sich in Cafés und als Filmvorführerin im Goethe-House. Eines weiß sie nun gewiss: Sie will nicht als Schauspielerin vor der Kamera stehen, sondern als »Macherin« dahinter.

Der zweijährige Aufenthalt in den USA hat nicht nur berufliche Weichen gestellt, sondern auch abgefärbt auf ihre Lebenshaltung. »In Amerika herrscht die Auffassung, dass man alles lernen kann«, sagt sie in einem Interview, »da galt es nix, dass ich Latein und Altgriechisch gelernt hatte. Was zählte war, ob man gut erzählen kann.« Den Optimismus und das Selbstvertrauen der Amerikaner hätte sie gerne mit nach Europa genommen, aber all die hängenden, griesgrämigen Gesichter in der U-Bahn sorgten rasch für Ernüchterung – und gleichzeitig für neugierige Fragen: Warum nur sehen die Deutschen alles so grau? Warum fehlt der Elan, etwas zu verändern?

Ihr fehlt dieser Elan nicht: Sie beginnt 1975 – die amerikanische Devise »Follow your dream und du wirst es schaffen« im Ohr – mit einem Studium an der Münchner Hochschule für Fernsehen und Film. Mit Filmkritiken in der Süddeutschen Zeitung, die sie nebenher schreibt, profiliert sie sich als Filmkennerin. Noch während des Studiums entstehen die ersten Dokumentarfilme. Nach dem Hochschulabschluss mit dem Film *Der erste Walzer* sammelt die agile Jungfilmerin Erfahrung als freie Mitarbeiterin bei Fernsehanstalten und beim Bayerischen und Westdeutschen Rundfunk. Neben filmischen Dokumentationen von Lebensschicksalen dreht sie für das ZDF den ersten Kinderfilm: *Paula aus Portugal.* Die Palette ihrer Ausdrucksmöglichkeiten wird bunter und sie selbst mit dem Medium Film immer vertrauter. Es ermöglicht ihr, das zu tun, was sie von jeher tun wollte: mit Bildern Geschichten erzählen.

Die Filmemacherin

Ihr erster großer Kinofilm *Mitten ins Herz* wird 1983 gleich als bundesdeutscher Beitrag für die Filmfestspiele in Venedig nominiert. Es geht darin, wie später noch oft bei Dörrie, um eine komplizierte Paarbeziehung. Sie endet tragisch, mit einem Mord. – Eine parabelhafte Geschichte, die noch nichts von der Leichtigkeit späterer Filme ahnen lässt.

Einen durchschlagenden Erfolg im In- und Ausland und ein Foto auf der *Spiegel*-Titelseite beschert Doris Dörrie die Filmkomödie *Männer.* Mit fünf Millionen Besuchern – und vor allem Besucherinnen – allein in Deutschland wird dies der erfolgreichste Film des Jahres 1986. Woran liegt's? An der Fähigkeit der Regisseurin, ihren nicht gerade als humorvoll geltenden Landsleuten Lebens- und Beziehungskrisen in leichter Verpackung darzubieten? Alltagserfahrungen von Paaren so auf den Punkt zu bringen, dass neben den Gags der Bäumchen-wechsel-dich-Geschichte auch ein bisschen kritische Selbsterkenntnis zurückbleibt? Doris Dörrie erhebt nie den moralischen Zeigefinger, Kino soll vor allen Dingen unterhalten, diese Überzeugung hat sie aus Amerika mitgebracht.

Es geht in diesem Film um Männerrituale, Selbstentblößungen im fast wörtlichen Sinne, wenn die beiden Rivalen (vorzüglich gespielt von Heiner Lauterbach und Uwe Ochsenknecht) sich im Paternoster in Unterhosen gegenüberstehen. – Eine groteske Szene, ja, aber die Hintergrundstory dieses absurden Hahnenkampfes ist psychologisch fein gesponnen und offenbar nicht ganz realitätsfremd. Der Film sei eine Gratwanderung »zwischen Klamauk und künstlerischem Anspruch, zwischen Aufbruchsstimmung und Melancholie«, schreibt die *Süddeutsche Zeitung* – und Doris Dörrie hat fortan einen Prägestempel: Fachfrau für Beziehungsgeflechte.

Mit der im Jahr darauf gedrehten Tragikomödie *Paradies* verlässt sie bewusst die Erfolgsspur von *Männer*, sie möchte sich nicht auf Klamaukhaftes festlegen lassen. Es geht in dem Film *Paradies* um eine raffiniert und originell aufgebaute Dreiecksgeschichte zwischen einem schlaffen und dann aufgemöbelten Zoologieprofessor, seiner in der perfekten Ordnung ihres Bungalows erstickenden Ehefrau und der chaotisch souverän lebenden Freundin, die aus einem ausgeklügelten Spiel Ernst macht. Eine in hektischer Bilderfolge erzählte Parabel, die ab und an in Klischees abgleitet und die Zuschauer etwas ratlos entlässt – ähnlich wie die mit dem Produzenten Bernd Eichinger in den USA gedrehte Komödie *Ich und Er*.

1989 gründet Doris Dörrie gemeinsam mit einem kleinen Freundeskreis eine eigene Firma, die Cobra Filmproduktions GmbH, die ihre nächsten Filme herstellt. Zum Beispiel den Krimi *Happy Birthday, Türke* nach dem gleichnamigen Roman von Jakob Arjouni. Eine rüde, verzwickte Geschichte aus dem Unterweltmilieu einer Großstadt mit dem deutschtürkischen Privatdetektiv Kayankaya im Mittelpunkt. Spannend, aber nicht Dörries eigentliche Handschrift. Mit dem Film *Keiner liebt mich* kehrt sie drei Jahre später zu ihrem Lieblingsgenre, der Beziehungskomödie, zurück.

Der nächste Film *Bin ich schön?* wird in Spanien gedreht, mit großer Besetzung und kunstvoll ineinander verflochtenen Erzählsträngen, lauter Episoden um Leben und Lieben, Täuschung und Wahrheit. Mitten in den Dreharbeiten stirbt – mit 48 – ihr Ehepartner und Kameramann Helge Weindler. Krebs. Nur acht Jahre waren sie verheiratet, eine sich gegenseitig ergänzende Lebens- und Arbeitsgemeinschaft. Tochter Carla ist beim Tod des Vaters gerade 7, sie wird nun die Mutter noch nötiger brauchen. Die Filmarbeiten werden abgebrochen. Erst eineinhalb Jahre später, 1998, fühlt sich Doris Dörrie stark genug, das Projekt wieder aufzunehmen. »Der Tod meines Mannes hat meine Sicht der Dinge verändert«, sagt sie. Das Mitscherlich-Wort »Trauerarbeit« mag sie nicht, es ist ihr »zu deutsch«, klingt zu sehr nach »Aufarbeiten«, nach einem Ende, das es nicht geben kann. Die schmerzende Lücke bleibt, auch wenn das Bewusstsein von Vergänglichkeit sie seltsamerweise heiterer gemacht hat. Die Arbeit geht weiter.

Den Film *Erleuchtung garantiert* dreht sie in Japan. Mit einer Videokamera, ohne Aufwand, aber mit handverlesenen Darstellern und einem pointenreichen Drehbuch. Sie lässt zwei gestresste Großstädter ausgerechnet in einem Zen Kloster nach einem Ausweg aus ihrer Sinnkrise suchen – eine neue, gelungene Spielart in Dörries Stoff- und Darstellungsfundus. Und eine Horizonterweiterung für die Globetrotterin, die sich in Südamerika, in Afrika und in Russland auskennt, den fernen Osten bereist hat und sich nun voller Neugier auf die japanische Lebensart und Kultur einlässt.

Sie kreise zu sehr um ihre eigene Welt, die Welt der Besserverdienenden, die Welt der smarten Businessleute und spleenigen Aussteiger, wird ihr von Gutmenschen vorgeworfen. – Und wenn es stimmte: Ist es nicht ihr gutes Recht? In diesem Mittelschichtenbiotop kennt sie sich aus wie keine Zweite. Mit einem Augenzwinkern kann sie hohle Rituale entlarven, ihre treffsicheren Pointen setzen, die wahrscheinlich mehr bewirken als eine Moralpredigt. Pädagogische Belehrungen liegen ihr nicht, sie möchte sich auch nicht in einer Partei engagieren und hat dafür eine eigenwillige Begründung: »Ich ertrage Dummheit nicht, deshalb wäre ich in der Politik gemeingefährlich, glaube ich.«

In der Hochschule fühlt sie sich eher am Platz. Vor einigen Jahren ist sie als Dozentin an die Hochschule für Fernsehen und Film in München zurückgekehrt, an der sie früher studiert hat. Offenbar ein gutes Pflaster für den Weg nach oben, auch für Frauen. Margarete von Trotta hat hier ihre Karriere begonnen, später Caroline Link. Doris Dörrie hat keine Rezepte parat für ihre Studenten, nur den Rat, sich niemals zu verkaufen, sondern die eigene Sache mit Enthusiasmus und Überzeugung zu tun: »Wenn man stur genug ist und hartnäckig genug, dann schafft man es in der Regel auch.« Ihr Optimismus hebt sich ab von der Mutlosigkeit und dem mangelnden Elan vieler junger Leute. Doch auch sie weiß, dass die Zeiten für den Nachwuchs schwerer geworden sind, dass sie die eigene Risikobereitschaft nicht allen abverlangen kann.

Die Deutschen hätten ein besonderes Problem mit ihrer Identität, befindet Doris Dörrie, und Botho Strauß sieht das in *Paare Passanten* ähnlich: »Gewiss, man wünscht jedem der unzähligen verzweifelten Identitätssucher, die darum ringen, zu sich selbst zu kommen, man wünscht ihnen, sie mögen sich endlich einbilden, sie gefunden zu haben, ihre ›Identität‹ ...« Auch in Dörries 2002 gedrehtem Film *Nackt* geht es um Identität, eine besondere Spielart von Identität: vordergründig um einen frivolen Freizeitspaß dreier Ehepaare und die Entlarvung einiger moderner Lebenslügen. Dahinter, hinter der oberflächlichen Fassade, steht die Frage nach dem Glück, die Sehnsucht nach dem Unerreichbaren. »Wann wart ihr eigentlich das letzte Mal glücklich?«, fragt eine der Spielbeteiligten.

Doris Dörrie hat ihre eigene Definition von Glück: Glücklich ist der spielende Mensch. In einem Interview entrollt sie ihre Philosophie des *Homo ludens:* »Ich glaube, dass wir nur im Spiel diesen Idealzustand von Weltentrücktheit und Selbstvergessenheit erreichen können, nach dem wir uns ständig sehnen. Das ist der Zustand, der Glück bedeutet. Darin wird man mutig und frei.« Große Worte, denen die Handlung des Films nicht immer entspricht. Es handle sich um ein Zeitgeist-Psychodrama »zwischen Banalität und Tiefgründigkeit« befindet Anke Sterneberg im *Focus.* Der Drehbuchsatz »Früher waren wir glücklich, heute sind wir happy« trifft wohl die Tonlage des Films ziemlich genau.

Um Glück und Sehnsucht, Wünsche und Hoffnungen geht es auch in dem Film *Der Fischer und seine Frau.* Das alte Grimm'sche Märchen schimmert noch durch: »Dar wöör maal eens en Fischer un syne Fru...« Nur sind die Fischersleute in die Gegenwart versetzt. Die Fru will heraus aus der engen Zweizimmerwohnung, will vorwärts kommen, wird unersättlich in ihrem Ehrgeiz und zieht den Mann mit ins Unglück. Auch ein zweites, befreundetes Paar findet trotz beruflicher Erfolge nicht den richtigen Weg zum Glück. – Doris Dörrie ist in ihrem Element: Sie kann ihre Fantasie sprühen lassen, kann wundersame Gefühle herbeizaubern, ohne den Boden der Realität zu verlassen. – Die Märchen böten ihr noch reichen Filmstoff …

Märchen und Mythen werden in den letzten Jahrzehnten oft feministisch gedeutet. Es läge für eine Filmemacherin nahe, in den überlieferten Geschichten nach weiblichen Deutungsmustern zu suchen, nach matriarchaler Macht oder männlichen Unterdrückungsmechanismen. Doch Doris Dörrie möchte sich, ähnlich wie Lina Wertmüller, den Blick nicht durch eine spezifisch weibliche Sichtweise einengen lassen. Sie ist gegen ein Auseinanderdividieren der Geschlechter, auch wenn sie mit Witz und Ironie immer wieder männliches Machogehabe auf die Schippe nimmt.

Nein, sie lässt sich nicht vereinnahmen, von nichts und niemandem. Sie will weder Actionfilme und Sciencefiction, noch »Historienschinken« drehen. Das bekräftigt sie im Februar 2005 bei Statements von Filmregisseuren im Feuilleton der *Zeit*: »Ich mache immer nur die Filme, die ich wirklich machen will, mit der Besetzung, die ich für ideal halte, und in dem finanziellen Rahmen, den die jeweilige Geschichte braucht. Das mag dann zwar lange dauern, bis der Film zu Stande kommt, aber durch vielleicht pathologische Sturheit habe ich es bisher immer irgendwie geschafft.«

Sie ist ein Multitalent. Die Obsession fürs Filmemachen hindert sie nicht daran, sich auch in anderen Sparten zu profilieren. Das Schreiben ist seit langem ihr zweites Standbein.

Fabulieren und Beschreiben mit nüchternem Alltagsblick

Ihr unerschöpflich fließender Erzählstrom erinnert an Scheherezades Geschichten aus Tausendundeiner Nacht. Nur dass Dörries Geschichten nicht in königlichen Gemächern, sondern in modernen Büros und Appartements spielen. Und fast immer geht es um Paarbeziehungen, um Selbstfindungsversuche, um Identitätskrisen. Szenen, die nicht der Komik entbehren und oft befreiend wirken, obgleich der Befund nachdenklich machen müsste. Man könnte sich Doris Dörrie gut als Psychologin oder Mediatorin vorstellen, doch vielleicht würden sich die Ratsuchenden bei ihr nicht ganz ernst genommen fühlen ... Ihr Faible für Situationskomik schlägt immer wieder durch, das macht ihre Bücher so »unterhaltsam« – ein deutschen Bildungsbürgern suspektes Wort – die global orientierte Autorin wird daran keinen Anstoß nehmen, gibt es doch die strikte Unterscheidung von U- und E-Literatur nur im Deutschen.

Beim Diogenes Verlag ist Doris Dörrie an der richtigen Adresse, eingerahmt von Loriot und Tomi Ungerer. Auch Dürrenmatts Werke sind hier erschienen. Der Philosoph und Dramatiker ist der weisen und gleichzeitig makabren Überzeugung, man könne dieser Welt nur noch mit der Komödie beikommen. Auch Doris Dörrie findet, Humor und Selbstironie seien »absolut notwendig, um zu überleben«.

1987 veröffentlicht sie bei Diogenes ihren ersten Band mit Kurzgeschichten. Er trägt den provozierend schnoddrigen Titel *Liebe, Schmerz und das ganze verdammte Zeug* und findet auf Anhieb große Resonanz. Auch die folgenden Bände wecken Neugier: *Was wollen Sie von mir?* mit Fotos ihres Mannes Helge Weindler und die Erzählung *Der Mann meiner Träume.*

1991 erscheint der Erzählband *Für immer und ewig*, dem der gestrenge Kritiker Joachim Kaiser bescheinigt, man fände darin »mehr klügere, originellere und einleuchtendere Beobachtungen über die langen Schwierigkeiten zwischenmenschlicher Beziehungen... als bei irgend einem anderen Autor aus Dörries Generation«. Auf das Wort »Beobachtungen« legt die Erzählerin besonderen Wert. Genaues Beobachten ist für sie die Grundvoraussetzung für das Schreiben und Filmemachen: »Neunzig Prozent der Arbeit ist gucken und zuhören«, sagt sie, »aufnehmen mit allen fünf Sinnen«.

Filmen und Schreiben geht bei ihr Hand in Hand. Aus Kurzgeschichten werden Filmdrehbücher und umgekehrt entwickeln sich aus Filmen literarische Projekte. Kurz nach dem Kinostart von *Erleuchtung garantiert* erschien »das Buch zum Film« unter dem Titel *Was machen wir jetzt?* – Dörries erster Roman und gleich ein Erfolg. Es macht ihr Spaß, immer neue Schreibmuster auszuprobieren. Dass sie mit ihrer Fabulierlust auch Kinder begeistern kann, war vorauszusehen.

In ihrem ersten Kinderbuch *Lotte will Prinzessin sein* tauchen Mutter und Tochter in die Märchenwelt ein, die keine »vernünftigen« Regeln kennt. Beide verkleiden sich und fahren in ihren prächtigen Gewändern, eine Krone auf dem Kopf, mit der Straßenbahn zur Arbeit und in den Kindergarten – unbekümmerter Anarchismus wie bei Pippi Langstrumpf. Tochter Carla, sie ist bei Erscheinen des Buches neun, wächst so in eine Welt hinein, in der es nicht verboten ist, aus der Reihe zu tanzen, verrückte Ideen zu haben. Wobei Anarchismus nicht Willkür heißt. Die Prinzessin-Mutter achtet im »normalen« Alltag auf einen geregelten Tagesablauf mit festen Essenszeiten und festen Ritualen, was jedoch bei ihrem prall gefüllten Terminkalender nicht leicht durchzuhalten ist. Auf eine Putzfrau für ihre »ziemlich chaotische« Wohnung in München-Schwabing verzichtet sie – das Chaos macht sie kreativ. Ob sie Friederike Mayröckers unbeschreibbar chaotische Wohnung in Wien kennt, diesen Nährboden für schöpferische Impulse?

Doris Dörrie holt ihre Impulse eher aus Gesprächen mit Menschen und der Auseinandersetzung mit deren Ideen und Lebensweisen – auch aus der Auseinandersetzung mit sich selbst. Sie sagt in einem Interview: »Ich bin eine multiple Persönlichkeit, in allen Figuren stecken Anteile von mir ... All das, was meine Figuren durchmachen, bin ich zum Teil selber, auch in dieser schrecklichen deutschen Sehnsucht, jemand anders sein zu wollen, woanders leben zu wollen, im Süden am besten, wo man das wahre Leben erwartet.«

Mehr als nur Anteile von ihr stecken im Roman *Das blaue Kleid*. Er erscheint 2002, sechs Jahre nach dem Tod ihres Mannes. So lange hat sie gebraucht, um für ihre Erinnerung, für Schmerz und Trauer die angemessene literarische Form zu finden. Es ist – wie bei Dörrie zu erwarten – kein Requiem geworden, sondern ein heiteres, tröstliches Buch. Es umkreist die Frage: Wie kann man nach dem Tod des Partners ins Leben zurückfinden? Doris Dörrie berichtet nicht von ihren eigenen Erfahrungen als junge Witwe, sie führt – in einer labyrinthischen Suchgeschichte um ein blaues Kleid – zwei Menschen zusammen, die beide um ihren Partner trauern. Sie fliegen gemeinsam nach Mexiko, zu einem rituellen Totenfest, das in Oaxaca wild und lebensfroh gefeiert wird. Dieser ungewohnt vertraute Umgang mit dem Tod, der nicht ausgegrenzt, sondern voll ins Leben hineingenommen wird, ist für die beiden Trauernden eine befreiende Erkenntnis, eine Anleitung zum Glück, die leicht ins sentimental Kitschige hätte abgleiten können. Aber Doris Dörrie gelingt es, die metaphernreiche Geschichte mit wohltemperierter Distanz und doch nicht ohne Wärme zu erzählen. Hinter der heiteren Ironie steht die Suche nach dem Spirituellen, nach verlässlichen Koordinaten, und letztlich die Sehnsucht nach Religiosität – ein Thema, das die Autorin weiter beschäftigen wird.

Das blaue Kleid hat ihr den Deutschen Bücherpreis eingebracht, längst nicht die einzige Ehrung für ihr literarisches Schaffen. Für ihre Filme wurde sie unter anderem mit dem Filmband in Gold, der Goldenen Leinwand, dem Deutschen Videopreis und dem Bayerischen Filmpreis ausgezeichnet – kein Grund für sie, sich auf den Lorbeeren auszuruhen.

»Was machen wir jetzt?«

Oper natürlich. Oper ist Neuland, Experimentierfeld. Nur nicht in Routine erstarren. Mit viel Mut und wenig Sachkenntnis lässt sich die Film- und Literaturfrau auf ein musikalisches Abenteuer ein. Die *Zauberflöte* ist die einzige Oper, die sie in ihrem Leben gesehen hat. Sie ist Mozart-Fan und hat in ihrer Jugend Geige und Saxophon gespielt – mehr kann sie nicht einbringen in Sachen Musik, aber sie greift selbstbewusst und ohne Bedenken zu bei dem verlockenden Angebot, an der Berliner Staatsoper Unter den Linden *Così fan tutte* zu inszenieren. Der Stoff liegt ihr und er ist heute nicht weniger aktuell als bei der Uraufführung 1790: Frauen, die mit List und Fantasie ihre Männer betrügen.

Die Operndebütantin verlegt die Handlung in die frühen Siebzigerjahre des 20. Jahrhunderts, die Hippie-Zeit mit ihrem lustvollen Aufstand gegen die Spießerwelt. Und Dirigent Daniel Barenboim, stets zu haben für Experimente, macht mit bei dieser furios burlesken Inszenierung. Dem Maestro imponiert Dörries unbekümmerte Frische und ihre Präzision bei der Arbeit.

Zwei Jahre später, 2003, bringt sie, ebenfalls an der Berliner Staatsoper, Puccinis *Turandot* auf die Bühne. Die

Opernfaszination hat sie gepackt und Publikum und Presse lassen sich von ihrer Begeisterung mitreißen. Anders in München. Da erlebt sie mit Verdis *Rigoletto* an der Staatsoper ein Fiasko. Der Gag, Rigoletto und seine Tochter auf einem »Planeten der Affen« auszusetzen, wird als geschmacklos empfunden, das »Affentheater« ausgebuht. – Die Regisseurin lässt sich davon nicht entmutigen, als nächste Inszenierung steht *Madame Butterfly* auf dem Programm.

Und was kommt danach? Vielleicht ein Musical? Doris Dörrie ist für Überraschungen gut. Und sie schafft es offensichtlich, alles unter einen Hut zu bringen: filmen und schreiben, Theaterarbeit und Hochschule, Familie und Freizeit. Wobei Freizeit eher für Reisen steht als für Faulenzen im Liegestuhl. Aber das ist Privatsache und diesen persönlichen Raum weiß die sonst nicht Publicityscheue gut abzuschirmen gegen Einblicke von außen, so wie sie ihr Gesicht mit einer dunklen Sonnenbrille abschirmt.

Ganz sicher werde sie weiter Filme drehen, so lange es ihr Spaß macht, sagt sie, befragt nach ihren Zukunftsplänen. Doch sie sagt auch: »Ich bin felsenfest davon überzeugt, wenn ich sterbe, werde ich nicht bedauern, jenen Film nicht gedreht und diesen Deal nicht abgeschlossen zu haben. Ich werde bedauern, dass ich nicht mehr Zeit mit denen verbracht habe, die ich liebe.«

Bildnachweis

S. 14: Zentralbibliothek Zürich
S. 32: Privat
S. 40: Rudolf Dührkoop, Stadtarchiv München
S. 55: Privat
S. 80: Verlag Paul Haupt, Bern
S. 119: Privat
S. 126: Privat
S. 145: Bilderdienst Süddt. Verlag, München
S. 161: Privat
S. 176: Privat
S. 188: Büro von Petra Roth, Frankfurt am Main
S. 200: Nordelbische ev.-luth. Kirche, Bischofskanzlei Hamburg
S. 215: Privat
S. 227: Museum der Bildenden Künste, Leipzig
S. 239: Franz Toth, Bingen (Foto: Jacob Hilsdorf)
S. 257: Bildarchiv der Österreichischen Nationalbibliothek, Wien
S. 271: Goethe-Museum, Düsseldorf (Foto: Walter Klein, Düsseldorf)
S. 285: René Burri / Magnum Photos / Agentur Focus
S. 301 : Isolde Ohlbaum, München
S. 317: Margret Johannsen, Hamburg
S. 335: Petra Schramek, München
S. 353: Privat
S. 371: Volkstheater Frankfurt
S. 383: Privat
S. 391: Isolde Ohlbaum, München
S. 407: Privat
S. 416: Bertold Fabricius, Hamburg
S. 430: Ullstein-Bild, Berlin

Die Autorin

Irma Hildebrandt, in Hergiswil/Schweiz geboren, hat in Zürich und Bielefeld Germanistik, Soziologie und Pädagogik studiert und lebt heute als Autorin und Redakteurin in Vlotho an der Weser. Neben Biografien hat sie Essays, Kurzprosa und Lyrik veröffentlicht, für die sie mehrfach ausgezeichnet wurde. Bei Diederichs sind von ihr bereits mehrere Bücher mit Frauenporträts erschienen, darunter *Frauen, die Geschichte schrieben* und *Mutige Frauen*.

Irma Hildebrandt
Mutige Frauen
>>30 Porträts aus fünf Jahrhunderten
Diederichs